W0358911

BASTEI
LÜBBE

Von Gunter Haug sind bei Bastei Lübbe Taschenbücher lieferbar:

61542 Niemands Tochter
61600 Niemands Mutter

Über den Autor:

Gunter Haug, geboren 1955 in Stuttgart, wohnt in Schwaigern bei Heilbronn. Der langjährige beliebte Fernsehmoderator hat zahlreiche historische Bücher, Romane und Kriminalromane veröffentlicht. Seine Werke *Niemands Tochter* und *Niemands Mutter* wurden zu Bestsellern. Weitere Informationen zum Autor unter: www.gunter-haug.de

Gunter Haug

Dieses eine Leben

Aufrecht durch dunkle Zeiten

BASTEI LÜBBE

BASTEI LÜBBE TASCHENBUCH
Band 61637

1. Auflage: Juli 2008

Erweiterte Taschenbuchausgabe

Bastei Lübbe Taschenbücher in der Verlagsgruppe Lübbe

© 2006 by Rotabene! Medienhaus, www.rotabene.de
Für diese Lizenzausgabe:
© 2008 by Verlagsgruppe Lübbe GmbH & Co. KG,
Bergisch Gladbach
Umschlaggestaltung: Nadine Littig
nach einem Entwurf von der Enkelin des Protagonisten, Ilona Bucher,
unter Verwendung eines Originalfotos und Originaldokumenten.
www.creationstation.de
Satz: Schneider Druck GmbH, Rothenburg ob der Tauber
Druck und Verarbeitung: GGP Media GmbH, Pößneck
Printed in Germany
ISBN 978-3-404-61637-4

Sie finden uns im Internet unter
www.luebbe.de
Bitte beachten Sie auch: www.lesejury.de

Der Preis dieses Bandes versteht sich einschließlich
der gesetzlichen Mehrwertsteuer.

Die „Großen“ machen Geschichte –

die Kleinen müssen sie durchleiden...

Für Ella Bucher, geborene Voll, die sich so sehr einen Vater gewünscht hat.

Und für Willi Voll, dem es nicht vergönnt war, seinen Vater richtig kennen zu lernen.

Es lässt Dich Dein ganzes Leben lang nicht mehr los –

– und Du hast doch nur dieses eine Leben!

Notiz des Gefreiten August Voll im Reservelazarett Winnenden bei Stuttgart für seine Kinder Ella und Willi:

24. Juli 1942

An meine lieben Kinder,
da man mich heute nacht mit dem Leben bedroht hat und wollte bei mir einen Selbstmord vortäuschen, will ich euch heute als letztes mitteilen, daß ich das nie machen würde. Wenn es so kommen sollte, dann ist es nur Täuschung! Ruchlose Mörder! So etwas würde ich nie machen!

Bei diesen hastig auf die Rückseite einer Bildpostkarte geworfenen Sätzen, auf deren Vorderseite seine beiden zum damaligen Zeitpunkt acht beziehungsweise fünf Jahre alten Kinder Ella und Willi abgelichtet sind, handelt es sich um das letzte schriftliche Lebenszeichen des Flaschnermeisters August Voll aus Kirchardt bei Sinsheim, das dessen Familie erst mehrere Wochen später bekommen hat.

Denn diese Postkarte konnte niemals abgeschickt werden.

Zwei Wochen nach dem Datum auf der Karte ist August Voll tot.

*

Sterbefallanzeige

1. Dienstgrad: Gefreiter
2. Truppenteil: L 01698 L.G.P.A. München 2
3. Vorname: August
4. Familienname: Voll
5. Letzter inländ. Wohnsitz: Kirchardt Kreis Sinsheim
6. Religion: ev.
7. Todesdatum und -stunde: 8. 8. 1942 , 23 Uhr 40
8. Todesursache: Herzschwäche bei Lungenentzündung nach Schädel- und Rippenbruch nach inneren Blutungen
9. Todesort: Reservelazarett Winnenden
10. Geburtstag und -ort: 21. 3. 06, Kirchardt Kr. Sinsheim
11. Beruf oder Stand: Klempnermeister
12. Familienstand: verheiratet mit Frau Emilie Voll, geb. Ebert
16. Kinder: Minderjährige 2, Volljährige ...
17. Staatsangehörigkeit: D.R.

Winnenden, den 10. August 1942
Der Chefarzt
gez. Gruhle
Oberstabsarzt

*

Kirchardt: ein Ort irgendwo im nördlichen Baden-Württemberg, im Westen des Landkreises Heilbronn gelegen. In Sichtweite der Autobahn Mannheim-Nürnberg. Keine Gemeinde, die sich von den tausend anderen im Land in irgendeiner Form dramatisch unterscheiden würde – weder in positiver noch in negativer Hinsicht. Ein Dorf eben – wie es davon viele ähnliche in Deutschland gibt. Durchschnitt sozusagen. Ein Dorf, dessen Gesicht sich seit den letzten Jahrzehnten des 20. Jahrhunderts gewaltig verändert hat. Dieselben Entwicklungen wie in all den anderen Dörfern im Umkreis auch. Ausweisung von Gewerbe- und Neubaugebieten, starker Zustrom von ausländischen Neubürgern verschiedenster Religionen. Dazu der alles beherrschende Autoverkehr, der sich in langen Schlangen durch Kirchardt quält, wenn die ohnehin chronisch verstopfte Autobahn wieder einmal völlig „dicht" ist.

Es ist nicht mehr viel zu sehen von dem ehemaligen Bauerndorf. In einem geradezu atemberaubenden Tempo hat sich Kirchardt während der sogenannten Wirtschaftswunderzeiten mehr und mehr in eine Art Kleinstadt verwandelt. Viel zu hastig jedenfalls. Wie überall war diese Entwicklung auch hier begleitet von den bekannten Phänomenen: dass man die Leute im Dorf mittlerweile nicht mehr mit ihren Namen kennt, dass die Zugezogenen nicht mehr grüßen, wenn sie einem auf der Straße begegnen. Aber dafür gibt es ja jetzt – Zeichen des sogenannten Fortschritts – wenigstens eine Ampel und einen Drogeriemarkt in der Gemeinde. Samt einem Supermarkt am Ortsrand, der dem letzten Kaufladen in der Dorfmitte allmählich die Luft abschnürt. Wie es eben heutzutage so ist. Überall im Land. Nichts Besonderes los also, in Kirchardt. Auf den ersten Blick keiner intensiveren Betrachtung wert. Scheint zumindest so.

Aber der Schein kann trügen. Zumindest ich betrachte Kirchardt seit einigen Jahren mit ganz anderen Augen. Seitdem ich auf die Recherchespur zu dem hier vorliegenden Buch gestoßen bin.

Auf der Spur einer Biografie, die Kirchardt für mich zu einem Musterbeispiel gemacht hat. Wo sich der Verlauf der deutschen Geschichte seit den Jahren ab 1930 in bedrückender Klarheit nachvollziehen lässt. In all seiner grausamen Banalität. Geschehnisse, wie sie vieltausendfach überall im Land in ganz ähnlicher Art und Weise stattgefunden haben. Ein Lebensweg, anhand dessen deutlich wird, wie es überhaupt dazu hat kommen können, wozu es schließlich gekommen ist. Und wie bedrückend einfach alles eigentlich begonnen hat. Wie ein Stein allmählich zur Lawine wird. Schon deshalb, weil erst keiner die Entwicklung ernst genommen hat. Und später, weil dann kaum einer mehr den Mut hatte, sich dagegen zur Wehr zu setzen. Und was mit den wenigen passiert ist, die meinten, sich dennoch auflehnen zu müssen, das hat man dann ja sehen können ...

Das auf den folgenden Seiten beschriebene Schicksal hat sich im nordbadischen Dorf Kirchardt tatsächlich genau so zugetragen. Die Beschreibungen in diesem Buch sind das Ergebnis langjähriger Recherchen.

Während der vielen Wochen meiner Beschäftigung in Archiven, Behörden und Verwaltungen sowie bei der Durchsicht unzähliger Veröffentlichungen, haben sich mir Sachverhalte eröffnet, die ich noch wenige Tage zuvor für schlechterdings unmöglich gehalten hätte. Neben manch regelrecht schockhaft gewonnener Erkenntnis. Niemals hätte ich all dies für möglich gehalten. Man mag nicht glauben, wie simpel die Mechanismen doch gewesen sind. Vielleicht will man das aber auch ganz einfach nur nicht wahrhaben.

Zahlen, Daten, Auflistungen, nüchterne Fakten, das ist die eine Seite. So lernt man Geschichte in der Schule.

Auch die Geschichte des sogenannten Dritten Reiches. Doch genau diese bloßen Anhäufungen von Ereignissen und Jahreszahlen sind das Problem. Zumeist verstellen sie uns den Blick auf das Wesentliche. Schon deshalb, weil sie persönliche Anteilnahme und Betroffenheit von vornherein unmöglich machen. Wenn man vor einer Wand von Zahlen steht, was soll man da begreifen? Nicht ahnend, welches Schicksal für jede dieser abstrakten Ziffern steht.

Ein einzelner Lebensweg aus dieser Zeit. Es sind solche Biografien, die Geschichte wirklich fassbar machen. Vielleicht auch begreifbar. Das ist am allerwichtigsten. Denn wozu hätte die Beschäftigung mit Geschichte ansonsten einen Sinn?

So habe ich mich also auf eine Spurensuche begeben, die mich mitten hineingeführt hat in die gar nicht allzu ferne Vergangenheit unseres Landes. Eine Vergangenheit, die uns heutzutage so unendlich weit zurückliegend erscheint. Befremdliche Geschichte, von der wir – aller unüberblickbaren Veröffentlichungsflut über diese Thematik zum Trotz – dennoch recht wenig wissen. Beziehungsweise wissen wollen ...

Zwei Lebensläufe sind es, die in dieser wahren Geschichte aufeinandertreffen und sich wenig später unentwirrbar zusammenfügen. Unauflösbar für alle Zeit. Es ist der Abriss eines kurzen, mutigen Lebens. Und es sind die Stationen eines langen Lebens, das im Strudel von Schicksalsschlägen, düsteren Vermutungen, Bitterkeit und niemals beantworteten Fragen nach 88 Jahren sein unruhiges Ende gefunden hat. Ein Lebensweg, der sich nur in seiner geradezu schicksalhaften Verkettung beschreiben lässt, durch die zwei Biografien schließlich verschmelzen in diesem einen Leben.

Es handelt sich um die Familie meiner Frau Karin, in der sich das Geschehen, das ich auf den folgenden Seiten beschreiben will, tatsächlich ereignet hat. Zur Hauptperson wider Willen ist dabei ihr Großvater August Voll geworden, geboren im Jahr 1906, von Beruf Flaschner und zeit seines kurzen Lebens überzeugter Sozialdemokrat. Ein Großvater, den meine Frau nie gekannt hat. Sie konnte ihn gar nicht kennen. Denn bei Karins Geburt im Jahr 1957 war August Voll schon 15 Jahre lang tot – gestorben 1942 im Alter von nur 36 Jahren. Unter überaus mysteriösen Umständen. Das werden die nächsten Kapitel dieses Buches zeigen. Denn der Flaschner August Voll ist ein Opfer seiner Zeit geworden. Keiner ist ihm damals zu Hilfe gekommen. Es wäre durchaus möglich gewesen. Aber irgendwann war es zu spät dafür. Es hat ihn das Leben gekostet.

*

Diese Zeit!

Mit den Jahren ab 1933, seit der Machtergreifung der Nationalsozialisten unter Adolf Hitler, hatte sich der Alltag für Menschen vom Schlage des August Voll drastisch gewandelt. Eindeutig zum Schlechteren hin. Spätestens seitdem Hitler es geschafft hatte, sich zum Reichskanzler wählen zu lassen, türmten sich vor mutigen und überzeugten Demokraten immer neue, immer größere Hindernisse auf. Die Welt steckte plötzlich voller Schwierigkeiten und Repressionen. Vor allem dann, wenn einer wie August Voll aus seiner ablehnenden Haltung gegenüber der NSDAP keinerlei Hehl gemacht hat. Menschen wie ihm, die sich von den braun uniformierten Kommandos nicht den Mund haben verbieten lassen und ganz offen ihre Ablehnung geäußert haben, ist es von diesem Zeitpunkt an meist übel ergangen. Erst recht, wenn man sich wie der junge Mann standhaft geweigert hat, die Rechte zum obligatorischen Hitlergruß von sich zu strecken und gleichzeitig ein lautes „Heil Hitler!" auszurufen. Mindestens zweimal ist er deswegen in seinem Heimatort Kirchardt halbtot geprügelt worden. Das eine Mal im Jahr 1938. Damals hatte August Voll bei einem Gasthausbesuch den

Hitlergruß demonstrativ verweigert. Hatte weder den Arm ausgestreckt noch „Heil Hitler“ gerufen.

Diese „Gasthausschlägerei“ – als solche ist sie bei den älteren Einwohnern von Kirchardt bis auf den heutigen Tag noch ein Begriff. Selbst im örtlichen Archiv finden sich noch Hinweise darauf. Denn die „Gasthausschlägerei“ hat in den ersten Jahren nach dem Zweiten Weltkrieg in Kirchardt eine wichtige Rolle gespielt. Es war die Zeit der sogenannten Entnazifizierungsverfahren. All die namentlich bekannten Beteiligten von damals waren durch protokollierte Zeugenaussagen mit diesen Vorgängen konfrontiert worden. Nachdem es sich ja um ein Vorkommnis aus dem Jahr 1938 handelte, konnte man anhand der Rolle, die der eine oder andere dabei gespielt hat, ganz gut erkennen, wer ein klassischer Mitläufer gewesen ist und wer nicht. Wo sich doch spätestens ab 1946 praktisch alle zu harmlosen Mitläufern verwandelt hatten. Auch diejenigen, die seinerzeit das große Wort geführt hatten. Unschuldslämmer. Verführte. Unbedeutende Mitläufer eben. Einer hätte das Gegenteil aussagen können: August Voll, das Opfer dieser Auseinandersetzung. Doch zum Zeitpunkt der Fragestellung war August Voll längst tot. Lag seit vier Jahren schon auf dem Kirchardter Friedhof. Ausgerechnet im Heldengrab hatten sie ihn zur letzten Ruhe gebettet. Eine Grabstätte, die er selbst sich auf das Strikteste verbeten hätte – wenn ihn seinerzeit jemand gefragt hätte. Aber dagegen wehren konnte er sich nicht mehr.

Genauso wenig wie bei der nachträglichen Schönung dieser ominösen „Gasthausschlägerei“ vom Jahr 1938. Es ist geradezu atemberaubend, in den Unterlagen des Dorfarchivs mitverfolgen zu müssen, wie es den Hauptbeteiligten der damaligen Vorgänge im weiteren Verlauf der Wirtschaftswunderjahre gelungen ist, die Sache herunterzuspielen. Wie alles, was tatsächlich geschehen war, plötzlich als „nicht politisch, sondern nur im Vollrausch entstanden“ abgetan wurde. Eine Formulierung, durch die sämtliche der ehemaligen Parteigenossen und damaligen Mittäter auf einen Streich wieder reingewaschen waren. Und nur allzu gerne ist man damals dieser Argumentation gefolgt. In Kirchardt ebenso wie anderswo. Überall hat man es so praktiziert: landauf – landab. Aus diesen Gründen: zunächst hatten die Amerikaner plötzlich die Lust an einer lückenlosen Aufklärung verloren. Der Kalte Krieg zwischen West und Ost warf erste Schatten auf die Zukunft. Man brauchte Verbündete in Europa. Je mehr, desto besser. Was den Deutschen im Westen natürlich ganz gelegen kam. Und schon zeichnete sich vor den Toren der neu zu gründenden Bundesrepublik ein rasanter Wirtschaftsaufschwung ab. Man hatte nun wahrlich Wichtigeres zu tun, als das alte Stroh von vorgestern zu dreschen. Geschichten aus der düstersten Epoche Deutschlands. Geschichten, von denen man sich nur noch wünschte, sie möglichst rasch hinter sich bringen und ein für alle Mal vergessen zu können. Nein! Es war keine Zeit mehr dafür, sich beständig rückwärtszuwenden. Und die Leute hatten auch weiß Gott keine Lust mehr dazu, sich wieder und wieder dieselben Vorhaltungen anhören zu müssen. Irgendwann musste Schluss sein. Vorbei ist Vorbei!

Glasklar lässt sich aufgrund dieser Logik, die sich wie ein roter Faden durch die Archivunterlagen zieht, die entsprechende Schlussfolgerung rekonstruieren. Wenn man Besseres zu tun hatte, als sich ewig um die alten Geschichten kümmern zu müssen, um die vorwurfsvollen Anklagen, um die Opfer und ihre Angehörigen: Wen interessierten dann eigentlich noch die Täter? Ohne Opfer keine Täter. So einfach ist das. Und genauso einfach war es.

Kirchardt: ein Spiegelbild der deutschen Geschichte. Wie viele andere Dörfer ganz genauso. Nicht mehr – aber auch nicht weniger. Denn große Geschichte spiegelt sich immer im Kleinen. Und nur im Kleinen lassen sich ihre konkreten Auswirkungen auch ablesen.

*

Wer also war nun August Voll, der unfreiwillige „Held“ dieser wahren Geschichte? August Voll wurde am 21. März 1906 im nordbadischen Dorf Kirchardt geboren. Als Sohn des Landwirts und Zigarrenmachers Jakob Voll und dessen Frau Wilhelmine. Von zehn Kindern des Ehepaars sind fünf schon früh gestorben. Wie es eben so war auf dem Land in jenen Zeiten. August Voll hat das Flaschner- beziehungsweise Klempnerhandwerk erlernt und es schließlich sogar zum Meister gebracht. Dadurch war es ihm, der aus eher bescheidenen Verhältnissen stammte, möglich geworden, in seinem Heimatort Kirchardt ein kleines Geschäft zu gründen. Danach die übliche Biografie: in den dreißiger Jahren der Hausbau, Heirat, zwei Kinder, ein Mädchen und ein Junge. Und so schien das Leben des Flaschnermeisters August Voll in den ganz normalen bürgerlichen Bahnen zu verlaufen. Aber es gab keine Normalität in diesen Jahren.

*

11. August 2002

Wir stehen auf dem Friedhof von Kirchardt, einer kleinen Gemeinde im westlichen Landkreis Heilbronn. Das Ehrenmal des Dorfes für die im 2. Weltkrieg gefallenen Soldaten. Auf den Tag genau vor 60 Jahren ist hier August Voll beerdigt worden. Drei Tage zuvor, am 8. August war er im Alter von nur 36 Jahren seinen Heldentod für Führer und Vaterland gestorben.

Heldentod? Heldentod! Sollte man meinen, wollte man glauben machen. Und so glauben es viele auch immer noch – falls es sie heutzutage überhaupt noch interessiert. Denn wen von den jüngeren Kirchardtern „juckt“ das denn wirklich? Außer den paar Alten, die am Volkstrauertag immer vor dem Ehrenmal stehen. Und die von Jahr zu Jahr weniger werden.

Das Ehrenmal: Ein großer rötlicher Sandstein, der in den Himmel ragt, darunter einige Gräber inmitten einer steinernen Einfassung. Einzelne Grabsteine darin.

Das zweite Grab von links: an dem in den Stein gemeißelten Namen lässt sich noch ablesen, wer darunter begraben liegt:

„Gefreiter August Voll, geb. 21.3.1906, gest. 8.8.1942". Von 1939–1945 sind viele Dutzend Namen an diesem Ehrenmal verewigt.

Soldaten, die den Heldentod für Volk und Vaterland gestorben sind. Wie man das eben immer so sagt! Als hätten sie jemals Helden sein wollen. Überleben wollten sie, die Bauernburschen aus Kirchardt. Nichts anderes. Wie all die anderen auch. Doch zu hunderttausenden wurden sie von feindlichen Kugeln tödlich getroffen, von Granaten zerfetzt, in Feuer, Schlamm und Eis sind sie elend zugrunde gegangen. Von wegen Helden! Den Heldentod gestorben! Helden sehen anders aus – wie auch immer.

Für August Voll passt es gleich gar nicht. Denn der ist nicht einmal als Soldat auf dem Schlachtfeld gestorben. Aus dem Fenster gesprungen sei er, heißt es in Kirchardt. Natürlich nur hinter vorgehaltener Hand. In der Irrenanstalt von Winnenden sei er eingesperrt gewesen. Als Verrückter. Es habe sich um den Selbstmord eines Wahnsinnigen gehandelt.

Aber wieso liegt er dann hier begraben? Im Ehrenmal für die im Weltkrieg getöteten Soldaten? Weil eben auch er Soldat gewesen ist und in einem Wehrmachtslazarett, dem Reservelazarett Winnenden, gestorben ist. Es wird immer verwirrender. Und es wird auch immer klarer: Hier ist etwas passiert, mit dem viele im Dorf bis heute nicht umgehen können. Deshalb gibt es viele sogenannte „Wahrheiten". Aber welche ist die richtige?

Erst ganz allmählich beginnen diejenigen, die August Voll noch gekannt haben, mir von seiner tragischen Lebensgeschichte zu erzählen. Stockend und vorsichtig zunächst, dann aber immer fließender. Dass August, der Klempnermeister, schon in jungen Jahren Sozialdemokrat gewesen sei – so wie fast alle in seiner Familie halt. Aber vor allen Dingen sei er ein entschiedener Gegner der braunen Machthaber gewesen, von Anfang an. Nie habe er es lassen können, diese Gegnerschaft auch öffentlich kundzutun. Da habe er sich keinem noch so gut gemeinten Ratschlag gebeugt.

Was man sonst noch über ihn weiß? Dass er als einer der ersten Handwerker von Kirchardt schon im September 1940 zur Wehrmacht eingezogen worden ist. Weil er halt keine Ruhe gab, sondern immer wieder mit den örtlichen Parteigrößen zusammenrasselte. Obwohl man Handwerker üblicherweise doch so lange wie möglich am Ort gehalten hatte, um einen möglichst normalen Fortgang des öffentlichen Lebens auch in Kriegszeiten zu gewährleisten (oder vorzuspiegeln). Aber auch als Soldat bei der Wehrmacht lässt sich August Voll den Mund nicht verbieten. Wegen seiner mehrfach geäußerten kritischen Haltung zu den Nazigrößen und zum Krieg wird er in eine Strafkompanie versetzt.

Die Erinnerung an August Voll: „Ja, das war ein aufrechter Mann!"

Wie durch dichten Nebel hindurch dringt die Wahrheit, viele Jahrzehnte später, ganz zögernd ans Tageslicht. Die Wahrheit vom Ende des 36 Jahre alten Soldaten August Voll.

Von wegen Selbstmord, von wegen Heldentod! Mehr und mehr verdichtet sich der Verdacht zur Gewissheit, dass es sich um Mord gehandelt hat. Um niederträchtigen Mord an dem unbeugsamen Mann. Nur weil er bis zum Schluss ein entschiedener Gegner der braunen Umtriebe geblieben ist.

Die heimtückische Version vom Selbstmord hat sich jahrzehntelang gehalten. Was den Tod des Familienvaters für die Angehörigen noch unerträglicher erscheinen ließ. Von der Verhöhnung des Opfers ganz zu schweigen.

Selbstmord eines Wahnsinnigen, kaltblütiger Mord an einem Regimegegner, Heldentod, Heldenbegräbnis. Wehrmachtssoldaten, die im August 1942 am offenen Grab des für Volk und Vaterland verstorbenen Gefreiten August Voll Ehrensalut schießen! Der Widerspruch ist mit Händen zu greifen. Dieses Gefühl, das einen angesichts dieser sonderbaren Gegensätze beschleicht. Da passt etwas nicht zusammen. Aber was? Die bohrende Frage verstärkt sich: Was genau ist nun wirklich passiert? Wird es überhaupt noch möglich sein, der Wahrheit auf die Spur zu kommen?

Der Besuch am Ehrenmal für die im Weltkrieg gefallenen Soldaten von Kirchardt. 60 Jahre danach. Es war der Moment, in dem meine Recherche begonnen hat. Im Laufe der folgenden Wochen und Monate hat sich die Vermutung mehr und mehr zur Gewissheit verdichtet, dass es tatsächlich die Spur eines Verbrechens ist. Ein Doppelmord sogar.

Zweifelsfrei steht inzwischen fest, dass es sich im Jahr 1942 um keinen Unglücksfall gehandelt hat. Und es war auch kein „Heldentod“ für Volk und Vaterland, den August Voll hat sterben müssen. Wie immer man sich das Ende eines „Helden“ vorzustellen hat.

Verzweiflung prägt fortan das Leben einer jungen Frau mit gerade einmal 33 Lebensjahren. Das Leben der Emilie Katharina Voll, geborene Ebert. Denn es war eine Tragödie, die sich im weiteren Schicksal seiner Witwe niederschlägt und in den Lebenswegen seiner Kinder. Selbst die Enkel sind teilweise noch betroffen. Geschichte, die ihre Schatten bis in die Gegenwart hineinwirft.

Deshalb haben sich die jahrelangen, manchmal recht mühevollen Recherchen zum Tod des August Voll gelohnt. Denn herausgekommen ist am Ende eine gänzlich andere Wahrheit als diejenige, die vor vielen Jahrzehnten verbreitet worden ist. Die sich als übles Gerücht entpuppt hat.

So stellt sich die Vergangenheit selbst für die Kinder des Opfers, für Ella und Willi, jetzt in einem ganz und gar anderen Licht dar. Ob es für sie tröstlich ist, die wahre Geschichte vom Tod ihres Vaters zu kennen? Wie auch immer die Antwort darauf lauten wird: Es ist ihr Recht, die Wahrheit zu wissen. Und eine Verpflichtung ihrem Vater gegenüber. Als letzte Möglichkeit der Wiedergutmachung. Im Hinblick auf das wahre Lebensbild des August Voll. Auf das, was in der Erinnerung bleiben wird.

So ist dieses Buch entstanden. Die Geschichte einer mit vielen Schicksalsschlägen konfrontierten Frau und ihrer Familie. Das Schicksal einer später sogenannten „Kriegerwitwe". Eine dieser Biografien, wie es sie in der Zeit des Zweiten Weltkriegs zu tausenden gegeben hat. Ein einzelner Lebensweg, der für viele andere steht.

Aus zwei verschiedenen Perspektiven heraus will ich dieses Leben nun nacherzählen. Verbunden mit der Hoffnung, dass den künftigen Generationen, unseren Kindern und Enkeln, solche Schicksale erspart bleiben mögen.

*

Spurensuche...

Eines der ersten Dokumente, das ich bei meiner Rekonstruktion dieses Schicksals in Händen halte, ist ein handgeschriebener Brief des August Voll an seine Frau Emilie. Ein vergilbtes Stück Papier. Zweimal zusammengefaltet. Der Abschiedsbrief eines Todgeweihten:

29.6.1942
An meine liebe Frau,
da ich es fühle, daß meine Gesundheit stark bedroht ist und meine Kräfte täglich weniger werden, will ich für den Fall, daß schnell etwas mit mir geschieht, noch einige Zeilen

an dich schreiben. Sollte mich der Tod überraschen und du erfährst von mir diese Zeilen, so möchte ich dir noch Kraft und Trost zusprechen. Liebe Frau, werde dann erst recht stark, so wie du es immer gewesen bist und klage nicht über mich, denn wenn es mich ereilt, habe ich es besser als Du. Grüße vor allem meine Mutter und übermittle Ihr noch die besten Grüße. Es würde mir auch leid tun, wenn das meine Mutter noch erleben würde.

Nach meinem Tode möchte ich noch bitten: sorge für die Kinder und erziehe sie nach besten Kräften. Streitet Euch nie und seid einig miteinander bis auch für Euch die Stunde des Scheidens kommt.

Auf Wiedersehen
Dein August
Ich wünsche noch ein gesundes glückliches Leben.

Was für ein Brief – in all seiner beklemmenden Nüchternheit, und was für ein Schicksal – für beide Menschen. Ist die Witwe Emilie Voll, die nie wieder geheiratet hat, deshalb im Alter so bitter geworden? Verständlich wäre es! Eine junge Frau, die schon mit 33 Jahren Witwe geworden ist. Die plötzlich alleine dastand: mit ihren zwei kleinen Kindern, mit dem neu gebauten Haus. Mit den ganzen Schulden, die ihr über den Kopf zu wachsen drohten. Und das alles mitten im Krieg.

Auf einmal gibt es keine Zukunft mehr. Nie wird sie eine Antwort auf die Frage erhalten, weshalb sich ihr Mann umgebracht hat. Weshalb er ihr das angetan hat, wo er doch in dem Brief genau das Gegenteil versprochen hatte.

Niemals beantragte sie die Rente, die ihr als Kriegswitwe zugestanden hätte, obwohl sie diese aufgrund der Umstände nach Kriegsende dringend hätte brauchen können. Aber nein! Auf gar keinen Fall!

Stattdessen türmt sich wieder und wieder dieselbe bohrende Frage vor ihr auf: War August Voll vielleicht doch verrückt? Hatte man ihn beim Militär zu Recht ins

Irrenhaus gesteckt? Stimmen die üblen Gerüchte, die im Dorf hinter vorgehaltener Hand die Runde machen, womöglich doch? Dieses unauslöschbare Getuschel hinter dem Rücken der Familie. Keine Gelegenheit, sich direkt zur Wehr zu setzen, wenn die Leute zu vorgerückter Stunde auf „die alten Zeiten" zu sprechen kamen. Wie sie plötzlich erschrocken die Stimme senkten, wenn sie die Anwesenheit von Emilie Voll registriert hatten. Wie ihre Blicke dennoch alles sagten. Hätte sie in solchen Momenten vielleicht selbst in die Offensive gehen sollen, um sich gegen diese üblen Behauptungen zur Wehr zu setzen?

Wo andererseits doch kein Weg an den Tatsachen vorbeiführte. Dass August Voll beim Militär als geistig verwirrt gegolten hatte – und aus diesem Grund ins Lazarett nach Winnenden gekommen war. Der Selbstmörder, der immerhin am Ehrenmal für die Gefallenen des Dorfes Kirchardt begraben worden war. Nicht am Rand des Friedhofs, wo sonst die Selbstmörder lagen.

Emilie Voll hat die Wahrheit nicht mehr erfahren können. Eine Frau, die bis ins hohe Alter schmerzhaft spüren musste, was ihr vom Leben versagt geblieben ist.

Aber der Reihe nach: Versetzen wir uns zurück in die Zeit um 1930. Wie das Leben im Dorf Kirchardt damals wohl ausgesehen hat? Ein Dorf mit rund 1300 Einwohnern, auf zirka 200 Meter Meereshöhe gelegen. Ein typisches Kraichgaudorf. Es liegt auf badischer Seite, direkt an der Grenze zwischen den Ländern Baden und Württemberg, ziemlich genau 15 Kilometer westlich von Heilbronn. Rund zehn Kilometer östlich der badischen Stadt Sinsheim, dem Verwaltungsmittelpunkt des Amtes Sinsheim, zu dem damals auch Kirchardt gehört.

Meterdicke fruchtbare Lössböden, wie sie für den Kraichgau üblich sind, bieten zusammen mit dem milden Klima ideale Bedingungen für Ackerbauern. Angebaut werden Tabak, Erbsen, Mohn, Rüben, Wein, etwas Hopfen, später auch vermehrt Kartoffeln, Gurken und natürlich

Getreide. Die meisten Kirchardter arbeiten im Sommer in der Landwirtschaft und im Winter dann in einer der zahlreichen Zigarrenfabriken.

*

6. Mai 1927, Vormittag

„Da! Schaut Euch mal das an!"

„Das ist ja unglaublich!"

„Wahnsinn!"

Von einem Moment auf den anderen hatten die Arbeiter in der Zigarrenfabrik, Männer wie Frauen gleichermaßen, ihre Arbeit liegen lassen und waren hinaus ins Freie gestürmt, wo sie ihre Köpfe steil in den Nacken legten und voller Staunen in den stahlblauen Himmel blickten.

Mit weit ausgestrecktem Arm deutete der eine oder andere nach oben, wo hoch über ihnen ein Flugzeug mit knatterndem Motor die absonderlichsten Kurven drehte. Es war der ungewohnte Motorenlärm gewesen, der sie zunächst nur neugierig an den Himmel hatte blicken lassen. Doch was sie dann zu sehen bekamen, war wirklich und wahrhaftig atemberaubend. Das kleine Flugzeug vollführte die waghalsigsten Flugmanöver, die sie jemals zu Gesicht bekommen hatten. Völlig unvermittelt stieß es von seiner waagrechten Flugbahn plötzlich senkrecht nach unten, gerade so, als sei das Höhenruder gebrochen. Mit unglaublicher Geschwindigkeit raste die Maschine dem Boden entgegen, und es schien nur noch eine Frage von wenigen Augenblicken, bis sie dort unten zerschellen und in tausend Einzelteilen zerbersten würde.

Spitze Schreckensschreie begleiteten den rasenden Todesflug. Schieres Entsetzen spiegelte sich auf den Gesichtern der Dorfbewohner, die zur Untätigkeit verdammt, völlig hilflos mitansehen mussten, wie da ein Mensch in sein Verderben stürzte.

Doch in der wirklich allerletzten Sekunde vor dem unabwendbar scheinenden Aufprall geschah das Wunder.

Irgendwie gelang es dem Piloten, sein Flugzeug kurz vor dem Boden abzufangen und es wieder in eine waagrechte Bahn zu bringen. Mit schwindelerregender Geschwindigkeit fegte die Maschine nunmehr über die Äcker hinweg, um kurz darauf mit der Nase ein weiteres Mal steil in den Himmel zu ziehen. Dröhnend und wummernd vollbrachte der Motor extremste Höchstleistungen, während sich die Maschine auf einer schwarzen Rauchwolke senkrecht nach oben schraubte. Höher, immer höher, so weit, bis die staunenden Zuschauer am Boden beinahe keine Details an dem Flugzeug mehr erkennen konnten. Jetzt allerdings schien es deutlich langsamer zu werden, immer langsamer, bis man sogar meinen konnte, der dunkle Punkt stünde beinahe bewegungslos in der Luft – nur noch dort oben gehalten, von dem bis an die Grenze seiner Leistungsfähigkeit beanspruchten Triebwerk. Wenn das nur gut ginge! Ein kurzer Aussetzer, ein Stocken der Benzinzufuhr in dieser widernatürlichen Fluglage, ein überhitztes Maschinenteil ... Nicht auszudenken!

Der Mann am Steuerknüppel musste verrückt sein!

„So hoch, wie der jetzt da droben ist! Da muss ihm doch allmählich die Luft knapp werden, oder? Das dürften ja schon Kilometer sein!“

„Sicher wird der Pilot bald ohnmächtig, wenn er nicht aufpasst!“

„Nicht nur der Pilot! Denkt mal an den Motor! Wie lange kann der so eine Belastung aushalten? Erst recht bei dieser dünnen Luft da oben!“

„Und selbst wenn er es schafft, das Flugzeug zu kippen, irgendwann krachen dem doch die Flügel weg, oder?“

Mehr und mehr verdichtete sich die Skepsis der staunenden Beobachter zur Gewissheit: Es konnte nicht gut gehen. Kein zweites Mal. Der Pilot schien wirklich lebensmüde zu sein.

„So etwas Verantwortungsloses! Also wirklich!“

„... und an uns denkt der verantwortungslose Kerl dort

oben gar nicht! Was passiert denn, wenn das Flugzeug etwa tatsächlich explodiert oder auseinanderbricht? Und wenn es dann die Einzelteile vom Himmel regnet?"

„Dann hast du keine Möglichkeit mehr, davonzulaufen", gab ein junger Mann, den die ängstlichen Kommentare der anderen schon von Anbeginn an gewaltig gestört hatten, mit bewusster Gleichgültigkeit in der Stimme zur Antwort. „Das hat es ja schon öfter gegeben, dass Menschen von herunterfallenden Flugzeugteilen erschlagen werden!"

Erschrocken hielten sich zwei ältere Bauersfrauen die Hände vor den Mund und beobachten mit angstgeweiteten Augen den schwarzen Punkt über ihren Köpfen, von dem ein unheilverkündendes Dröhnen ausging. Ein zufriedenes Lächeln zuckte um den Mund des jungen Mannes. Diese beiden Lästermäuler hatte er auf alle Fälle zum Verstummen gebracht.

Doch postwendend ertönte der nächste Schreckensruf aus der Menge. „Da, hört ihr es? Wie komisch der Motor plötzlich klingt?"

In der Tat: Das Knattern veränderte sich mehr und mehr zu einem dumpfen Stampfen. Jetzt konnte es wohl tatsächlich nicht mehr lange gut gehen.

„Ach was", fuhr der scheinbar fachkundige Beobachter ein weiteres Mal ärgerlich dazwischen. „Das kommt vom Propeller und von den Luftturbulenzen, die der bei solch einer Flugposition auslöst. Es klingt ja gerade so, als ob man Teppiche ausklopft – und genauso harmlos ist das Ganze im Übrigen auch", meinte er, mit wissendem Blick zusätzlich dagegenhalten zu müssen.

„Na ja, harmlos ... Also ich weiß nicht ..." Die Skeptiker gaben sich so leicht nicht geschlagen. Typisch Dorfbewohner eben!

„Wie auch immer", mischte sich ein weiterer in die Debatte ein, während er seinen Blick nach wie vor skeptisch an den Himmel heftete. „Wenn der das noch lange macht, dann ist es aus. Solche gewaltigen Belastungen, die hält auf Dauer nämlich kein Fugzeug der Welt aus. So oder so nicht. Ob es dann am Ende am Motor gelegen hat oder an den Tragflächen oder an der dünnen Luft ...“

„Da!“ Ein neuerlicher spitzer Schrei unterbrach die Fachsimpelei der Männer.

„Du lieber Himmel!“

Wieder schien die Maschine – sofern das in dieser Höhe überhaupt zu erkennen war – eine 90°-Wendung vollführt zu haben. Sofort hatte sich das Motorengeräusch verändert.

„Aber ... aber das ist ja ...“

„Schaut doch nur!“

„Jetzt fällt er dann gleich aus dem Flugzeug!“

Nur den jüngeren unter den atemlos staunenden Beobachtern am Boden gelang es wahrzunehmen, was sich nun über ihren Köpfen zutrug. Mit angestrengt zusammengekniffenen Augen starrten sie in den Himmel. Dort raste das Flugzeug aufgrund der waghalsigen Wendung um exakt 90 Grad nun zwar geradeaus weiter, jedoch saß der Pilot durch dieses Manöver andererseits nun kopfüber in der Maschine!

„Wenn der herausfällt ...“

„Um Gottes willen!“

„Wahnsinn!“

Es war kaum auszuhalten. Manch einer bedeckte die Augen, um nicht Zeuge des nahenden Unheils werden zu müssen. Aber schon wieder änderten sich die Gegebenheiten in der hitzeflimmernden Luft hoch über ihren Köpfen.

„Da, er schafft es!“ Kaum war dieser Ruf verklungen, stürzte das Flugzeug ganz und gar unvermittelt in die Falllinie, um Sekunden später mit einer weiteren energischen Bewegung des Höhenruders waagrecht abgefangen zu werden und danach wieder hochzusteigen.

„Der macht ja eine Kurve!“, rief einer von den älteren Zigarrenmachern, dem es vor Schrecken beinahe den Atem verschlagen hatte.

„Looping nennt man das", kommentierte der Fachkundige von vorhin die Flugbewegung.

„Das ist englisch oder amerikanisch und heißt so ähnlich wie Kurve ..."

„Dann kann man es ja auch gleich auf Deutsch so sagen", knurrte der Bauer verdrießlich, während er seinen Blick weiterhin angestrengt auf die Maschine heftete, die nun tatsächlich zum zweiten Mal hoch über ihren Köpfen einen perfekten Kreis beschrieb. „Und auf alle Fälle ist der Kerl dort oben wohl verrückt geworden. Wenn man so mit seinem Leben spielt!", setzte er kopfschüttelnd noch hinzu.

„Es ist wirklich unglaublich", pflichtete ein weiterer staunender Betrachter der waghalsigen Kunststücke ihm bei.

„Was der wohl damit bezwecken will?"

„Vielleicht will er uns Angst einjagen?"

„Womöglich ist es ja ein Franzose!"

Wütend wandte sich ein knapp vierzig Jahre alter, einarmiger Mann in der grünen Uniform eines Feldschützen auf diese Feststellung hin um. „Seit wann haben wir Deutschen denn Angst vor einem Franzosen?", fauchte er dem anderen scharf entgegen. „Bloß weil die uns nach dem Krieg unsere ganze Technik gestohlen haben. Und jetzt kommen sie daher, um uns Deutschen zu zeigen, was sie alles können wollen! Von wegen können – wir werden es ihnen bei passender Gelegenheit schon zeigen!"

Der solchermaßen in seine Schranken Verwiesene senkte betroffen den Kopf und zog es vor, die harsche Belehrung kommentarlos herunterzuschlucken. Wie sollte man sich einem Weltkriegsveteranen gegenüber auch rechtfertigen? Erst recht, wenn es sich um einen Helden wie Jakob Voll junior handelte, der als junger Soldat damals im großen Krieg seinen Arm verloren hatte. Und der seitdem als Wegewart, Bademeister und Waldhüter des Dorfes seinen Dienst versah. Pflichtbewusst, stolz, hochangesehen und mit jeder Faser seines Herzens deutschnational gesinnt. Trotz – oder vermutlich gerade wegen – der Tatsache seiner Kriegsversehrtheit. Und dies, obwohl er aus einer Familie stammte, die unter den Kirchardtern eigentlich als eher sozialdemokratisch orientiert galt. Wenn nicht sogar Sympathisanten der Kommunisten unter den Volls zu vermuten waren! Dieses Gerücht machte zumindest im Dorf hartnäckig die Runde. Anhänger der Arbeiterbewegung eben – bis auf Jakob, der in dieser Hinsicht völlig anderes eingestellt war.

Noch ein Arbeiter mischte sich nun mit sorgenvoll gerunzelter Stirn in die Debatte.

„Der Franzose? Du meinst also, der Feind will uns mit solchen Flugvorführungen zeigen, was er kann? Und vor aller Augen deutlich machen, dass er uns mit dieser Technik von vornherein überlegen ist? Du glaubst also, sie wollen uns damit zeigen, dass sie nach wie vor die Herren über Deutschland sind?"

Jakob nickte grimmig. Doch bevor es ihm gelang, diese Befürchtung mit weiteren finsteren Mutmaßungen zu untermauern, wurde er von dem jungen Mann schon wieder unterbrochen.

„Ach was, so ein Blödsinn aber auch", deutete dieser junge Mann mit weit ausgestrecktem Arm kopfschüttelnd auf das Heck des Flugzeugs, das von seinem Piloten jetzt wieder knapp vor dem Erdboden abgefangen worden war und dicht vor der staunenden Gruppe über den Acker raste. „Ihr braucht doch nur eure Augen aufzusperren. Dort, schaut einmal auf den Adler am Heck. Das ist doch ein deutsches Hoheitszeichen! Oder glaubt ihr etwa, dass sich ein Franzose in eine Maschine setzen würde, auf die man einen Adler gemalt hat. Also wirklich ..." Wie zur Bestätigung seiner Feststellung tippte er sich vielsagend an die Stirn. „Da hat er auch wieder recht", nickte der Arbeiter. „Die haben ja seit ewigen Zeiten dieses ‚Blau-Weiß-Rot' als Flagge ..."

„... und ganz sicher keinen Adler drauf – dafür lege ich meine Hand ins Feuer!", ergänzte der junge triumphierend, während er den Einarmigen aus den Augenwinkeln vorsichtig beobachtete. Zu schön, dass er es diesem deutschnationalen Kriegshetzer endlich einmal hatte zeigen können! Den Jakob Voll hatte er noch nie gemocht. Und auch das Mitleid dem Mann gegenüber, der im Weltkrieg für Volk und Vaterland seinen Arm geopfert hatte, war längst schon tiefer Abneigung gewichen. Wie konnte sich einer, der schon einmal das bestialische Schlachten und Sterben im Krieg über Jahre hinweg hatte erleben müssen und selbst dem Tod nur mit knapper Not entronnen war, nur unablässig in Hetztiraden gegen Franzosen, Russen und Engländer ergehen? Weshalb führte solch ein Mann ständig diese Reden, in denen es sich immer nur um Vergeltung und Rache, um neue Kriegszüge und um diese unsägliche sogenannte Dolchstoßlegende drehte?

Der Dolchstoß! So bezeichneten jene ewig Gestrigen die Unterzeichnung des Waffenstillstandes im Herbst 1918, das Ende des Weltkrieges, durch verantwortungsbewusste deutsche Politiker. Womit diese Verräter, wie beispielsweise zuvorderst Matthias Erzberger, der am 11. November 1918 im Wald von Compiegne seine Unterschrift unter den harten Waffenstillstandsvertrag gesetzt hatte, den tapfer an den Fronten kämpfenden deutschen Soldaten den Dolch in den Rücken gestoßen hätten, wurde dann später plötzlich behauptet! Als wenn die Lage der Armee in Wahrheit nicht längst schon völlig aussichtslos gewesen wäre. Viele tausend Opfer unter den Soldaten hätte jeder zusätzliche Kriegstag noch zur Folge gehabt – ganz zu schweigen von der verzweifelten Lage der hungernden Bevölkerung in den großen Städten, wie Berlin, Leipzig oder Kiel.

Doch Matthias Erzberger wurde es nicht gedankt, ganz im Gegenteil sogar. Als einer der sogenannten „Novemberverbrecher“ musste er sich fortan zu einem der meistgehassten deutschen Politiker zählen lassen. Und die Propaganda der rechten Eiferer steigerte sich ins

Uferlose, bis Erzberger vor wenigen Jahren einem heimtückischen Mordanschlag der Deutschnationalen zum Opfer gefallen war. Im Alter von gerade einmal 46 Jahren! Und Männer vom Schlage eines Jakob Voll waren nach Bekanntwerden des Mordes zu allem Überfluss in die Kirchardter Dorfgasthäuser geeilt und hatten mit zufriedenem Grinsen an den Stammtischen vom Tag der Vergeltung gesprochen, von einer neuen Zeitrechnung, die nun begonnen habe. Man werde nicht mehr ruhen, bis die Macht Deutschlands stärker und glanzvoller strahle, als dies vor dem feigen Dolchstoß der Verräter der Fall gewesen sei. Ein lauter Ruf unterbrach die düsteren Gedankengänge des jungen Mannes.

„Seht nur: Da ist gerade etwas aus dem Flugzeug gefallen!"

Mit offenen Mündern verfolgten die Betrachter am Boden, wie ein hellbraunes Etwas, womöglich gar ein Teil der Instrumente, aus dem Flugzeug auf den benachbarten Acker fiel.

„Es wird doch nichts passiert sein?"

„Ach was, ihr seht doch, wie der Pilot seinen Arm gehoben hat. Er winkt uns zum Abschied zu und hat vorher noch eine Nachricht abgeworfen."

„Eine Nachricht? Als ob ein Stück Papier so einfach zur Erde plumpsen würde, wie das Teil da eben!"

„Es ist ein Briefumschlag, wetten? Er hat ihn natürlich mit irgendetwas Schwerem gefüllt, das ist doch klar! Du meine Güte, weshalb muss man denn immer gleich denken, es sei etwas Schlimmes passiert? So ein Blödsinn aber auch!" Verdrießlich schüttelte der fachkundige junge Mann den Kopf.

„Meinst du wirklich?"

„Ganz sicher meine ich ..."

„Also – vielleicht ist es ja eine Landkarte?"

„Ich tippe eher auf eine Nachricht, die er uns hat zukommen lassen wollen."

„Eine Nachricht?! Für uns? Aus einem Flugzeug? Na, also, ich weiß nicht so recht ...“, kratzte sich der Gesprächspartner zweifelnd im Nacken.

Sein Gegenüber zuckte gelangweilt mit den Schultern. „Da können wir hier noch lange stehen und debattieren – und kommen trotzdem auf keinen grünen Zweig. Schau mal, die Kinder machen es besser, die überlegen nicht lange, sondern holen sich das Fundstück!“

Tatsächlich waren längst gut ein Dutzend Kirchardter Buben und Mädchen mit begeisterten Rufen auf das Feld gerannt, wo das merkwürdige Teil zu Boden gefallen war. Ein rasanter Wettlauf um die Ehre, als Erster das kostbare Fundstück zu bergen und es mit stolz geschwellter Brust den Erwachsenen präsentieren zu können, die schon voller Neugier darauf warteten, endlich Klarheit über dessen rätselhaften Inhalt zu bekommen.

Auch der Landwirt und Zigarrenmacher Jakob Voll senior war heute schon früh am Morgen in Begleitung seines jüngsten Sohnes, des 21-jährigen August Voll, auf den Acker der Familie gegangen, um Kartoffeln zu stecken. Gerade jetzt, in dieser Jahreszeit, kurz vor den sogenannten Eisheiligen, konnte selbst ein Spätfrost den empfindlichen Kartoffeln nichts mehr anhaben. Denn bis die Saatkartoffeln ausgekeimt waren und die ersten Triebe aus dem Boden streckten, war die Zeit der morgendlichen Fröste endgültig vorüber. Seit Tagen hatte es zudem nicht mehr geregnet. Geradezu ideale Voraussetzungen also, um die Kartoffeln in die Erde zu bringen, ohne dass der fruchtbare Kraichgauer Lössboden in dicken Klumpen an der Hacke haftete.

Voller Staunen hatten Vater und Sohn die waghalsigen Kunststücke des Piloten über ihren Köpfen verfolgt.

„Das ist schon tollkühn, was der uns da vorführt!“

„Unglaublich!“ Der ältere der beiden Feldarbeiter stützte sich mit dem Unteram auf dem hölzernen Stiel seiner Hacke ab und runzelte sorgenvoll die Stirn.

„Hoffentlich nimmt es ein gutes Ende! Bei solchen gewagten Flugmanövern, da ist schnell ein Teil gebrochen. Bei den gewaltigen Belastungen, denen das Material dabei ausgesetzt ist!“

„Aber weshalb der das ausgerechnet hier über Kirchardt macht?“, konnte sich August Voll keinen Reim auf die ungewöhnliche Darbietung machen. „Als ob wir etwas Besonderes wären! Ausgerechnet wir hier in Kirchardt!“

Sein Vater wiegte nachdenklich den Kopf, während er gleichzeitig beobachtete, wie die Maschine in rasendem Tempo jetzt in die Waagrechte übergegangen war und sich noch einmal, gerade so, als handele es sich um eine Abschiedsgeste, mit den Tragflächen erst auf die linke, dann auf die rechte Seite neigte. Und dann dasselbe ein weiteres Mal. „Also, das sieht ja wirklich so aus, als hätte uns der Pilot zum Abschied noch einmal zugewunken!“

„So hat es tatsächlich ausgesehen“, nickte August mit vor Staunen offenem Mund, während er das Flugzeug nicht aus den Augen ließ, das sich nun rasch von ihnen entfernte. Bald schon verlor sich die Silhouette der Maschine als dunkler Punkt irgendwo am Horizont.

Eine ganze Weile blieb es still zwischen den beiden. Erst einmal war jeder damit beschäftigt, das gerade eben Gesehene und Erlebte für sich zu verarbeiten. Es war schließlich August Voll, der sich zögernd räusperte. „Also, ich weiß nicht. Das hat tatsächlich so ausgesehen, als ob der unser Dorf gekannt hat ...“

„Merkwürdig war das schon“, pflichtete ihm sein Vater bei. „Aber egal, vom Rumstehen bekommen wir die Kartoffeln nicht in den Boden. Und der Flieger wird uns dabei auch nicht helfen können. Komm, August, an die Arbeit, wir haben noch einiges vor heute. Hilf mir mal beim nächsten Kartoffelsack.“ Er lehnte seine Hacke gegen den Leiterwagen und packte mit beiden Händen einen derben bräunlichen Rupfensack, in dem ein knapper

Zentner Saatkartoffeln steckte, die sie als Nächstes auszubringen hatten. Ächzend hievten die beiden den Sack aus dem Wagen und waren bald schon vollkommen mit ihrer Tagesarbeit beschäftigt, währenddessen ihnen gleichwohl das sonderbare Erlebnis mit dem Flugzeug so rasch nicht aus den Köpfen gehen wollte.

Eine gute Viertelstunde später eilte einer der Arbeiter am Kartoffelacker vorüber, der in der Menge neben der Zigarrenfabrik gestanden hatte. Im Schlepptau begleitet von einer ganzen Kinderschar schwenkte der Mann mit wichtigem Gesichtsausdruck ein hellbraunes Stück Papier in seiner Hand: „Es ist ein Brief! Der Pilot hat ihn gerade aus dem Flugzeug da abgeworfen. Er ist vom jungen Haal! Der hat es aus der Maschine geworfen! Es ist eine Nachricht für uns! Für Kirchardt! Für den Bürgermeister!“ Schon war er an den beiden Volls vorbeigezogen, um die sensationelle Post so rasch wie möglich auf das Rathaus zu befördern. Was wohl der Inhalt dieses Briefes sein mochte? Zumindest für die nächsten Stunden war nun für reichlich Gesprächsstoff im Dorf gesorgt. Und natürlich für dementsprechende Spannung. Hoffentlich würde sie der Bürgermeister nicht allzu lange über die Botschaft im Unklaren lassen. Indem er womöglich erst seinen Gemeinderat zu einer Sondersitzung zusammenrief, um zunächst nur seinen Ratskollegen den Inhalt preiszugeben. Zuzutrauen war Bürgermeister Martin Bentz solch ein Vorgehen durchaus. „Wissen ist Macht“, so lautete der Spruch, den man immer wieder von ihm hören konnte. „Und wer zu viel von seinem Wissen preisgibt, verliert deshalb auch dementsprechend viel von seiner Macht.“ Der alte Geheimniskrämer! Ansonsten handelte es sich bei Martin Bentz ja um einen freundlichen, allseits hilfsbereiten Mann, der jedoch ganz gerne wenigstens ab und an ein kleines Geheimnis zunächst einmal eine Zeitlang noch für sich behielt. Schließlich müsse doch der Bürgermeister einen gewissen Vorsprung vor den anderen haben dürfen, pflegte er sich bei solchen Gelegenheiten immer wieder mit schalkhaftem Schmunzeln zu verteidigen. Herrschaftswissen!

Als wenn man um einen Brief von Erich Haal womöglich ein großes Rätselraten veranstalten müsste. Nur, weil der seine Botschaft in jener spektakulären Art und Weise aus dem Flugzeug heraus abgesetzt hatte. Eine Botschaft, die doch wohl für alle Kirchardter gleichermaßen gedacht war? Man würde sehen. Und hören. Hoffentlich schon bald.

„Der junge Haal! Hab ich mir's doch gleich gedacht! Typisch Erich Haal!“ Missbilligend schüttelte der alte Bauer seinen Kopf. „Nichts als waghalsige Abenteuer hat der Junge im Kopf! Das war schon immer so. Und das wird sich allem Anschein nach wohl auch nicht mehr ändern.“

Erich Haal! Wie elektrisiert war August Voll bei der Nennung dieses Namens zusammengezuckt. Der berühmte Pilot Erich Haal. Der Schwarm der gesamten Kirchardter Frauenwelt! Der von der männlichen Dorfjugend genauso vielbewunderte wie heftig beneidete Flieger, dessen turbulentes Leben samt seiner zahlreichen Abenteuer schon jetzt Stoff für stundenlange spannende Erzählungen lieferte. Glücklich all die jungen Burschen, die behaupten konnten, ihn persönlich zu kennen oder gar mit ihm gemeinsam die harte Holzbank der Kirchardter Dorfschule gedrückt zu haben. Mit Erich Haal, dem Sohn des Dorfarztes Dr. Haal. So schnell wie möglich hatte der Erich nach Ende der Dorfschulzeit dann aber die Enge des kleinen Kraichgaudorfes hinter sich gelassen und es dank der großzügigen finanziellen Unterstützung seines Vaters auch rasch geschafft, in der Fremde seinen Weg zu machen. In der großen weiten Welt, wie sich die Kirchardter mittlerweile mit ehrfurchtsvoller Anerkennung in der Stimme den Bewohnern der umliegenden Dörfer gegenüber zu äußern pflegten, wenn sie voller Stolz von den Heldentaten „ihres Erich“ schwärmten. Denn es handelte sich schon um eine geradezu atmberaubende Karriere, die er in kürzester Zeit hingelegt hatte, ihr Erich. Vom einfachen Dorfjungen aus dem Kraichgau zum Flugzeugführer und dann sogar zum Testpiloten von Junkers in Magdeburg! Und bald schon, das pfiffen längst die Spatzen von allen Dächern, würde Erich Haal gar zum Chefpiloten dieser Flugzeugwerke aufsteigen. Der legendären Junkers-Werke. Einfach sensationell! Kein Wunder, dass ganz Kirchardt „seinen Erich" dementsprechend in hohen Ehren hielt! Nein, er schämte sich seiner einfachen Herkunft aus diesem nahezu unbekannten kleinen Örtchen keineswegs. Zeigte sich im Gegenteil sogar auf anrührendste Art und Weise höchst heimatverbunden, in dem er in seinen Briefen an die Eltern auch niemals versäumte, die allerbesten Grüße an die Jugendfreunde in Kirchardt zu bestellen.

Erich Haal! Er also war es gewesen, der diese spektakuläre morgendliche Kunstflugvorführung über ihren Köpfen dargeboten hatte. Natürlich der Erich! Wer denn sonst?! Dass sie nicht gleich schon von alleine daraufgekommen waren!

Aber Magdeburg lag weit entfernt von Kirchardt. Wie also hätte man auch ahnen sollen, dass es der Erich so einfach auf sich genommen hatte, diese gewaltig lange Flugstrecke zu absolvieren. Seine Heimatgemeinde überflog, und dann auch noch diesen Brief aus dem Flugzeug geworfen hatte. Adressiert an den Bürgermeister Martin Bentz. Diese Erkenntnis hatte der sichtlich aufgeregte Bote keuchend hervorgestoßen, während er an den beiden Volls vorbei schnell weiter in Richtung Rathaus gehastet war, wobei er das Schriftstück mit weit emporgestrecktem Arm über seinem Kopf präsentierte. Gerade so, als handele es sich dabei um eine wertvolle Trophäe, die es für die Dorfgemeinschaft auf ewig zu sichern galt.

Kopfschüttelnd verfolgte Jakob Voll senior den rasch entschwindenden Mann und die ihn verfolgende, begeistert jauchzende Kinderschar.

„Na ja, so schön es auch ist, dass uns der Erich auch als großer Mann nicht vergessen hat, das spricht ja schon für ihn. Aber, als wenn wir in Deutschland gegenwärtig keine anderen Sorgen hätten, als Kunststücke mit dem Flugzeug zu bejubeln“, kommentierte der alte Bauer mit einem unüberhörbar zweifelnden Unterton in der Stimme die waghalsige Flugvorführung samt der darauffolgenden grenzenlosen Begeisterung. „Wenn ich nur daran denke, wie viele hunderttausende von jungen Männern im ganzen Reich gerade ohne Arbeit sind. Ich weiß nicht, ob es angesichts dieser schlimmen Tatsachen wirklich angebracht ist, eine solche Flugschau abzuhalten. Allein was das gekostet haben dürfte. Der Treibstoff, die Maschine und die Mechaniker, die sie wieder warten müssen. Musste das sein? Solch ein riesiger Aufwand? Zu welchem Zweck und Nutzen?“

Aufgrund dieser Bemerkung seines Vaters drehte sich August in dessen Richtung und musterte ihn mit einem langen, nachdenklichen Blick. In einer hilflosen Geste hob er die Achseln und nickte kurz, während er voller Skepsis die Mundwinkel nach unten zog. „Da hast du recht, Vater. Weiß Gott. Aber darum geht es ja nicht. Leider nicht. Es geht in Wahrheit ja um etwas ganz anderes. Denn sie sind ja so unheimlich stolz darauf, dass sie jetzt überhaupt wieder fliegen dürfen nach dem verlorenen Weltkrieg. Und nach dem totalen Flugverbot, das über Deutschland verhängt worden ist. Darum geht es also, dass sie nun aller Welt wieder zeigen können, was für tolle Kerle sie doch sind. Ob das alles sinnvoll ist oder nicht, das spielt dabei überhaupt keine Rolle. Es ist eine Demonstration der eigenen Stärke, oder vielmehr der vermeintlichen Stärke. Sonst gar nichts. Es geht ihnen einzig und allein nur um diese Vorführung. Die Arbeitslosen ... Pah, die sind ihnen doch völlig egal. Was auch immer dahergeredet wird. In Wirklichkeit geht es doch immer nur um Macht, um Stärke, um Stolz und um den ersten

Platz in der Welt. Ich fürchte nur, das ist womöglich der Anfang einer Entwicklung, die uns noch einmal schwer zu schaffen machen wird. Man kann es ja schon überall hören und spüren, wie sie immer unruhiger werden, die alten Säbelrassler. Bald schon wollen sie den anderen wieder die Muskeln zeigen. Wir sind wieder wer, heißt es plötzlich überall. Was auch immer das bedeuten soll. Und solche Flugvorführungen ..." Er unterbrach sich kurz und deutete mit dem Zeigefinger an einen imaginären Punkt irgendwo am Himmel. „Diese Vorführungen sind doch nichts anderes als ganz gezielte Übungen für spätere Luftkämpfe. Für Sturzflüge, für Ausweichmanöver den feindlichen Flugzeugen gegenüber und so weiter. Das mag jemand wie der Erich Haal noch nicht einmal selbst so bezwecken wollen, doch im Grunde genommen erprobt er ja mit solchen Kunststückchen in allererster Linie auch die Belastbarkeit seiner Maschine. Wie weit kann ich mit welchem Material gehen? Wie schaffe ich es, bessere Flugzeuge zu bauen als die anderen? Mit denen ich im Falle des Falles den Franzosen oder den Engländern beim Luftkampf dann überlegen bin. Das ist es, was in Wahrheit hinter allem steckt. Vielleicht mache ich mir in dieser Hinsicht ja auch viel zu viele schlechte Gedanken, aber irgendwie werde ich das Gefühl nicht los, dass sie allmählich alle wieder aus ihren Schützengräben kriechen, die alten Haudraufs. Selbst der Jakob redet in letzter Zeit ja beständig nur noch davon, dass es höchste Zeit sei, dem Franzmann wieder zu zeigen, wo der Bartel den Most holt. Als wenn der Preis nicht schon schlimm genug war, den er im Krieg mit dem Verlust von seinem linken Arm hat bezahlen müssen."

Augusts Vater legte die Stirn in sorgenvolle Falten, während er seinen jüngsten Sohn mit einem ernsten Blick aus seinen dunklen Augen streifte. „Ich fürchte, da muss ich dir leider zustimmen. Aber was kann unsereiner als einfacher Bauer auf dem Land schon dagegen unternehmen.

Was die hohen Herren da oben wollen, das wird gemacht. Und wenn sie die Muskeln spielen lassen und damit plötzlich einen neuen Krieg vom Zaun brechen, dann hast du zu parieren. Und zu marschieren. Ob es dir passt oder nicht. Wahlrecht hin oder her. Dann herrscht plötzlich das Kriegsrecht – auch wenn es nur noch Recht heißt, aber in Wirklichkeit gar keines mehr ist. Ja, so ist das halt ..." Achselzuckend wandte Jakob Voll sich um und deutete mit dem ausgestreckten Arm vielsagend zu seinem Leiterwagen hinüber, auf dem immer noch zwei gut gefüllte Säcke mit Saatkartoffeln darauf warteten, geleert zu werden. August hatte den Hinweis verstanden. Mit beiden Händen griff er nach dem einen Sack, den er sich ächzend auf die Schultern hievte. „Und dennoch ...", stieß er keuchend hervor, während er seine Last schwankend zum Acker bugsierte. „Man muss wachsam bleiben, sonst machen sie nämlich vollends, was sie wollen. Wehret den Anfängen, kann ich da nur sagen."

Die von dem waghalsigen Piloten Erich Haal über dem Dorf abgeworfene Nachricht hatte in der Tat auch im Kirchardter Rathaus für großen Stolz und noch größere Freude gesorgt. Dass es sich um einen echten Jungen aus Kirchardt handelte, der es bis in eine solch bedeutende Position geschafft hatte, durfte mit Fug und Recht als echte Sensation bezeichnet werden. Denn immerhin sorgte die Prominenz des Piloten als höchst willkommener Nebeneffekt ja schließlich auch dafür, dass der Name des Dorfes damit in aller Welt bekannt wurde. Kirchardt in Nordbaden, die Heimat des viel bewunderten Piloten Erich Haal!

Ausgerechnet jener berühmte Mann hatte seinem Heimatort mit der spektakulären Stippvisite am Himmel also nun ein weiteres Mal die Referenz erwiesen. Und ihnen überdies noch eine Botschaft zukommen lassen. „Mit herzlichen Grüßen an meinen Geburtsort und alle Kirchardter." Das war es, was auf dem Blatt gestanden hatte. Mehr nicht. Kein Grund also für Martin Bentz, den Bürgermeister von Kirchardt, aus diesem Inhalt eine größere Geheimniskrämerei entwickeln zu können. Aber eben dennoch viel genug, um sich ganz gewaltig über diese herzlichen Grüße freuen zu können.

Umgehend diktierte Bürgermeister Martin Bentz nun seinerseits einen Brief an „Erich Haal, Testpilot bei den Junkers Flugzeugwerken, Magdeburg", in dem er sich mit den überschwänglichsten Worten bei dem viel bewunderten Sohn des Dorfes bedankte und gleichzeitig seinem grenzenlosen Staunen über die an diesem Tag erlebten atemberaubenden Flugkünste Ausdruck gab.

Ganz am Ende seines Schreibens setzte der Bürgermeister noch eine kleine Bitte an Erich Haal. Er möge doch bei passender Gelegenheit eventuell ein weiteres Mal am Himmel über Kirchardt erscheinen, um damit auch all den anderen Kirchardtern, die ihn zu ihrem großen Leidwesen heute Morgen verpasst hatten, einen seiner berühmten und waghalsigen Sturzflüge über dem Dorf zu präsentieren. Martin Bentz überlegte, inwieweit die Bitte eines kleinen Dorfbürgermeisters den viel gefragten Testpiloten noch einmal über Kirchardt auftauchen zu lassen, zu verwirklichen sein könnte. Allein die Arbeitsbelastung, der ein solcher Mann ausgesetzt war, sprach eigentlich dagegen. Es war dem Erich einmal gelungen, seiner Heimat die Referenz zu erweisen. Aber ein zweites Mal? Nein, das schien selbst dem Bürgermeister nahezu unmöglich. Doch man konnte es ja wenigstens einmal versuchen ...

*

„Da, schaut! Schon wieder! Ein Flugzeug!" Erstaunt folgten die Leute an diesem späten Vormittag des 2. Juni 1927 dem ausgestreckten Arm des jungen Mannes, der als Erster das herannahende Flugzeug am leicht bewölkten

Himmel über Kirchardt ausmachte. „Da! Seht ihr? Da ist es! Womöglich wieder der Haal!"

„Der Erich? Wo denn?"

„Tatsächlich! Er ist es!"

„Der Erich Haal!"

„Ja, freilich! Genau! Das ist er! Er hat den Brief vom Bürgermeister also bekommen und zeigt uns noch einmal seine Kunststücke! Passt auf, gleich werdet ihr staunen!"

Mit lautem Jubel kommentierten die Beobachter auf der Straße die sich immer mehr zur Gewissheit verdichtende Mutmaßung, dass es sich bei dem Piloten des Flugzeugs, das nun in einer Höhe von nur noch wenigen Metern über dem Boden auf das Dorf zuraste, wirklich und wahrhaftig um niemand anderen handelte als um Erich Haal, den legendären Flieger und Sohn des Kirchardter Dorfarztes. Wie auch? Welch anderer Flugzeuglenker wäre schon imstande, einen ebenso spektakulären Anflug auf Kirchardt zu wagen? Nicht einmal vier Wochen nach seinem letzten Vorbeiflug war er also bereits zurückgekommen, um der Bitte von Bürgermeister Bentz zu entsprechen. Phantastisch!

„Ein echter Teufelskerl, der Erich!"

„Mensch, Vorsicht! Duck dich, sonst ist der Kopf ab!" Knapp über den Köpfen der sich ängstlich niederduckenden Menschen donnerte das Flugzeug in dieser Sekunde hinweg, um sich unmittelbar danach steil in die Höhe zu schieben. Die Luft erzitterte vom lauten Dröhnen des Motors, dem absolute Höchstleistung abverlangt wurde, um den Propeller mit einer geradezu irrwitzigen Drehzahl anzutreiben. Ganz klar, es war ein Manöver auf Leben oder Tod, denn schon ein einziger winziger Zündaussetzer würde genügen, um die Maschine wie einen Stein vom Himmel fallen zu lassen. Typisch Erich Haal!

Aber wie auch immer, der Erich war zu ihnen zurückgekommen und präsentierte sich ihren staunenden Augen mit neuen waghalsigen Kunststücken. Die im Brief formulierte Bitte des Bürgermeisters auf eine abermalige Stippvisite über dem Dorf war bei Erich Haal also auf fruchtbaren Boden gefallen.

Noch spektakulärer schien ihnen die Vorführung als es damals, keine vier Wochen zuvor, der Fall gewesen war. Und immer wieder stockte den Kirchardtern der Atem, als das Flugzeug die unglaublichsten Manöver vollführte. Mehr als einmal hatte es dabei den Anschein gehabt, als müsse die Maschine auf dem Boden direkt vor ihren Füßen zerschellen. Doch jedes Mal hatte es der Pilot im allerletzten Augenblick doch noch geschafft, den drohenden Aufprall zu vermeiden. Einem Wunder gleich war das Flugzeug samt dem tollkühnen Mann am Steuerknüppel unversehrt geblieben!

„Womöglich landet er heute vielleicht sogar bei uns?"

„Eine Landung?!" Wie ein Lauffeuer machte die hoffnungsvolle Mutmaßung ihre Runde unter den staunenden Beobachtern. „Das wäre ja ... ungeheuerlich!"

„Ungeheuerlich? Es wäre der absolute Wahnsinn!", meldeten sich dazwischen die ersten Skeptiker zu Wort. „Das würde ihm niemals gelingen!"

Und dennoch: Alle zusammen verfolgten sie hoffnungsvoll die tollkühnen Spiralen am Himmel, die eventuell sogar in einer Landung auf den Wiesen am Birkenbach münden würden. Am Birkenbach? Ja, das könnte klappen. Es war die einzige Landemöglichkeit, die ihnen einigermaßen machbar schien. Obwohl ihnen bei Erich Haal, diesem Teufelskerl, ja sowieso nicht das Geringste unmöglich zu sein schien. Tatsächlich konnte man mehrmals den Eindruck gewinnen, er bereite sich und die Maschine bereits auf einen Landeanflug vor, wenn er als kleiner schwarzer Punkt hoch droben ganz unvermittelt aus dem Himmel auf das Dorf herunterzufallen schien. Doch die Hoffnung hatte getrogen.

Gut und gerne zehn Minuten währten die Vorführungen, dann entfernte sich das Flugzeug genauso rasch in südlicher

Richtung, wie es zuvor gekommen war. Wenig später war die Maschine schon kurz hinter Berwangen irgendwo am Horizont verschwunden. „Schade, dass er nicht auch noch gelandet ist", seufzten vor allem die jüngeren unter den Kirchardtern. Nur allzu gern hätten sie dem berühmtesten Sohn ihres Dorfes einmal die Hand schütteln oder gar das Flugzeug einmal berühren wollen. „Nun ja. Aber immerhin hat er sich extra für uns die Zeit genommen. Es muss ja nicht das letzte Mal gewesen sein, dass uns unser Erich besucht hat!" Unser Erich! Erfüllt von dem erhebenden Gefühl, in ein und demselben Dorf geboren worden zu sein wie der Volksheld Erich Haal, wandten sich die Leute mit neuem Schwung ihrer vorher unterbrochenen Arbeit zu.

Nur einige wenige von ihnen waren erfüllt von widerstreitenden Gedanken, die sie schon während der triumphalen Flugschau bewegt hatten. So erging es auch August Voll, dem jungen Handwerker, der sich nur allzu deutlich an ganz andere Aussagen zurückerinnerte, die während seiner Schulzeit immer wieder im Dorf zu hören gewesen waren. Während man heute Morgen nicht enden wollende, begeisterte Hochrufe auf den waghalsigen Flieger Erich Haal ausgebracht hatte, waren es seinerzeit dunkle Vermutungen und Gerüchte gewesen, die im Hinblick auf Erich Haal und dessen Familie geäußert worden waren. Zunächst auch nur hinter vorgehaltener Hand. Dann, mit dem allmählichen Erstarken der nationalsozialistischen Partei, waren die Gerüchte offener zutage getreten. Die zuerst versteckten Hinweise mündeten immer mehr in konkrete Behauptungen. Die schwarzen Haare, über die alle Mitglieder in der Familie des Dorfarztes verfügten. Und mehr noch: der unübersehbar dunkle Teint! Die scheinbar wettergegerbte, beinahe dunkelbraune Gesichtshaut. Nicht zu vergessen die markanten Nasen. Merkmale, wie man sie von den Juden her kannte. Die Juden, auf die sich der ganze Hass und Zorn von den immer lauter und rücksichtsloser agierenden Nationalsozialisten eines verblendeten Parteivolkes mittlerweile konzentrierte. Als trügen diese Menschen die Schuld am verlorenen Weltkrieg, an Inflation, Arbeitslosigkeit und Wirtschaftskrise. Einfache Menschen, wie beispielsweise die Berwanger Juden, die sich in ihrer überwiegenden Mehrzahl doch eher schlecht als recht durchs Leben mühten. Menschen wie der Dorfarzt Dr. Haal und dessen Familie? Erich Haal, der Volksheld aus Kirchardt? Ein Jude? Urplötzlich schienen sie ihre aufkeimende Verachtung also wieder vergessen zu haben. Hatten sie kurzerhand ertränkt im Jubel der Begeisterung um den tollkühnen Flieger. „Hoffentlich bleibt es auch so", murmelte August achselzuckend in sich hinein. Vielleicht hatte es insofern ja auch sein Gutes. Denn so würden ihnen die Juden, von denen es in den Nachbardörfern Grombach und Berwangen zahlreiche Familien gab, womöglich doch in einem anderen Licht erscheinen, als dies der Bevölkerung mit den Hasstiraden der Nationalsozialisten eingeimpft werden sollte. Falls die Familie des Dr. Haal tatsächlich von jüdischer Abstammung war. Was sich schon deshalb niemals hatte belegen lassen, weil der Erich doch genau wie die anderen Kirchardter Kinder in der evangelischen Kirche konfirmiert worden war. Also zumindest seinem Glauben nach nicht als Jude anzusehen war. Aber selbst dagegen zogen die Anhänger der NSDAP ja allmählich zu Felde. Sprachen in einem wirren Konglomerat an Begriffen und Behauptungen ganz und gar ungeniert von verschiedenen Menschenrassen, von den weit überlegenen Ariern und von den sogenannten Untermenschen. Von Juden, Zigeunern und anderen, denen sie auf das Entschiedenste ihre Abneigung entgegenschleuderten. Insofern konnte es vielleicht ganz hilfreich sein, dass man in Kirchardt plötzlich einen Mann wie einen Volkshelden feierte, um den sich noch kurz zuvor ganz andere Gerüchte gerankt hatten. Denn wie konnte ein Mensch, der doch nur von einer minderen

Rasse abstammte, solch tollkühne Kunststücke präsentieren, wie dies Erich Haal gerade vor ihren staunenden Augen zuwege gebracht hatte. „Ich hoffe, das wird sie endgültig zur Vernunft bringen, die braunen Gesellen mit ihren dummen Sprüchen. Samt meinem lieben Bruder Jakob, der immer meint, er müsse den lautesten Schreihals von allen geben. Der Erich Haal kann von dieser Warte aus betrachtet noch so manchen Dummkopf zu einer besseren Einsicht bewegen." Als könne er seiner Einschätzung damit zum Durchbruch verhelfen, nickte August Voll zweimal nachdrücklich mit dem Kopf, bevor er sich seufzend wieder seiner Arbeit zuwandte. Wie gewaltig er mit dieser Hoffnung freilich danebenlag, würden erst die nächsten Jahre zeigen. Doch all dies konnte August Voll in jenen Wochen und Monaten in der zweiten Hälfte der 20er Jahre des 20. Jahrhunderts selbstverständlich nicht ahnen. Noch herrschte eine Art gespannter Ruhe im Deutschen Reich, bevor dann der Schrecken umso brachialer über das Land hereinbrach.

*

Spätestens mit Beginn des Jahres 1930 waren die Zeiten unruhig geworden. Im Kleinen wie im Großen. In Kirchardt genauso wie im gesamten Deutschen Reich. Im Nachhinein betrachtet hatte es schon gegen Ende Oktober 1929 begonnen. Als die ersten Nachrichten von einem sogenannten „Schwarzen Freitag", dem New Yorker Börsenkrach, bis in das kleine Kraichgaudorf drangen. Welche Auswirkungen der gewaltige Kurssturz von Aktien an einer Börse im fernen Amerika für die Menschen in Deutschland haben sollte, war zunächst den allerwenigsten begreifbar. Doch ab dem Frühjahr häuften sich plötzlich Meldungen über Firmenzusammenbrüche, über in Konkurs gegangene Unternehmen, ja sogar von zahlungsunfähigen Banken war die Rede. Die Folgen zeigten sich in einem sprunghaften Anstieg der Arbeitslosigkeit. Wo sie doch erst gerade eben zu hoffen gewagt hatten, dass die Zeiten der Not und Depression nach dem Ende des verlorenen Ersten Weltkrieges allmählich überwunden wären. Mit einem Schlag schien der Aufschwung, der freilich nur in den großen Städten wie Berlin, Frankfurt oder Hamburg so richtig zu spüren gewesen war (und auch dort nur vor allem die Taschen der sprichwörtlichen „oberen Zehntausend" gefüllt hatte), schon wieder in sich zusammengebrochen. Die „Goldenen Zwanzigerjahre", wie diese Zeit später in eher nostalgisch verbrämter Rückschau bezeichnet wurde, hatten sich in einem Wirbel aus bitterer Armut und Arbeitslosigkeit einfach verflüchtigt. Kein Wunder, dass die im September 1930 abgehaltene Wahl zum Deutschen Reichstag vor allem diejenigen Parteien gewaltig nach oben spülte, von deren Versprechungen sich die verzweifelten Menschen am meisten erhofften. Dabei handelte es sich um zwei Extreme, die sich in unversöhnlicher Feindschaft gegenüberstanden, obwohl sie sich doch beide in allererster Linie das Wohl der Arbeiterklasse auf die Fahnen geschrieben hatten: die Kommunistische Partei, die ihre besten Ergebnisse vor allem in den Großstädten erzielte, und die NSDAP, die Nationalsozialistische Deutsche Arbeiterpartei, unter ihrem Führer Adolf Hitler. Ausgerechnet jenem Menschen, der im November 1923 in München einen Umsturz versucht hatte, der jedoch kläglich scheiterte. Dafür war er zu einer fünfjährigen Festungshaft verurteilt worden, von der er jedoch nur wenige Monate abzusitzen brauchte, bevor er das Gefängnis vorzeitig wieder verlassen konnte. Geschadet zu haben schien ihm dieser dilettantisch ausgeführte Umsturzversuch keineswegs. Denn bei dem erst 41 Jahre alten Weltkriegsveteranen aus Braunau am Inn handelte es sich um einen hochtalentierten Redner, dem es regelmäßig schon nach wenigen Minuten gelang, mit geschickt formulierten, gezielten Hasstiraden die eine Hälfte der Zuhörer jubelnd in seinen Bann zu ziehen, während sich der andere Teil angewidert und empört zurückzog. Keiner polarisierte bei seinen Auftritten stärker als der schmächtige dunkelhaarige Mann mit dem sonderbaren Oberlippenbärtchen, den die überwiegende Mehrzahl der Politiker in der Weimarer Republik allzu lange nicht ernst genommen hatte. Und urplötzlich, scheinbar aus dem Nichts heraus, war ihnen mit Adolf Hitler und dessen im wahrsten Sinn des Wortes schlagkräftigen Gefolgsleuten ein furchterregender Gegner entstanden, den es mit aller Kraft zu bekämpfen galt. Wenn sich die etablierten Parteien dabei nur einig geworden wären!

Auch in Kirchardt hatte die im Frühherbst 1930 abgehaltene Reichstagswahl einen politischen Erdrutsch gezeitigt. Sage und schreibe 46 Prozent der Stimmen waren für Hitlers NSDAP abgegeben worden, während auf die SPD gerade einmal 10 Prozent entfallen waren. Was in den Augen vieler langjährigen und überzeugten Sozialdemokraten naturgemäß einer Katastrophe gleichkam. Ob es sich dabei um Jakob Voll senior handelte oder um dessen Söhne Heinrich und August, sie alle wurden nach Bekanntgabe des Kirchardter Wahlergebnisses von denselben Empfindungen heimgesucht. Da konnte es auch weiß Gott kein Trost sein, dass die Kommunisten, denen sich ihr Bruder Wilhelm Voll seit Jahren schon verbunden fühlte, noch wesentlich schlechter abgeschnitten hatten: die KP kam nur noch auf ein einziges Prozent! Ein Scherbenhaufen! Wie um alles in der Welt sollte man – bei allen vorhandenen Gegensätzen zwischen der SPD und der KP – denn überhaupt noch zusammen mit den Kommunisten engagiert gegen diese brachiale Gewalt der NSDAP zu Felde ziehen, wenn einem die Kirchardter Wähler dermaßen brutal das Vertrauen entzogen hatten? Nur einer aus der großen Voll-Familie war an diesem bitteren Tag nach der Reichstagswahl, als in Kirchardt das örtliche Ergebnis bekannt gegeben wurde, in hellen Jubel ausgebrochen. Es war Jakob Voll junior, der einarmige Weltkriegsveteran. Ein glühender Verehrer all der hasserfüllten Sprüche und Schuldzuweisungen, mit denen die lautstarken Einpeitscher der NSDAP und ihrer uniformierten Hilfstruppen den Menschen einheizten. Bei Leuten wie Jakob Voll war die Saat des Hasses und der Verdrehungen auf fruchtbaren Boden gefallen. „Wenn ich schon meinen Arm für Volk und Vaterland auf dem Feld der Ehre geopfert habe, dann möchte ich nicht auch noch von diesen Novemberverbrechern regiert werden, die der siegreichen Deutschen Wehrmacht mit ihrem skandalösen Friedensvertrag den Dolch in den Rücken gestoßen haben! Nur Männer wie Adolf Hitler, die in diesem Krieg ebenfalls heldenhaft gekämpft haben und dabei mehrfach schwer verwundet worden sind, wissen, worum es wirklich geht! Nur sie können unser Vaterland in eine neue, glorreiche Zukunft führen! Aber niemals die Sozialdemokraten und erst recht nicht die Kommunisten. Sie alle haben unser Volk verraten und verkauft. Es wird nicht mehr lange dauern und sie werden ihre Quittung dafür bekommen!" Ausgerechnet Jakob führte solche Reden im Mund! Sein ältester Bruder! Wo August in seinen Kindertagen doch gerade zu dem 16 Jahre älteren Jakob immer voller Bewunderung und Stolz aufgeschaut hatte. Sein beinahe schon erwachsener Bruder war für ihn Vorbild und Ansporn zugleich gewesen. Solch ein toller Kerl wie der Jakob wolle er auch einmal werden, hatte August wieder und wieder beteuert. Erst recht, als er den Bruder zum ersten Mal in Uniform gesehen hatte. Damals, als der stolze Soldat im Auftrag des Kaisers Wilhelm in den Krieg gezogen war, um die Dinge wieder ins Lot zu bringen. Um den Franzosen und den Engländern zu zeigen, welche Nation den Ton angibt und allen anderen überlegen ist. Solch ein ehrfurchtgebietender Anblick des Bruders, verbunden mit diesen markigen, vor Selbstbewusstsein strotzenden Sprüchen, hatten im Jahr 1914 ihren Eindruck auf den erst acht Jahre alten August natürlich nicht verfehlt. Egal, wie unwirsch der Vater dabei auch die Augenbrauen zusammengekniffen und die Stirn in sorgenvolle Falten gelegt hatte. Das war schon etwas ganz Besonderes, einen solchen Bruder vorweisen zu können. Doch wie dramatisch hatten sich die Dinge anschließend entwickelt! Der mehrere Jahre währende, immer brutaler wütende Krieg mit seinen hunderttausenden von Opfern. Wo es anfangs doch so zuversichtlich geheißen hatte, dass man nur ein paar wenige Monate benötige, um den Feind in seine natürlichen Schranken zu verweisen. Dann nach vier Jahren die endgültige Niederlage. Die schmachvollen Bedingungen des Waffenstillstands. Der jämmerliche Zustand des einst so stolz in den Krieg marschierten Jakob Voll, der in den sinnlosen Schlachten seinen linken Arm verloren hatte und abgemagert wie ein Skelett nach Kirchardt zurückgekommen war. Wie Jakob sich nicht nur äußerlich, sondern auch innerlich ganz gewaltig verändert hatte! Ein finster blickender Zeitgenosse war aus ihm geworden, dem August nicht mehr mit Freude, sondern eher mit Furcht und immer größer werdender Distanz begegnete. Zumal sich der Bruder regelmäßig zu lautstarken Schimpftiraden verstieg, in denen er die Politiker der Weimarer Republik genauso wie die Juden, die Engländer und die Franzosen mit den übelsten Begriffen titulierte. Von dieser Warte aus gesehen war es kein Wunder, dass sich Jakob Voll im Gegensatz zu all den anderen Mitgliedern seiner Familie mit Begeisterung der Bewegung der Nationalsozialisten angeschlossen hatte, wo er auf zahlreiche Gleichgesinnte getroffen war. Auch wenn es aus diesem Grund immer wieder die schärfsten Wortgefechte zwischen den sich einst so nahestehenden Brüdern gegeben hatte, übrigens zum großen Leidwesen ihrer Mutter Wilhelmine. Niemals hätte August Voll sich träumen lassen, dass es eines Tages der Politik wegen womöglich gar zu handgreiflichen

Auseinandersetzungen innerhalb der Familie kommen könnte. Der Zusammenhalt unter den Volls schien ihm, all den völlig unterschiedlichen politischen Ansichten zum Trotz, dennoch niemals ernsthaft gefährdet.

Und nun plötzlich so etwas!

Immer noch erfüllt von Betroffenheit und angestauter Wut über das Kirchardter Ergebnis der Reichstagswahl, hatte der 24-jährige August Voll am Abend der Bekanntgabe ahnungslos das Gasthaus „Zum Hirsch“ betreten, wo allem Anschein nach eine feuchtfröhliche, ausgelassene Stimmung herrschte. Seit dem Nachmittag schon feierten hier die Parteigänger der NSDAP das selbst von ihnen nicht in dieser triumphalen Höhe vermutete Wahlergebnis von 46 Prozent. Und mitten unter den begeisterten Parteisoldaten steckte niemand anderer als Jakob Voll. Ausgerechnet Jakob! Wieder und wieder hieb er seine gesunde rechte Faust dröhnend auf die Tischplatte, so dass selbst die halbgefüllten Biergläser unter dieser Wucht erzitterten. Auch er schien den Erfolg seiner Partei in vollen Zügen ausgekostet zu haben, und dies im wahrsten Sinn des Wortes. Man musste ihm ja nur in die auffallend geröteten Augen schauen. Sein glasiger Blick deutete darauf hin, dass es nicht bloß beim Konsum von zwei oder drei Flaschen Bier geblieben war. „Und das ist erst der Anfang, Freunde!“, rief er laut in den Saal hinein. „Wer weiß, wie das Ergebnis im Rest des Reiches ausgefallen ist! Vielleicht haben wir da sogar über 50 Prozent erreicht! Und dann kann unser Führer Adolf Hitler als Reichskanzler in der Regierung womöglich sogar schalten und walten, wie er es für richtig hält! Und es den feigen Sozis endlich mal so richtig zeigen! Und dann werden wir sehen ...“ Die zweite Hälfte von Jakob Volls Feststellung ging im lautstarken Gejohle seiner Gesinnungsgenossen unter. Der Einarmige reckte das Kinn bedeutungsvoll in die Höhe und streifte seinen missmutig an der Tür verharrenden Bruder August mit einem verächtlichen Blick aus den rot geränderten

Augen. „Ach, da ist er ja! Mein kleiner Bruder, dem es am großen Festtag unserer Bewegung anscheinend so ganz und gar nicht nach Feiern zumute ist!“ Ächzend erhob sich Jakob und taumelte schwankend auf den unwillkürlich zurückweichenden August zu. „Heil Hitler!“ Trotz seines stark alkoholisierten Zustandes schaffte er es, gleichzeitig laut die Hacken zusammenzuknallen und den rechten Arm zum sogenannten Hitlergruß weit von sich zu strecken.

„Guten Abend, Jakob“, murmelte der Jüngere.

„Guten Abend!“ Sein Gegenüber schien die Worte, die der Bruder verwendet hatte, vor diesem förmlich auf den Boden zu spucken. „Guten Abend ist vorbei! Heil Hitler heißt es jetzt, wenn sich zwei gute Deutsche begegnen. Das ist nun endgültig der deutsche Gruß! Daran wirst du dich gewöhnen müssen. Je eher, desto besser. Also dann! Nochmals auf ein Neues: Heil Hitler!“ Wieder streckte er die Rechte weit von sich, wieder knallte er vernehmlich die Hacken zusammen. Und wieder verweigerte August die gewünschte Entgegnung.

„Ach komm, Jakob. Lass das“, winkte er mit einer müden Handbewegung ab. „Das ist nichts für mich ...“

„Das ist nichts für mich!“, echote der Einarmige mit allen Anzeichen der Empörung. „Der neue deutsche Gruß ist nichts für meinen Bruder! Da hört sich doch alles auf! Das darf doch wohl nicht wahr sein. Also“, drohend trat er einen weiteren Schritt auf August zu. „Ich will es hören! Jetzt, auf der Stelle: Heil Hitler!“

Doch August schüttelte entschieden den Kopf. „Niemals!“, entgegnete er mit rauer Stimme, während sein Herz vor Anspannung heftig zu klopfen begann.

„Heil Hitler!“, donnerte ihm Jakob von neuem entgegen.

„Nein!“ Mühsam würgte der junge Mann den Kloß hinunter, der in seinem Hals aufgestiegen war, und wagte einen entschlossenen Blick in die Runde der ihn nun mit unverhohlener Feindseligkeit anstarrenden Männer. „Es ist nichts Gutes, was euer Hitler da im Schilde führt. Und wozu ihr euch allesamt verführen lasst. Ohne einmal nachzudenken, in welcher Katastrophe dies eines Tages vielleicht enden wird."

„Mund halten!", rief einer aus der Stammtischrunde lautstark dazwischen.

„Stopft ihm das Maul, bevor er noch keckere Reden schwingt!", pflichtete ein weiterer Rufer seinem Vorgänger nicht minder missmutig bei. Es handelte sich dabei um keinen Geringeren als um Friedrich Kopp, einen der reichsten Bauern im Dorf, den alle in Kirchardt nur als „den Hengsthalter" kannten. Aufgrund der wertvollen Zuchthengste, die er in seinem Besitz hatte und mit denen er gegen teure Bezahlung die eine oder andere Stute decken ließ, die von den Bauern aus den umliegenden Dörfern in seinen Stall gebracht wurden. Seit Jahren schon amtierte der Hengsthalter Friedrich Kopp als Gemeinderat, hauptsächlich gewählt von den konservativsten Kirchardter Bauern. Einem Teil der Dorfbevölkerung also, dem man eher aus dem Weg ging, wenn man aus der eher fortschrittlich orientierten Voll-Familie stammte. Doch selbst von einem Teil der Konservativen war in den letzten Jahren mit zunehmendem Missfallen beobachtet worden, wie sich der Hengsthalter immer stärker am Gedankengut und den Sprüchen der Nationalsozialisten orientierte, bis er schließlich sogar Mitglied der NSDAP geworden war. Wenn dann vom großen Kapital und dessen verantwortungsloser Verwendung zu Ungunsten der einfachen Bevölkerung die Rede gewesen war, hatten die vermögenderen unter den Kirchardter Bauern kritisch die Stirn gerunzelt. Nein, der Hengsthalter schien in eine Richtung abzudriften, die manchen von ihnen ganz und gar nicht gefallen wollte. Doch dafür waren andere in die Bresche gesprungen, die Friedrich Kopp mit umso größerer Begeisterung folgten. Fungierte er doch für sie als so etwas Ähnliches wie der Kirchardter Stellvertreter des viel bewunderten Volkstribunen Adolf Hitler. Kein Wunder, dass der überzeugte Sozialdemokrat August Voll in den letzten Monaten mehr als einmal heftig mit dem Hengsthalter zusammengerasselt war.

Im Nachhinein betrachtet handelte es sich um ebenjene Missfallensäußerungen, die bei August Voll das Fass jedoch endgültig zum Überlaufen brachten. Jetzt gab es kein Halten mehr. Das ganze ungläubige Entsetzen über das Wahlergebnis, die Fassungslosigkeit, verbunden mit diesem Gefühl, von einem übermächtig werdenden Gegner an die Wand gedrückt zu werden, dazu der mehrfach unternommene Versuch, ihn zum Hitlergruß zu nötigen, ausgerechnet durch den eigenen Bruder. Und jetzt zu allem Überfluss auch noch diese ziemlich unverhohlene Androhung von Gewalt. Dieses unheilvolle Konglomerat bildete schließlich den Grund dafür, weshalb es nun einfach so aus August Voll heraussprudelte. Womit er endgültig einen Graben zwischen sich, den Nationalsozialisten und vor allem auch seinem ältesten Bruder zog. Einen Graben, der niemals wieder geschlossen wurde.

„Ja, das ist es! Genauso seid ihr!“, steigerte er sich regelrecht in eine scharfe Replik hinein. „Wenn euch die Argumente ausgehen, dann fliegen die Fäuste! Typisch für solche Hohlköpfe wie euch. Mehr als Gewalt und Brutalität habt ihr nicht im Schädel drin!“

Als habe sie ein elektrischer Schlag getroffen, fuhren die Männer am Stammtisch nach dieser Beleidigung in die Höhe. „Halt bloß dein ungewaschenes Maul, Voll, sonst setzt es tatsächlich Prügel!“

„Was glaubt der Kerl denn eigentlich, wer er ist?!“

„Zeigen wir ihm einmal, was es heißt, solche Reden zu führen!“

„Wer nicht hören kann, muss fühlen!“

Auch Friedrich Kopp, der Hengsthalter, hatte sich voller Zorn erhoben und näherte sich dem frechen jungen Burschen mit drohend geballter Faust. Doch in derselben Sekunde war August bereits von seinem wutentbrannten

Bruder Jakob mit dessen gesunder rechter Hand am Hemdkragen gepackt worden. „Du bist das Allerletzte, was man sich nur denken kann!“, geiferte er fassungslos und schüttelte seinen von dieser so ungemein hasserfüllten Reaktion völlig überraschten jüngeren Bruder dabei derart heftig, bis der Kragen des Hemdes mit einem hässlichen Geräusch auseinanderriss.

„Und jetzt: Raus mit dir – und lass dich hier bei uns ja nie wieder blicken!“, hatte ihm Jakob zuletzt noch drohend die metallene Prothese seines linken Armes unter das Kinn geschoben.

„Und noch eines“, donnerte er hinter dem verstörten August her, der inzwischen mit unsicheren Schritten zur Tür des Gasthauses hinausstolperte. „Ich habe keinen Bruder mehr! Schon gar nicht so einen vaterlandslosen Gesellen wie dich. Auf so einen kann ich verzichten, und zwar ein für alle Mal. Pfui Teufel!“ Voller Verachtung spuckte der Einarmige auf den Boden, wie um seine ohnehin schon mehr als drastischen Worte noch zusätzlich zu unterstreichen. Unmittelbar danach fiel die Tür des Gasthauses mit einem lauten Knall hinter August ins Schloss.

*

Dass sie keine Ruhe mehr geben würden, darüber musste sich August Voll spätestens nach dieser hässlichen Szene endgültig klar geworden sein. Sie würden immer kecker werden. Auch in Kirchardt. So gut wie kein Tag verging, ohne dass nicht irgendeiner aus der nunmehr rasch wachsenden Anhängerschar der NSDAP voller Stolz auf dieses Wahlergebnis verwies, das „seine“ Partei hier im Dorf erzielt hatte: gut und gerne 46 Prozent. Ein Ergebnis, mit dem die NSDAP doch für alle und jeden unübersehbar zur bei weitem stärksten politischen Bewegung in Kirchardt aufgestiegen war. Die normale Kräfteverteilung im Gemeinderat, wie sie aufgrund der letzten

Kommunalwahl erfolgt war, könne so gesehen seit dem Ergebnis der Reichstagswahl also eigentlich keine Rolle mehr spielen. Verzerre vielmehr das Bild der wirklichen politischen Gegebenheiten.

Das waren Aussagen, die in August Volls Ohren wesentlich unheilvoller klangen, als es die meisten Kirchardter wahrnehmen wollten. „Harmloses Geschwätz von übereifrigen Parteigängern", so taten selbst eingeschworene Sozialdemokraten diese Bemerkungen verächtlich ab. Im Gegensatz zu August Voll, den seit dem unangenehmen Zusammenprall im „Hirsch" eine tiefe Unruhe plagte. Nein, da steckte mehr dahinter als nur eine unverbindliche Meinungsäußerung, die halt eben so ins Gespräch geworfen wurde. Dessen war er sicher. Hinter diesen Andeutungen, die überdies nicht mehr verstummen wollten, versteckten sich recht konkrete Drohungen. Im Grunde genommen konnte nicht einmal von versteckten Drohungen die Rede sein. Denn sie war doch mit Händen zu greifen, diese Anspielung auf die Verzerrung der wahren Machtverhältnisse im Dorf. Sie würden nicht mehr bis zur nächsten Wahl des Gemeinderats warten. Davon war August Voll überzeugt. Und tatsächlich: Nur wenige Wochen später bestätigten die Entwicklungen im Rathaus alle seine Befürchtungen. Oder wie sollte man sich die Initiative erklären, die kurz vor Weihnachten desselben Jahres begonnen hatte. Wo die Anhänger der NSDAP in dreister Art und Weise ihre Hände nach der totalen Macht im Kirchardter Rathaus ausstreckten. Allein der Antrag, mit dem sie in Wirklichkeit darauf abzielten, die Position des langjährigen Bürgermeisters Martin Bentz zu unterminieren und dessen Reputation im Dorf zu zerstören, sprach eine deutliche Sprache. So harmlos sich der Antrag aufs erste Hinsehen auch las – so großer Sprengstoff steckte in Wirklichkeit darin. Am 22. Dezember 1930 wurde die Eingabe der Kirchardter NSDAP im Gemeinderat behandelt. Vorgetragen von Friedrich Kopp, dem Hengsthalter, dem der seit dem 5. August 1923 amtierende Martin Bentz (im Hauptberuf Landwirt, wie die meisten) schon seit Jahren ein Dorn im Auge war. Eben darum, weil Bentz bislang immer auf eine gehörige Distanz zur NSDAP geachtet hatte, sosehr sie ihn auch umworben hatten. Nein, der Bürgermeister war keiner von ihnen – und würde es aller Voraussicht nach auch niemals werden. Zumindest nicht aus freien Stücken. Doch gerade dieses Amt war es, das nun unbedingt von einem NSDAP-Mann besetzt werden musste. Schon der Symbolik wegen. Wenn es sich beim Bürgermeister um einen von ihnen handelte, dann war das schließlich auch ein Signal im Hinblick auf die nächsten Wahlen und auf die Kräfteverhältnisse im Dorf. Aber wenn Martin Bentz freiwillig also nicht auf ihre Seite überschwenken wollte, nun, dann blieb ihnen keine andere Wahl. Dann musste man die Dinge eben ganz anders angehen und eine Situation erzwingen, die es ermöglichte, diesen Sturkopf aus dem Amt zu vertreiben. Damit er seinen Stuhl endlich einem verlässlichen Parteimitglied frei machte. Am besten war es, das hatte der Hengsthalter in zahlreichen Zusammenkünften und Schulungsabenden bei der Kreisleitung der NSDAP in Sinsheim gelernt, wenn man finanzielle Dinge ins Spiel brachte.

Somit war zwei Tage vor Weihnachten der Frieden im Kirchardter Rathaus noch einmal empfindlich gestört worden, nachdem die NSDAP in der Ratssitzung ihren Antrag eingebracht hatte, dem Bürgermeister für das kommende Haushaltsjahr deutlich weniger sogenannte freie Verfügungsmittel als bisher zu genehmigen.

Der unausgesprochene Verdacht war damit in die Welt gesetzt, dass womöglich manche Finanzangelegenheit nicht nur gänzlich am Gemeinderat vorbei, sondern auch gründlich schiefgelaufen war. Denn aus welch anderem Grund hätte man ansonsten die bisher lange Jahre geübte Praxis ändern sollen, wenn es dafür nicht einen oder eventuell mehrere ganz konkrete Anlässe gegeben hätte.

Wenn also allem Anschein nach in den letzten Monaten finanzielle Verluste zu Ungunsten der Gemeinde zu verzeichnen gewesen waren! Oder stand etwa gar zu befürchten, dass ein Teil des Geldes in den Taschen des Bürgermeisters gelandet war?! Eine glatte Unverschämtheit, denn irgendwelche Beweise hatte es in dieser Hinsicht keinen einzigen gegeben. Aber um eine konkrete Beweisführung war es den Antragstellern ja schließlich auch überhaupt nicht gegangen. Lediglich um die Schädigung des Ansehens von Martin Bentz, dem Bürgermeister. Und der Hengsthalter Friedrich Kopp war sich nur allzu klar der Tatsache bewusst, dass solch ein Gerücht, wenn es erst einmal gestreut worden war, nicht mehr aus der Welt zu bekommen wäre. Selbst wenn der Antrag auf Kürzung der Verfügungsmittel am Ende einer langen und hitzigen Diskussion ganz knapp an der Stimmengleichheit im Rat scheiterte. Was einer Ablehnung des Antrags gleichkam. Aber das spielte gar nicht mehr die entscheidende Rolle. Denn der Schaden war angerichtet. Hinter vorgehaltener Hand sorgten die Parteigänger des Hengsthalters eifrig dafür, dass der angeblich wahre Hintergrund für die NSDAP-Initiative im ganzen Dorf die Runde machte. Seitdem haftete allem Tun und Handeln des Bürgermeisters ein unbestimmter Makel an. Wie Pech klebten die böswilligen Unterstellungen am Ehrenamt des Martin Bentz. Auf Dauer würde der Bürgermeister Nerven zeigen, dessen war sich Kopp nur allzu sicher! Es war alles nur noch eine Frage der Zeit. Kürzester Zeit hoffentlich!

Sie würden keine Ruhe mehr geben, bis sie die Dorfpolitik ganz und gar in ihre Hände bekommen hätten. Dessen war sich August Voll seit diesen unappetitlichen Vorgängen sicher. Doch was konnte man dagegen unternehmen? Dem Bürgermeister als einer Art Symbolfigur des Widerstands den Rücken stärken! Martin Bentz musste unbedingt im Amt gehalten werden. Ein grundredlicher Mann, der zwar keineswegs zum Volkshelden taugte, dessen Pflichtbewusstsein ihn zunächst jedoch von einem Rücktritt abhielt. So lange, wie seine Amtszeit dauere, für die er gewählt worden sei, so lange wolle er auch durchhalten. Das versprach er August Voll feierlich, als der ihn Anfang Januar voller Sorge zuhause aufsuchte und ihn inständig darum bat, um Gottes willen nicht aufzugeben, sondern den dreisten Anfeindungen und Unterstellungen wie ein Fels in der Brandung zu widerstehen.

So also blieb Martin Bentz auch weiterhin Bürgermeister seiner Heimatgemeinde. Sehr zum Verdruss seiner politischen Gegner, die zuversichtlich darauf gesetzt hatten, den Mann spätestens im Frühsommer aus dem Rathaus gedrängt zu haben. Doch daraus war nichts geworden. Man sah sich also gezwungen, schärfere Munition zu verwenden. Und so kam es am 8. November 1931 sogar zu einem offiziellen Misstrauensantrag der vier NSDAP-Räte gegen den amtierenden Bürgermeister. Friedrich Kopp, der Hengsthalter, hatte den Antrag, bei dem er von Anfang an wieder einmal die treibende Kraft gewesen war, persönlich unterschrieben. Auch dieser Amtsenthebungsantrag scheiterte knapp, was den Hengsthalter und seine Gesinnungsgenossen Emil Bucher, Fritz Fehr und Wilhelm Klein in wütende Rage versetzte. Was man auch versuchte, keiner einzigen ihrer Initiativen war der verdiente Erfolg beschieden gewesen. Immer wieder scheiterten sie am Widerstand der übrigen Räte, die der NSDAP in deutlicher Abneigung gegenüberstanden.

Doch wie lange konnte man dem Ansturm der immer zorniger agierenden NSDAP-Leute noch standhalten? Es handelte sich um eine unübersehbare Tatsache, dass sich immer mehr Kirchardter der Hitlerpartei anschlossen. Kein Wunder, dass sich an den Stammtischen und auch bei zufälligen Begegnungen auf der Straße die Stimmen mehrten, die einen Rücktritt nicht nur des Bürgermeisters, sondern des gesamten Gemeinderates forderten. Stimmen, die natürlich auch bis zu Martin Bentz vorgedrungen waren. Dies mochte der Grund sein, dass August Voll, der als interessierter Zuschauer den Verlauf der Gemeinderatssitzung verfolgt hatte, deutliche Anzeichen von Verunsicherung beim Bürgermeister nicht entgangen waren. Zwar hatte man den Antrag der NSDAP mit knapper Not noch einmal abwehren können, aber irgendwann wäre man mit den Kräften dann doch am Ende. Es schien dem Bürgermeister manchmal gerade so, als könne er schon die Schlinge verspüren, die sich immer enger an seinem Hals zusammenzog. Bis sie ihm gänzlich die Luft abschnürten. Aber noch war es nicht so weit. Noch besaß er genügend Kraft, um standhaft in seinem Amt auszuharren. Noch ...

Umso mehr geriet die Reichstagswahl vom Juli des Jahres 1932 zur Katastrophe für die eine Seite und zum nahezu totalen Triumph für die NSDAP. Unglaubliche 37 Prozent der Stimmen entfielen im Reich auf die Partei der Nationalsozialisten! So viel wie noch niemals zuvor. So war die NSDAP mit deutlichem Vorsprung zur SPD, die nur 21 Prozent erreichte, zur stärksten Partei geworden. Und da traditionell immer ein Abgeordneter der größten Partei auch das Amt des Reichstagspräsidenten bekleidete, wurde zu allem Überfluss ein unsäglicher Mensch namens Hermann Göring in dieses hohe und angesehene Amt berufen. Ein unerträglicher Vorgang, gegen den es gleichwohl keine Handhabe gab, wollte man die demokratischen Gepflogenheiten nicht verletzen. Zähneknirschend hatten die anderen also gute Miene zum bösen Spiel gemacht und einem Nationalsozialisten den Weg frei gegeben. Kein Wunder, dass der Jubel bei Hitlers Anhängern nun keine Grenzen mehr kannte. Erst recht war dies in Kirchardt der Fall. Denn in dem kleinen Kraichgaudorf hatte das örtliche Ergebnis die Zahlen aus Berlin noch bei weitem übertroffen: Auf sensationelle 60 Prozent Stimmen war die NSDAP in Kirchardt gekommen!

Nun war es endgültig nicht mehr zu übersehen: Die NSDAP hatte die Macht im Dorf inne. Auch August Voll musste sich dieser bitteren Tatsache endlich bewusst werden. Nein, man durfte die Augen nicht mehr davor verschließen. Es war so. Der Hengsthalter und seine Gesinnungsgenossen waren die neuen Herren im Dorf. Die unermüdliche Propaganda, das burschikose, selbstbewusste Auftreten, die damit verbundene Lautstärke, die Unzahl von Versprechungen im Hinblick auf eine neue, glanzvolle Zeit, Wohlstand, Glück und Zufriedenheit ... All das hatte sich bei der überwiegenden Mehrzahl der Wähler verfangen. Die NSDAP war in den Besitz der Macht gelangt.

So einfach hatten sich die Menschen also blenden lassen. Und zu allem Überfluss in Kirchardt in noch weitaus größerer Anzahl als in vielen anderen Dörfern. Nein, August Voll, genauso wie der Vater, die Brüder Heinrich und Wilhelm, sie alle verstanden die Welt nicht mehr. Was war bloß in die Kirchardter gefahren? Wie konnten sie diesen Rosstäuscher-Methoden nur auf den Leim gehen? Man kannte die Leute doch, die diese leeren Versprechungen verbreitet hatten. Wie konnte man auf die Argumentation des Hengsthalters hereinfallen, wenn der eine seiner genauso lautstarken wie im Grunde genommen hohlen Reden in die Menschenmenge brüllte. Fanatische Horrorszenarien in Bezug auf das bedrohte Vaterland! Von all den übelwollenden Feinden ringsum, die Deutschland umzingelten und im Würgegriff gefangen hielten, aus dem man sich nun endgültig befreien müsse – und befreien werde! Hasstiraden vom Volk ohne Raum und ähnlich fürchterliche Schreckensbilder mehr. Ausgerechnet aus dem Mund von Friedrich Kopp, dem Hengsthalter, der doch in Wirklichkeit noch nie im Leben mehr von der Welt gesehen hatte als Mannheim oder Heidelberg. Das war bei August zwar genauso wenig der Fall, aber wozu hatte man einen Kopf? Wozu studierte er an jedem Abend intensiv die Zeitung? Las Bücher, so viel er sich besorgen konnte. Auch wenn der Buchkauf oft genug zum Ärger mit dem Vater führte, da er nur einen Teil seines Gesellenlohns als Bargeld bekam. Den anderen Teil des Lohnes erhielt er leider nur in Form von Lebensmitteln, was bei einer Bauernfamilie wie den Volls weiß Gott nicht nötig gewesen war. Aber besser, in diesen Zeiten überhaupt eine Stelle zu finden und nur einen bescheidenen Lohn zu bekommen, als gar nichts. Und dann kaufte er Bücher von dem Geld! Ausgerechnet! Nein, der Vater würde nie verstehen, dass auch Bücher durchaus eine Kapitalanlage darstellten. Geistiges Kapital, wie ihm August einmal versucht hatte zu erklären. Ohne Erfolg. Er würde es kein zweites Mal versuchen. Doch mithilfe seiner Bücher war es dem aus einfachen Verhältnissen stammenden, wissbegierigen jungen Mann gelungen, sich im Laufe der Zeit ein erstaunliches Wissen anzulesen. Das weit über den Horizont hinausging, den man angesichts seiner Schulbildung erwarten durfte. Auch weit über den des Hengsthalters, der anscheinend nur hohle Phrasen in seinem Kopf bewegte. Doch ausgerechnet so einer erklärte ihnen jetzt also den Gang der Weltgeschichte! Und zu allem Überfluss hingen sie mit vor Begeisterung verklärten Blicken an seinen Lippen. Es war einfach nicht zu fassen!

Merkwürdig, auch im Umfeld der Familie Voll kannte man keinen, der die NSDAP gewählt hatte. Die Freunde und Bekannten schienen ähnlich ratlos und entsetzt angesichts dieses ungeheuerlichen Ergebnisses. Wie aber hatten die Hitleranhänger, zu denen ja auch der einarmige Jakob zählte, dann diese Anzahl der Stimmen auf ihre Partei vereinen können? Wie war das möglich gewesen? Wieder und wieder war derselbe Satz zu hören: „Ich möchte nur wissen, wer diese Brüder eigentlich gewählt hat!“ Man mochte gar nicht mehr zuhören und diese Feststellung auch gar nicht mehr glauben. Immer stärker keimte in August der Verdacht, dass viele von denen, die nun so verwundert ihre angebliche Betroffenheit zur Schau stellten, in Wirklichkeit ihr Kreuz während der Stimmabgabe eben doch bei der NSDAP gemacht hatten. Sei es, um den anderen Parteien damit einen Warnschuss vor den Bug zu setzen, sei es aus schierem Protest, oder war es gar Leichtsinn, der sie dazu gebracht hatte. Im Nachhinein waren sie dann furchtbar erschrocken, dass viele tausend andere offenbar dasselbe getan hatten, und wollten es nun nicht mehr gewesen sein. Zu spät! Der Schaden war angerichtet. Im Juli 1932 hatte die NSDAP den entscheidenden Schritt zur Macht im Reich gesetzt.

*

Die Reichstagswahl war auch noch am darauffolgenden Sonntag das Gesprächsthema Nummer eins im ganzen Dorf. Obwohl dieser bitteren Gedanken längst überdrüssig, gelang es August einfach nicht, sie aus seinem Kopf zu vertreiben. Noch nicht einmal während des nachmittäglichen Sonntagsspaziergangs mit Emilie Ebert, einer jungen Frau von demnächst 23 Jahren. Mit ihr, der Tochter des im Dorf hoch angesehenen Glasermeisters und Kirchendieners Adam Ebert, verband den jungen Handwerker seit einigen Monaten eine innige Freundschaft. Oder gar mehr? Zumindest die unvermeidlichen Lästermäuler verbreiteten ja schon längst die angeblich sichere Erkenntnis, dass es sich bei August Voll und seiner Emilie um ein richtiges Liebespaar handele. Es sei folglich nur noch eine Frage der Zeit, bis die beiden vor den Traualtar schritten. Gut möglich, dass dies sogar noch in diesem Jahr der Fall sein konnte. Denn immerhin war August mittlerweile 26 Jahre alt. Also weiß Gott alt genug zum Heiraten. Und Emilie mit ihren 23 Jahren ebenso. Zwei, wenn nicht gar drei Hindernisse schienen sich aber dennoch vor August und Emilie aufzutun.

Die im September des Jahres 1909 geborene Emilie Katharina Ebert war die älteste Tochter des Glasermeisters Adam Ebert und dessen früh verstorbener Ehefrau Luise, einer geborenen Rögele aus Ittlingen. Schon von weitem konnte man im Dorf den stolzen Mann mit seinem prächtigen Schnurrbart erkennen, denn immerzu trug er einen weißen Hemdkragen, der einen scharfen Kontrast zu seiner wettergegerbten dunklen Gesichtshaut bildete. Nicht einmal zum Mistfahren legte er den Kragen ab, was ihm natürlich mancherlei Spott bescherte, der gleichwohl nur hinter vorgehaltener Hand geäußert wurde. Denn bei Adam Ebert handelte es sich nicht nur um einen angesehenen Kirchardter Bürger und Handwerker, sondern eben auch um einen wirklich frommen und bekannt gottesfürchtigen Mann, der das Amt des Kirchendieners seit vielen Jahren schon auf das Vorbildlichste versah. In der Familie, deren Haus sich gegenüber der Kirche befand, waren insgesamt vier Kinder zur Welt gekommen. Der Herrgott schien es gut mit den Eberts zu meinen, bis dann im Jahr 1929 gleich mehrere Schicksalsschläge die Familie heimsuchten. Emilie, nunmehr 20 Jahre alt, befand sich zu dieser Zeit in Karlsruhe, wo sie bei einer vermögenden Familie „in Stellung war“, wie dies damals üblich war. So hatte sie erst Wochen später von der Peinlichkeit erfahren, die in Windeseile im Dorf die Runde machte. Und dies, obwohl Glaser Ebert alles darangesetzt hatte, die Geschichte zu vertuschen. Es war ihm nicht gelungen. Und somit wussten also alle Kirchardter nur allzu gut Bescheid darüber, dass Luise, die Tochter des frommen Kirchendieners, mit 17 Jahren schwanger geworden war. Dass ihr der Kindsvater zunächst die Ehe versprochen, sie dann aber einfach hatte sitzen lassen. Und dies auch noch unmittelbar vor der Geburt. Kein Wunder, dass man von Adam Ebert erzählte, wie dieser, außer sich vor Zorn, einen regelrechten Tobsuchtsanfall erlitten habe. Ausgerechnet ein uneheliches

Kind! In seiner eigenen, so gottesfürchtigen Familie. Was für eine Schande! Adam Eberts Ehefrau, der schon allein die Nachricht von der Schwangerschaft ihrer minderjährigen Tochter Luise einen schweren Schock versetzt hatte, brach daraufhin endgültig zusammen, nachdem der Kindsvater sich einer Heirat definitiv verweigerte. Dass dieser verantwortungslose Geselle ihre Luise einfach im Stich ließ und sie damit als ledige Frau ein uneheliches Kind zur Welt bringen musste. Ein Makel, der ihr nun während des gesamten Lebens anhaften würde. Vor Schmerz und Kummer über diese genauso bittere wie unabänderliche Tatsache war die Mutter schwer erkrankt und starb nach wenigen Wochen. Im Alter von noch nicht einmal 50 Jahren. Das war der Grund, weshalb sich Emilie auf Geheiß ihres Vaters gezwungen sah, ihre Anstellung in dem Haushalt in Karlsruhe zu kündigen und so rasch wie möglich wieder zurück nach Kirchardt zu kommen, um dort die kleinsten ihrer Geschwister anstelle der verstorbenen Mutter zu versorgen. Zusätzlich noch Walter, das uneheliche Kind ihrer unglücklichen Schwester Luise und natürlich auch ihren Vater, Adam Ebert. So gerne Emilie auch in Karlsruhe geblieben wäre, vielleicht sogar für immer: Es war ihr keine Wahl geblieben. Denn die erst 17-jährige „ledige Mutter“, wie sie die arme Luise nun heimlich nannten, war mit der Situation bei weitem überfordert und wäre mit der Versorgung ihrer Familie alleine niemals zurechtgekommen. Somit hatte Emilies Augenmerk künftig ihrem Vater und den armen Kleinen zu gelten. Sie hatte sich fortan um alle zu kümmern, obwohl sie selbst doch erst 20 Jahre alt war. Die Anforderung lag klar auf der Hand, die Notwendigkeit war nun einmal eingetreten, und so handelte es sich schlichtweg um ihre Pflicht als verantwortungsvolle und gehorsame Tochter ihres Vaters, dessen Willen dementsprechend klaglos Folge zu leisten. Schon aus diesem Grund ihrer nicht ganz freiwilligen Rückkehr waren sich der junge Handwerker

August und Emilie in den folgenden Monaten und Jahren immer wieder im Dorf begegnet. Eher zufällig erst, doch im Laufe der Zeit fühlte sich August Voll stärker zu der adretten und zierlichen jungen Frau hingezogen. Von der im Dorf freilich behauptet worden war, dass sie eine innige Freundschaft mit einem Mann aus dem Dorf Obergimpern gepflegt hatte. Und dass die Rede schon von einer Hochzeit gewesen war. Bis dann jedoch Emilies Vater, der strenggläubige Kirchendiener und evangelische Kirchengemeinderat Adam Ebert, dieses „Verhältnis", wie er es genannt hatte, rigoros beendet hatte. Das wäre ja noch schöner gewesen, wenn seine Tochter die Ehe mit einem Katholiken eingegangen wäre! Und womöglich zu allem Überfluss dann auch noch zum katholischen Glauben übergetreten wäre! Man war ja durchaus darüber im Bilde, dass die katholischen Priester den Übertritt in ihre Kirche kategorisch verlangten, bevor sie sich bereitfanden, die Trauung zu vollziehen. Sonst noch was! Da halfen kein Flehen, kein Bitten und auch keine Tränen. Adam Ebert hatte die Verbindung einfach gelöst. Alle Zukunftspläne für null und nichtig erklärt. Und zwar persönlich. Aus diesem Grund war er ganz allein und ohne Emilie zuvor darüber in Kenntnis zu setzen, nach Obergimpern gefahren und hatte dort den jungen Mann sowie dessen Eltern barsch zur Rede gestellt. Glücklicherweise, so zumindest hatte es Adam Ebert empfunden, war er sich mit den Eltern sofort einig gewesen. Denn die Leute hatten sich von der Tatsache maßlos überrascht gezeigt, dass ihr Sohn ein Techtelmechtel „mit einer Evangelischen" begonnen hatte. Was in ihren Augen ein ebensolches Unding darstellte, wie es auch Adam Ebert in umgekehrter Form empfand. Evangelisch und Katholisch! Nein, das gehörte nicht zusammen. Auf gar keinen Fall. Und so hatten auch die Eltern des ähnlich verzweifelten jungen Mannes kategorisch erklärt, dass eine solche Verbindung für sie absolut ausgeschlossen sei. Und auch bleiben werde.

Monatelang hatte es gedauert, bis es Emilie gelungen war, ihren Kummer wenigstens einigermaßen zu vergessen. Lange hatte sie sich im Dorf nicht mehr gezeigt. Sondern war nur traurig und in sich gekehrt nach der täglichen Hausarbeit in der Stube gehockt. Erst mit dem beginnenden Frühjahr schienen Tatkraft und Lebensmut allmählich in sie zurückzuströmen. Erst zögernd, dann immer häufiger unternahm sie in der Zeit zwischen dem Mittag- und dem Abendessen kleine Spaziergänge durch die Obstwiesen am Dorfrand. So waren sich August und Emilie im Laufe der Zeit häufiger begegnet. Und August, der um ihre Geschichte wusste, hatte sich der jungen Frau, die ihm so sympathisch war, ganz behutsam und vorsichtig genähert. Ein rascher Gruß, ein fröhlicher Blick, mehr war da zunächst nicht gewesen. Sie brauchte Zeit. Er spürte das ganz genau. Bis sein Blick dann irgendwann erwidert wurde und genauso fröhlich zurückkam. So dass man jetzt auch einmal stehen bleiben und ein unverfängliches kurzes Gespräch beginnen konnte. Recht schnell hatte August auch herausgefunden, dass Emilie meist gegen vier Uhr am Nachmittag ihren Spaziergang begann. Dementsprechend richtete er sich bei seiner täglichen Arbeit ein. Begann lieber schon um sechs Uhr morgens in der Werkstatt des Flaschnermeisters, machte keine große Mittagspause und konnte deswegen oft schon gegen halb fünf Uhr Feierabend machen. Um der Emilie wieder mehr oder minder zufällig bei der Rückkehr vom Spazierengehen zu begegnen. Bis sie den immer gut gelaunten, stattlichen jungen Mann schon beinahe vermisste, wenn es August einmal nicht gelungen war, mit seiner Arbeit rechtzeitig fertig zu werden. Kein Wunder also, dass im Laufe der Zeit eine richtige Freundschaft zwischen den beiden entstanden war – sehr zum Verdruss des verwitweten Glasers Ebert übrigens. Denn erstens musste er sich durch diesen Umstand ernste Sorgen um die weitere Betreuung seiner Familie machen, sollte Emilie womöglich demnächst gar ans Heiraten denken. Und außerdem gesellte sich als gravierendes Faktum hinzu, dass Adam Ebert seine Familie im Hinblick auf Stand und gesellschaftliche Anerkennung doch weit über demjenigen Rang einordnete, den die Familie Voll in Kirchardt einnahm. Als selbstständiger Handwerker fühlte er sich Kleinbauern und Zigarrenmachern wie den Volls auf alle Fälle deutlich überlegen. Solche Gedanken beschäftigten den Mann in der Tat. Nein, von dieser Warte aus betrachtet, konnte man wirklich nicht behaupten, dass Adam Ebert ganz und gar frei von Eitelkeit gewesen wäre. Aber alle Andeutungen, die er in dieser Richtung bisher beim Abendessen hatte fallen lassen, waren an seiner Tochter einfach abgeprallt. Dieses Mal würde sie es nicht zulassen, dass ihr Glück vom eigenen Vater wieder zerstört würde. Auf keinen Fall. Es gab ja auch keinerlei triftigen Grund dafür. Denn auch August Voll war evangelisch – genau wie sie! Der Vater würde es akzeptieren müssen. Ob er wollte oder nicht.

Doch nicht nur die sozialen Unterschiede, die er ausgemacht zu haben glaubte, waren es, was den Glasermeister alles andere als glücklich stimmten, nachdem er bemerkte, dass sich seine Emilie in den jungen Voll anscheinend regelrecht „verguckt“ hatte – wie man auf dem Land so etwas eben nannte. Am allermeisten missfiel ihm diese ewige „Politisiererei“, von der August anscheinend genauso wenig lassen konnte wie die meisten anderen Mitglieder seiner Familie. Erschwerend hinzu kam dabei die Tatsache, dass es sich bei den Volls um Sozialdemokraten handelte, einmal abgesehen vom ältesten der Voll-Brüder, dem einarmigen Jakob, der sich ganz im Gegensatz zu all den anderen Familienmitgliedern genauso offen wie begeistert den Nationalsozialisten angeschlossen hatte. Weder die eine noch die andere politische Richtung war nach dem Geschmack von Adam Ebert, der viel eher mit der DVP, der Deutschen Volkspartei, sympathisierte.

Auch wenn diese, sehr zu Eberts Leidwesen, eine immer unbedeutendere Rolle spielte. Im Gegensatz zur Zentrumspartei, die stark von christlichen Wertvorstellungen geprägt war. Doch das Zentrum wiederum war dominiert von den Katholiken – unmöglich also, dass ein überzeugter Protestant wie der Kirchendiener Ebert, dieser Partei seine Stimme gab. „Nur schade, dass wir auf evangelischer Seite nicht etwas Ähnliches vorzuweisen haben", pflegte er manchmal traurig zu räsonieren. Doch alles Klagen half nichts: Der Einfluss der DVP schmolz dahin wie Schnee in der Märzsonne. Und auch dem Zentrum schien Anfang der 30er Jahre das letzte Stündlein bald schon zu schlagen. Zerrieben im gnadenlosen Machtkampf zwischen SPD, Kommunisten und der NSDAP, wobei letztere Partei bald schon alle Hebel der Macht besetzen würde. Die braune Pest würde das politische Schlachtfeld am Ende als Sieger verlassen. Die Spatzen pfiffen es doch schon von allen Dächern. Wehe dem, der sich zuvor offen und lautstark für eine andere Partei ausgesprochen hatte. Für die Kommunisten gar. Oder, was sich in den Augen der NSDAP-Gefolgschaft als nicht wesentlich weniger verwerflich darstellen dürfte, für die Sozialdemokraten. Und dass es sich beim Freund seiner Tochter zu allem Überfluss auch noch um einen besonders widerspruchsfreudigen Burschen zu handeln schien, war dem eher besonnen und vorsichtig agierenden Kirchendiener ein weiterer arger Dorn im Auge. Solch ein Verhalten konnte zu nichts Gutem führen. Zumindest auf lange Sicht gesehen nicht. Und er verspürte nicht die geringste Lust, womöglich gar in solche Auseinandersetzungen ohne eigenes Zutun plötzlich mit hineingezogen zu werden. Auch wenn sich Adam Ebert niemals öffentlich in politischen Fragen zu äußern pflegte. Mitgehangen – mitgefangen. So hieß es doch. Wieder und wieder versuchte er aus diesem Grund, seiner Tochter Emilie mit deutlichen Worten auseinanderzusetzen, wie gefährlich der Boden schwankte, auf dem sich ihr Freund August bewegte. Zumal es im Dorf doch noch viele andere, ganz und gar nicht unattraktive Burschen gab, die aus einer gut beleumundeten Familie stammten und sich von Herzen über ein Zeichen der Zuneigung von Emilie freuen würden. Egal, was er an Argumenten auch ins Feld führte, es schien dem Glaser regelmäßig so, als pralle alles völlig wirkungslos an seiner Tochter ab.

*

Auch an diesem Sonntagnachmittag, der auf die Reichstagswahl folgte, war August Voll also wieder einmal mit seiner Freundin Emilie zu einem kleinen Spaziergang durch die Kirchardter Obstwiesen am Alten Berg aufgebrochen. Längst hatten die beiden jungen Leute beschlossen, sich nicht mehr zu verstecken, sondern sich offen zu ihrer Freundschaft zu bekennen, was den Lästermäulern damit die Basis für das Streuen weiterer heimlicher Gerüchte schlagartig entzogen hatte. Es war ein herrlicher Sonnentag heute, der Himmel strahlend blau, die Luft mild und prickelnd. Die glückliche Emilie fühlte sich so frei und unbeschwert, wie schon lange nicht mehr in ihrem Leben. Übermütig spitzte sie die Lippen und versuchte, eine Melodie zu pfeifen. Doch es wollte ihr nicht recht gelingen. Was aber war mit August? Weshalb stellte der denn eine dermaßen nachdenkliche Miene zur Schau? An solch einem herrlichen Tag. Wo er doch normalerweise über ihre vergeblichen Pfeifversuche gelacht und ihr dann wahrscheinlich vorgemacht hätte, wie es ging. Was war nur mit ihm? War es wieder diese Politik, die ihr Zusammensein schon manchmal überschattet hatte? Diese unsägliche Politik? Nein, bitte nicht! Entschlossen schüttelte Emilie die trüben Gedanken von sich ab. Nein, an solch einem schönen Tag würde sie sich die Laune nicht verderben lassen. Und August auch nicht. Der sollte doch nur einmal seine Augen aufsperren und sehen, wie herrlich die Landschaft vor ihnen lag. Wie schön das Leben doch war! Trübsal zu blasen war heute nicht erlaubt! Mit ihrer Linken tastete sie nach seiner rechten Hand, die sie mit festem Griff umschloss und ihren verdutzten Gefährten, der dadurch unvermittelt aus seinen Gedanken hochschreckte, mit weit ausholenden Schritten energisch hinter sich herzog. Das Überraschungsmanöver schien seine Wirkung nicht verfehlt zu haben. Auch auf der zunächst erstaunten Miene ihres Begleiters breitete sich jetzt ein schelmisches Grinsen aus.

Mehr oder minder unvermittelt war August dann aber doch auf das Reichstagswahlergebnis zu sprechen gekommen. Vor allem das örtliche Wahlergebnis war es, das ihm einfach nicht aus dem Kopf gehen wollte. „Wie hat es nur in Kirchardt zu 60 Prozent NSDAP-Stimmen kommen können? Kannst du dir das erklären, Emilie? Ich zermartere mir seit Tagen schon das Gehirn, aber ich komme einfach nicht dahinter, wie es seit der letzten Gemeinderatswahl zu einem solchen Erdrutsch hat kommen können. Und bei uns hier in Kirchardt, wo die Welt im Großen und Ganzen doch noch in Ordnung ist. Im Gegensatz zu Städten wie Berlin oder Frankfurt, wo doch diese große Arbeitslosigkeit herrscht. Oder schau nur einmal nach Heilbronn hinüber: Selbst in einer solchen großen Stadt ist die SPD immer noch die stärkste Partei geblieben – obwohl die Braunen den Arbeitern das Blaue vom Himmel herunter versprochen haben. Wieso also Kirchardt? Es ist und bleibt mir einfach absolut unerklärlich!“

„Dann lass es doch auch sein Bewenden dabei haben, wenn du es dir sowieso nicht erklären kannst!“ Der unwirsche Unterton in Emilies Stimme war selbst dem in ernste Gedanken versunkenen August nicht entgangen. Mit einem verwunderten Blick musterte er die auf seiner rechten Seite neben ihm gehende kleine Frau. Emilies Replik war weit schärfer ausgefallen, als sie dies eigentlich beabsichtigt hatte. Doch andererseits ... Die ständigen Belehrungen ihres Vaters im Hinblick auf Augusts „Politisierereien". Dessen unablässige Beschäftigung mit eindeutigen Tatsachen wie diesem Wahlergebnis, das nun einmal nicht mehr zu ändern war. Es konnte einem wirklich auf die Nerven gehen. Insofern konnte Emilie ihrem Vater insgeheim nur beipflichten, wenn dieser die Meinung vertrat, dass man als einfacher Bürger besser die Finger von der Politik ließ. „Wie einfach war es doch noch zu Kaisers Zeiten: Da hat der Kaiser gesagt, wo es langgeht, und fertig. Da ist nicht lange gefackelt worden und man hat auch nicht ewig debattieren müssen. Da wurde gehandelt – und alles war gut!", pflegte er am Ende immer zu sagen und fand damit durchaus auch die Zustimmung seiner Tochter, die von Politik und den ganzen Aufgeregtheiten, die seit Jahren damit verbunden waren, noch nie etwas hatte wissen wollen. „Lass mich doch mit diesem ganzen Kram in Ruhe. Das bringt nichts Gutes, sagt auch mein Vater immer! Und der Vater ist ein besonnener Mann, der hat recht mit dem, was er sagt. Das meinen ja auch all die anderen Leute. Hör doch also endlich auf mit dieser ewigen Politisiererei. Und lass uns einfach einmal diesen Tag für uns genießen, ohne ständig an die Politik denken zu müssen."

„Ach was. Emilie! Das darf man doch nicht einfach sagen, so etwas! Man kann den Dingen nicht nur tatenlos zusehen und das ganze Land in die Arme dieser furchtbaren Leute treiben. Das dürfen wir nicht zulassen!" Auch in Augusts Entgegnung hatte sich plötzlich eine schneidende Schärfe gemischt. Voller Schreck bemerkte er, wie Emilie dabei schmerzhaft zusammenzuckte. Andererseits: Politik war und blieb eben ein heikles Thema. Doch wenn man nun schon in der eigenen Familie – oder gar bei der eigenen Freundin – davor zurückschreckte, die Dinge klar beim Namen zu nennen ... Wohin sollte das um alles in der Welt dann führen? Schade. Sehr schade sogar, dass ihm nicht einmal von Emilies Seite Unterstützung zuteil wurde. Wo sich der junge Mann doch so sehr nach einem Menschen sehnte, der auch in solcherlei Hinsicht Verständnis für ihn aufbrachte. Für all seine Sorgen um die Zukunft, die ihn in letzter Zeit beinahe unablässig bewegten. Selbst bei Gesprächen unter den Brüdern Voll schien das Thema Politik mehr und mehr zum Tabu zu werden, das am besten peinlichst zu vermeiden war. Schon deshalb, weil es ihrer Mutter Wilhelmine jedes Mal solch schlimme Qualen bereitete, wenn eine zunächst harmlos beginnende Diskussion innerhalb der Familie ganz plötzlich ins Politische abglitt und wieder einmal „die Fetzen flogen", wie sich der Vater hinterher vorwurfsvoll auszudrücken pflegte. Obwohl der sich bei solchen Anlässen selbst regelmäßig heftig in die Debatte mischte. Doch vor allem August war es, Wilhelmines Jüngster, den die Mutter immer wieder flehentlich ermahnte, doch endlich Frieden mit Jakob zu schließen, dem ältesten der Brüder. „Streit in der eigenen Familie ist niemals gut. Das bringt keinen Segen", hatte sie schluchzend gemeint und sich dabei mit dem Handrücken die kummervollen Tränen von den Wangen gewischt. Und immer sollte August die Schuld daran tragen, dass es zu diesem mittlerweile tiefen Zerwürfnis zwischen dem einarmigen, begeisterten Nationalsozialisten Jakob und den anderen Voll-Brüdern gekommen war. Noch nicht einmal Wilhelm, der ja bekanntlich sogar stark mit den Kommunisten sympathisierte, verstieg sich in Diskussionen mit Jakob zu solch drastischen Formulierungen, wie ausgerechnet der Jüngste dies seinem ältesten Bruder gegenüber tat. Immer nur er, August! Immer sollte nur er an allem schuld sein. Sahen sie es nicht – oder wollten sie es einfach nicht wahrhaben –, wohin der Weg führte, den die Parteigenossen von Jakob längst eingeschlagen hatten.

Begriffen sie denn wirklich nicht, dass es eines mutigen und kompromisslosen Auftretens bedurfte, um diesen Weg ins Unheil überhaupt noch zu vermeiden. Wenn es nicht bereits zu spät dafür war ...

Aber auch Emilie ließ sich an diesem Nachmittag nicht so ohne weiteres von ihrer Meinung abbringen und setzte ihrem verdutzten Begleiter in deutlichen Worten auseinander, dass sie der ständigen Diskussionen und Angstszenarien allmählich überdrüssig zu werden beginne. Es könne zu nichts Gutem führen, wenn sich der August weiterhin in dieser beinahe schon fanatisch zu nennenden Art und Weise andauernd mit der Politik beschäftigte. „Was willst du denn auch schon ausrichten gegen die großen Herrschaften? Du als kleiner Handwerker. Lass uns doch lieber in Ruhe und Frieden spazieren gehen und das Leben genießen. Nimm dir ein Beispiel an meinem Vater. Er ist ein anerkannter Handwerker, der schon manchen Schicksalsschlag hat aushalten müssen. Und dennoch geht er voller Zuversicht und Gottvertrauen durch das Leben. So musst du es machen. So, wie mein Vater."

August ließ ein spöttisches Lachen ertönen. „Dein Vater! Ausgerechnet dein Vater! Dem geht es doch nur darum, dass er einmal ohne Umweg gleich in den Himmel kommt. Deshalb schaut er lieber auf seine himmlischen Weihen und sorgt sich nicht um das irdische Jammertal. Nur nicht anecken, sondern nur brav den Kirchendiener machen. So kommt man allerdings bestens durchs Leben."

„August!" Unvermittelt war die junge Frau stehen geblieben und streifte ihr Gegenüber mit einem zornigen Blick. „Ich lasse nicht zu, dass du so über meinen Vater sprichst. So darfst du nicht reden."

„Willst du mir etwa den Mund verbieten?" Noch immer bestimmten nach den bitteren Erlebnissen der vergangenen Tage Verzweiflung und Hoffnungslosigkeit Augusts Gedanken. Dies mochte der Grund dafür sein, dass ihm dieser Satz über die Lippen gerutscht war, ohne dass er sich hinterher wirklich erklären konnte, wie es dazu hatte kommen können. Und schlimmer noch: „Das kommt ja gar nicht in Frage, dass ich jetzt schon dir gegenüber nichts mehr sagen darf." Trotzig reckte er das Kinn in die Höhe und verschränkte seine Arme vor dem Oberkörper, während er Emilies Blick mit düsterer Miene standhielt.

„Ich glaube es einfach nicht. Wie kann man sich denn nur dermaßen in etwas hineinsteigern?" Kopfschüttelnd musterte Emilie ihren Begleiter, aus dessen Haltung sich gleichwohl keinerlei Bedauern über die harschen Worte ablesen ließ, zu denen er sich verstiegen hatte. Ein trauriger Schatten huschte über ihr Gesicht. Langsam senkte sie den Kopf und räusperte sich heiser. „Dann ... dann tut es mir leid, August ..." Ohne ein weiteres Wort wandte sie sich um und eilte mit hastigen Schritten auf demselben Weg zurück, auf dem sie erst wenige Minuten zuvor noch in harmonischer Zweisamkeit gekommen waren.

Mit zusammengekniffenen Augen starrte August seiner sich rasch entfernenden Emilie hinterher. Sosehr ihn deren impulsive Reaktion auch überraschte, eventuell gar betroffen machte: Von seinem Standpunkt abzurücken, kam dennoch nicht in Frage. „Trotzdem ist es genau so, wie ich das gesagt habe", murmelte er bitter. „Wo doch jeder im Dorf Bescheid darüber weiß, wie bigott der Glaser sein kann. Mitsamt seinem ganzen Stolz. Doch, so ist es. Die Wahrheit muss man schließlich noch sagen dürfen – und man muss sie auch ertragen können." Seufzend machte sich nun auch der junge Flaschner auf den Heimweg, auf dem ihn eine unglückliche Stimmung überkam. Denn am heutigen Tag würde es zu keinem versöhnlichen Gespräch mit Emilie mehr kommen. Sosehr ihn das alles auch belastete. Denn eigentlich stand August der Sinn weiß Gott nicht nach Zank und Meinungsverschiedenheit. Davon hatte er in den letzten Wochen mehr als genug erfahren müssen. Liebend gerne hätte er eine solche Auseinandersetzung zwischen sich und Emilie vermieden und einen harmonischen, ruhigen Sonntagnachmittag mit ihr verbracht. Doch war es etwa seine Schuld gewesen, dass ihr Gespräch dann diese unglückselige Wendung genommen hatte? Und hätte er dann etwa einfach den Mund halten sollen? Wäre solch ein Verhalten nicht der erste Schritt dorthin gewesen, wo all die anderen schon längst angekommen waren? In der Ecke der feigen Schweiger und Mitläufer.

*

Der Nachmittag des 30. Januar 1933 war zu einem Feiertag geworden. Zumindest für Leute vom Schlage des Hengsthalters Friedrich Kopp und dessen Parteifreunde. Mit vor Aufregung und Freude erwartungsvoll geröteten Gesichtern hatten sie sich zahlreich vor dem Rundfunkübertragungsapparat versammelt, der im Saal des „Hirsch" aufgebaut worden war. Andächtig lauschten sie nun der schnarrenden Männerstimme, die knisternd über den Äther zu ihnen aus dem Lautsprecher drang und den ganzen Raum erfüllte. Es handelte sich um eine Direktübertragung aus Berlin, der Hauptstadt des Deutschen Reiches. Und es war, daran bestand nicht der mindeste Zweifel, ein Tag, der für immer in die Deutsche Geschichte eingehen würde. Denn am heutigen Tag war Adolf Hitler, der Vorsitzende der NSDAP, vom greisen Reichspräsidenten Paul von Hindenburg zum Reichskanzler ernannt worden. Adolf Hitler war am großen Ziel angelangt! Und mit ihm seine jubelnden Parteigenossen. Endlich! Kein Wunder, dass der 30. Januar also auch in Kirchardt zum Feiertag geraten war. Alle waren sie in den „Hirsch" gekommen, um dank des Lautsprechers wenigstens einen Abglanz von der weihevollen Feierstimmung im fernen Berlin verspüren zu können, die diesen kalten Wintertag mit einem goldenen Schimmer überzog.

Die Neugier hatte auch August Voll an diesem Nachmittag in den „Hirsch“ getrieben. Es war kein Geheimnis gewesen, dass sich die Gefolgsleute des neuen Reichskanzlers zur Feier des Tages hier im „Hirsch“ vor dem Rundfunkapparat versammeln würden. Immer größer war die Zahl derer geworden, die mit raschen Schritten in das Gasthaus geeilt waren, und so hatte es für August schließlich kein Halten mehr gegeben. Obwohl er sich damit sozusagen mitten in der Höhle des Löwen befand. Doch er wollte sie mit eigenen Augen betrachten können, all die aufrechten Demokraten, die August und den anderen gegenüber bislang immer entrüstetes Unverständnis geheuchelt hatten, wenn es um die Kirchardter Wahlergebnisse und das besonders hervorstechende Ergebnis der NSDAP gegangen war. Jetzt sollten sie ruhig voller Verlegenheit erröten, wenn sie bemerkten, wie sein tadelnder Blick auf ihnen ruhte. Auf Menschen, die all ihre Überzeugungen und Grundsätze einfach beiseitegeschoben hatten und sich nun gesichtslos in die Masse derer einreihten, die sie doch noch vor wenigen Monaten engagiert bekämpft hatten. Jetzt also war der Kampf zu Ende gegangen, jetzt ging es für die meisten offenbar nur noch darum, im Chor der Wölfe mitzuheulen. Damit man seine Ruhe hatte! Eine wahrhaft niederschmetternde Erkenntnis, die den jungen Mann getroffen hatte, wie ein Keulenschlag. Vor allem, wenn man in der Masse der braunen Parteigänger urplötzlich den einen oder anderen entdeckte, von dem man solch ein Verhalten doch eigentlich niemals für möglich gehalten hätte.

Es war unverkennbar, dass sich der Hengsthalter am heutigen Nachmittag naturgemäß in einer besonders ausgelassenen Stimmung befand. Was am Tag, an dem ihr Parteiführer endlich das erste seiner ehrgeizigen Ziele erreicht hatte, schließlich kein Wunder war. Allein die triumphale Miene, die Kopp gerade zur Schau stellte, bereitete dem überzeugten Sozialdemokraten August

Voll wahre Höllenqualen. Und neben dem Hengsthalter saß niemand anders als sein ältester Bruder Jakob, dessen höhnischer Blick in ebendiesem Moment auf den Jüngeren traf. Unwillkürlich war August zusammengezuckt. Eine wahrhaft grässliche Vorstellung, dieser triumphalen Überlegenheit in den nächsten Monaten, wenn nicht Jahren, hilflos ausgeliefert zu sein. Denn solch ein über die Maßen ehrgeiziger Politiker, wie ihn dieser finstere Hitler darstellte, würde sich keinesfalls so leicht von der Macht verdrängen lassen, wie dies bei seinen Vorgängern im Amt des Reichskanzlers der Fall gewesen war. Nein, nachdem er die Macht nun endlich in den Händen hielt, würde er sie mit Zähnen und Klauen auch verteidigen. Wenn es sein musste, auch mit brutaler Gewalt. Die berüchtigten Aufmärsche der sogenannten SA hatten in dieser Hinsicht schon allzu oft eine blutige Spur gezogen. Und auch die einfachen NSDAP-Mitglieder zeigten sich alles andere als zimperlich, wenn es um die handfeste Durchsetzung der Parteiinteressen ging. Wozu sie bekanntlich ja auch „von ganz oben" ausdrücklich ermuntert wurden. August spürte, wie sich beim Anblick der euphorisch feiernden Masse sein Magen plötzlich zusammenkrampfte und eine würgende Übelkeit in ihm hochstieg. Er musste raus hier, fort, so schnell wie möglich fort. Dieser grässlichen Atmosphäre mit den widerlich grinsenden Hitlerjüngern entfliehen. So rasch wie möglich das Weite suchen.

Obwohl er ursprünglich an der Saaltüre hatte verharren wollen, war er doch in den vergangenen Minuten von der Menge der unaufhörlich nachschiebenden Parteimitglieder weiter in den Raum hineingedrängt worden, als er dies beabsichtigt hatte. Und aus diesem Grund fand er sich mit einem Mal regelrecht eingezwängt, mitten in der jubelnden Masse. Es war alles andere als einfach, den raschen Rückzug anzutreten, zumal immer neue Besucher von hinten in den mittlerweile hoffnungslos überfüllten

Saal drängten. Doch der Brechreiz, der ihn erfasst hatte, ließ sich nicht länger unterdrücken. Wenn es nicht schnell gelang, sich aus dem Saal zu kämpfen ... Von Panik getrieben, fuhr August die Ellbogen aus und boxte sich, begleitet von manch bitterbösem Blick, angewidert durch die dicht stehende Menschenmenge.

„He, was soll das denn?", giftete einer, dem August während seines hastigen Rückzugs auf die Füße getreten war. „Kannst du denn nicht aufpassen?"

„Weshalb geht der denn rückwärts", ließ sich gleich darauf ein Weiterer vernehmen.

Dann schienen sie schlagartig begriffen zu haben. „Das ist doch der Voll! Der will hinaus. Der kann es anscheinend nicht ertragen, dass unser Führer endlich am Ziel ist!"

„Der gönnt uns wohl die Freude nicht, oder wie?"

„Stimmt das, Voll?"

Doch August Voll gab keine Antwort. Weiter boxte er sich durch die Masse der hämisch grinsenden Männer hindurch, die längst begriffen hatten, wie es dem jungen Mann zumute war.

„Heil Hitler!", brüllte ihm einer jetzt direkt in das rechte Ohr.

„Heil Hitler!", tönte es gleich darauf ein zweites Mal, nun auf seiner linken Seite.

Und wieder: „Heil Hitler!" Dies alles ganz bewusst in einer Lautstärke, die ihm beinahe das Trommelfell zerbersten ließ.

Einem plötzlichen Impuls folgend, den er sich später selbst nicht mehr erklären konnte, blieb August unvermittelt stehen und bedachte die beiden Männer, die ihm unverschämt entgegenlachten, mit einem maliziösen Lächeln. Sonderbar: Die Übelkeit in ihm schien auf einen Schlag verflogen. Schlagartig hatten vielmehr Wut und Ärger die Oberhand ergriffen. Mit zusammengekniffenen Augen fixierte August den einen der beiden Grinser streng, während er es trotz der drängenden Enge dennoch schaffte, ganz langsam den linken Arm von sich zu strecken. Schon allein bei dieser Geste handelte es sich um eine ganz gezielte Provokation, denn natürlich war auch August die Tatsache nur allzu bekannt, dass es beim sogenannten deutschen Gruß grundsätzlich die Rechte war, die man von sich in halbe Höhe zu strecken hatte. „Heitler!", brummelte er dem anderen daraufhin mit bewusst dunkel gefärbter Stimme ins überraschte Gesicht. Und noch einmal: „Heitler!"

Es dauerte einen Augenblick der erstaunten Verwunderung, dann hatte der braune Parteigenosse begriffen. Sekundenschnell schoss die Zornesröte in dessen Miene.

„Das heißt Heil Hitler und nicht Heitler, du Frechdachs!", fauchte er wütend. „So kannst du unseren Gruß doch nicht verhunzen! Du schon gar nicht, Voll! Das erlauben wir dir nicht!"

Obwohl sich auch der andere Mann drohend an August heranschob, ließ der nicht locker. Es bereitete ihm einfach ein geradezu diebisches Vergnügen, wenigstens diesen beiden den schönen Festtag ein bisschen zu verderben. Mit ihren eigenen idiotischen Umgangsformen musste man sie schlagen.

„Aber was habt ihr denn?" August bemühte sich, eine möglichst unbefangene Miene zur Schau zu stellen. „Das habe ich selber schon bei euren Parteifreunden genau so gehört. Denn wenn man tausendmal am Tag den Hitler-Gruß entbieten muss, dann schleift es sich halt irgendwann ab. Überlegt doch mal, wie viele Leute allein hier drin zu begrüßen sind. Da fällt einem ja beinahe die Zunge ab. Was ist denn schon dabei? So ein einfaches Heitler, das tut's doch auch ..."

„Pass bloß auf, dass wir dir die Zunge nicht ganz herausschneiden und dein ungewaschenes Maul dann damit stopfen!", zischte es unheildrohend zurück. „Und außerdem", die zornige Schärfe in der Stimme des anderen war nicht zu überhören, „außerdem ist es der rechte Arm, den man beim Grüßen benutzt. Und eines, Freundchen, das sei dir schon noch gesagt.“ Er spreizte seinen Zeigefinger ab und drückte ihn hart gegen Augusts Oberkörper. „Das war das allerletzte Mal, dass wir dir solch eine Frechheit ungestraft durchgehen lassen. Merke dir das gut, Voll. In deinem eigenen Interesse. Von dir und deinesgleichen lassen wir uns nicht mehr auf den Arm nehmen! Nie mehr!“

„Oder höchstens auf den linken!“ August Voll hatte nicht anders gekonnt. Auch diese Replik hatte er unbedingt noch anbringen müssen, bevor er sich nun aber auf den eiligen Rückzug machte. Diese Blödiane! Wie sie sich wegen solcher nichtssagenden Äußerlichkeiten tatsächlich in Windeseile provozieren ließen. Wie einfach das bei diesen Kleingeistern doch war.

„Vorsicht, Kleiner!“ Gerade war es ihm mit Mühe gelungen, sich endlich wieder bis zur Saaltür durchzudrängen, als sich ein metallener Haken grob auf seine Schulter senkte. Überrascht und ärgerlich fuhr August herum und starrte in die wütende Miene von Jakob, seinem ältesten Bruder. Bei dem Metallhaken handelte es sich um die Prothese seines linken Armes, deren gebogenes Ende glänzend unter dem Ärmel der dunklen Uniform hervorstach. „Ich sage es dir kein zweites Mal, du Idiot: Wenn du künftig nicht das Maul hältst, dann wird es dir schlecht gehen! Das schwöre ich dir! Und glaub ja nicht, dass du dann zu mir kommen und um Hilfe betteln kannst. Das brauchst du erst gar nicht zu versuchen! Schreib dir das endlich hinter deine ungewaschenen Ohren. Und jetzt: ab durch die Mitte! Ich will dich hier nie wieder sehen!“

Mit seinem gesunden rechten Arm, den er zur Faust geballt hatte, stieß Jakob unvermittelt zu und traf seinen völlig unvorbereiteten Bruder direkt in den Magen. Wie ein Klappmesser ging August in die Knie und taumelte, begleitet von den unsanften Stößen und drohenden Verwünschungen der Parteigenossen, von dem Gasthaus hinaus auf die Straße.

*

Frühsommer des Jahres 2005. Wir sitzen in dem Wohnzimmer des Hauses in der Kirchardter Vorstadtstraße und unterhalten uns. In ebenjenem Haus, das von August Voll, der Hauptperson dieses Buches, in den dreißiger Jahren erbaut worden ist. Mir gegenüber sitzt eine zierliche grauhaarige Frau, mittlerweile 77 Jahre alt. Und wie wir so über lange vergangene Zeiten reden, strömt die Erinnerung wieder in sie zurück. Immer stärker, immer plastischer. Gerade so, als sei das alles doch erst gestern geschehen. Lebhaft gestikuliert die ansonsten doch eher zurückhaltende Frau mit ihren Armen, nickt immer wieder, wie zur Bestätigung ihrer eigenen Erinnerung. Ja, plötzlich ist alles wieder da. Die ganze Geschichte. Man darf diese Geschichte nicht vergessen, sondern muss sie aufschreiben, das ist eine Verpflichtung von uns allen, sagt die kleine Frau im Ton sicherer Überzeugung. Und deshalb hat sie auch nichts dagegen, dass ihre Aussage auf Tonband festgehalten wird. Ganz im Gegenteil. Sie will es genau so haben. Sie freut sich sogar. Denn endlich, nach so vielen Jahren, interessiert sich doch noch jemand für sie, für die Erinnerungen der Zeitzeugin Paula Thrun, einer geborenen Voll. Im Jahr 1928 ist Paula als Tochter von Heinrich Voll zur Welt gekommen. Heinrich war einer der vier Voll-Brüder, der zweitälteste Bruder von August, der 1899 geboren wurde und bis 1963 gelebt hat. Derjenige, der später am verzweifeltsten versucht hat, doch noch eine Aussöhnung zwischen August und Jakob zustande zu bringen. Paula ist die Tochter von Heinrich Voll, und somit war August Voll ein Onkel von ihr. Der Lieblingsonkel sogar, wie sie ausdrücklich betont. Paula

Thrun, geborene Voll, ist früh genug geboren worden, um als kleines Mädchen und später als heranwachsende junge Frau vieles von dem hier beschriebenen Geschehen aus eigener Anschauung bewusst erleben zu können. Sie hat es auch niemals vergessen. Dafür haben diese Ereignisse einen viel zu nachdrücklichen Eindruck bei ihr hinterlassen. Ereignisse, die sich regelrecht in die Erinnerung des Kindes eingebrannt haben. Für immer. Selbst Jahrzehnte später, als ich sie anlässlich der Recherche zu diesem Buch befrage, ist ihr alles noch so gegenwärtig, als wäre es erst vor einigen Wochen geschehen.

„Der älteste Bruder vom August, der Jakob, das war ein arger Nazi. Wo doch sonst alle in der Familie dagegen waren. Der Jakob hatte durch den 1. Weltkrieg nur einen Arm. Nur noch den rechten Arm. Deshalb ist er von der Gemeinde in Kirchardt eingesetzt worden für irgendwelche Arbeiten auch im Wald. Als Aufseher. Als Waldhüter. Und als Schwimmbadmeister, dort hat er kassiert und eben auch die Aufsicht geführt. Er hat auch durch seine aktive Rolle, die er in der örtlichen Parteigruppe gespielt hat, immer Arbeit durch seine Nazifreunde bekommen. Er hat immer eine grüne Uniform angehabt und war ein böser, schlimmer, unsympathischer Kerl, zu dem wir Kinder gar keinen Kontakt hatten. Er war eben ganz anders als mein Vater und die anderen Geschwister. Hildes Vater, mein Onkel Wilhelm, zu dem dann Ella später immer ‚Opa Helm' gesagt hat, der war ja sogar bei den Kommunisten. Es war bekannt, dass die ‚Vollen' alle Nazigegner waren, einschließlich des Großvaters. Da hat man aber gar nichts sagen dürfen, sonst wäre man abgeholt worden. Das wäre ruck, zuck gegangen. Da hätte es dann keine Verhandlung gegeben, gar nichts."

*

Das Leben ging weiter. Auch mit dem neuen Reichskanzler. Ehrlich gesagt, es hatte sich in den vergangenen Wochen nichts verändert im Dorf. Von den ewig grinsenden Mienen der weiter rasch wachsenden Schar von NSDAP-Gefolgsleuten einmal abgesehen. Nachdem er diese niederschmetternde Wirklichkeit des Winters 1933 mit Mühe einigermaßen verarbeitet hatte, musste sich auch August Voll insgeheim eingestehen, dass für all die Befürchtungen, die er bislang immer geäußert hatte, anscheinend keine Grundlage vorhanden gewesen war. Bislang zumindest nicht. Trotz aller Turbulenzen im Reich, von denen man über die Zeitungen und durch die Rundfunkübertragungen Kenntnis erhielt. Dies alles trug sich in weiter Ferne zu, vor allem in Berlin. Zwar hatte die Nachricht vom Brand des Reichstags im Februar 1933 zunächst für gewaltige Bestürzung in ganz Deutschland gesorgt, doch letzten Endes hatte dies das Leben in Kirchardt ebenfalls nicht verändern können. Allem aggressiven Gebrüll der NSDAP zum Trotz. Zwar war den Kommunisten die Existenz als Partei nun erst recht erschwert worden, aber ansonsten ging es in Kirchardt auch nicht anders zu als im vergangenen Jahr, als Hitler noch nicht Reichskanzler gewesen war. Diese Erkenntnis musste sich August Voll, wenngleich mit Widerwillen, dennoch eingestehen. Nach wie vor standen sich die politischen Lager genauso unversöhnlich gegenüber wie zuvor. Zwar schien sich das Kräfteverhältnis zugunsten der NSDAP zu verändern, doch – auch dies eine interessante und zu Hoffnung Anlass gebende Beobachtung – nicht mehr in jenem rasanten Tempo, wie er dies noch im Herbst des letzten Jahres hatte beobachten müssen.

Alles in allem überschlugen sich die politischen Ereignisse dann aber doch noch. Denn Anfang März 1933 wurden die Bürger schon wieder an die Wahlurnen gerufen. Zu den dritten Reichstagswahlen innerhalb eines dreiviertel Jahres!

Die jüngste Wahl vom 5. März 1933 hatte kurzzeitig sogar Hoffnung in dem jungen Handwerker aufkeimen lassen. Denn ausgerechnet jene Wahl, von der sich die Nationalsozialisten weitere gewaltige Stimmengewinne erhofft hatten – schließlich bekleidete ihr Führer Adolf Hitler ja mittlerweile das Amt des Reichskanzlers, stellte also nicht mehr nur irgendeinen unbedeutenden Herausforderer der Macht dar –, hatte dennoch für die NSDAP mit einer Enttäuschung geendet. Nur auf 43,9 Prozent war man gekommen. Die zornige Enttäuschung stand Hitlers Gefolgsleuten im ganzen Reich noch tagelang ins Gesicht geschrieben. Bis sie dann jedoch einer umso trotzigeren Haltung wich, die von der braunen Truppe nunmehr an den Tag gelegt wurde.

Immerhin jedoch durften Männer wie August Voll in diesen Tagen endlich einmal wieder eine gewisse Zuversicht verspüren. Dass doch noch nicht alles verloren war. Die Deutschen in ihrer überwiegenden Mehrheit schienen den NS-Parolen doch nicht so blind zu folgen, wie er dies zwischenzeitlich hatte befürchten müssen. Man brauchte die Hoffnung also noch lange nicht aufzugeben. Gott sei Dank!

Und so hatte August in der Woche beschlossen, am Abend endlich wieder einmal im „Hirsch" einzukehren. Wo zwar bekanntlich auch viele NSDAP-Leute ein und aus gingen, mit denen er dort ja schon mehrfach hart aneinandergeraten war. Aber andererseits konnte man nicht zulassen, dass diese üblen Brüder bestimmten, welche Lokale man aufsuchte und um welche man einen großen Bogen machte. Außerdem würden sie mit Sicherheit wohl nicht mehr ganz so keck daherreden, nachdem das Pendel für ihre Partei leider nicht im gewünschten Maße ausgeschlagen hatte.

Wie man sich täuschen konnte! Kaum hatte er das Gasthaus betreten, runzelte August verblüfft die Stirn. Allem Anschein nach lagen die Tage der Enttäuschung schon weit hinter dem Hengsthalter und seinen Gesinnungsgenossen. Zumindest schafften sie es, aufs erste Hinsehen genau diesen Eindruck zu vermitteln. Mit zufriedenen Gesichtern saßen Friedrich Kopp sowie seine drei Gemeinderatskollegen der NSDAP, also Emil Bucher, Ludwig Fehr, Adolf Klein, Ratsschreiber Menold, der einarmige Jakob Voll und all die anderen mehr oder minder bekannten Kirchardter Nationalsozialisten am Stammtisch des „Hirsch" vor ihren Bierkrügen und pafften mit ihren Zigarren dicke Qualmwolken in den stickigen Gastraum. Und mitten unter ihnen befand sich – sehr zu Augusts Verwunderung – sogar Martin Bentz, der Bürgermeister. Bei dem es sich doch bekanntlich um einen entschiedenen Gegner der Hitlertruppe handelte und die ihn deshalb auch oft und heftig bekämpft hatte. Bis hin zum Versuch, ihn aus dem Amt zu treiben. Was also, um alles in der Welt, machte der Bürgermeister hier. In trauter Runde mitten unter den NSDAP-Leuten? Hatten sie es also geschafft, selbst den aufrechten und unerschrockenen Bürgermeister auf ihre Seite zu ziehen? Nein, das konnte nicht sein. Es durfte auch nicht sein!

Mit wesentlich weniger Elan, als er gekommen war, setzte sich August nach einem kurzen „Guten Abend" an einen der leeren Tische in der Nähe des heute verschlossenen Durchgangs zum Saal. Doch den gut gelaunten Männern am Stammtisch war am heutigen Abend nicht einmal mit dem in vollster Absicht unterbliebenen Hitlergruß die Laune zu verderben. Auch nicht Jakob Voll. Nachdem er seinen jüngeren Bruder mit einem kurzen tadelnden Blick gestreift und ein scharfes „Heil Hitler!" hatte verlauten lassen, wandte er sich rasch wieder der munteren Runde zu, ohne sich weiter um August zu kümmern.

„Ja, es ist wirklich wunderbar und aller Ehren wert, dass wir es dermaßen rasch hinbekommen haben! Mit Fug und Recht können wir stolz auf unser Kirchardt sein!" Mit bedeutungsvoll vor der Brust verschränkten

Armen lehnte sich Friedrich Kopp zurück und genoss den Triumph des Augenblicks. Dieses erhebende Gefühl, ein vor wenigen Tagen noch nahezu undenkbar scheinendes Vorhaben plötzlich in Windeseile verwirklicht zu haben. Der Sieg, den er damit über all die Zweifler und Zauderer errungen hatte. Kleingeister, bei denen es darauf ankam, sie mit wenigen, dafür jedoch umso gewichtigeren und vor allen Dingen lauten Worten entschieden aus dem Weg zu räumen. „Wer lange fackelt, der hat schon verloren!" Das war einer jener Sprüche, der sich bereits auf einem der ersten Schulungsabende seiner Partei für immer in sein Bewusstsein gebrannt hatte. Man musste handeln. Nicht diskutieren. Nur schnell und entschieden handeln. „Und zwar ohne jedes Wenn und Aber!", setzte er mit zufriedenem Lächeln noch hinzu, während er die Männer, die sich an diesem Abend um den Stammtisch des „Hirsch" versammelt hatten, mit hoch erhobenem Kinn bedeutungsvoll musterte. Einen nach dem anderen. Die glücklich dreinschauenden Gemeinderatskollegen, den stolzen Weltkriegsveteranen Jakob Voll, den trotz aller feierlichen Stimmung ringsum irgendwie eher dumpf und traurig auf die Tischplatte herunterstarrenden Bürgermeister Martin Bentz sowie noch ein gutes Dutzend andere. Der Hengsthalter nickte, dann wandte er sich dem verdutzten Neuankömmling zu, der sich bislang keinen Reim auf das Geschehen machen konnte. „Das soll uns erst einmal einer nachmachen! Nicht wahr, Voll? Da staunst du aber gewaltig, dass wir das so mir nichts, dir nichts geschafft haben, oder?" Wieder warf sich Friedrich Kopp stolz in die Brust und schien mit hämischer Genugtuung auf eine Antwort zu warten. Merkwürdig, der Hengsthalter hatte ihn schon seit Wochen keines einzigen Satzes mehr für würdig befunden – seit den damaligen Auseinandersetzungen um den von August bewusst verunstalteten Hitlergruß. Und nun diese mehr als sonderbare Fragestellung. Ihm schwante auf alle Fälle nichts

Gutes, wenn der ansonsten für seine radikale Gesinnung berüchtigte Kopp eine dermaßen zufriedene Miene zur Schau stellte.

„Was meinst du damit?" August kniff angestrengt die Augen zusammen und drückte in einer unbestimmten Abwehrhaltung unwillkürlich den Oberkörper durch. „Was habt ihr denn wieder für weltgeschichtliche Wichtigkeiten beschlossen, dass du dreinschaust, als hättest du das Eiserne Kreuz am Bande zusammen mit der Tapferkeitsmedaille und dem Verdienstorden auf einmal verliehen bekommen?"

Nur für den Bruchteil eines Augenblicks huschte nach dieser provozierenden Bemerkung ein düsterer Schatten über die Miene des Hengsthalters. Doch gleich darauf erstrahlte sein Gesicht schon wieder in der vorherigen Glückseligkeit. Nicht einmal dieser ewig renitente Voll konnte ihm mit seinen frechen Quertreibereien am heutigen Abend die Laune verderben.

„Weil der 15. März des Jahres 1933 zu einem ganz wichtigen Tag für unser Kirchardt geworden ist. Darum feiern wir."

„Aha." Der junge Mann schüttelte ratlos seinen Kopf. Nach wie vor konnte sich August überhaupt nicht erklären, worauf sein stolzes Gegenüber eigentlich hinauswollte. Doch auch der fragende Blick, den er gerade eben zum Bürgermeister hinübergeschickt hatte, blieb unbeantwortet. Denn Martin Bentz hatte nur kurz mit den Schultern gezuckt und dann rasch die Augen niedergeschlagen. Allem Anschein nach bewegten den Bürgermeister wesentlich weniger euphorische Gefühle, als dies bei den neben ihm sitzenden Gemeinderäten der Fall zu sein schien.

„Er scheint tatsächlich nichts zu ahnen", wandte sich der Hengsthalter kichernd an seine Parteigenossen. Dann stemmte er die Hände in die Hüften und setzte endlich zu seiner bedeutungsvollen Erklärung an. „Der 15. März ist zu einem wichtigen Tag für die Geschichte unserer Heimat geworden, weil auf unseren Antrag hin, den Antrag der Nationalsozialistischen Arbeiterpartei, Ortsgruppe Kirchardt, vor wenigen Stunden vom Gemeinderat beschlossen worden ist, unserem Reichskanzler Adolf Hitler die Ehrenbürgerschaft von Kirchardt anzutragen. Gleichzeitig haben wir die Ehrenbürgerwürde auch an den Reichspräsidenten Paul von Hindenburg und den Reichspolizeikommissar Heinrich Robert Wagner verliehen! Heil Hitler!"

„Heil Hitler!", antwortete es laut aus mehr als einem Dutzend stolzer Kehlen.

Im ersten Moment vermeinte August Voll, sich verhört zu haben. Was hatten diese Gemeinderäte da beschlossen? Die Ehrenbürgerschaft für Hitler? Fassungslos tippte er sich an die Stirn: „Ihr spinnt ja!" Das konnte doch beim besten Willen nicht wahr sein, was da gerade eben an seine Ohren gedrungen war. „Ja, habt ihr denn keine anderen Sorgen im Gemeinderat?"

Mit einer unwirschen Geste schob er seinen Stuhl zurück und machte einen raschen Schritt zum Stammtisch hinüber, wo er den Bürgermeister scharf in sein Visier nahm. „Wie könnt ihr das denn machen? Das ist doch völliger Blödsinn, so etwas! Welche Verdienste um Kirchardt haben sich die drei denn erworben, dass sie die Ehrenbürgerschaft bekommen? Wie kannst du als Bürgermeister so etwas überhaupt zulassen und verantworten?" Mit vorwurfsvoll ausgestrecktem Arm deutete er auf die Brust von Martin Bentz, der mit offenkundiger Verlegenheit an August vorbei in den Gastraum hineinstarrte. Doch in seiner Aufregung bemerkte dieser die Zwickmühle gar nicht, in der sich der Bürgermeister befand. „Jetzt sag schon, Bürgermeister! Warst du etwa auch für den Antrag von denen? Hast du also auch dafür gestimmt? Anders ist das ja kaum denkbar? Seit wann gehörst du denn zu denen?" In einer hilflosen Geste breitete Martin Bentz die Arme aus. „Was hätte ich denn machen sollen? Da gab es gar keine Möglichkeit! Der Antrag lag auf dem Tisch. Und immerhin handelt es sich bei den Geehrten um absolute Respektspersonen. Um die wichtigsten Ämter im Reich. Das darf man nicht unberücksichtigt lassen bei solch einer Entscheidung. Da kann ich dem Reichspräsidenten die Ehrenbürgerschaft doch nicht einfach verweigern, wenn das beantragt worden ist. Wie stehe ich denn sonst da? Zumal die Mehrheit im Gemeinderat ja ebenfalls dafür war ..."

„Aber der Hitler ..." August Voll versuchte verzweifelt, seiner Aufregung Herr zu werden, die ihm momentan sogar das Reden schwer machte. Fieberhaft war er darum bemüht, in aller Kürze dennoch die richtigen Worten zu finden. „Der Hitler, der ist doch gerade einmal seit ein paar Wochen im Amt des Reichskanzlers! Was also hat der denn in dieser kurzen Zeit überhaupt schon geleistet, dass man ihn zum Ehrenbürger machen kann. Das wird nicht einmal der Hitler wollen. Ich mache auch jede Wette, dass der unser Dorf nicht einmal kennt. Was kratzt den also schon die Ehrenbürgerschaft von Kirchardt? Der hat doch gerade ganz andere Sorgen, nicht wahr?", verlegte sich August nun auf eine Argumentation, der sie wohl nicht so leicht würden widersprechen können. Doch auch diese überzeugende Schlussfolgerung lief einfach ins Leere. Über das Gesicht des Bürgermeisters huschte ein gekünstelt wirkendes Lächeln, als er den anderen nun aus traurigen Augen musterte. „Ach, August, darum geht es doch nicht. Sie wollen es so – und deshalb bekommen sie es auch so. Der Antrag ist formal gestellt, nachdem die Abstimmung auch absolut korrekt verlaufen ist. Ich werde also – so, wie es meine Pflicht ist – dem Willen des Gemeinderats folgen und ein Schreiben aufsetzen, das dann an die entsprechenden Stellen in Berlin geschickt wird. Und du wirst dann schon sehen. Es wird genauso kommen, wie das im Antrag steht. Sie werden zustimmen, sogar mit Freuden zustimmen. Und dabei wird unser Reichskanzler Hitler der Letzte sein, der sich in Bezug auf unsere Ehrenbürgerschaft zieren würde. Ganz im Gegenteil, da wette ich mit dir." Er beugte sich mit dem Oberkörper vor und senkte seine Stimme. „Es ist also nichts zu machen, August. Sosehr ich dich vielleicht auch verstehen kann. Es hilft uns nur noch, mit den Wölfen zu heulen, bevor sie uns zerfleischen!" Hoffentlich begriff der Junge jetzt, dass Vorsicht das Gebot der Stunde war. Und wenn man die braune Truppe mit der Ehrenbürgerschaft für ihren Führer aufs Erste ruhigstellen und damit eine Zeitlang befriedigen konnte, nun, dann sollte dies eben so sein. Es gab drängendere Probleme in der Gemeinde. Und dafür wiederum war der Bürgermeister auf das Wohlwollen des Hengsthalters und dessen Gemeinderatskollegen angewiesen. Sosehr es ihm auch gegen den Strich ging. Letztendlich half nur, gute Miene zum schlechten Spiel zu machen. Mitspielen – und somit das Schlimmste verhüten. Das schien dem Bürgermeister allemal besser, als sich in sinnloser Tapferkeit von der rigoros agierenden Übermacht in Grund und Boden drücken zu lassen. Wenn der aufgeregte August diese Überlegung nur endlich einmal begreifen würde!

Doch mit dieser Hoffnung lag Martin Bentz gründlich daneben. „Und du meinst, dass sie es damit dann bewenden lassen? Wenn ihr feige den Schwanz einklemmt? Ein ums andere Mal? Du meine Güte! Was ist nur aus euch allen geworden? Aus angeblich aufrechten, gestandenen Männern, die ihr doch alle sein wollt! Wehret den Anfängen – so steht es schon in der Bibel geschrieben. Sonst wird es eines Tages ein böses Erwachen geben. Für uns alle!" Mehr und mehr redete sich August Voll in Rage. Mit zornblitzenden Augen schleuderte er seine Anklage dem Bürgermeister entgegen. Nicht einmal das hämische Grinsen bemerkte er dabei, mit dem die anderen Teilnehmer am Stammtisch den immer heftiger geratenden Wortwechsel zwischen ihren Gegnern verfolgten. Sollten die sich doch getrost vor aller Augen zerfleischen: Den NSDAP-Leuten konnte es nur recht sein. Und überdies wäre ein solch unsolidarisches Verhalten in ihrer eigenen Organisation völlig undenkbar. Bei diesen öffentlichen Streitereien handelte es sich um die typischen Fehler der Altparteien. So heillos zerstritten hatten sie das Reich beinahe schon ins Verderben geführt. Wenn den Deutschen nicht – sozusagen in letzter Minute – Adolf Hitler als Geschenk des Himmels zu Hilfe geeilt wäre und zusammen mit seinen willensstarken, entschlossenen Parteifreunden die Dinge fest in die Hand genommen hätte. Um alles wieder zu richten und zum Guten zu wenden. Schon allein aus diesem Grund hatte sich der Reichskanzler die Ehrenbürgerschaft redlich verdient. Was jedoch Kleingeister vom Schlage dieses August Voll wohl niemals begreifen würden. Während sich beim Bürgermeister endlich erste Anzeichen von Vernunft eingestellt hatten. Dennoch würden sie die erste sich bietende Gelegenheit beim Schopf ergreifen, um Martin Bentz aus dem Rathaus zu jagen und an dessen Stelle einen hundertprozentig parteiergebenen Mann als Bürgermeister einzusetzen. Doch von diesen heimlichen Plänen brauchte der Bentz nichts zu wissen. Noch war es außerdem ganz gut, ihn allmählich auf ihrer Seite zu wissen. Solange er damit die Hoffnung verband, im Amt verbleiben zu können. Aber dieser Voll! Der wollte einfach keine Ruhe geben. Zu gegebener Zeit würde man ihm deutlich die Grenzen aufzeigen müssen. Was bisher die Tatsache verhindert hatte, dass es sich beim jungen Voll um Jakobs Bruder handelte. Dem treuesten der Treuen. Aber selbst Jakob winkte mittlerweile nur noch missmutig ab, wenn die Rede auf seinen Bruder kam. Der mit seiner vorwurfsvollen Anklage immer noch auf dem Bürgermeister herumhackte.

„Du kannst doch nicht einfach tatenlos zusehen, wie diese Kerle da allmählich unseren ganzen Staat kaputt machen. Und zu allem Übel noch ihrem Anführer die Ehrenbürgerschaft andienen. Nein!" August Voll schüttelte heftig seinen Kopf, während er verächtlich auf den Bürgermeister herunterblickte. „Wer sich dagegen nicht zur Wehr setzt, der macht sich mitschuldig! Lass dir das ein für alle Mal gesagt sein. Mitschuldig!"

Wie von einer heißen Nadel gestochen fuhr der Bürgermeister in die Höhe und ballte seine Hände zu Fäusten. „Es reicht jetzt, Voll!", donnerte er dem außer Rand und Band geratenen Handwerker, der anscheinend nicht mehr wusste, wie man sich den Respektspersonen des Dorfes gegenüber zu verhalten hatte, mit hochrotem Kopf entgegen. „Ich lasse mir von solch einem Grünschnabel wie dir nicht vorschreiben, was ich zu tun und zu lassen habe. Von dir nicht! Merk dir das ganz genau! Die Dinge sind so, wie sie eben sind. Und damit Schluss jetzt. Ein für alle Mal", wies er den jungen Handwerker mit weit ausgestrecktem Arm zur Tür des Gasthauses.

Doch August Voll dachte nicht im Mindesten daran, der Aufforderung Folge zu leisten. Trotzig erwiderte er den gebieterischen Blick des zornentbrannten Bürgermeisters. „Sonst noch etwas! Ich werde mich gerade von Feiglingen wie dir vertreiben lassen! Die gemeinsame Sache mit den braunen Brüdern machen! Pfui Teufel, nein!"

„Voll, jetzt reicht es aber!" Auch der Hengsthalter war bei diesen Worten aufgesprungen. Irgendwann war es einfach zu viel. Höchste Zeit, dem Kerl in knappen Worten klarzumachen, dass er bereits zu weit gegangen war. Ende der Diskussion! Nicht, dass dieser ewige Stänkerer ihnen noch die ganze Feierlaune verdarb. „Es gibt jetzt genau zwei Möglichkeiten für dich. Entweder du gibst augenblicklich Ruhe, setzt dich still und leise wieder an deinen Tisch und trinkst meinetwegen mit uns das Freibier, das der Bürgermeister zur Feier des Tages gleich ausgeben wird, oder du verschwindest. Und zwar auf der Stelle! Jetzt sofort!" „Freibier!", wiederholte August tonlos. Hatte er gerade eben richtig gehört? Freibier! Zu allem

Überfluss also auch das noch? „Freibier? Womöglich bezahlt aus der Gemeindekasse? Ihr trinkt also Bier auf Kosten der ganzen Gemeinde? Ist das wirklich wahr?“ Er musterte den Bürgermeister mit einem genauso verblüfften wie vorwurfsvollen Blick, den der Hengsthalter, der das Stichwort vom Freibier natürlich voller Absicht hatte fallen lassen, mit geradezu diebischem Vergnügen zur Kenntnis nahm. „Das darf doch alles einfach nicht wahr sein. Die Braunen trinken Freibier – und bezahlen müssen es dann die redlichen Bürger von Kirchardt! Bist du denn plötzlich vollkommen übergeschnappt?“

„Raus! Auf der Stelle raus jetzt!“, donnerte unvermittelt eine zornige, laute Männerstimme durch den Raum. Es war die Stimme von Jakob Voll, der mit hochrotem Kopf auf seinen Bruder zustürmte. Bevor es dem von dieser impulsiven Handlung völlig überrumpelten jungen Mann noch gelang, eine Ausweichbewegung zustande zu bringen, hatte der ältere der beiden Voll-Brüder mit einer ruckartigen Bewegung die metallene Prothese seines linken Arms in eine waagrechte Position gebracht und stieß dem schmerzhaft aufheulenden August den eisernen Haken mit brutaler Gewalt direkt auf das Brustbein. Ohne jedes Anzeichen von Mitleid gab er seinem sich vor Schmerzen windenden Bruder einen groben Stoß in den Rücken. Mit knapper Not gelang es August Voll, sich auf den Beinen zu halten. Zwei weitere Männer packten ihn im selben Moment mit eisernem Griff links und rechts an den Schultern und schleiften den wehrlosen Mann über den Holzboden des Wirtshauses bis zur Eingangstür. Noch Tage später hallte Jakobs zorniger Ruf in seinen Ohren. „Werft ihn raus. Auf der Stelle raus! Bevor ich vergesse, dass ich einen Bruder hatte!“ Dann landete August Voll unsanft auf der schmutzigen Dorfstraße.

*

Tatsache ist, dass die Kirchardter im Hinblick auf die Geschichte mit der Ehrenbürgerschaft wirklich zu den allerersten im Deutschen Reich gehört haben. Allen drei Genannten, also dem neuen Reichskanzler Adolf Hitler samt Reichspräsident Hindenburg und auch dem obersten Reichspolizisten Wagner ist vom Kirchardter Gemeinderat die Ehrenbürgerschaft angetragen worden. Gut und gerne fünf Wochen vor den meisten anderen. Denn die haben erst am 20. April 1933 nachgezogen. An diesem Datum haben insgesamt 4000 deutsche Kommunen Adolf Hitler und Paul von Hindenburg anlässlich des Hitler-Geburtstags die beiden obersten Repräsentanten des Deutschen Reiches zu Ehrenbürgern gemacht – während die Angelegenheit in Kirchardt selbst schon einige Wochen früher vom damaligen Gemeinderat beschlossen worden ist – am 15. März 1933! Der entsprechende Brief ist also nach Berlin gegangen, und dann hat es nur zwei Wochen gedauert, bis schon die erste Antwort aus der Reichshauptstadt eingetroffen ist:

„Berlin, den 29. März 1933.

An den Gemeinderat Kirchardt. Das mir vom Gemeinderat verliehene Ehrenbürgerrecht erfüllt mich mit aufrichtiger Freude. Ich nehme hiermit die Ehrenbürgerschaft an und spreche dem Gemeinderat meinen ergebensten Dank sowie meine aufrichtigsten Glückwünsche für das Blühen und Gedeihen von Kirchardt aus. Ergebenst!" Unterschrift: Adolf Hitler

Der hier wörtlich wiedergegebene Dankesbrief des Reichskanzlers ist im Kirchardter Archiv noch erhalten. Und diese Ehrenbürgerschaft für Adolf Hitler besteht nach wie vor. Vom Gemeinderat ist sie nämlich niemals aufgehoben worden. Man begründet diese erstaunliche Tatsache auf dem Kirchardter Rathaus mit dem Hinweis darauf, dass eine Ehrenbürgerschaft automatisch mit dem Tod des Geehrten erlösche. Deshalb habe man nach dem Krieg in dieser Hinsicht auch gar keinen dementsprechenden

Beschluss mehr fassen müssen. Eine stattliche Anzahl anderer Gemeinden in Deutschland hat sich diese unnötige Mühe dennoch gemacht.

*

An diesem letzten Sonntag im März des Jahres 1933 war es im Anschluss an den Besuch des Gottesdienstes zu einem heftigen Wortgefecht zwischen August Voll und seinem Vater gekommen. Wie dies in den vergangenen Wochen schon so oft der Fall gewesen war. Und immer aus demselben Anlass heraus. Denn August wollte es einfach nicht in den Sinn gehen, wie sein Vater, bei dem es sich doch um einen überzeugten Sozialdemokraten handelte und der insgeheim sogar das eine oder andere Mal mit den Kommunisten zu sympathisieren schien, dennoch den Kirchardter Pfarrer Theodor Pfefferle und vor allem dessen Predigten immer wieder mit verständnisvollen Worten vor Augusts zornigen Bemerkungen in Schutz nahm. Ein Sozialdemokrat verteidigte tatsächlich diesen Nazipfarrer! Offenbar sogar mit Überzeugung. Es war nicht zu fassen!

Aufgeregt gestikulierend stand der untersetzte Zigarrenmacher Jakob Voll also auch am heutigen Sonntag nach dem Kirchgang vor seinem Sohn August, der ihn um mehr als eine Kopflänge überragte. Mit vor Erregung tief gerötetem Gesicht setzte der Ältere gerade zu einer scharfen Erwiderung auf den Kommentar seines Sohnes an, der den Verlauf des soeben zu Ende gegangenen Gottesdienstes in drastischen Worten kommentiert hatte. Den eigentlichen Anlass für diese neuerliche Auseinandersetzung stellte das neue Gesetz dar, auf das sich Pfarrer Pfefferle in seiner Predigt mit glühender Begeisterung gestürzt hatte. Das sogenannte „Gesetz zur Behebung der Not von Volk und Reich“, das in dieser Woche auf Drängen des Reichskanzlers Adolf Hitler erlassen worden war. „Wenn ich das mit der Not von Volk und Reich bloß höre! Allein diese schwülstige Ausdrucksweise. Darin sind sie wirklich wahre Meister! Und vor lauter bedeutungstriefenden Formulierungen verschleiern sie damit die wahren Hintergründe. Gesetz zur Behebung der Not von Volk und Reich. Dass ich nicht lache! Der Otto Wels, der hatte doch recht, als er für seine Partei, die Sozialdemokraten, die Ablehnung dieses Gesetzes angekündigt hat. Und er hatte auch mit der Bezeichnung recht, Vater, die er diesem Teufelswerk gegeben hat: Es handelt sich in der Tat um ein sogenanntes Ermächtigungsgesetz! Damit haben sie nun alle Macht in den Händen und können schalten und walten, wie es ihnen beliebt. Der Hitler braucht bloß mal kurz den Notstand zu erklären, und schon geht es rund. Begreif das doch endlich, Vater! Da kann man dann als Pfarrer um Gottes willen doch nicht auf der Kanzel stehen und das Ganze noch mit dem kirchlichen Segen belegen! So wie das der Pfefferle getan hat. Vater, das ist der Anfang vom Ende, den wir da gerade erleben. Wir müssen uns zur Wehr setzen und nicht wie fromme Lämmlein wortlos auf der Kirchbank hocken. Wir dürfen nicht zulassen, dass der Pfarrer so tut, als spreche er im Namen der ganzen Gemeinde. Warte noch!“ Mit einer abwehrenden Handbewegung hatte August seinen Vater davon abgehalten, ihm ein weiteres Mal vehement zu widersprechen. „Eines muss ich schon noch loswerden, Vater.“ Angestrengt versuchte er, einen direkten Augenkontakt zwischen sich und dem Vater zustande zu bekommen. Es war ihm einfach zu wichtig, dass der Vater endlich begriff, worum es ging. Und wie ernst es August mit dieser Aussage war. Viel ernster noch als sonst. Dem Ernst der Lage entsprechend. Jetzt war es ihm gelungen, den Blick seines Vaters aufzunehmen und ihn voll nachdrücklicher Entschlossenheit zu erwidern. „Vater, bitte. Diese Anmerkung noch! Du kannst doch nicht über die Tatsache hinweggehen, dass es die Sozialdemokraten gewesen sind, die als Einzige furchtlos gegen dieses Gesetz gestimmt haben. Sozialdemokraten wie wir. Die wir doch schon unterstützen, seit ich denken kann. Mit Ausnahme von Jakob", fügte er bitter hinzu, begriff aber sofort, dass er mit dieser Bemerkung einen Fehler gemacht hatte. Denn wieder war ein düsterer Schatten über das Gesicht des Vaters gehuscht, als die Rede unvermittelt auf Jakob, seinen Ältesten, gekommen war. August hob die Hände vor die Brust und beeilte sich fortzufahren. „Entschuldigung. Warte bitte noch einen Moment. Lass mich wenigstens das noch sagen: Du hast es doch selbst gelesen in der Zeitung, dass man die Abgeordneten der Kommunisten an der Stimmabgabe gehindert hat. Das heißt, es ist ja sogar noch schlimmer gekommen, indem man sie durch diesen merkwürdigen Reichstagsbranderlass aus dem Reichstag ausgeschlossen hat. Wo gibt es denn so etwas, dass man Mandate von gewählten Abgeordneten einfach aufheben kann? Alle auf einmal. Alle 81! Also wenn das kein Skandal gewesen ist, dann weiß ich nicht, was sonst. Da bezichtigt man die Kommunisten wegen des Reichstagsbrandes einfach so des Umsturzversuches, und schwupp: Weg sind sie von der Bildfläche! Der Reichstagsbrand ist den Hitlerleuten damals doch gerade recht gekommen und – auch das kann man kaum leugnen – die Sozialdemokratie hat sich in der damaligen Diskussion auch nicht gerade glanzvoll verhalten. Im Gegensatz zu jetzt! Das war doch wirklich beeindruckend, wie sie sich nicht haben einschüchtern lassen. Obwohl sie zuvor ja mitten durch ein Spalier von SA-Truppen in den Reichstag marschieren mussten. Und aufrecht durchmarschiert sind! Dazu noch die Rede, die ihr Vorsitzender Otto Wels anscheinend gegen das Gesetz gehalten hat. Donnerwetter – allein die Tatsache, dass er überhaupt mutig dagegengehalten hat, war aller Ehren wert. Ich hätte nur allzu gerne gehört oder gelesen, was der Otto Wels genau gesagt hat. Aber seitdem der Hitler die Presse und den Rundfunk unter seiner Kontrolle hat, ist das ja leider kaum noch möglich. Nun gut, so viel ist dennoch durchgesickert: dass immerhin alle 94 roten Abgeordneten geschlossen dagegen gestimmt haben. Ohne eine einzige Ausnahme! Alle! Trotz dieser Einschüchterungsversuche. Was ja bereits unglaublich genug ist und beinahe einem Staatsstreich gleichkommt. Ein Skandal ist es allemal. Von wegen also zwei Drittel Mehrheit. Diese 444 Ja-Stimmen sind eine einzige Ungeheuerlichkeit. Nachdem sie die Bürgerlichen Abgeordneten entweder eingeschüchtert oder denen eigene Vorteile in einem Pakt mit Hitler versprochen haben. Aber all diese Feiglinge werden sich noch wundern. Denn sie haben einen Pakt mit dem Teufel geschlossen. Der Anfang vom Ende der Freiheit hat begonnen. Diese Abstimmung müsste auf alle Fälle wiederholt werden. Aber dazu ist es zu spät: Die Kommunisten sind ausgeschlossen, die Sozialdemokraten bilden die einzige, völlig machtlose Opposition. Und vor allen Dingen: Das Gesetz kann sofort in Kraft treten. Das ist ja auch so ein skandalöser Vorgang, dass ein Gesetz bereits vor der eigentlichen Abstimmung schon vom Reichspräsidenten, von Hindenburg, unterzeichnet wird. Wie geht denn so etwas? Wenn man sich allein diesen Umstand einmal vor Augen hält, dann sieht man, was da an unglaublichen Dingen gerade in Berlin vonstatten geht! Der Reichspräsident hat sich als oberste Reichsinstanz selbst aufgelöst mit seiner voreiligen Unterschrift. Man braucht ihn künftig nimmer. Denn laut diesem Gesetz bedarf es nur noch der Unterschrift des Reichskanzlers, um es anwenden zu können. Kein Reichstag, kein Reichspräsident muss mehr gefragt werden. Nur Hitler! Der sich sozusagen selber fragen kann. Es ist also ganz klar: Nur noch Hitler hat das Sagen! Er allein sitzt an den Hebeln der Macht!"

Augusts hitzige Argumentation hatte ihre Wirkung auf den Vater nicht verfehlt. Mit hängenden Schultern stand er vor seinem Sohn und stellte eine betroffene Miene zur Schau. Er räusperte sich heiser: „Also ehrlich gesagt, ist mir das in dieser Deutlichkeit bisher nicht so vollkommen klar gewesen wie jetzt, wo du es einmal zusammengefasst hast." Jakob Voll unterbrach sich und schluckte mühevoll den harten Kloß hinunter, der in seiner Kehle aufgestiegen war. „Das hört sich ja wirklich etwas anders an, als es der Pfarrer in seiner Predigt erklärt hat. Da ist es doch vor allem um die Staatsfeinde gegangen, um solche Leute, die den Reichstag anzünden, in den großen Städten die Versorgung mit Lebensmitteln sabotieren und Ähnliches mehr. Dass man die in eine sogenannte Schutzhaft nehmen kann, das ist doch noch ganz verständlich, oder?"

„Schutzhaft!" August ließ ein verächtliches Lachen ertönen. „Allein diese Bezeichnung! Schutzhaft! Damit kannst du künftig alle und jeden ins Gefängnis stecken. Solange es den Herrschaften gefällt. Eben mit diesen abstrusen Formulierungen, wie sie unser lieber Pfarrer Pfefferle genüsslich von der Kanzel herunterpredigt: Behebung der Not von Volk und Reich und all dieser Unsinn! Dass ich nicht lache."

„Psst! Sei doch nicht so laut!" Der alte Voll warf einen sorgenvollen Blick zu den anderen Gottesdienstbesuchern hinüber, die nach dem Kirchgang ebenfalls noch in kleinen Grüppchen auf dem Vorplatz unter den Lindenbäumen standen, um hier wie an jedem Sonntagvormittag traditionell die Neuigkeiten des Dorfes miteinander auszutauschen. „Dass uns bloß keiner hört. Man muss das doch nicht mit aller Gewalt in die Welt hinausposaunen. Und schon gar nicht den Pfarrer in aller Öffentlichkeit angehen. Das tut man nicht, August!"

Dem solchermaßen Getadelten stand der Sinn jedoch nicht danach, klein beizugeben. „Es ist und bleibt eine braune Pest, die da allmählich über uns gekommen ist! Und selbst der Pfarrer gehört dazu. Es ist zwar eigentlich unfassbar für mich – aber es ist so. Der Pfarrer gehört zu den Braunen! Diese Wahrheit wird man doch wohl noch sagen dürfen!" Mit einem angriffslustigen Lächeln um die

Lippen sah August Voll sich um. Es entging ihm dabei nicht, dass die meisten der Menschen, die er dabei mit seinem Blick streifte, rasch die Augen niederschlugen. Ganz offenkundig stand ihnen der Sinn nicht nach Politik. Kein Wunder! Man hatte es ihnen in den vergangenen Wochen gründlich ausgetrieben. Und dennoch! Das konnte doch nicht alles gewesen sein. Wie um alles in der Welt sollte es denn dann weitergehen? Hatten jetzt nur noch Hilters gewalttätige Gefolgsleute das Sagen?

Die strenge Erwiderung des Vaters riss August aus seinen verzweifelten Gedanken. „Aber es führt zu nichts Gutem, wenn man beständig meint, sich als Einziger in aller Öffentlichkeit gegen all die anderen stellen zu müssen!“ Warnend hob Jakob Voll den Zeigefinger. „Manchmal ist es besser, zu schweigen. Und manchmal auch, erst zu überlegen – und dann zu sprechen!“, setzte er mit bedeutungsvoller Miene noch hinzu.

„Jetzt sag nur noch, das ist alles in Ordnung, was der Pfarrer da von der Kanzel herunter verkündet hat! Außerdem: Menschen, die feige den Mund halten, davon haben wir schon mehr als genug. Wieso dürfen diese braunen Brüder alles? Und wir sollen tatenlos zusehen, wie sich der Hitler zum neuen Alleinherrscher aufschwingt! Ohne dass ihn jemand daran hindert!“

„So weit ist es ja noch lange nicht. Da gibt es schon noch ein paar Leute, selbst in dieser Partei, die ihm rechtzeitig in den Arm fallen werden, falls er das vorhat!“

August Voll ließ ein höhnisches Lachen hören. „So, wie sie das bei diesem Ermächtigungsgesetz getan haben! Damit haben sie ihm doch bereits die unumschränkte Gewalt in die Hände gegeben“

„Er ist der Reichskanzler – nicht der König!“

„Er fühlt sich aber schon als König – oder noch mehr! Du wirst schon sehen ...“

„Das ist doch Schwarzmalerei! So weit wird es nicht kommen! Du übertreibst mal wieder maßlos!“

„Es wäre schön, wenn du recht hättest, Vater. Wie gerne würde ich in ein oder zwei Jahren sagen, dass ich mich getäuscht habe. Aber ich fürchte, es wird anders kommen. Wenn schon die Kirche auf die andere Seite gewechselt ist. Wenn der eigene Pfarrer ein Gefolgsmann von Hitler ist und noch nicht einmal den Anstand hat, seine verquere Politik wenigstens aus dem Gottesdienst herauszuhalten. Aber nein, der predigt einem ja das Parteiprogramm der NSDAP noch von der Kanzel herunter. Mir reicht's Vater, ich komme heute nicht zum Essen. Ihr braucht nicht auf mich zu warten!"

Ohne ein weiteres Wort des Abschieds stapfte der bis tief in sein Innerstes aufgewühlte junge Mann mit großen Schritten davon.

Theodor Pfefferle war von 1928 bis 1943 Pfarrer in Kirchardt. Ein Amt, das ihn nach übereinstimmender Aussage vieler Zeitzeugen gleichwohl nicht daran gehindert hat, immer vehement den Standpunkt der Nationalsozialisten zu vertreten. Sogar von der Kanzel herab habe er schon Anfang der 30er Jahre entsprechende Predigten gehalten. Kein Wunder, denn er war Mitglied des DC, der „Vereinigung Deutscher Christ". Beim DC handelte es sich um ein Bündnis von Theologen, das der NSDAP und deren Gedankengut nicht nur eng verbunden war, sondern von den Nationalsozialisten im Jahr 1932 sogar gegründet worden ist. Im „Stürmer", dem antisemitischen Hetzblatt der NSDAP, war der Boden für die Gründung des DC gelegt worden. Über die Pfarrer direkten Einfluss auf die evangelische Kirche, die Kirchenleitung und die Gläubigen nehmen zu können, war den Nationalsozialisten äußerst wichtig. Denn bei einer großen Anzahl frommer Christen tat sich die NSDAP besonders schwer mit ihrer gewalttätigen Ideologie. Umso wichtiger war es also, Pfarrer für die NSDAP zu gewinnen, von denen der Funke dann auf die Gemeinde überspringen konnte. Denn Pfarrer waren nun einmal Respektspersonen. Und wenn diese sich offen zum Nationalsozialismus bekannten, dann würden sich die Dinge für so manchen Gottesdienstbesucher in einem neuen Licht darstellen. Mit dem DC ging es sogar so weit, dass manche Pfarrer im Gottesdienst ihren Talar ablegten und in SA-Uniformen auf die Kanzel traten. Sie taten dies mit der ganz offiziell verbreiteten Begründung, es handele sich bei ihrer „Vereinigung Deutscher Christ“ um eine „von Gott befohlene, völkische Sendung“, die sie auszuüben hätten. Der Einfluss des DC innerhalb der evangelischen Kirche wuchs rasch: Schon im September 1933 wurde das DC-Mitglied Ludwig Müller zum Reichsbischof gewählt.

Eine durch die „Bekennende Kirche“ in Gang gesetzte Gegenbewegung tat sich dagegen wesentlich schwerer. Sie war aus dem von Pastor Martin Niemöller gegründeten Pfarrernotbund hervorgegangen. Auslöser für die Gründung der bekennenden Kirche war eine Kundgebung der „Deutschen Christen“ in Berlin gewesen, auf der lautstark gefordert worden war „auf die ganze Sündenbocks- und Minderwertigkeitstheologie des Rabbiners Paulus“ zu verzichten. Ein ungeheuerlicher Vorgang in den Augen der überwiegenden Mehrzahl der Pfarrer. Doch auch innerhalb der Kirche war es längst unmöglich geworden, auf breiter Front einen offenen Widerstand gegen die Naziherrschaft zu organisieren.

Bei Theodor Pfefferle, dem Kirchardter Pfarrer, habe es sich um einen sehr engagierten Theologen gehandelt. Trotz seiner Mitgliedschaft im DC. In Erinnerung geblieben ist er den älteren Amtsbrüdern, die ihn noch gekannt haben, als wortgewaltiger Prediger und begeisterter Sänger. Die Sache mit seiner Begeisterung für die NSDAP, nun ja ... In erster Linie sei er dennoch Seelsorger gewesen. Wie gesagt: ein ganz Engagierter. Denn sogar später noch, als er längst seinen Dienst im Rang eines Hauptmanns bei der Wehrmacht in Heidelberg versah, sei er an Sonntagen immer wieder zur Predigt nach Kirchardt zurückgekommen. Er habe Kirchardt nie im Stich gelassen, sondern dann mit Freuden den Gottesdienst gehalten, wenn der Pfarrerkollege verhindert war.

Kein Wunder, dass Theodor Pfefferle aufgrund dieser engen Bindung an das Dorf auch zum Dichter des Kirchardter Heimatliedes geworden ist, das ganz stolz im Amtsblatt vom 7. Februar 1974 abgedruckt worden ist. Man nennt ihn da zwar den „Theo“ Pfefferle – das klang halt anscheinend irgendwie etwas strammer. Aber dennoch handelt es sich beim Dichter des Heimatliedes um denselben Theodor Pfefferle, der von 1928 – 1943 Pfarrer von Kirchardt gewesen ist. Als Kostprobe sei an dieser Stelle die vierte Strophe des Kirchardtliedes wiedergegeben:

> „Der Mädchen Augen funkeln Sternen gleich,
> ihr Herz nicht jedem sich verschenkt im Nu,
> mit reinem Sinn, im Lebenskampf nicht weich,
> tritt auch der Jüngling noch herzu.
> Und knüpft die Liebe Fäden fein und zart,
> ich juble laut: Auf ewig mein.“

*

Wieder einmal waren August und Emilie an diesem Sonntagnachmittag spazieren gegangen. In den Kirchardter Obstwiesen am Alten Berg. Hand in Hand. Ganz und gar ungeniert. Weshalb auch? Jeder sollte es sehen, dass sie ein Paar waren. Allen dummen Sprüchen und Gerüchten zum Trotz. Gerüchten, die von ernsthaften Streitigkeiten zwischen den beiden wissen wollten. Von einer kürzlich erfolgten Trennung. Von der strikten Weigerung des Glasers Ebert, seine Tochter „so einem“ anzuvertrauen. Dem widerspenstigen Flaschner August Voll! Alles dummes Gerede!

Natürlich war es immer wieder zu harschen Diskussionen zwischen Emilie und August gekommen. Schon deshalb, weil Emilie nicht einzusehen vermochte, was die ständige Beschäftigung mit der Politik denn für einen Sinn machen sollte. Erst recht für einen einfachen jungen Handwerker wie doch ihr August einer war. Der sich das Leben damit eher schwer machte. Was sie oft genug schon mit eigenen Augen hatte sehen können. Wenn die stolzen braun gewandeten NS-Leute den August mit einem verächtlichen Blick gestreift hatten. Und wenn sich manchmal einer von ihnen kopfschüttelnd an Emilie gewandt hatte und sich verständnislos danach erkundigte, was sie denn ausgerechnet an diesem trotzigen jungen Voll so attraktiv fände. Von seiner Sorte gäbe es Dutzende in und um Kirchardt. Und noch viel mehr, die ihm bei weitem überlegen seien.

Von dieser Warte aus betrachtet war es tatsächlich zu einer ernsten Krise in ihrer Beziehung gekommen. Und das, obwohl sich beide dennoch so stark zueinander hingezogen fühlten. Aber diese furchtbare Politik schob sich immer wieder zwischen sie, wie eine Hürde, die in Emilies Augen manchmal in unüberwindliche Höhen anzusteigen schien. Wie eine Barriere, die ihre Beziehung ein für alle Mal auseinanderdrückte. Doch am folgenden Tag schon hatten sie sich jedes Mal wieder versöhnt. Nach einer schlaflos verbrachten Nacht. Ganz ohne Worte für diese Versöhnung zu brauchen.

So war es auch gestern wieder gewesen. Und deshalb hatte es heute länger gedauert als sonst, bis sie zu dem Spaziergang aufgebrochen waren. Zumal sich gegen Mittag auch noch dunkle Wolken am Horizont gezeigt hatten. Beinahe schon symbolhaft im Hinblick auf ihre Freundschaft!

Nein, das durfte nicht sein. Und tatsächlich: Die Wolken waren plötzlich verschwunden und die Sonne hatte sich gezeigt. Mitten im April war es besonders schön, durch die herrlich blühenden und wunderbar duftenden Obstwiesen zu schlendern. Hand in Hand. Vereint in neuer seliger Zweisamkeit. Die Zeit des Streites war vorüber. Es sollte das letzte Mal gewesen sein, darin waren sich die beiden jungen Menschen einig. Kein Problem an solch einem herrlichen Tag, dem ein wunderschöner Sonnenuntergang folgte. Diesen wollten sie so lange betrachten, bis die rot glühende Sonne endgültig hinter dem Horizont verschwand. Schulter an Schulter gelehnt saßen sie so im saftig grünen Gras und genossen die Magie dieses wundersamen Frühlingsabends. Rieben die Nasen aneinander und seufzten glückselig auf, als sich ihre Lippen berührten. Sie kamen sich so nahe wie niemals zuvor in ihrem Leben. Als Mann und Frau. Demnächst als verheiratetes Paar. Das stand seit diesem Abend voll überschäumender Sinnlichkeit fest. Felsenfest.

*

Am 15. Mai 1933 hatten es die Nationalsozialisten in Kirchardt endlich geschafft. Bürgermeister Martin Bentz gab auf. Entnervt und mit seiner Widerstandskraft am Ende, trat er zurück. Beinahe zehn Jahre hatte er das Ehrenamt des Bürgermeisters seiner Heimatgemeinde Kirchardt ausgeübt, seit August 1923. Künftig wolle er nur noch Landwirt sein, sonst gar nichts mehr. Erst recht strebe er keinerlei politisches Amt mehr an, hat er nach seinem im Grunde genommen von der NSDAP erzwungenen Rücktritt gesagt. Nach Jahren des mutigen Widerstands gegen die beharrlichen Einflussnahmeversuche der Hitlerpartei auf die Rathausgeschäfte war er am Ende doch zu der bitteren Erkenntnis gelangt, dass alle Gegenwehr genauso vergeblich gewesen war wie die Strategie des vorsichtigen Paktierens, von der er sich in den letzten Monaten so viel versprochen hatte. Und so hatte er schließlich keinen anderen Ausweg mehr gesehen, als den Rücktritt, den die NSDAP-Gemeinderäte mit zufriedenen Mienen zur Kenntnis genommen hatten. Wieder und wieder drängten sich seitdem bohrende Fragen in die Gedanken des ehemaligen Bürgermeisters: Hatte August Voll, der unruhige junge Flaschner, womöglich doch recht gehabt mit seiner Einschätzung, dass sie niemals Ruhe geben würden? Egal, wo man ihnen auch entgegengekommen war: Sie wollten mehr. Immer mehr. Erst wenn sie die totale Macht in ihren eigenen Händen hielten, dann wären sie zufrieden. Genau so war es nun gekommen.

An der Stelle von Martin Bentz übernahm fürs Erste Emil Bucher die Amtsgeschäfte – kommissarisch eben, bis die Neuwahl des Bürgermeisters stattfinden würde, die durch den Rücktritt nun erforderlich geworden war. Emil Bucher, nicht Friedrich Kopp! Voller Staunen verbreitet man diese Nachricht wie ein Lauffeuer im ganzen Dorf. Der habe doch nur Stroh im Hirn, wie könne so einer bloß den Bürgermeister spielen. Und sei es auch nur vorübergehend. Wo doch alle ganz sicher mit dem Hengsthalter gerechnet hatten, als dem eigentlich starken Mann in der Partei. Dass der jetzt die Zügel in die Hände nehmen würde. Weshalb aber war das Amt nun dem Bauern und Zigarrenkleinfabrikanten Emil Bucher zugefallen, der als Gemeinderat zwar ebenfalls der NSDAP angehörte, aber doch eher eine untergeordnete Rolle spielte? Vielleicht, weil die Nationalsozialisten die Gräben zwischen den verschiedenen Parteien in Kirchardt nicht noch weiter vertiefen wollten. Schon gar nicht nach dem Unmut, der aufgrund des mehr oder minder erzwungenen Rücktritts von Martin Bentz aufgekommen war. Ein Ärger, der womöglich zu Lasten des Hengsthalters gegangen wäre. Denn – diese Tatsache war selbst Friedrich Kopp nicht verborgen geblieben – nach wie vor musste man im Dorf von einer stattlichen Anzahl von Menschen ausgehen, die sich zwar niemals trauen würden, offen Stellung gegen die NSDAP zu beziehen oder gar gegen deren fanatischsten

Repräsentanten, den Hengsthalter. Gleichwohl könnte es jedoch geschehen, dass diese stumme Opposition ihrer Partei bei den nun in Kürze anstehenden Bürgermeisterwahlen womöglich einen Strich durch die Rechnung machte. Was aber mit allen Mitteln unbedingt zu verhindern war. Auch um den Preis, dass sie zunächst einen Strohmann vorschoben. So einen wie den Emil Bucher eben. Der wesentlich weniger Angriffsfläche bot und von daher auch weniger polarisierte. Man durfte sich seiner Sache nicht zu sicher sein. Noch nicht. Später dann, wenn sie die Macht erst einmal in den Händen hielten ...

Bald schon war das erste Erstaunen über den kommissarischen Bürgermeister Emil Bucher genau dieser Erkenntnis gewichen. Dass der eher unbedarfte Bucher vom Hengsthalter wohl nur vorgeschoben worden war. Während es die einen immerhin als ein Signal dahingehend betrachteten, dass die Nationalsozialisten um Ausgleich und ein gutes Miteinander auf dem Rathaus bemüht waren, verwiesen die anderen voller Entrüstung auf die Tatsache, dass es sich beim Amt des Bürgermeisters doch um den wichtigsten Posten von Kirchardt handele. Um die Visitenkarte des ganzen Dorfes. Und solch ein Ehrenamt dürfe man doch nicht mit einem Mann besetzen, über dessen Horizont sich doch alle im Klaren waren. Sogar über alle Parteigrenzen hinweg.

Nur wenige, unter ihnen auch August Voll, dachten weiter in die Zukunft. Es sei nur eine Frage von wenigen Monaten, bis sie dann Emil Bucher zum Rücktritt nötigen würden, falls der demnächst überhaupt gewählt werde. Was freilich zu befürchten stand. Spätestens in anderthalb oder zwei Jahren würde der Hengsthalter dann selbst übernehmen. Im Hintergrund waren die entsprechenden Fäden mit absoluter Sicherheit schon längst gezogen.

Mit Spannung wurde der Bürgermeisterwahl entgegengesehen. Und mit täglich steigender Nervosität auf Seiten der NSDAP. Nein, allzu sicher durfte man sich der Sache wirklich nicht sein. Dafür herrschte viel zu viel Unruhe im Dorf über den mehr oder minder freiwilligen Rücktritt des beliebten Martin Bentz, der eindeutig den Nationalsozialisten angelastet wurde. Trotz der stolzen 60 Prozent damals bei der Reichstagswahl. Kommunale Wahlen hatten bekanntlich ihre ganz eigenen Gesetze. Man musste mit dem Schlimmsten rechnen.

Die Wahl erfolgte am 11. Juni 1933. Und endete einerseits zwar mit einem eindeutigen Ergebnis, andererseits aber hätte die Sache auch ganz anders ausgehen können. Können – und müssen! Wenn ... ja, wenn alle 853 wahlberechtigten Kirchardter auch wirklich von ihrem Stimmrecht Gebrauch gemacht hätten. Doch nur 670 hatten ihre Stimme abgegeben, während sage und schreibe 183 nicht zur Wahl gegangen waren! Mehr als 21 Prozent der Wähler waren zuhause geblieben. Emil Bucher, der kommissarische Bürgermeister und Kandidat der NSDAP, hatte 420 Stimmen auf sich vereinigen können, während 250 Stimmen an seinen Gegenkandidaten August Hockenberger gegangen waren. Emil Bucher hatte es also geschafft. Die NSDAP stellte mit ihm ab sofort den Bürgermeister. Ein Meilenstein in der Geschichte von Kirchardt. Auf jeden Fall in den Augen der genauso erleichterten wie nunmehr ausgelassen jubelnden Nationalsozialisten. Eine Ungeheuerlichkeit nach Ansicht von August Voll. Es war zum Verzweifeln! Denn so klar, wie es den Anschein hatte, war der Sieg der NSDAP doch gar nicht ausgefallen. Dann nämlich, wenn all diejenigen, die verantwortungslos zuhause geblieben waren, den August Hockenberger gewählt hätten, dann wäre dieser Bürgermeister geworden. Wenn man zu seinen 250 Stimmen die 183 Nichtwähler zählte, dann ergab das 433 Stimmen – im Gegensatz zu den 420 Stimmen, die Emil Bucher nun jedoch zum Bürgermeisterposten gereicht hatten. „Es ist nicht zu fassen! Wie kann man nur so etwas tun und nicht zur Wahl gehen? Da kämpfen unsere Eltern und die Großeltern seit Generationen um das Wahlrecht – dann haben wir es endlich bekommen und was tun wir? Wir gehen noch nicht einmal zur Wahl! Also wirklich!“ Am ganzen Leib zitternd vor Enttäuschung und Niedergeschlagenheit zog August Voll sein bitteres Fazit. Selbst wenn viele von den Nichtwählern offenkundig aus Protest zuhause geblieben waren, was durchaus im Bereich des Wahrscheinlichen lag – und manche wohl auch aus einer unbestimmten Feigheit heraus –, welch fatale Konsequenzen hatte ihnen diese Denkweise nun eingetragen. Die NSDAP war dadurch ans Ziel gelangt! Obwohl es – die Zahlen bewiesen es ja eindeutig – zu verhindern gewesen wäre. Emil Bucher war nicht von der Mehrheit der Kirchardter Stimmberechtigten gewählt worden. Es wäre so einfach gewesen! Sie hatten die Chance in Händen gehalten – und vertan.

Auch Augusts Bruder Jakob stellte am heutigen Abend eine verdrießliche Miene zur Schau. Erstaunlich, wo seine Partei doch ab sofort den Bürgermeister stellte! Doch auch der einarmige Weltkriegsveteran war mit dem Abschneiden seines Kandidaten alles andere als zufrieden. Auch ihm war der hohe Anteil der Nichtwähler ein Dorn im Auge. Vor allen Dinge deshalb, weil es Emil Bucher nicht gelungen war, die Mehrheit der Wahlberechtigten zu erringen. Und so haftete diesem Triumph der NSDAP trotz allem ein Makel an. Dieses unbefriedigende Gefühl, eben doch noch nicht die unumschränkten Sympathien der Bevölkerung zu besitzen. Den meisten seiner ausgelassen feiernden Parteigenossen war es einerlei. „Gewonnen ist gewonnen!“, so lautete deren schlichte Devise. „Heute wird gefeiert. Heute lassen wir uns die Laune nicht mehr vermiesen. Wir haben jetzt den Bürgermeister, und den geben wir auch nicht mehr her. Ende der Diskussion! Heil Hitler!“

Jakob hingegen war die Feierlaune gründlich vergangen. Was würden die Parteifreunde in den umliegenden Gemeinden zu diesem auf den zweiten Blick doch eher mageren Ergebnis sagen? Und was erst die NSDAP-Kreisleitung? Von dieser Seite würde es bittere Vorwürfe geben. Verbunden mit der strengen Aufforderung, sich gefälligst mehr am Riemen zu reißen. Womit sie durchaus richtiglagen. Das sah Jakob Voll genauso – im Gegensatz zur Mehrzahl der Parteigenossen. Die nur allzu schnell mit dem Erreichten zufrieden war. Nein, es war noch viel zu tun, um die totale Macht über das Dorf in die Hände zu bekommen. In vertrauensvoller Zusammenarbeit mit dem Hengsthalter, der vom selben heiligen Ehrgeiz ergriffen war wie Jakob, würde man die Anstrengungen ordentlich verstärken müssen. Es war das Mindeste, was Führer und Vaterland von einem verlangen konnte. Es war noch ein langer Weg, der vor ihnen lag. Ein mühevoller Weg zudem. Aber sie würden es schaffen. Würden ihren Weg siegreich bis ans Ende gehen. Bis der letzte Gegner wie eine lästige Wanze unter ihren Stiefeln zertreten war.

*

Das Jahr 1933 hatte für manch weitere Turbulenz gesorgt, nicht nur im Reich, sondern auch in dem kleinen Kraichgaudorf. Mehrfach war es zu Auseinandersetzungen zwischen den einander immer unversöhnlicher gegenüberstehenden politischen Lagern gekommen. Wenngleich die Anzahl der aufrechten Demokraten, die sich mutig und in aller Offenheit gegen zahlreiche Auswüchse der NSDAP-Herrschaft zu Wort meldeten, von Woche zu Woche geringer wurde. Kein Wunder, angesichts der brutalen Gewalt, mit der die braunen Truppen mittlerweile ganz ungeniert ans Werk gingen. Wer andere Meinungen äußerte, als von der NS-Führerschaft vorgegeben, der musste damit rechnen, ganz einfach zusammengeschlagen zu werden. Oder gar ins Gefängnis zu wandern. Wem konnte man also einen Vorwurf machen, wenn er von nun an schwieg. Im Interesse seiner Gesundheit. Und im Interesse seiner Familie.

„Wenn es doch nur dem August auch gelänge, endlich einmal seinen Mund zu halten." Ganz bewusst hatte die Mutter laut genug gesprochen, so dass diese bittere Bemerkung auch die Ohren ihres Jüngsten erreichte. Sie machte sich Sorgen um ihren Sohn, der es einfach nicht lassen konnte, auch wenn die meisten seiner Mitstreiter es schon lange vorgezogen hatten, zu schweigen. Genauso wie seine Brüder Wilhelm und Heinrich. Bei denen es sich doch auch um überzeugte Gegner der NSDAP handelte. Die schafften es doch auch, sich zu ducken. Zum Kummer der Mutter entstand ein Riss in der Familie. Diese beständigen Streitereien am Mittagstisch, wenn August und Jakob wieder einmal mit ihren hitzigen Sätzen unversöhnlich aufeinanderprallten.

Wie zum Beispiel Mitte Oktober 1933, als es sich wie ein Lauffeuer im Dorf herumgesprochen hatte, dass der Bürgermeister bei feierlichen Anlässen künftig mit einer Amtskette erscheinen würde. Am 13. Oktober war die Bestellung vom Rathaus an den Juwelier Jan in Wertheim gesandt worden: eine Amtskette samt Hakenkreuzring für den Bürgermeister. Sosehr der Bürgermeister auch tobte und wütete, die Quelle dieser offenbar gezielten Indiskretion hatten sie nicht herausfinden können. Zum Glück nicht! Denn dem- oder derjenigen im Rathaus, der das Gerücht ausgestreut hatte, wäre es schlecht ergangen. Ausgerechnet der biedere Emil Bucher! Bedurfte als äußeres Zeichen seiner Bürgermeisterwürde einer Amtskette. Bei Festlichkeiten wie einem Aufmarsch der NSDAP und Ähnlichem.

„Ein Witz! Eine Lachplatte!", hatte August mit fassungslosem Staunen kommentiert, als er diese Ungeheuerlichkeit beim Mittagessen mit der Familie erfahren hatte. „Das sind doch unsere Steuergelder, die dieser Prahlhans meint, einfach so zum Fenster hinauswerfen zu können.

Eine Amtskette! Als Zeichen seiner Würde! Der Buchers Emil! Dass ich nicht lache!“

„Pass auf, dass du dich nicht daran verschluckst!“, zischte Jakob mit warnendem Unterton in Richtung seines Bruders.

„Typisch! Du findest das natürlich wieder einmal wunderbar! Wo ihr doch sonst immer so sehr fürs Sparen wart! Ihr seid es doch gewesen, die dem armen Martin Bentz beständig Verschwendungssucht vorgeworfen habt. Was ja nachweislich falsch gewesen ist. Und nun kommst du daher und findest es gut, dass der Bucher diese lächerliche Kette für sich bestellt. Von unseren Steuergeldern wohlgemerkt!“

„Es ist keine lächerliche Kette! Es ist ein Symbol seiner Stellung als oberster Repräsentant unserer Gemeinde. Und gleichzeitig unser sichtbares Bekenntnis zum Nationalsozialismus.“

„Das wird ja immer unglaublicher!“ Empört ließ August Voll den Suppenlöffel aus seiner Hand fallen und schoss blitzartig in die Höhe. „Als wenn alle hier in Kirchardt von diesem Hitlergift befallen wären! Sonst noch etwas!“

Unwirsch schnaubte Jakob auf und bedachte den Jüngeren mit einem missbilligenden Blick. „Sag das nicht noch mal! Sonst werde ich dir zeigen, wie es einem ergeht, der unseren Führer beleidigt!“

„Unseren Führer! Diesen grässlichen Schnauzbart mit der schnarrenden Stimme ...“

„Du sollst aufhören!“ Wütend hieb Jakob mit der zur Faust geballten, gesunden rechten Hand auf den Esstisch. „Das lasse ich mir nicht gefallen. Auch nicht von meinem eigenen Bruder!“

Ein verzweifeltes Schluchzen mischte sich in den Streit der beiden Brüder. „Hört doch endlich auf! Bitte! Ich kann das nicht mehr ertragen!“ Die Mutter! Dicke Tränen rannen über die Wangen der kleinen dunkelhaarigen Frau, die ihre Söhne aus verzweifelten Augen musterte. „Bitte! Muss das denn sein?! So ein ewiger Streit – und dann noch in der eigenen Familie. Könnt ihr euch denn nicht zumindest beim Essen in Ruhe lassen. Euch – und uns“, wandte sie sich kummervoll nun direkt an ihren Jüngsten. „August, das muss doch nicht sein, dieser immer währende Hader zwischen euch beiden. Kannst du denn nicht einmal den Mund halten? Mir zuliebe wenigstens ...“

„Immer bin es ich!“ Es war zu viel! Immer sollte er der Schuldige sein. Ohne ein weiteres Wort stürmte August aus dem Haus. Auf die Straße. Erst ganz an deren Ende blieb er stehen und schnappte nach Luft. Nur ganz allmählich gelang es ihm, seiner Erregung Herr zu werden und seinen Ärger herunterzuschlucken. Was hatte er denn eigentlich Schlimmes gesagt? Es war doch nur die Wahrheit gewesen. Aber mit der Wahrheit war es eben so eine Sache. Manchmal war sie schlimmer als die Lüge. Ganz offensichtlich sogar. Der junge Mann lachte trocken auf, als er sich diese paradoxe Tatsache vor Augen hielt. Wenn man nicht einmal mehr die Wahrheit ertrug ... Was war das doch für eine furchtbare Zeit, in der sie lebten!

Erst auf das zweite Hinsehen registrierte er den Mann, der gerade mit eiligen Schritten die Straße herunter in Richtung Ortsmitte strebte. Dessen überlauter Gruß freilich umso spöttischer in seinen Ohren klang: „Heil Hitler!“

Überrascht sah August auf und starrte direkt in die höhnische Miene des Hengsthalters, der ihn mit einem überheblichen Lächeln musterte. „Heil Hitler!“, wiederholte er und streckte seine Rechte dabei besonders zackig von sich.

„Ach, rutsch mir doch den Buckel runter mit deinem Hitler!“

Schlagartig wich das stolze Grinsen in Friedrich Kopps Miene einem ärgerlichen Stirnrunzeln. Drohend näherte er sich dem frechen Lästermaul: „Das möchte ich dir zuliebe besser nicht gehört haben. Ich warne dich.

Zum allerletzten Mal. Irgendwann ist es auch einmal mit meiner Geduld vorbei. Ob du nun Jakobs Bruder bist oder nicht!“

„Jakobs Bruder!“ Der junge Mann ließ ein verächtliches Knurren hören. „Das ist eher eine Schande als eine Auszeichnung. Jedenfalls in meinen Augen.“

„So, dann pass jetzt einmal ganz genau auf, Voll!“ Kopp trat einen weiteren Schritt auf August zu und berührte dessen Schulter warnend mit dem Zeigefinger. „Auf solche wie dich können wir in Zukunft getrost verzichten. Die brauchen wir auch als Handwerker nicht. Solche Unruhestifter wollen wir in unserem Volk nicht mehr haben. Und schon gar nicht als Meister. Gut möglich, dass du durch die Prüfung fällst, wenn du weiterhin solch kecke Reden schwingst. Denn zu einem ordentlichen Handwerker gehört auch eine vernünftige politische Einstellung. Schreib dir das ruhig hinter deine ungewaschenen Ohren.“

„Du willst mir drohen? Du willst mir die Meisterprüfung verbauen? Nur weil ich nicht mit euch Wölfen heule? Das kannst du nicht!“ August spürte, wie sich sein Herzschlag beschleunigte. Reichte ihr Einfluss mittlerweile schon so weit, dass sie ihm die Meisterprüfung vermasseln konnten? Was um alles in der Welt hatte denn das eine mit dem anderen zu tun? Bewertete man einen tüchtigen Handwerker – und als einen solchen durfte sich August nach übereinstimmender Aussage aller durchaus betrachten – seit neuestem nur noch danach, wie viel Seiten dieses unseligen Hitlerbuches mit dem Titel „Mein Kampf“ er auswendig hersagen konnte. Waren denn Sachverstand und handwerkliches Geschick plötzlich gar nicht mehr gefragt?

„Ich habe gehört, du baust schon an deiner künftigen Werkstatt“, fuhr der andere unbeirrt fort. „Na, hoffentlich wird auch wirklich etwas daraus. Wenn du dich nämlich weiterhin so gebärdest wie im Augenblick, dann wird es nichts damit. Dafür werden wir dann schon sorgen! Worauf du dich verlassen kannst."

Unvermittelt war noch Jakob dazugekommen. „Was ist denn schon wieder Fritz? Hat er schon wieder Ärger gemacht, mein unverbesserlicher kleiner Bruder? Es ist allmählich eine Schande für die ganze Familie."

August meinte, sich verhört zu haben. „Was sagst du da? Eine Schande? Ich? Und das sagst ausgerechnet du? Wo du doch der einzige Fanatiker in der Familie bist. Der Einzige, der dieses unsägliche braune Geschwätz verbreitet ..."

„Du nennst mich einen Fanatiker?! Mich? Einen Soldaten, der im Kampf für das Vaterland seine Gesundheit geopfert hat! Das muss ich mir nicht bieten lassen!"

Aus welchem Grund auch immer – ausgerechnet Kopp war es, der den über die Maßen erzürnten Weltkriegsveteranen daran hinderte, sich im nächsten Moment auf seinen Bruder zu stürzen. „Jakob. Lass doch. Mach dir nicht die Hände an dem schmutzig. Mit solchen Vaterlandsverrätern werden wir schon bald auf ganz andere Art und Weise fertig werden. Das verspreche ich dir."

Und so war eine ernsthafte handgreifliche Auseinandersetzung zwischen den beiden Brüdern mit knapper Not gerade noch einmal vermieden worden. Doch spätestens seit dieser Episode schien auch das letzte Band endgültig zerschnitten, das August und Jakob trotz aller politischen Gegensätze vielleicht dennoch miteinander verbunden hatte. Von nun an ging man sich aus dem Weg. Keiner verspürte mehr die geringste Lust, dem anderen auch nur von weitem zu begegnen.

Zumal Augusts Aufmerksamkeit in den nächsten Wochen und Monaten von ganz anderen Entwicklungen beansprucht wurde.

Denn am 15. Dezember 1933 wurde Hochzeit gefeiert. Gerade noch rechtzeitig: zwei Wochen vor der sogenannten „Massenhochzeit". Bei der gleich ein ganzes Dutzend

Brautpaare vor den Altar treten wollte, um unbedingt 1933 noch zu heiraten. Weil ab dem Jahr 1934 neue Bestimmungen im Hinblick auf die Eheschließung in Kraft treten würden. Weil man dann erst nach Sinsheim aufs Amt zu fahren hatte, um sich dort einen Unbedenklichkeitsnachweis im Hinblick auf die arische Abstammung ausstellen zu lassen. Während dies den einen schlichtweg lästig war, fürchtete manch anderer einen sogenannten „dunklen, also nichtarischen" Fleck in Bezug auf seine Vorfahren.

Doch das war für August Voll und seine Emilie nicht der Grund gewesen, sich ebenfalls noch im Dezember trauen zu lassen. Auch wenn der Hochzeit noch einige teils sogar heftige Auseinandersetzungen vorausgegangen waren. Denn Adam Ebert, der stolze Handwerker und Kirchendiener, zeigte sich nach wie vor alles andere als begeistert darüber, dass seine Tochter, die dem verwitweten Vater seit ihrer Rückkehr aus Karlsruhe den Haushalt führte, sich ausgerechnet mit August Voll angefreundet hatte. Adam Ebert hatte es kommen sehen. Denn sosehr er auch gegen diese Verbindung argumentiert hatte, es war vergeblich geblieben. „Wo die Liebe eben hinfällt", so hatte es im Dorf geheißen. „Da ist nichts zu machen. Du weißt doch selber, wie das ist: Liebe macht blind!" Solche und ähnliche Sprüche waren zu hören gewesen, wenn er dem einen oder anderen sein Leid über die Liebschaft seiner Tochter geklagt hatte. Ein schwacher Trost. Beziehungsweise überhaupt keiner. Denn nicht nur die Tatsache machte ihm zu schaffen, dass Emilie im Haushalt eigentlich nicht zu ersetzen war, auch wenn die Geschwister allmählich ein Alter erreicht hatten, in dem sie selbst für sich sorgen konnten. Aber wer sollte ihm selbst künftig das Haus in Ordnung halten, wenn nicht Emilie. Überdies: Es hätte doch bei Gott bessere Partien für die Tochter des nicht gerade unvermögenden Glasers im Dorf gegeben als ausgerechnet den Flaschnergesellen

Voll. Bei dem es sich, wie alle wussten, zwar um einen tüchtigen Handwerker handelte, aber eben auch um einen Mann aus einer eher armen Familie. Kleinbauern halt. Noch nicht einmal den Meisterbrief hatte der August bisher in der Tasche. Nun gut, er wolle die Prüfung im kommenden Jahr ablegen, hieß es. Aber umso unverständlicher erschien es Adam Ebert von dieser Warte aus betrachtet, weshalb die Hochzeit dann ausgerechnet noch in diesem Jahr 1933 stattfinden sollte. Dazu diese permanenten Reibereien zwischen August Voll und den neuen mächtigen Männern im Dorf. Die zwar auch dem frommen Kirchendiener ein Dorn im Auge waren, aber was sollte man machen? Man konnte sich doch nicht ständig mit allen und jedem anlegen. Manchmal war es eben besser, zu schweigen und in aller Demut abzuwarten, bis der braune Spuk wieder vorüberginge. Und irgendwann wäre es damit vorbei. Dessen war sich der Glaser sicher. Ein Jahr früher oder später. Irgendwann halt. Dafür aber ganz sicher. Reden ist Silber, Schweigen ist Gold. Nach dieser Devise lebte es sich bedeutend besser. Und überdies gab es da ja noch die Bibel, aus deren Lektüre Adam Ebert Trost und Zuversicht schöpfte. Wie oft schon war das Leben hart mit ihm umgesprungen, allein beim allzu frühen Tod seiner lieben Frau. Und wie wundersam warm ums Herz war ihm dann ein jedes Mal beim Lesen der frohen Botschaft geworden, die ihm das Evangelium verkündete. Weshalb also konnte der junge Voll, der doch ebenfalls aus einer christlichen Familie stammte, nicht ein bisschen mehr Demut an den Tag legen und manchmal eben einfach nur den Mund halten. Anstatt den Streit geradezu absichtlich vom Zaun zu brechen, wie es dem Glaser schien. Der junge Mann hatte noch viel zu lernen im Leben – und auch aus dieser Erkenntnis heraus verspürte Adam Ebert nicht den geringsten Grund zur Freude, als ihm allmählich bewusst wurde, dass er mit seinen Argumenten dennoch auf verlorenem Posten stand. Ja, manchmal hatte es geradezu den Anschein, als bewirke er mit seinen Worten das schiere Gegenteil. Als stürze sich seine Emilie umso trotziger in diese Verbindung. Nun gut, mit 24 Jahren war sie durchaus in einem heiratsfähigen Alter. Genauso wie dieser August, der sogar schon 27 Jahre alt war. Und dennoch: Immer wehrte der alte Ebert heftig ab, wenn Emilie das Gespräch wieder auf die von den beiden jungen Leuten geplante Verlobung bringen wollte. „Auf keinen Fall mehr in diesem Jahr", pflegte er dann zu sagen. „Und schon gar nicht ohne Meisterbrief. Das ist das Mindeste, was ich verlangen kann", zog er am Ende der Debatte regelmäßig den letzten Trumpf aus dem Ärmel, den er zu besitzen meinte. „Die Tochter eines Handwerksmeisters sollte wenigstens ebenfalls einen Meister heiraten, und nicht bloß so einen Flaschnergesellen." Es würde noch einige Monate dauern, bis August die Prüfung in Sinsheim würde ablegen können. Lange genug vielleicht, um die beiden in der Zwischenzeit doch noch von ihrem Vorhaben abzubringen. Denn wer konnte bei jungen Leuten schon mit letzter Sicherheit sagen, wie sich die Dinge wohl entwickeln würden. Auf den Faktor Zeit setzte der Glaser insgeheim seine letzte Hoffnung. Merkwürdig nur, weshalb Emilie, die vor einigen Monaten der Argumentation ihres Vaters noch mit heftigen Worten widersprochen hatte, auf einmal ein ganz anderes Verhalten an den Tag legte. Weshalb ihr plötzlich dieser traurige Blick in die Augen kam, eine geradezu verzweifelte Hoffnungslosigkeit, wie es den Anschein hatte. Bis hin zu dicken Tränen, die über ihre Wangen rollten und die ihr Vater durchaus bemerkte, obwohl Emilie dann immer hastig aus der Stube geeilt war. Auch das erstickte, bittere Schluchzen war ihm nicht entgangen, das am Abend des Öfteren aus der Kammer seiner Tochter drang.

Irgendwann war es aber doch so weit. Irgendwann war der Zeitpunkt gekommen, an dem sie es ihm sagen mussten. An dem man es einfach nicht mehr verschweigen konnte. Denn es war jetzt allerhöchste Zeit zu handeln. Selbst mithilfe von raffiniert geschnittenen Kleidern würde Emilie die Tatsache ihrer Schwangerschaft bald nicht mehr verbergen können. Schon seit einigen Tagen spürte sie die sonderbaren Blicke der Frauen auf sich ruhen, wenn sie im Dorf ihre Besorgungen machte. Dank der kalten Jahreszeit zwar bedeckt mit einem langen Mantel, aber dennoch. Die zweifelnde Verwunderung in den Mienen der Frauen sprach Bände. Lange würde es nicht mehr dauern, bis die Verwunderung der absoluten Gewissheit wich. Und zwischendurch erst einmal allerlei Gerüchte und Vermutungen. Man kannte das ja von zahlreichen ähnlich gelagerten Fällen. Gerüchte. Das war das Schlimmste. Sie durfte es ihrem Vater nicht antun. Der doch trotz aller August gegenüber geäußerten Abneigung auch ein Recht darauf hatte, es als Erster zu erfahren. Aus dem Mund seiner Tochter. Und nicht durch eines der zahlreichen Tratschweiber. Nein, diesen Triumph wollte sie denen nicht gönnen.

Somit setzte die selbst alles andere als gelassene, sondern in ihrem Innersten heftig bebende Emilie Ebert ihren tief schockierten Vater eines Abends Ende November 1933 von der unabänderlichen Tatsache in Kenntnis, dass sie schwanger war. Schwanger von August Voll. Und sie befand sich nicht etwa am Beginn ihrer Schwangerschaft. Falls er sich jemals kurzzeitig Hoffnungen dahingehend gemacht hatte, dass im frühen Stadium einer solchen Schwangerschaft doch noch so manches geschehen könne, dann waren die Hoffnungen vergeblich gewesen. Denn Emilie war hochschwanger. „Spätestens gegen Ende Januar kann beziehungsweise muss ich mit der Geburt des Kindes rechnen", fügte sie mit vor Anspannung zitternder Stimme noch hinzu. „Es ist also höchste Zeit, dass wir heiraten. Vor Weihnachten noch. Auf alle Fälle. Egal, wie viele andere das auch noch tun wollen. Es muss sein." Adam Ebert benötigte mehrere Tage, bis er sich zumindest einigermaßen von dem Schock erholt hatte, den ihm diese Nachricht bereitete. Seine Emilie schwanger! Hochschwanger sogar! An den Tatsachen war nicht zu rütteln. Was also half in solch einer Situation alles räsonieren? Es wurde nicht anders davon. Diese Erkenntnis setzte sich in dem Glaser schließlich durch. Und somit blieb ihm nur noch, jetzt aber verlässliche Sorge dafür zu tragen, dass die Hochzeit stattfand. Und zwar so rasch wie möglich! Nicht auszudenken, wenn das Kind zu früh zur Welt käme. Vor der Hochzeit! Seine Emilie als ledige Mutter! Allein der Gedanke daran bereitete dem Glaser Höllenqualen. Nur das nicht! Schlimm genug, dass ihm nun keine andere Wahl mehr blieb und er diesen August Voll als Schwiegersohn zu akzeptieren hatte. Aber dass Emilies Kind womöglich ledig zur Welt käme ... Nein, das durfte auf keinen Fall sein.

Als langjähriger Kirchendiener, der sein wichtiges Amt stets zur vollsten Zufriedenheit der Kirchengemeinde ausgeübt hatte, würde es ihm ganz sicher gelingen, den Pfarrer für die möglichst rasche Ansetzung der kirchlichen Trauung zu gewinnen. Selbst wenn dieser in der beginnenden Adventszeit eigentlich nicht so gerne Trauungen vornahm. Das sei eher etwas für andere Jahreszeiten, in denen sich der Kirchenkalender lange nicht so dicht gefüllt präsentierte wie ausgerechnet vor Weihnachten, hatte er bislang meistens argumentiert, wenn es einem jungen Paar um die Vereinbarung eines Hochzeitstermins gegangen war. Doch im Falle der Familie Ebert würde der Pfarrer sicherlich die Augen zudrücken und gerne eine Ausnahme machen. Doch Adam Ebert hatte die Rechnung ohne seinen künftigen Schwiegersohn gemacht!

„Wer soll mich trauen?“ Mit ärgerlich gerunzelter Stirn und wütend in die Hüften gestemmten Händen stand August Voll vor seinem künftigen Schwiegervater. „Der Pfefferle? Ausgerechnet der Pfefferle? Das ist doch wohl nicht dein Ernst!“ Er bedachte den verblüfften

Kirchendiener mit einem vorwurfsvollen Blick. „Das kann nicht dein Ernst sein. Dass der Pfefferle mich verheiraten soll. Niemals!“

Der Glasermeister verstand die Welt nicht mehr. Gerade eben erst hatte er den beiden Verlobten noch voller Stolz davon berichtet, wie Pfarrer Pfefferle keine Sekunde gezögert hatte, als er ihn um die Ansetzung einer Trauung gebeten hatte. Trotz der Adventszeit. Selbstverständlich wolle er dem Wunsch seines langjährigen Kirchendieners entsprechen, hatte sich der Pfarrer in die Brust geworfen. Es sei ihm Ehre und Freude gleichermaßen, Adam Eberts Tochter den kirchlichen Segen zu erteilen. So weit war alles viel schneller gegangen, als selbst der Glaser dies erwartet hatte. Schon am 8. Dezember sollte die Hochzeit stattfinden. Und jetzt diese ungeheuerliche Reaktion! Womit nie und nimmer zu rechnen gewesen war.

„Aber der Termin steht doch schon fest! Der Pfarrer hat ihn schon eingetragen. Ihr müsst nur noch zum Traugespräch bei ihm vorbeikommen. Auch dafür habe ich schon einen ...“

„Auf gar keinen Fall“, fiel ihm August einfach ins Wort. „Ich denke ja gar nicht daran, mich vom Pfefferle trauen zu lassen. Von diesem Nazipfarrer. Ausgerechnet! Sonst noch was!“

Ganz allmählich gewann Adam Ebert seine Fassung wieder zurück. Er spürte, wie sich sein Herzschlag mehr und mehr beschleunigte. Was nahm sich der junge Frechdachs ihm gegenüber denn eigentlich heraus. Hatte der überhaupt keinen Anstand im Leib? „Wie sprichst du denn mit mir? Und wie kannst du dermaßen über unseren Pfarrer herziehen? Was soll dieses Hetzen? Der Pfarrer ist ein frommer Mann, der seinen Dienst hervorragend versieht. Darin sind sich alle einig.“

„Ja, vor allem auch seine braunen Spießgesellen! Wie kann sich ein Pfarrer nur dafür hergeben, diese hässlichen Dinge zu sagen, wie man sie sogar schon aus seinem

Mund – und zwar von der Kanzel herunter – gehört hat. Wie sie beispielsweise den Apostel Paulus verunglimpfen. Hast du das etwa schon vergessen? Wie der Pfefferle den Paulus einen Rabbiner genannt hat. Und zwar in einer Art und Weise, die dermaßen eindeutig gewesen ist. Unverschämt eindeutig. Das kann doch auch dir nicht egal gewesen sein. Das kann doch nicht spurlos an einem abprallen."

„Als wenn du das so viel besser beurteilen könntest, was richtig ist und was nicht. Ausgerechnet du. Willst dem Pfarrer vorschreiben, was er zu sagen hat! Was der Pfarrer sagt, ist in letzter Konsequenz immer richtig. Er ist ja schließlich der Pfarrer. Darüber braucht man erst gar nicht zu diskutieren." Tatsächlich hatte selbst der Kirchendiener in den vergangenen Wochen mehrmals trocken geschluckt, als Pfarrer Pfefferle im sonntäglichen Gottesdienst von der Kanzel herunter Worte gebraucht hatte, die man von den Nationalsozialisten kannte. Es waren genau dieselben Formulierungen, die er sich zu eigen machte. Wie so viele seiner Mitbrüder, die sich unter dem Dach des DC, der „Vereinigung Deutscher Christ", zu einem machtvollen Bündnis zusammengeschlossen hatten. Auch davon war im Gottesdienst schon mehrfach die Rede gewesen. Doch wenn sich all die anderen Gottesmänner ebenfalls der Bewegung angeschlossen hatten, dann konnte ihr Kirchardter Pfarrer doch wohl genauso wenig falschliegen in seinen Predigten und Äußerungen. Auf diese Erkenntnis hatte sich Adam Ebert zurückgezogen und für sich beschlossen, als Kirchendiener auch weiterhin lieber dafür Sorge zu tragen, dass sich das Gotteshaus in einem guten Zustand befand. Für theologische Fragen hingegen war der Pfarrer zuständig. Nicht der Kirchendiener. Man musste die Dinge auseinanderhalten. So einfach war das. „Er ist und bleibt ein brauner Hetzer", beharrte August auf seinem Standpunkt. „Und von so einem lasse ich mich nicht verheiraten!"

„Ich verlange es aber!“ „In dieser Hinsicht hat niemand etwas von mir zu verlangen!“

Über mehrere Tage zog sich dieser Streit, ohne dass einer der beiden Kampfhähne dem anderen auch nur einen Millimeter weit entgegengekommen wäre. Doch in dieser Angelegenheit konnte es keinen Kompromiss geben. Und somit war der ursprünglich mit dem Pfarrer vereinbarte Heiratstermin, der 8. Dezember, schließlich nicht mehr zu halten. Schon allein deshalb nicht, weil die beiden Heiratswilligen nicht zum unabdingbaren Traugespräch im Pfarrhaus erschienen waren. Es war zum Verzweifeln. Auch am heutigen Abend. Wieder einmal – zum wievielten Male eigentlich – waren August und der Glasermeister wegen der kirchlichen Hochzeit heftig aneinandergeraten, als Emilie plötzlich laut in ihre Hände klatschte. Sie konnte es einfach nicht mehr ertragen. Diese fruchtlosen Streitereien, die doch nie zu einem fruchtbaren Ergebnis führten. „Es ist genug. Ich will nichts mehr hören davon. Wenn ihr euch schon partout nicht einigen wollt oder könnt, dann tue ich es eben für euch. Wir lassen es einfach bleiben mit der Heirat. Aus. Schluss! Ich habe mich entschieden. Ich mag nicht mehr!“

Verdutzt wandten die beiden Streithähne ihre Köpfe in Richtung der kleinen jungen Frau, die sie aus zornigen Augen entschlossen musterte. „Ihr braucht gar nicht so dazustehen und so zu tun, als hättet ihr mich nicht richtig verstanden. Aber bitte, ich sage es gerne noch mal: Wir lassen die Hochzeit ganz einfach ausfallen. Dann herrscht wenigstens wieder Friede unter uns. Ich kann es nicht mehr ertragen mit der ganzen Streiterei. Die Hochzeit findet nicht statt!“ Energisch verschränkte sie die Arme vor der Brust und nickte nachdrücklich. „Aus. Vorbei!“

„Aber ... das geht doch nicht!“ Schlagartig herrschte offenbar Einigkeit zwischen den beiden Männern.

„Und ob das geht“, beharrte Emilie trotzig auf ihrem Standpunkt. „Damit ist die Diskussion beendet.“

„Nein, das geht auf keinen Fall! Das Kind muss doch einen Vater haben. Und es darf nicht als lediges Kind auf die Welt kommen. Das sind wir dem Kind einfach schuldig!"

„Aha, jetzt plötzlich! Was ist also wichtiger: euer unendlicher Streit oder das Kind?"

„Ich sage ja schon gar nichts mehr!" Zähneknirschend fügte sich August in das Unvermeidliche. In der Tat gab es ja auch keine Alternative. Einen anderen Pfarrer zu finden war in der Kürze der Zeit, die ihnen noch zur Verfügung stand, von vornherein undenkbar. Und andererseits sollte das Kind, sein Kind, auf alle Fälle nicht unehelich geboren werden. Also half nur noch, in den sauren Apfel zu beißen und Pfefferle zu akzeptieren. In einer entwaffnenden Geste hob August die Hände. „In Gottes Namen eben! Dann machen wir es halt so. Der Pfefferle soll uns trauen. Fertig. Du hast gewonnen, Emilie." Er zuckte bitter mit den Schultern und senkte den Kopf. Irgendwie würde er diesen Tag schon überstehen.

Nicht einmal bei Glaser Ebert konnte richtige Freude darüber aufkommen, dass es somit in buchstäblich letzter Minute nun doch noch gelungen war, die kirchliche Hochzeit zustande zu bringen. Wenngleich man den ursprünglich vereinbarten Termin nun um eine ganze Woche nach hinten verschieben musste. Eine Auseinandersetzung, wie sie unnötiger also gar nicht hatte sein können. Doch Pfarrer Pfefferle würde sicher so verständnisvoll sein und dem Kirchendiener ein weiteres Mal großzügig entgegenkommen. Jetzt also war es der 15. Dezember, an dem die Hochzeit stattfinden konnte. Ganz kurz vor Weihnachten. Ein wahrhaft toller Schwiegersohn, der ihm diese Verwicklungen eingebracht hatte. Der immerzu meinte, mit seinem Kopf durch die Wand zu müssen. Auch wenn er sich nun dank der entschiedenen Gegenwehr von Emilie eine Niederlage eingehandelt hatte. Man würde auch künftig Obacht geben müssen. Und so hatte Adam Ebert an diesem Abend für sich in aller Stille noch beschlossen, sich auch nach der Eheschließung seiner Tochter intensiv um die Verhältnisse in der neu gegründeten Familie zu kümmern. Ganz egal, ob dies dem widerborstigen Herrn Schwiegersohn nun passte oder nicht.

Der 15. Dezember 1933. Der Tag der Hochzeit von August Voll und Emilie Voll, geborene Ebert. Für August ein Tag des permanenten Spießrutenlaufens. Ein Tag, von dem man nur hoffen konnte, ihn möglichst rasch überstehen und noch schneller vergessen zu können. Allein schon die spöttischen Blicke der Gottesdienstbesucher. Wie sie sich mehr oder minder verstohlen anstupsten und die Augen lächelnd auf die überdeutliche Wölbung am Unterleib der Braut richteten. Die gleichwohl die Tatsache ihrer „anderen Umstände“ nun nicht mehr zu verdecken brauchte, was mittlerweile aber auch gar nicht mehr möglich gewesen wäre. Dann die eigentliche Trauungszeremonie. Dieses maliziöse Lächeln, das der Pfarrer zur Schau stellte, als er das Brautpaar zu sich nach vorne winkte. Und den beiden bedeutete, vor ihm auf die Knie zu sinken. Dieses unverschämte Lächeln! Oder bildete es sich August nur ein. Wollte der Pfefferle ihn wirklich verhöhnen? Schließlich war der Pfarrer über die Umstände, die zur Verschiebung der Hochzeit um eine Woche geführt hatten, ganz genau im Bilde. Es konnte gar nicht anders sein: Pfefferle genoss seinen Triumph in vollen Zügen. Augen zu. Durchhalten. Allen Ärger hinunterschlucken. Gleich würde es vorbei sein. Nur noch diesen einen einzigen Satz, dann hatte er es überstanden. „Ja, ich will!“ Das war der entscheidende Satz gewesen. Aus dem Mund von Emilie. Aus dem Mund von August.

Die beiden waren endgültig ein Paar. Versehen mit dem kirchlichen Segen. Der Geburt des Kindes stand also nichts mehr im Wege. Gleich im Anschluss an den Gottesdienst fand an diesem frostklirrenden Freitagnachmittag des 15. Dezember die standesamtliche Trauung auf dem Kirchardter Rathaus statt. Auch der Gang dorthin bedeutete eine schwere Prüfung für August Voll, der er gleichwohl nicht ausweichen konnte. Doch nachdem er nun schon die Kirche überstanden hatte, würde ihm das Geschwätz des Bürgermeisters auch nicht mehr viel anhaben können. Hoffentlich. Denn eine Unterhaltung mit dem neuen, von der NSDAP gestellten Bürgermeister Emil Bucher war ja eigentlich schon früher eine Zumutung an sich gewesen. Und jetzt noch dessen salbungsvolle Worte. Verbunden mit Formulierungen wie Volk und Reich und Vaterland. Ganz zu schweigen vom verehrten Reichskanzler Adolf Hitler. Wie er voller Stolz die neue Amtskette auf seiner Brust berührte, samt diesem scheußlichen Hakenkreuzring daran. Als handele es sich dabei um den Heiligen Gral, dessen bloßes Vorhandensein ihm Kraft und Erleuchtung spende. Was der Bucher andererseits ja weiß Gott gebrauchen konnte. Wie auch immer: In wenigen Minuten würde es vorüber sein. Endlich.

Aber – was war das? Bürgermeister Bucher hatte sich kurz hinuntergebeugt und ein Buch aus einer der Schreibtischschubladen gezogen, das er den beiden vor ihm sitzenden, frisch vermählten Eheleuten nun voller Stolz und mit bedeutungsschwangerer Miene präsentierte.

„Zum Abschluss darf ich euch noch dieses Geschenk der Gemeinde überreichen. Es ist mir eine Ehre, im Auftrag des Reichskanzlers Adolf Hitler dieses Buch an euch zu verschenken. Mögt ihr es in hohen Ehren halten, so wie sich das gehört!“ Der Bürgermeister übergab das Buch an Emilie, danach erhob er sich, drückte den Oberkörper kerzengerade durch und streckte seine Rechte weit von sich. „Heil Hitler!“

August Voll vermeinte, seine Augen hätten ihm einen Streich gespielt. Was natürlich nicht der Fall war. Und dennoch: Das konnte nicht wahr sein. Sie wussten doch ganz genau, dass er nie und nimmer ... Oder war es womöglich Absicht? Schon wieder eine ganz gezielte Provokation. Denn bei dem auf den ersten Blick harmlos scheinenden Geschenk handelte es sich um nichts anderes als um die sogenannte Volksausgabe von „Mein Kampf". Einem seit diesem Jahr zigtausendfach verbreiteten Buch, in dem der sogenannte Führer sein bisheriges Leben niedergeschrieben hatte. Seinen heldenhaften Kampf durch den Ersten Weltkrieg und die politischen Fallstricke der Weimarer Republik. Ganz bewusst war dieses Buch als preiswerte Volksausgabe erschienen, so dass es in kürzester Zeit eine geradezu atemberaubende Verbreitung im ganzen Reich gefunden hatte. Nur nicht bei Leuten wie August Voll!

Ausgerechnet dieses Buch hatten sie ihnen als Geschenk der Gemeinde hiermit überreicht. Das konnte kein Zufall sein. Das konnte doch nur in vollster Absicht geschehen sein. Das belustigte Funkeln in den Augen des Bürgermeisters sprach eine deutliche Sprache. Noch einmal wiederholte der jetzt lautstark seinen, von August bisher nicht erwiderten Abschiedsgruß. „Heil Hitler!" Und ließ gleichzeitig wieder dieses unverschämte Lächeln um die Mundwinkel zucken – zumindest schien dies August so. Es war zu viel! Irgendwann war es einfach zu viel. In einer Geste der spontanen Wut riss August seiner frisch vermählten Ehefrau das Buch aus den Händen und warf es vor dem Bürgermeister auf den Boden. Ganz egal, ob sich solch ein Verhalten geziemte oder nicht. Die konnten ihm den Buckel herunterrutschen. Alle miteinander. Diese braunen Widerlinge ...

Das fassungslose Kopfschütteln, das den zum Rathaus hinaushastenden August begleitete, nahm er gar nicht wahr. Erst auf der Straße blieb er stehen und schnappte keuchend nach Luft. Diese furchtbaren Kerle. Warum in aller Welt konnten sie ihn nicht einfach in Ruhe lassen?! Weshalb diese beständigen Sticheleien und Provokationen. Ganz langsam nur gelang es ihm, seiner Aufregung

Herr zu werden, als sich eine Hand von hinten sachte auf seine Schulter legte. Überrascht wandte er sich um und blickte in das sorgenvolle Gesicht von Martin Bentz, dem ehemaligen Bürgermeister. „Mensch, August! Was war denn das gerade eben für ein Aufstand? Was hast du dir dabei um Himmels willen bloß gedacht?" Kopfschüttelnd musterte Martin Bentz den jungen Mann, der schwer atmend vor ihm stand. „Das hätte doch wirklich nicht sein müssen ..."

Ein düsterer Schatten huschte über Augusts Miene. „Das sagst du? Ausgerechnet du? Wo sie dir doch wahrhaftig genug angetan haben. Bist du jetzt doch noch zu ihnen übergeschwenkt, oder wie?"

„August!" Der ehemalige Bürgermeister von Kirchardt verstärkte den Druck seiner Hand und fixierte sein Gegenüber mit einem strengen Blick. „Jetzt hör doch um Gottes willen endlich auf, überall nur Verrat und Provokationen um dich herum zu sehen! Nein", betonte er mit unüberhörbarem Nachdruck in seiner Stimme. „Nein, sie haben mich nicht umgedreht. Keine Sorge. Das sollte dir eigentlich klar sein, nach all dem, was ich gegen diese Burschen durchgesetzt habe. So lange, bis es nicht mehr ging. Das weißt du ganz genau. Oder hast du das womöglich schon alles vergessen?"

Verlegen senkte der Getadelte seinen Kopf. „Nein, habe ich nicht!" Unglücklich zuckte er mit den Achseln. Irgendwie war ihm alles zu viel. Viel zu viel. Eine dumpfe Leere begann sich in ihm auszubreiten.

„Na also. Und deshalb kannst du mir getrost vertrauen – und auch einmal einen Ratschlag von mir annehmen." Martin Bentz legte nun auch noch die zweite Hand auf Augusts Schultern. „Bitte. Glaube es mir. In deinem eigenen Interesse. Es gibt in Kirchardt auch noch Leute, die es gut mit dir meinen. Und die durchaus auch deiner Meinung sind. Da gibt es nicht nur Hitlerleute im Dorf. Das sind zwar die lautesten, aber trotzdem noch längst nicht alle. Nur: Die anderen haben inzwischen begriffen, dass es rein gar nichts nützt, wenn man mit dem Kopf durch die Wand will. So wie du das immer machst ..."

„Aber wenn sie mich nicht in Ruhe lassen und voller Absicht herausfordern! Sogar noch bei der eigenen Hochzeit! Wieso müssen sie mir denn ausgerechnet dieses Hitlerbuch schenken? Das ist doch ..."

„... das ist überhaupt nichts", fiel ihm Martin Bentz nun seinerseits mit schneidender Schärfe ins Wort. „Da steckt nicht das Geringste dahinter! Nein, warte!" Warnend hob er den Zeigefinger, als er bemerkte, wie August schon wieder kurz davorstand, ihm heftig zu widersprechen. „Du lässt mich jetzt erst einmal ausreden und hörst gefälligst zu, bevor du wieder wie ein Berserker herumtobst! Also: Das mit dem Buch, mit diesem ‚Mein Kampf', das war eine völlig harmlose Geschichte. Das schenken sie nämlich mittlerweile jedem Paar, das heiratet. Das war also wirklich keine gezielte Provokation in deine Richtung. Nun ja, vielleicht hat es dem Bucher eine gewisse Freude bereitet, ausgerechnet dir so ein Buch zu schenken, aber Absicht war keine dahinter. Wirklich nicht."

„Sie schenken es jedem?" Verblüfft sah August auf.

„Jedem Paar, das in Kirchardt heiratet. Egal, wer das ist. Wie gesagt, da steckt nicht das Geringste dahinter. Oder vielmehr nur so viel, dass sie die Heldentaten ihres Hitler eben überall hin verbreiten wollen. Sie haben das also auf gar keinen Fall ganz gezielt deinetwegen gemacht, um dich zu treffen. Sosehr es ihnen natürlich gefallen hat. Erst recht deine idiotische Reaktion von gerade eben. Damit haben sie mehr erreicht, als sie sich in ihren braunen Spatzenhirnen vorher hätten ausmalen dürfen. Du bist ihnen mehr auf den Leim gegangen, als das beabsichtigt war. Und jetzt können sie überall ganz empört von deiner furchtbaren Entgleisung berichten, während sie sich in Wirklichkeit totlachen, wie unmöglich du dich benommen hast. So ist das.“ Martin Bentz unterbrach sich kurz, um dem sichtlich getroffenen jungen Mann die Möglichkeit zu geben, das eben Gehörte zu verarbeiten. Dann fuhr er mit eindringlicher Stimme fort: „Bitte, August. Versprich mir eines: Pass zukünftig ein bisschen besser auf dich auf. Auf dich und dein gefährliches Temperament. Im Grundsatz hast du ja recht, aber wie gesagt: Manchmal ist es besser, manches von dem herunterzuschlucken, was man eigentlich sagen will. Glaube mir, August, die sind zu allem entschlossen!“ Wieder verstärkte er den Druck seiner Hand, die noch immer auf Augusts Schulter ruhte, als wolle er das eben Gesagte damit nachdrücklich unterstreichen. „Vorsicht also. Und denk daran: Du bist jetzt nicht mehr allein. Du hast seit heute auch eine Verantwortung. Deiner Emilie gegenüber – und dem Kind, das ja schon bald auf die Welt kommen wird. Ein Kind braucht seinen Vater, August. Denke zukünftig bitte daran, bevor du wieder einfach so in die Luft gehst!“

Dann schritt er rasch davon, ohne sich weiter um die Hochzeitsgäste zu kümmern, die mit betretenen Mienen zögernd aus dem Eingangsportal des Rathauses traten. Auf eine fröhliche Hochzeitsfeier würden sie heute mit Sicherheit nicht zu hoffen brauchen. Was man sich ja eigentlich hatte denken können. Denn: erstens der manchmal so widerborstige August, zweitens die fortgeschrittene Schwangerschaft und drittens diese ganzen bekannten Streitereien, die sich mitten durch die Familie des Bräutigams zogen. Überhaupt: Wo war eigentlich Jakob Voll gewesen? Der älteste Bruder des Hochzeiters? Merkwürdig. Den einarmigen Jakob hatte bei der ganzen Zeremonie keiner von ihnen zu Gesicht bekommen. Weder in der Kirche noch auf dem Rathaus. Und schon gar nicht jetzt, bei der bescheidenen kleinen Feier, die sich an die standesamtliche Trauung anschloss. Man hatte bei Gott schon lustigere Hochzeiten erleben dürfen.

*

Am 22. Januar des folgenden Jahres, 1934 also, brachte Emilie Voll eine gesunde Tochter zur Welt. Auf den Namen Ella Emma Voll wurde das Mädchen getauft. Natürlich von Pfarrer Theodor Pfefferle. Im Beisein von August Voll, der sich die eindringlichen Worte des ehemaligen Bürgermeisters allem Anschein nach zu Herzen genommen hatte. Sehr zur Erleichterung seines Schwiegervaters Adam Ebert, der nur allzu genau beobachtete, wie sich der junge Handwerker in den Tagen nach dem unerhörten Zwischenfall bei der Hochzeit auf dem Rathaus benahm. Wo Adam Ebert damals am liebsten die ganze Hochzeit abgeblasen und seine Tochter um ein Haar einfach mit nach Hause genommen hätte. Aber es war zu spät gewesen. Die amtlichen Formalitäten waren bereits erfolgt. Es war ihm also nichts anderes übrig geblieben, als sich in das Unvermeidliche zu fügen, so grenzenlos auch Scham und Ärger in ihm aufgestiegen waren. Und noch weit über die ersten Tage nach der Trauung anhielten. Doch weder bei der Verabredung der Taufe noch bei der kirchlichen Zeremonie als solcher war es zu irgendwelchen Peinlichkeiten gekommen. August Voll hatte sich, wie man dies so schön sagte, wirklich am Riemen gerissen. Gott sei Dank. Nicht auszudenken, was gewesen wäre, wenn ... Schon beim bloßen Gedanken daran zuckte der Kirchendiener fröstelnd zusammen. Aber alle Sorge war umsonst gewesen. Zum Glück. Endlich also ließen sich erste Anzeichen dafür finden, dass der Schwiegersohn allmählich doch noch zur Vernunft kam. Vielleicht hatten die eindringlichen Worte von Martin Bentz gewirkt, vielleicht aber war es auch die Tatsache, dass August nun verheiratet war. Wie man dies ja hin und wieder beobachten konnte, dass einer der unruhigen jungen Geister nach seiner Hochzeit plötzlich zur Ruhe kam.

Manchem tat so eine Heirat einfach gut! Anscheinend auch dem Schwiegersohn. Adam Ebert vermeinte im Laufe der folgenden Wochen regelrecht verspüren zu können, wie die zentnerschwere Last, die ihm noch im Dezember auf das Herz gedrückt hatte, mit der Zeit immer leichter wurde. Wie schön, dass Emilie anscheinend doch den richtigen Mann geheiratet hatte. Bei allen Zweifeln, die zunächst ja auch wahrhaftig angebracht gewesen waren. Dass August Voll ein fleißiger, talentierter Handwerker war, der durchaus das Zeug hatte, es zu etwas zu bringen, das konnte man ebenfalls sehen. Und gerade auch diese Tatsache erfüllte den Glasermeister Adam Ebert mit ganz besonderer Genugtuung. Denn seine Tochter entstammte schließlich einer angesehenen Handwerkerfamilie – und so sollte es auch bei künftigen Generationen bleiben. Bei den Enkelkindern. Bei der kleinen Ella und bei dem Sohn, der sicherlich irgendwann auch noch zur Welt käme und der dann eines Tages die Handwerkstradition der beiden Familien fortführen würde. Emilie ging es gut. Gott sei Dank. Man konnte es deutlich sehen und hören. Die fröhliche Miene, das helle Lachen, die unbeschwerten Unterhaltungen. So, wie sie Vater und Tochter schon lange nicht mehr hatten führen können. Und nach wie vor versorgte sie den Vater auch in dessen Haushalt. Trotz des Kindes, das sie geboren hatte, blieb ihr dafür Zeit. Und trotz des Hausbaus, den August Voll mit Macht vorantrieb, um so bald wie möglich keine Miete mehr zahlen zu müssen, nachdem man im Augenblick zwei kleine Zimmer im Haus eines älteren Ehepaars bewohnte. Die Monat für Monat Miete kosteten. Was August ein arger Dorn im Auge war. So rasch wie möglich sollte deshalb der Hausbau, den er im Herbst begonnen hatte, abgeschlossen werden. Das Haus neben der Flaschnerwerkstatt, die er eben fertiggestellt hatte, und in dem er in Kürze darin ein Geschäft eröffnen würde. Gleich nach seiner Meisterprüfung.

Es war also eindeutig: August Voll war endlich zur Vernunft gekommen. Zur Einsicht, dass Politik nichts für einfache Leute war und dass es von vorneherein nichts Gutes mit sich brachte, sich in Dinge einzumischen, die sowieso nicht zu ändern waren. Zumindest nicht von ihresgleichen.

Und natürlich fand er glücklicherweise schlichtweg auch gar keine Zeit, sich in diesen Wochen und Monaten näher mit der Politik zu beschäftigen. Er hatte sein Augenmerk wahrhaftig auf anderes zu richten: auf die Vollendung des Hausbaus, auf die neugeborene Ella, seinen „kleinen Sonnenschein“, wie er das Mädchen fröhlich lächelnd gerne nannte, auf seine junge Frau Emilie und den neugegründeten gemeinsamen Haushalt. Dazu natürlich die Meisterprüfung, um deren praktischen Teil er sich nicht die geringsten Sorgen machte. Doch daneben gab es ja auch noch die Theorie. Und das bedeutete, abends, nach Einbruch der Nacht, wenn es für den Hausbau zu dunkel geworden war, „verschärfte Strafarbeit“, wie sich August Voll mit gequälter Leidensmiene auszudrücken pflegte. Denn die Lektüre trockener Lehrbücher, nein, das war nicht seine Welt. Absolut nicht. Und dennoch musste er die notwendige Disziplin aufbringen, um sich auch mit dem theoretischen Teil seines Berufes auseinander zu setzen. Gezwungenermaßen halt. Aber nicht zu ändern – wenn er die Meisterprüfung bestehen wollte, um danach gleich den Schritt in die anschließende Selbstständigkeit zu machen. Er durfte sich dabei auch nicht die geringste Nachlässigkeit gestatten. Denn schon im zeitigen Frühjahr des Jahres 1934 sollte die Meisterprüfung stattfinden.

Wie ein gewisser Druck eine geradezu segensreiche Wirkung entfalten konnte! Entspannt lehnte sich Kirchendiener Adam Ebert in seinem Sessel zurück und schloss zufrieden seine Augen. Man konnte dem Herrgott nicht genug danken für diese glückliche Wendung.

Er faltete die Hände und murmelte ein leises Vaterunser. Alles hatte sich zum Guten gewandt.

*

In der Rückschau war es eine völlig unverständliche Denkweise gewesen, die August Voll am Abend dieses sonnigen Frühjahrstags im Jahr 1934 in das Gasthaus „Hirsch“ in Kirchardt geleitet hatte. Welcher Teufel hatte ihn bloß geritten, so etwas zu tun? Nicht nur August selbst machte sich im Nachhinein diese vorwurfsvollen Gedanken (ohne dies freilich jemals offen auszusprechen). Auch seine junge Frau Emilie, der Schwiegervater und sogar die beiden Brüder Heinrich und Wilhelm konnten ihn einfach nicht verstehen. Wieso nur? Nachdem doch alle Welt der Meinung gewesen war, er habe sich geändert. Sei ruhiger und bedächtiger geworden. Und jetzt das!

Nun gut. Er hatte seine Quittung bekommen. Am eigenen Leib hatte er erfahren müssen, was es bedeutete, sich im Jahr 1934 mit den Nationalsozialisten anzulegen. Die nämlich brauchten mittlerweile auf nichts und niemanden mehr Rücksicht zu nehmen. Wenn sich ihnen dennoch einer trotzig in den Weg stellte, dann brauchte er sich hinterher nicht zu wundern, wenn er wie von einer Dampfwalze einfach überrollt worden war. Noch tagelang spürte August beinahe jeden Knochen im Leib. Nachdem sie ihn an diesem Abend grün und blau geprügelt hatten. Die schlimmsten von der ganzen braunen Truppe. Die allerübelsten Fanatiker. Man wusste doch, wo diese Burschen traditionell einkehrten. Eben im „Hirsch“, in dem Gasthaus, in dem August Voll gemeint hatte, sich zur Feier des Tages noch ein Bier genehmigen zu müssen.

Nun gut. Einen Anlass dazu hatte es gegeben. Einen guten Anlass sogar. Denn schließlich war er gerade eben von Sinsheim zurückgekehrt. Von der Meisterprüfung, die er mit Bravour bestanden hatte. Mit der Note 1! Ein besseres Abschneiden war gar nicht möglich. Niemals hätte er dies in seinen kühnsten Träumen erwartet. Die Prüfung nicht nur zu bestehen, sondern sie darüber hinaus auch noch mit einer glatten Eins zu absolvieren. Phantastisch! Ohne Zweifel. Fortan würde er sich also Meister nennen dürfen. Meister des Blechner- und Klempnereihandwerks. Oder, wie man es heute mehr und mehr zu nennen pflegte: Flaschnermeister. Verschiedene Begriffe für ein und denselben Beruf, in dem er nunmehr als Meister galt. Jetzt also würde der Schritt in die Selbstständigkeit erfolgen, auf die er schon so viele Jahre mit zäher Beharrlichkeit hingearbeitet hatte. Jetzt würde er den Betrieb in seiner selbst erbauten Flaschnerwerkstatt eröffnen können, dort voller Stolz den gerahmten Meisterbrief samt der glänzenden Prüfungsnote „Eins" an die Wand hängen und fortan seinem Handwerk nachgehen. Ja, der Schwiegervater würde staunen. Der stolze Glaser und Kirchendiener, dem er künftig auf Augenhöhe begegnen konnte. Meister unter sich.

Mit dem Zug war er von Sinsheim zurück bis Grombach gefahren. Wie üblich war August am Grombacher Bahnhof ausgestiegen und hatte sich auf den gut halbstündigen Fußmarsch bis nach Kirchardt begeben.

Gleich nachdem er die ersten Häuser von Kirchardt erreicht hatte, war er drauf und dran gewesen, zum Kirschenweg einzubiegen, wo die kleine Familie Voll in Untermiete wohnte, um Emilie freudestrahlend von seinem Triumph zu berichten. Von der endgültig gesicherten Zukunft ihrer Familie. Auch Wochen später konnte sich selbst August nicht schlüssig erklären, weshalb er im letzten Moment seine Richtung dann aber doch geändert hatte. War es einfach nur der Anblick der Hauptstraße gewesen, das Wirtshausschild des „Hirsch", das in der Abendsonne geleuchtet hatte? Oder war es der uniformierte Parteigenosse gewesen, den er beobachtet hatte, wie der ihm durchaus bekannte Mann mit eiligen Schritten auf das Gasthaus zugestrebt war. Er hätte doch auch – wenn es überhaupt sein musste – in der „Sonne“ einkehren können. In der Wirtschaft, die mehr als hundert Meter vor dem „Hirsch“ direkt an seinem Weg gelegen war. Weshalb also um alles in der Welt den „Hirsch“?

Wirklich nur deshalb, um es „denen allen“ zu zeigen? Dem ganzen braunen Sumpf, der dumpf und fanatisch beständig dort am Stammtisch hockte und seine wüsten Parolen von sich gab. Hatte er es denen allen wirklich beweisen wollen. Was beweisen wollen? Du meine Güte: Wie konnte man nur so verblendet sein!

Plötzlich war er dringestanden. Mitten in der biergeschwängerten, völlig verräucherten Atmosphäre des Gastraums im „Hirsch“, wo ihn teils verwunderte, teils böse Blicke aus trüben Augen trafen. Ja, hier saßen sie. Das wirkliche Lumpenpack des Dorfes. Die Stammtischhelden. Die Bierstrategen. Vor deren alkoholglänzenden Visagen würde er jetzt zur Feier des Tages sein Bier trinken. Sein Meisterbier! Er hatte es geschafft. Ganz ohne ihre Hilfe! Im Gegenteil sogar: Es hatte genügend Versuche gegeben, seine Meisterprüfung zu verhindern. Auch diese Tatsache war ihm durchaus bekannt. Man hatte versucht, ihn schlechtzumachen. Er sei ein Bursche mit einer üblen Gesinnung. Ein renitenter Geselle, ein ewiger Störenfried. Alles andere als ein braver, guter Volksgenosse. Nicht wert, den Meisterbrief zu erhalten, und ähnliche Verleumdungen mehr. Es hatte ihnen nichts genützt. Trotz allem hatten sie es nicht geschafft, seine Meisterprüfung zu hintertreiben.

Dass es sich sogar um eine Parteiversammlung der NSDAP gehandelt hatte, in die er ganz unvermittelt geplatzt war, das war August an diesem Abend gar nicht aufgefallen. Und schnell hatte ein böses Wort das andere gegeben.

Wie er sich denn um alles in der Welt nur trauen könne, hierherzukommen. Dann das blanke Entsetzen in ihren Augen, als er lächelnd von der bestandenen Meisterprüfung berichtete. Von der Note Eins, die er nun bei einem Glas Bier begießen werde. Die ersten Hänseleien, als sich die Parteigenossen vom ersten Schrecken erholt hatten. Wie ausgerechnet so einer wie er denn eine Eins bekommen könne. Einer, der doch zu dumm sei, auf den Führer zu vertrauen.

Vertrauen ist gut – Kontrolle ist besser, war seine Antwort gewesen. Nur wer blöd ist, vertraut einem anderen blind.

Was er damit meine? Und vor allen Dingen: Wen er meine?

Weshalb der Hitler eigentlich braune Augen und dunkle Haare habe, wo die arische Rasse laut Aussage von Goebbels doch blond und blauäugig sei. Ob denn der Hitler selbst womöglich also gar kein Arier sei. Und so weiter und so fort. In Windeseile hatte sich ein hitziger Wortwechsel entzündet, der mit seiner Bemerkung von der „Scheißuniform" des Hirschwirts schließlich eskaliert war. Für den maßlos erzürnten Wirt, der tatsächlich und zwar voller Stolz in Uniform am Tresen stand, war diese ungeheuerliche Beleidigung eines Parteisymbols der Anlass gewesen, dem unverschämten Besucher den Inhalt des Bierglases einfach ins Gesicht zu schütten. Als sei dies das entscheidende Signal zum Handeln gewesen, gab es anschließend für die versammelten Nationalsozialisten kein Halten mehr. Mit zorniger Brutalität hatten sie sich auf den Eindringling gestürzt und klopften ihm die frechen Gedanken voller Inbrunst aus dem Leib. Eine Lektion, die er sich hoffentlich zu Herzen nehmen würde!

In der Tat: Während die körperlichen Schmerzen dieser Prügelei allmählich vergingen, steckte der Schock viel tiefer. Nicht nur, dass viele von den ehemaligen Schulkameraden mit dabei gewesen waren. Auch die seelische Pein blieb in August Voll zurück. Die Beleidigungen. Die Übermacht. Die rücksichtslose, rohe Gewalt. Ihr brutales Vorgehen und schließlich die Demütigung, indem sie ihn mit dem Kopf in einen Misthaufen gesteckt hatten. „Mist zu Mist“, hatten sie dabei lauthals gegrölt. Er würde es nie mehr vergessen können. Noch Jahre später hallte dieser Ausruf dröhnend und unheilvoll in seinem Schädel wider.

Die Meisterfeier, falls es eine solche hätte werden sollen, war auf alle Fälle gründlich danebengegangen. Auch innerhalb der Familie dauerte es Wochen, bis man sich zumindest einigermaßen von diesem Schock erholt hatte. Wobei die Bandbreite der sorgenvollen Gedanken, die man sich machte, enorm war. Angefangen bei der erschrockenen Beobachtung, wie übel August Gewalt von den Nationalsozialisten angetan worden war, bis hin zur konsternierten Feststellung, dass der August anscheinend doch nicht zur Vernunft gekommen war. Dass diese Hoffnung leider getrogen hatte.

Die Zeit heilt alle Wunden, sagt man. Oberflächlich auf alle Fälle. Und so durfte man sich im Jahr 1935 in der Familie des Flaschnermeisters August Voll zumindest über die Tatsache erfreut zeigen, dass der junge Mann das Arbeiten nicht verlernt hatte. In jeder freien Minute konnte man ihn auf der Baustelle seines Hauses treffen. Wenigstens nicht in der Wirtschaft. So wie viele andere. Dafür hatte der August noch nie etwas übrig gehabt. So war es ihm gelungen, das Haus Mitte des Jahres 1935 so weit fertig gestellt zu haben, dass die Familie die Mietwohnung verlassen konnte und die ersten beiden Zimmer im neuen Haus bezog. Und das neue Badezimmer. Eine Einrichtung, die in ganz Kirchardt in keinem anderen Haus zu finden war. Ein eigenes Badezimmer. Man brauchte sich also nicht mehr in der Küche zu waschen oder Samstag die Zinkbadewanne im Keller zu besteigen. Für den frischgebackenen Flaschnermeister war es sozusagen Ehrensache gewesen, sein künftiges Wohnhaus mit den neusten Errungenschaften seines Handwerks auszustatten. Selbst wenn er damit bei seinem eigenen Vater auf verständnisloses Schulterzucken gestoßen war, als er diesem voller Stolz das weiße Porzellanwaschbecken und die ebenfalls in reinstem Weiß erstrahlende Badewanne präsentiert hatte. In einem eigens dafür eingerichteten Zimmer! Welch luxuriöse Verschwendung! Man könnte direkt meinen, seinem Sohn stünde das Geld im Überfluss zur Verfügung, hatte der Vater kopfschüttelnd noch hinzugefügt. Sich dennoch heimlich darüber gewundert, wie der August dies alles bewerkstelligt hatte. Mit seiner eigenen Hände Arbeit. Eine respektable Leistung seines Jüngsten. Auch Schwiegervater Adam Ebert konnte nicht umhin, die Tatsache anerkennend zur Kenntnis zu nehmen, dass sein Schwiegersohn einen enormen Fleiß an den Tag gelegt hatte. Dazu war die Arbeit sorgfältigst ausgeführt worden, wie der penible Glasermeister ebenfalls bemerkte, ohne freilich darüber ein anerkennendes Wort zu verlieren. Der junge Voll brauchte nicht zu glauben, dass er ihm den peinlichen Vorfall nach der Meisterprüfung vergessen habe. Man musste den jungen Heißsporn eher kurzhalten. Allzu viel Lob konnte der nicht vertragen. Nun gut – zumindest seit dieser furchtbaren Prügelei hatte sich August Voll nicht mehr gemuckt, wie man so schön sagte. Vielleicht hatte die Lektion, die ihm mit kräftigen Schlägen eingebläut worden war, doch einen bleibenden Eindruck bei ihm hinterlassen.

Eine Veränderung im Wesen des Schwiegersohns war in den vergangenen Monaten eingetreten. Der früher trotz aller politischen Widerborstigkeiten eher fröhliche junge Mann wirkte seitdem verschlossener. Möglicherweise sogar düster – auf alle Fälle aber viel stärker in sich zurückgezogen. Selbst Adam Ebert war diese Veränderung nicht entgangen. Egal. Hauptsache, er würde von nun an Ruhe geben und wurde sich allmählich seiner Verantwortung bewusst. Der Verantwortung für seine Frau Emilie und ihre gemeinsame kleine Tochter Ella. Eines musste man dem August lassen: Fleißig war er.

Dazu auch noch überlegt und sparsam. Denn es war eine wirklich gute Idee von August gewesen, den befreundeten Handwerker, der ihm das neue Haus vergipste, nicht etwa zu bezahlen, sondern einen Handel mit dem Mann zu schließen. Denn mit welchem Geld hätte August, der doch aus einfachen Verhältnissen stammte, den Gipser bezahlen sollen? Und der Schwiegervater? Der hielt sein Geld zunächst einmal lieber zusammen. „Wer weiß, wofür ich es eines Tages noch brauchen werde", pflegte er immer dann zu sagen, wenn Emilie das Gespräch wieder einmal behutsam in diese Richtung gelenkt hatte. Von Adam Ebert war in dieser Hinsicht also nichts zu erwarten gewesen. Nun gut, die Fenster hatte der geliefert, jedoch gegen Bezahlung der Materialkosten. Aber immerhin. Andererseits fehlte dieses Geld jetzt beim Verputzen. So waren die beiden Männer übereingekommen, dass August wie auch im Fall des Schwiegervaters ebenfalls nur das Material zu bezahlen brauchte. Im Gegenzug für seine Arbeit konnte der Gipser nun eine kleine Wohnung im oberen Stockwerk des Hauses beziehen und brauchte nur einen minimalen Anteil an den Kosten für Kohle und Brennholz zu übernehmen. Mehrere Jahre lang wohnte der Untermieter somit in dem von ihm vergipsten Haus in der Kirchardter Vorstadtstraße. Was für beide Seiten eine geradezu ideale Lösung darstellte. Und nur so war es möglich gewesen, den Hausbau in dieser kurzen Zeit zu verwirklichen.

*

Kopfschüttelnd betrachtete August Voll am 8. November des Jahres 1935 die Titelseite der Zeitung, die er vor sich auf die Werkbank gelegt hatte. „Da, schau nur, Wilhelm", deutete er mit ausgestrecktem Arm auf die Überschrift des Artikels im „Unterländer Boten". Wo in großen Lettern die stolze Tatsache bekannt gegeben wurde, dass Deutschland seit dem gestrigen Tag wieder eine sogenannte „Reichskriegsflagge" besitze. „Allein schon diese Ausdrucksweise: Reichskriegsflagge! Was sagt man nur dazu, Helm?" Er streifte seinen Bruder mit einem sorgenvollen Blick. „Das Deutsche Reich hat also wieder eine Wehrmacht. Na wunderbar! Und gestern war in Potsdam dann auch gleich die Vereidigung der ersten Rekruten. Vor der neuen Flagge, vor dem Führer, dem Reichskanzler Adolf Hitler, der sich im selben Atemzug zu allem Überfluss noch zum Obersten Befehlshaber der Wehrmacht aufgeschwungen hat! Wo er es im Ersten Weltkrieg bekanntermaßen ja gerade mal zum Gefreiten gebracht hat. Und nun will er plötzlich mehr sein als all seine Generäle zusammen! Schlimm genug, dass wir überhaupt meinen, wieder Soldaten zu brauchen. Als hätte der Erste Weltkrieg nicht Leid und Elend genug über uns gebracht. Wann lernen die Menschen endlich, dass es im Krieg nur Verlierer gibt?"

Wilhelm Voll zuckte unglücklich mit den Schultern. „Wahrscheinlich nie? Das scheint irgendwie in den meisten Männern drinzustecken. Diese Begeisterung für alles Militärische. Für Uniformen und fürs Säbelrasseln. Es ist schon unglaublich, wie schnell die Menschen vergessen, was gewesen ist."

„Und ausgerechnet dieser Hitler an der Spitze der Wehrmacht. Dazu präsentieren sie gleich noch die Reichskriegsflagge. Als sollte es morgen schon wieder losgehen. Schrecklich!"

„Tja", in einer hilflosen Geste hob Wilhelm die Hände. „Anscheinend sind wir ja plötzlich wieder wer in der Welt. Und dazu braucht es anscheinend auch diese fürchterlichen Drohgebärden ..."

„... es kommt mir vor, als sei die Lunte schon direkt vor dem Pulverfass, wenn ich lesen muss, dass der Hitler sich zum Obersten Befehlshaber gemacht hat. Der zündelt doch schon überall. Ich fürchte, es ist nur noch eine Frage der Zeit, bis es zum ersten Mal kracht. Und dann, gute Nacht, Deutschland!"

„Was hast du denn schon wieder zu meckern?" Unbemerkt von den beiden anderen hatte Jakob Voll, ihr älterer Bruder, die Werkstatt betreten und musterte August mit einem missbilligenden Blick aus seinen stechenden dunklen Augen. Überrascht runzelte dieser die Stirn. Jakob! Welcher Anlass hatte den einarmigen Veteranen denn zu ihm gebracht? Wo sie sich doch mittlerweile seit Jahren schon aus dem Weg gingen. Zum ersten Mal seit Eröffnung der Flaschnerei war Jakob hierhergekommen. Aus welchem Grund wohl? Um endlich Frieden zwischen den beiden verfeindeten Brüdern zu schließen? Es wäre zu schön, um wahr zu sein. Aber offenbar handelte es sich um andere Motive, die den Älteren bewegten. Womöglich war es nur die überschäumende Begeisterung, die den ehemaligen Weltkriegssoldaten getrieben hatte. Die Begeisterung über Deutschlands angebliche neue Größe. Die Erinnerung an eine scheinbar glorreiche Vergangenheit. Man konnte es deutlich erkennen, dieses stolze Glitzern, das sich nun wieder in den Augen seines Gegenübers zeigte. Voller Genugtuung zeigte Jakob auf die Überschrift der Zeitung. „Ja! Die Reichskriegsflagge. Endlich ist sie präsentiert worden. Ein wahrhaft stolzer Tag in der Geschichte unseres Volkes. Und auch wir in Kirchardt werden nicht mehr lange auf sie warten müssen. Bald dürfen auch wir uns glücklich schätzen, eine solche Flagge unser Eigen zu nennen. Der Bürgermeister hat in Übereinstimmung mit dem Gemeinderat bereits die Bestellung abgeschickt und meint, sie bis Mitte nächster Woche präsentieren zu können. Und natürlich erhält sie dann einen Ehrenplatz im Rathaus. Wehe dem Feind, der das Deutsche Volk herausfordert und sie erblicken muss!" August meinte, sich verhört zu haben. „Reichskriegsflagge! Oberkommandierender!

Feind! Krieg! Um Gottes willen, Jakob! Was redest du denn da?“ Mit dem Zeigefinger seiner rechten Hand tippte er sich fassungslos an die Stirn. „Ihr spinnt doch! Alle miteinander! Wer um alles in der Welt soll uns denn angreifen wollen? Wir sind es doch, die im Augenblick beständig mit dem Säbel rasseln! Weshalb bloß? Helm, kannst du ihm vielleicht einmal erklären, wie idiotisch sich dieses ganze Kriegsgetue in Wahrheit darstellt?“

Doch Wilhelm schüttelte nur traurig seinen Kopf und zog es vor, zu schweigen. Was der fanatisierte Jakob offenbar als stumme Zustimmung für seine eigene Haltung auslegte.

„Da siehst du es. Auch der Helm hat allmählich begriffen, wie ernst die Lage ist. Unser Volk ist umzingelt von Feinden der arischen Rasse!“

„Rasse!“ August spuckte den Begriff förmlich aus seinem Mund. „Wenn ich das schon hören muss: Rasse!“

„Jawohl, Rasse!“ Trotzig stampfte der Ältere auf dem Werkstattboden auf. „Du wirst es noch öfter hören in nächster Zeit. Die arische Rasse wird bedroht! Ob du nun in der Lage bist, dies zu begreifen, oder nicht: Es ist so!“

„Ich habe schon mehr darüber gehört und gelesen, als mir lieb ist“, fauchte August zornig. „Es ist ja seitenlang in der Zeitung abgedruckt worden, als sie neulich in Nürnberg diese schrecklichen Gesetze beschlossen haben. Dieses ganze Rassengetue. In welche Richtung geht das denn nur ...“

„In die richtige Richtung natürlich!“, erteilte ihm Jakob postwendend eine scharfe Antwort. „Nur die arische Rasse wird auf Dauer das Überleben der Menschheit sicherstellen können. Höchste Zeit also, dass die Durchmischung mit minderwertigen Rassen ein rasches Ende findet.“

„Aber wohin soll das denn noch führen, Jakob?“ August spürte, wie sich bittere Verzweiflung mehr und mehr in ihm ausbreitete. War seinem Bruder denn gar nicht mehr beizukommen? Konnte man denn dermaßen verblendet sein, um wirklich nicht mehr zu begreifen, welche fatalen Folgen diese Argumentation in letzter Konsequenz nach sich ziehen würde? „Soll das also heißen, dass keiner von uns in Kirchardt mehr ...“

„... kein Mitglied der arischen Rasse aus Kirchardt ...“, warf Jakob nachdrücklich dazwischen.

„... dass keiner von uns“, wiederholte August unbeirrt, „mehr eine Ausländerin heiraten kann? Oder eine Jüdin? Du weißt ganz genau, dass es so etwas schon öfter gegeben hat. Du hast doch sogar einen Schulkameraden, der ...“

Jakob reagierte geistesgegenwärtig. Wieder fiel er seinem Bruder rasch ins Wort. Schon deshalb, weil es ihm zuwider war, allein den Namen seines Schulkameraden vernehmen zu müssen, der diese schändliche Verbindung eingegangen war. Aus der sogar Kinder hervorgegangen waren. Ein wahrhaft unverzeihlicher Fehltritt. Mit einer wegwerfenden Handbewegung signalisierte er die Verachtung, die er dabei empfand. „Der sollte sich schämen, dass er seinem Volk so etwas angetan hat. Aber künftig ist diese Rassenschande zum Glück ja verboten. Solch eine Verbindung wird es nicht mehr geben können. Und wer es dennoch wagt, sich gegen das Gesetz zu stellen, den wird seine gerechte Strafe ereilen.“ Er ballte die Faust seiner rechten Hand und hob sie drohend in die Höhe. „Das wäre noch schöner! Eine völlige Durchmischung unserer Rasse mit dem internationalen Judentum! Das könnte denen so passen! Die arische Rasse mit dem minderwertigen Erbgut der Juden in den Untergang zu reißen. Und mit uns die ganze Welt! Niemals werden wir das dulden! Niemals!“ Der Mann schien in seiner grenzenlosen Verblendung zu allem fähig. Voller Entsetzen registrierte August, welcher Hass in den Augen seines älteren Bruders stand.

„Ihr seid ja irrsinnig. Das glaubst du doch selber nicht, was du da sagst. Das kannst du doch nicht glauben!“ Selbst wenn er wenig Hoffnung hegte, mit seinen Argumenten doch noch an den fanatisierten Jakob herankommen zu können – es musste einfach gesagt werden. „Du selbst, du hast doch auch schon Geschäfte mit den Juden in Berwangen gemacht. Und warst doch hinterher immer recht zufrieden. Zum Kaufen und zum Verkaufen von allen möglichen Dingen, dazu waren dir die Juden doch immer recht."

„Niemals! Das ist eine Lüge! Sag so etwas nie wieder. Belogen und betrogen haben sie mich. Bei jedem einzelnen Handel betrogen. Erst jetzt sind mir die Augen geöffnet worden, was diese Juden mit uns angestellt haben. Wie sie auf unsere Kosten leben und ihre Gewinne einstreichen. Wie sie das Geld, das sie einnehmen, dann heimlich ins Ausland schaffen. Zum Schaden unseres Volkes. Nein", wieder reckte Jakob in wilder Entschlossenheit seine Faust in die Höhe. „Es ist genug damit. Sie werden ihre Quittung bekommen. Der Tag der Vergeltung ist nahe. Kein rechtschaffener Deutscher kauft von nun an mehr bei einem Juden!"

„Sie sind auch Deutsche. Vergiss das nicht!"

„Es sind Juden. Keine Arier!"

„Es sind Menschen. Deutsche Staatsangehörige, die neben dir als Soldaten im Schützengraben gelegen haben. Und dabei oft genug ihr Leben für Deutschland verloren haben. Hast du das denn alles einfach vergessen?!"

„Es sind Menschen zweiter Klasse. Allerhöchstens. Keine Arier. Heil Hitler!" Mit einem lauten Knall schlug Jakob die Hacken zusammen und streckte den rechten Arm weit von sich. Danach wandte er sich um und schritt rasch davon, ohne sich noch einmal umzudrehen. Mit betroffenen Mienen sahen August und Wilhelm ihrem Bruder hinterher.

„Und so etwas ist unser Bruder ..." Kopfschüttelnd legte August die Zeitung beiseite, deren Schlagzeile die Ursache für diesen wahrhaft schockierenden Wortwechsel dargestellt hatte. „Wie kann ein Mensch nur so etwas denken – und dann auch noch aussprechen?“ Anstelle einer Antwort zuckte Wilhelm nur ratlos mit den Schultern. Dann verließ auch er die Werkstatt, tief in bekümmerte Gedanken versunken. Die Saat der Gewalt schien auf fruchtbaren Boden gefallen. Wohin sollte dies alles nur führen. Und wer konnte Schlimmeres verhindern? Die kleinen Leute auf keinen Fall. Wer aber dann?

*

25. März 1937.

„Also eines muss man ihnen lassen: sosehr mich das ganze Getue und Gepränge der NSDAP auch anwidert, die Konsequenz, mit der sie vorgehen und sich immer straffer organisieren, die ist schon beinahe wieder bewundernswert.“ Wieder einmal war Wilhelm Voll an diesem Morgen zu einem kurzen Besuch in die Flaschnerwerkstatt seines Bruders gekommen, um „bei seinem Jungen“ nach dem Rechten zu schauen, wie er sich lächelnd jedes Mal auszudrücken pflegte, was in Wirklichkeit bedeuten sollte, dass ihm der Sinn nach einer kleinen Unterhaltung mit August stand. „Immerhin haben sie ihr sogenanntes Führerprinzip jetzt durchgängig angewendet. Wie im Reich, so auch in den Ländern, Kreisen und Gemeinden. Alle Gewalt dem Bürgermeister!“

„Und der heißt zu allem Überfluss seit gestern Friedrich Kopp“, ergänzte August den Vortrag seines Bruders mit bittersüßem Lächeln. „Ausgerechnet Kopp! Der hat jetzt die totale Macht in seinen Händen. Ein Mensch, der nicht lange fackelt, wenn es um die Partei und die Durchsetzung ihrer Interessen geht!“

Mit dieser Bemerkung spielte August auf die Tatsache an, dass am gestrigen Tag, dem 24. März 1937, auf Vorschlag der NSDAP nun Friedrich Kopp zum Bürgermeister von Kirchardt ernannt worden war. Er löste damit den seit gut zwei Jahren lediglich kommissarisch amtierenden

Berwanger Bürgermeister Friedrich Gebhardt ab, der seit dem 1. Januar 1935 auch das Amt des Kirchardter Bürgermeisters übertragen bekommen hatte. Eine im Grunde genommen unerhörte Tatsache, dass der Bürgermeister des Nachbardorfes Berwangen damals auch die Verwaltungsspitze von Kirchardt übernahm! Aber es war nichts anderes übrig geblieben, nachdem auf dem Rathaus in Kirchardt einige turbulente Wochen ins Land gegangen waren. Wochen, die mit der sofortigen Ablösung des Bürgermeisters Emil Bucher endeten, der doch seinerzeit mit kräftiger Unterstützung der NSDAP den beliebten Vorgänger Martin Bentz aus dem Amt gedrängt hatte. Dass es sich bei Bucher um einen vorgeschobenen Strohmann der Hitler-Partei handelte, war allen rasch klar geworden. Und nicht nur das, Emil Bucher hatte sich zudem als völlig unfähig erwiesen. Aus diesem Grund war er von der Kreisverwaltung nach nicht einmal anderthalb Jahren im Amt für abgesetzt erklärt worden – so dass die Verwaltung von Kirchardt übergangsweise eben in die Hände von Bürgermeister Gebhardt aus Berwangen gelegt worden war. Bis zum 24. März 1937. Dem Tag der feierlichen Neueinsetzung eines eigenen Kirchardter Bürgermeisters. Und bei diesem handelte es sich eben um Friedrich Kopp, den Hengsthalter und sogenannten „starken Mann“ des Dorfes, bei dem dank seiner tiefen Verwurzelung in der NSDAP seit Jahren schon die Fäden der Macht zusammenliefen. Zu allem Überfluss war Kopp dank der neuen Verordnung im Hinblick auf das sogenannte „Führerprinzip“ nun auch noch mit wesentlich weitreichenderen Befugnissen ausgestattet, als dies jemals zuvor bei einem Bürgermeister in Kirchardt der Fall gewesen war. Er konnte bei all seinen Anordnungen schalten und walten, wie er wollte, ohne sich vor dem Gemeinderat dafür verantworten zu müssen.

Zur Feier dieser stolzen Tatsache, dass man also nach zwei Jahren endlich wieder über einen „eigenen“ Bürgermeister verfügte, waren die Einwohner am gestrigen Tag angewiesen worden, vor ihren Häusern die Flaggen zu hissen. „Flagge zeigen“, wie es der Amtsbote ausdrückte. Eine Aufforderung, die bei August Voll nicht nur auf heftigen Verdruss, sondern auch auf entschiedenen Widerstand gestoßen war. „Nicht einmal wählen dürfen wir den Bürgermeister, aber die Flaggen aufziehen und seinen Amtsantritt damit gutheißen, das sollen wir dann tun. Dazu sind wir halt doch wieder recht“, hatte August Voll bitter kommentiert und sich beharrlich geweigert, der Anordnung Folge zu leisten.

Zusammen mit seinem Vater und den beiden Brüdern Wilhelm und Heinrich hatte er sich am Nachmittag murrend zur feierlichen Vereidigung des neuen Bürgermeisters begeben, die öffentlich vor dem Kirchardter Rathaus zelebriert wurde. Mit gehörigem Gepränge von Seiten der NSDAP. Sosehr ihn die Zeremonie auch anwiderte, auch August konnte nicht umhin, insgeheim die Perfektion und Konsequenz zu bewundern, mit der die NS-Leute ihre Propaganda betrieben. Bis in die kleinsten Winkel des Deutschen Reiches. „Wissen ist Macht. Denk doch wenigstens daran, wenn es dir ansonsten auch beinahe den Magen umdreht. Du weißt dann immerhin, wer zu den eifrigsten Parteibonzen gehört und wer sich ihnen neuerdings auch anbiedert. Das sieht man ja bei solchen Gelegenheiten auf einen Blick!“ Eine interessante Erfahrung stellte dieser Anblick zweifelsohne dar. Insofern hatte seine Ehefrau Emilie recht behalten, die ihn mit allem Nachdruck gebeten hatte, dieser Feier nicht fernzubleiben, sondern sich in Gesellschaft der übrigen Volls zum Rathaus zu begeben. Denn auch Emilie drückten seit dem vorgestrigen Abend die Sorgen wieder wesentlich stärker als in den Monaten zuvor. Erschreckt hatte sie Augusts Weigerung zur Kenntnis genommen, unter gar keinen Umständen eine Fahne hissen zu wollen, so wie dies doch von der NSDAP verlangt worden war. Dabei war es noch nicht einmal diese Verweigerungshaltung als solche gewesen, die Emilie so sehr beunruhigt hatte, sondern vielmehr die Art und Weise, in der sich August seiner Frau präsentierte. Mit zorngerötetem Gesicht und einem wild entschlossenen Ausdruck in den Augen. Nein, bitte: Es durfte nicht wieder von vorne losgehen. Nicht jetzt. Nachdem so viele Wochen verstrichen waren, in denen es den Anschein gehabt hatte, dass ihr August seine Lektion verstanden habe. Dass er begriffen zu haben schien, allein gegen solch eine gewaltige Übermacht nicht das Geringste ausrichten zu können. Lange genug hatte es gedauert. Doch selbst Emilies Vater, der Glaser Ebert, der dem Schwiegersohn spätestens seit der in seinen Augen peinlichen Prügelei im „Hirsch" mit erheblicher Skepsis begegnete, hatte sich erst kürzlich seiner Tochter gegenüber dahingehend geäußert, dass der August allem Anschein nach wirklich „zur Vernunft gekommen sei", wie er sich ausdrückte. Höchste Zeit sei es ja gewesen, hatte er brummend noch hinzugefügt. Auch angesichts ihrer fortgeschrittenen Schwangerschaft, im Juni sollte das zweite Kind zur Welt kommen, stand ihr der Sinn erst recht nicht nach Unruhe, Streit und Sorgen. Das Kind sollte in Frieden zur Welt kommen. Der Sohn, den sich August doch so sehnsüchtig wünschte. Der eines Tages die Nachfolge seines Vaters antreten und die Flaschnerwerkstatt übernehmen würde. Allein im Interesse des ungeborenen Kindes war es folglich angebracht, Ruhe zu bewahren. Wenngleich auch murrend – August schien ihre Argumente dennoch verstanden zu haben, und so atmete Emilie erleichtert auf, als sie ihrem Mann hinterherblickte, wie er in Begleitung seiner Brüder und des Vaters die Vorstadtstraße hinunter dem Rathaus zustrebte, wo in Kürze die öffentliche Vereidigung von Friedrich Kopp zum Bürgermeister von Kirchardt stattfinden würde.

Allein der Anblick des neuen Bürgermeisters jedoch sorgte bei August Voll für heftiges Magendrücken. Wie sich der Hengsthalter der gut und gerne dreihundert Köpfe zählenden Menge präsentierte! Wie er mit stolz emporgerecktem Kinn auf der Treppe zwischen den Säulen des großen Rathausportals stand. Natürlich bekleidet mit der braunen Uniform der NSDAP, samt der roten Binde mit dem Hakenkreuz am Oberarm. Und, nicht zu vergessen, die sündhaft teure Amtskette mit dem darangeschmiedeten Hakenkreuz um die Brust, die sein unglückseliger Vorvorgänger Emil Bucher auf Gemeindekosten hatte anschaffen lassen.

Um das schier unerträgliche Bild der Überheblichkeit zu komplettieren, steckte eine dicke Zigarre in seinem Mundwinkel, die Kopp lediglich während des formalen Aktes seines Diensteides aus dem Mund nahm. Der Diensteid, den er auf Adolf Hitler schwor und dem er am Ende grinsend noch hinzusetzte „Auf unseren Ehrenbürger, den Reichskanzler“.

Angewidert wandte August sich ab: „Das ist ja unerträglich!“

„Psst! Sei leise! Ich bitte dich!“ Erschrocken legte sein Vater den Zeigefinger an die Lippen und bedachte seinen jüngsten Sohn mit einem warnenden Blick. Im selben Augenblick spürte dieser, wie sich eine Hand mit festem Griff um seine Schulter klammerte. Verwirrt fuhr er herum und blickte in die vorwurfsvolle Miene von Adam Ebert, seinem Schwiegervater. „Denk doch wenigstens an deine Familie, wenn du selbst nicht in der Lage bist, dich wenigstens ein bisschen zusammenzureißen!“, zischte der Glaser ungehalten. „Zumindest für deine Frau, deine kleine Ella und für das ungeborene Kind wirst du dich doch einmal im Leben zügeln können. Das mit dem verweigerten Flaggengruß ist schon schlimm genug. Mach es nicht noch schlimmer!“ Er machte einen Schritt auf August zu und senkte die Stimme zu einem kaum hörbaren Flüstern. „Und falls du es noch nicht mitbekommen hast, dann sage ich es dir jetzt: Die Gestapo ist im Dorf und erkundigt sich, wie es heißt, nach renitenten Bauernschädeln. Da kommt denen so einer wie du natürlich gerade recht. Glaube bloß nicht, dass die das nicht ganz genau zur Kenntnis genommen haben, was du dir wieder geleistet hast.“

*

Dies alles war natürlich auch Wilhelm Voll nicht verborgen geblieben, und so hatte er es am heutigen Morgen für angeraten gehalten, sich einmal nach der Befindlichkeit seines jüngeren Bruders zu erkundigen. Nicht, dass dem August doch noch die Nerven durchgingen und er die offene Konfrontation mit den verhassten Nationalsozialisten suchte. Was ihm schlecht bekommen würde. Zumal in diesen Zeiten. Falls es stimmte, was der Glaser behauptet hatte, dass jetzt schon die geheime Staatspolizei die Runde im Dorf machte, um sich von jedem Kirchardter ein Bild zu machen. Und um gegebenenfalls eine Akte anzulegen – falls es sich um einen der wenigen renitenten Zeitgenossen handeln sollte, die sich noch trauten, ab und an eine andere Meinung als die der NSDAP zu vertreten. Und dazu den Mut hatten, dies auch öffentlich so zu äußern. Man musste auf der Hut sein in diesen Zeiten. Auch ein Mann wie Wilhelm Voll, von dem im Dorf bekannt war, dass er in früheren Jahren mit den Sozialdemokraten sympathisiert hatte – wenn nicht gar mit den Kommunisten. Allein solch ein Gerücht konnte einen unversehens ins Gefängnis bringen – umso wichtiger folglich, sich zu ducken und keinerlei Angriffsfläche mehr zu bieten. Schon im Interesse der Familie. Eine Haltung, die sich hoffentlich auch der impulsive August zu eigen machte, gerade vor dem Hintergrund der baldigen Niederkunft seiner Ehefrau Emilie. Zu Wilhelms grenzenloser Erleichterung schien August den gestrigen Tag erstaunlich gut verarbeitet zu haben. Zumindest rein äußerlich machte er einen ruhigen Eindruck. Gut so. Selbst wenn das Temperament auch manchmal noch mit ihm durchzugehen drohte, alles in allem durfte man dennoch feststellen, dass der August im Verlauf der vergangenen Jahre etwas ruhiger geworden war. Die Familie, die Werkstatt, die weiteren Ausbauarbeiten am Haus, es gab ja auch genug zu tun, was August glücklicherweise vom Politisieren abhielt. Erst recht die Geburt des Kindes, auf das er sich doch so sehr freute. Erfüllt von dem guten Gefühl, dass sich die Dinge also ganz offenbar im Lot befanden, verabschiedete sich Wilhelm voller Erleichterung von seinem jüngeren Bruder, um nun zuhause in der eigenen kleinen Landwirtschaft nach dem Rechten zu sehen.

*

Der 18. Juni 1937 wurde zum Feiertag in der Familie des Flaschnermeisters August Voll. Der Tag, am dem seine Frau Emilie einem gesunden, munteren Kind das Leben schenkte. Einem Sohn! Dem der Name Willi Karl Voll gegeben wurde. Einen tüchtigen Handwerker würde er aus seinem Buben machen, einen Nachfolger in der Flaschnerwerkstatt, auf den er eines Tages voller Stolz und Freude blicken würde. Das verkündete der überglückliche August wieder und wieder. Auch noch am nächsten Tag, als Heinrich, sein zweitältester Bruder, im Haus in der Vorstadtstraße hereinschaute, um der Familie zur Geburt des Stammhalters herzlich zu gratulieren. Und auch, um mit Zufriedenheit zur Kenntnis zu nehmen, dass es sich bei dem Neugeborenen um einen „echten Voll“ handele, das sehe man schon auf den ersten Blick. „Ein reinrassiger Voll!“, wie Heinrich lächelnd noch hinzusetzte. „Ein echter Arier. Da kann nicht einmal einer von der braunen Truppe etwas dagegen sagen. Der Stammbaum stimmt – bis in die hinterste Generation.“

„Vielleicht sogar mehr als bei manchem, der das mit dem Arier-Nachweis ernst nimmt. Ich habe da schon einiges gehört von ganz und gar überzeugten Parteimitgliedern, die plötzlich schamrot angelaufen sind, als sie in der dritten oder vierten Generation einen Ahnen entdeckt haben, der irgendwie nicht so richtig in ihr Rassenideal hineinpasst", nickte August, während ein amüsiertes Grinsen um seine Mundwinkel spielte. Am heutigen Tag konnte ihm niemand die Laune verderben. Weshalb auch? Und wenn es sein musste, dann konnte er ihnen auch mit Freuden den Nachweis liefern, welch reines Blut in den Adern seines Sohnes pulsierte. Wenn es denn unbedingt sein musste.

„Ach, übrigens: Wenn wir schon beim Thema sind", setzte Heinrich die Unterhaltung der beiden Brüder fort. „Hast du schon gehört, was unser Bauernführer angekündigt hat?"

„Um Gottes willen! Das wird wieder eine schöne Heldentat sein, oder?", zuckte August ahnungslos mit den Achseln.

„Allerdings. Er hat sämtliche Weinbergsbesitzer von Kirchardt dazu aufgefordert, endlich alle sogenannten ‚nicht arischen Reben' zu entfernen. Und zwar so rasch wie möglich. Er lasse auch gar nicht darüber mit sich reden. Es handele sich um eine amtliche Anordnung und es sei seine Pflicht als Bauernführer, diese durchzuführen. Im Interesse unseres Volkes!"

„Im Interesse unseres Volkes! Was soll das denn nun wieder heißen? Was meint er überhaupt damit?"

„Die Amerikanerreben und die Franzosen. Die will er weghaben. Die passen halt nicht zur arischen Rasse, meint er. Weil es eben Amerikaner oder Franzosen sind. Vom Ursprung her, verstehst du?"

„Überhaupt nichts verstehe ich", schüttelte August ungläubig den Kopf. „Die sind doch seit Jahr und Tag bei uns angebaut worden, ohne dass es jemand geschadet hat.

Ganz im Gegenteil sogar. Wenn wir die jetzt alle roden, dann haben wir bald gar keinen Wein mehr in Kirchardt."

„Besser keinen Wein als nichtarischen Wein. Doch, so denken sie tatsächlich", setzte Heinrich noch hinzu und tippte sich vielsagend mit dem Zeigefinger an die Stirn. „Er wird es auch auf alle Fälle kontrollieren lassen. Wer seiner Anordnung zuwiderhandelt, muss mit einer ordentlichen Geldbuße rechnen."

„Du meine Güte, was für ein Blödsinn! Das ist ja geradezu ein Verbrechen. Allein wenn ich an unsere Weinstöcke denke. Wie schön die da stehen. Und gerade wo das Wetter bei der Weinblüte in diesem Jahr doch so ideal gewesen ist. Da kann man die Reben doch jetzt nicht heraushauen. Das ist ja eine Sünde!"

Tatsächlich war schon im vergangenen Jahr von behördlicher Seite aus angeordnet worden, die sogenannten Amerikanerreben in den Weinbergen zu roden und durch europäische Rebsorten zu ersetzen. Eine Weisung, die der Bauernführer freilich erst in diesem Jahr bekannt gegeben hatte. Aus gutem Grund, denn er wusste um die Widerstände, die diese Anordnung hervorrufen würde. Und so war es auch gekommen. Nur wenige der Kirchardter Bauern zeigten sich zunächst bereit, ihre völlig gesunden Weinstöcke zu roden.

„Das mit der Sünde, das haben die anderen auch gesagt. Aber du kennst sie ja: Erst war die Empörung riesig, dann haben sie klein beigegeben. Sie werden also ihre Reben herausreißen, wenngleich widerwillig. Aber das spielt ja dann keine Rolle mehr: vernichtet ist vernichtet. Es wird Jahre dauern, bis wir dann wieder so weit sind, mit unserem Weinbau. Der einzige Trost, der bleibt, das ist, dass der Bauernführer zugestanden hat, diesen Herbst noch ernten zu dürfen. Also immerhin darf in diesem Jahr noch eine Lese stattfinden."

August, dem an diesem glückseligen Tag nach der Geburt seines Sohnes keine noch so merkwürdige Nachricht die Laune verderben konnte, lachte laut auf. „So ein Blödsinn. Das ergibt ja natürlich erst recht keinen Sinn: denn entweder ist es eine Notwendigkeit, dass die Weinstöcke weg müssen, oder nicht. Aber dann noch in Kauf zu nehmen, dass wir ein weiteres Jahr sozusagen nicht arischen Wein trinken, das verstehe, wer will. Ich auf alle Fälle nicht!"

In einer hilflosen Geste hob Heinrich die Hände. „Ich verstehe es genauso wenig. Es zeigt mir nur eines: Sie werden immer blöder. Aber es passt genau ins Bild von dem ganzen Rassenwahn. Denk doch nur an die Nachricht in diesem Jahr, als der Tod von Erich Haal bekannt geworden ist."

„O Gott! Du hast recht!" In gespielter Verzweiflung rollte August mit den Augen. Erich Haal, der aus Kirchardt stammende Chefpilot der Junkers Flugzeugwerke. Der später als Pilot bei der Regierung von Persien in hohen Ehren gestanden hatte. Haal war in diesem Jahr bei einem tragischen Unglücksfall ums Leben gekommen. Die Junkers Flugzeugwerke hatten sich kurz nach der Beerdigung des geradezu legendären Piloten in Kirchardt erkundigt, ob Erich Haal eventuell jüdischer Abstammung gewesen sei, da die Stadt Magdeburg eine Straße nach ihm benennen wolle. In solch einem bedauerlichen Fall aber würde Magdeburg selbstverständlich von einer ehrenden Erinnerung an Haal absehen müssen. Allein der Inhalt dieser Anfrage hatte auf dem Kirchardter Rathaus für gewaltige Turbulenzen gesorgt. „Der berühmte deutsche Chefpilot Erich Haal – womöglich ein Jude?!" Die Brüder lachten aus vollem Hals, während sie sich voller Vergnügen daran erinnerten, wie der Bürgermeister aufgrund der Frage gewaltig in Rage geraten war. Mit zornroter Miene war er aus seinem Dienstzimmer gestürmt und hatte dem erschrockenen Ratsschreiber den strengen Befehl entgegengebrüllt, sofort einen Protestbrief aufzusetzen und den hochnäsigen Herrschaften in Magdeburg mit messerscharfen Worten zu verdeutlichen, dass sie mit dieser unverschämten Anfrage bei Bürgermeister Friedrich Kopp an den Rechten geraten waren! „Das ist ja unglaublich! Wofür halten die uns denn eigentlich? Der berühmteste Sohn von Kirchardt – ein Jude! Das lasse ich nicht auf mir sitzen! Ich werde die Verantwortlichen zur Rechenschaft ziehen!“ So gesehen hatte die Anfrage, die in jenen Zeiten freilich längst zur alltäglichen Routine geworden war, ein heftiges Strohfeuer entfacht, das aber nach wenigen Tagen von der NSDAP-Kreisleitung wieder erstickt worden war. Die Stadtväter in Magdeburg seien mit der Anfrage nur ihrer Pflicht und Schuldigkeit nachgekommen, wurde der erzürnte Friedrich Kopp belehrt. Und so blieb dem Bürgermeister nichts anderes übrig, als die ordnungsgemäß eingegangene Frage genauso ordnungsgemäß zu beantworten. Selbstverständlich handele es sich um einen Mann rein arischer Abstammung, ließ Kopp nach Magdeburg ausrichten. Auch wenn in seinem Hinterkopf nur allzu genau die Gewissheit rumorte, dass es in Kirchardt Gerüchte gab, die anderes zu wissen glaubten. Gerüchte, die niemals verstummen mochten. Umso eindeutiger musste die Antwort ausfallen. Sei es, wie es wolle ...

Aber vielleicht hatte es mit Aufregungen dieser Art auch etwas Gutes: Ob Haal oder die Amerikanerreben – irgendwann musste doch auch dem radikalsten Nationalsozialisten dämmern, auf welchen Holzweg man sich mit diesem ganzen Rassenwahnsinn begeben hatte. Wie man sich damit mehr und mehr in eine Sackgasse hineinmanövrierte. Das mussten sie doch begreifen. Hoffentlich schon bald.

*

Das Gegenteil war der Fall. Spätestens Anfang November dieses Jahres 1937. Gerade eben war August nach Hause gekommen und schilderte seiner Ehefrau, was er vor einer guten halben Stunde hatte erleben müssen. „Erst habe ich gemeint, ich hätte wegen der Dämmerung vielleicht meinen Augen nicht trauen können. Aber von wegen!“ Er schüttelte den Kopf und musterte Emilie, die den kleinen Willi in ihren Armen hielt, mit einem fassungslosen Blick. „Das war tatsächlich der Alfred, der da in seinem Weinberg gestanden hat und mühsam dabei war, alle seine Reben herauszuhacken. Alle! Keinen einzigen Rebstock hat er übrig gelassen, dieser Dummkopf. Er habe nur noch die Lese abgewartet, die er vor zwei Wochen beendet hat. Und jetzt sei er ans Werk gegangen. Insofern sicherlich schade um die Rebstöcke, als es in diesem Jahr einen ganz guten Wein gegeben hat. Sagt der doch tatsächlich noch dazu! Und dass es ihm natürlich schon auch um die Amerikaner leidtäte, denn die hätten außerdem auch immer so viel Menge ausgegeben. Aber was solle man tun? Befehl sei schließlich Befehl!“

Wieder schüttelte August seinen Kopf. „Emilie. Wie kann man nur so verblendet sein. Sag mir, was in diesen Leuten vorgeht. Bloß weil da so ein Fanatiker von arischen und nicht arischen Reben daherfaselt. Nur weil diese Rebstöcke irgendwann einmal aus Amerika zu uns gebracht worden sind. Und mit den Franzosenreben passiert genau dasselbe! Es ist unglaublich! Bald haben wir gar keine Weinberge mehr, wenn das so weitergeht. Und dann pflanzen sie neue Reben, die man dafür alle wieder spritzen muss: Aber Hauptsache, das sind dann angeblich arische Reben.“

Von den Großeltern waren die ersten weißen Amerikanerreben gegen Ende des letzten Jahrhunderts gesetzt worden, als letzte Rettung in jenen schlimmen Zeiten der verheerenden Reblaus- und Pilzplagen, die damals den Weinbau in ganz Europa epidemieartig heimgesucht hatten.

Ungefähr zur selben Zeit war dann neben den vorwiegend weißen Amerikanerreben auch noch eine besonders gehaltvolle rote Weinsorte im Kraichgau kultiviert worden: die sogenannte Franzosenrebe. Die war von den überlebenden Soldaten aus dem im Nachhinein so überzogen glorifizierten Frankreichfeldzug von 1870/71 als Steckling mitgebracht und zunächst versuchsweise in die Weingärten gesteckt worden. Sie ergab einen ganz hervorragend schmeckenden dichten Rotwein, den man für die Kirchardter Kehlen jedoch unbedingt mit Wasser verdünnen musste, um ihn am Abend beim Nachtessen trinken zu können. Eine willkommene Abwechslung zu den weißen Amerikanerreben und erst recht zu den weitaus weniger beliebten „roten Amerikanern“, die vereinzelt dennoch in den Gärten zu finden waren.

Gleichwohl handelte es sich auch bei der Franzosenrebe um einen Weinstock, der nachweislich nicht im Land zwischen Maas und Memel beheimatet war. Also sozusagen nicht arischen Ursprungs war.

August Voll tippte sich mit dem Zeigefinger vielsagend an die Stirn. „Arische Reben! Dass ich nicht lache! Also, wenn das die Überlegenheit unserer Rasse ist, dann weiß ich auch nicht.“

Emilie zuckte verständnislos mit den Schultern. „Als wenn wir im Land keine anderen Sorgen hätten als so etwas. Aber egal. So viel Wein trinkst du doch zum Glück gar nicht. Das braucht dich also nicht weiter zu kümmern. Dann trinkst du eben wieder mehr Most, nicht wahr? Der Birnenmost von meinem Vater ist ja wirklich nicht zu verachten.“

„Absolut nicht. Das stimmt schon. Aber es ist dennoch eine Sünde, diese schönen Rebstöcke einfach zu vernichten. Und wenn ich daran denke, wie lange es dauert, bis die neuen Rebstöcke wieder Wein geben! Das dauert drei Jahre – mindestens. Alles zerstört. Es ist unglaublich! Dabei frage ich mich ja wirklich, was hier eigentlich ‚arische Reben‘ heißt. Schließlich überleben die, die man jetzt anbauen, soll doch nur, weil man sie auf eine amerikanische

Unterlage gesteckt hat. So schwächlich sind also unsere arischen Wurzeln. Aber das verschweigen die Herrschaften natürlich lieber und faseln etwas von Rassereinheit und so daher ..."

Die kleine Frau beschrieb eine wegwerfende Handbewegung. „Ach, August. Was geht dich das alles an? Lass sie doch einfach machen und kümmere dich um deine eigenen Angelegenheiten. Zum Beispiel wäre es schön, wenn du der Ella jetzt endlich einmal den Schlitten bestellen würdest, den du ihr auf Weihnachten versprochen hast. Da wird es allmählich höchste Zeit. Sonst ist Weihnachten auf einmal da und wir haben immer noch keinen Schlitten."

„Dann nehmen wir halt den alten Schlitten von mir." Ärgerlich kniff August die Augenbrauen zusammen. „Der tut es zur Not auch noch einmal. So groß ist die Ella ja schließlich noch nicht. Und mit den nicht arischen Rebstöcken hat das im Übrigen nicht das Geringste zu tun," setzte er verdrießlich noch hinzu. War das wirklich notwendig gewesen? Musste ihn Emilie wieder einmal in diesem schulmeisterlichen Ton an seine Pflicht und Schuldigkeit der Familie gegenüber erinnern? Als habe er es jemals an Fürsorge mangeln lassen! Sicherlich steckte wieder der alte Ebert hinter dieser Attacke, dem der Mann seiner Tochter als Schwiegersohn ja noch niemals gut genug gewesen war! „Meine Meinung werde ich ja wohl noch sagen dürfen. Wenigstens in der eigenen Familie!"

„Aber du musst dich doch nicht in alles und jedes hineinmischen!" Auch Emilie schien nicht im Geringsten bereit, nachzugeben. Wie sie so vor ihm stand: die Hände in die Hüften gestemmt, die Stirn in vorwurfsvolle Falten gelegt. Und dazu noch dieser anklagende Ausdruck in ihren Augen! „Kannst du denn nicht einfach nur deine Arbeit machen? Ein Flaschner ist ein Flaschner und kein Reichspräsident!" „Also jetzt ist es aber allmählich genug! Ich bin ein Bürger dieses Landes. Und es ist mein Recht als erwachsener Mensch zu sagen, was ich denke. Und es ist auch meine Pflicht, mir Sorgen zu machen, wenn ich sehe, dass die Dinge in die falsche Richtung laufen. Was in unserem Land ja weiß Gott der Fall ist. Eben auch im Hinblick auf diesen Schwachsinn mit den nicht arischen Reben! Der ganze Rassenwahn. Das ist furchtbar! Ganz üble Propaganda! Wie kann man nur auf so etwas hereinfallen?"

Emilie maß ihren Ehemann mit einem zornigen Blick. „August! Es reicht jetzt! Du steigerst dich da immer maßlos in eine Sache hinein, aus der du dann hinterher nicht mehr herauskommst. Sei doch endlich still jetzt!"

„Ich denke gar nicht daran!"

„Diese ewige Besserwisserei! Du wirst uns noch alle ins Verderben bringen damit!"

August meinte, sich verhört zu haben. „Aber – das ist ja ... Wer sagt denn so etwas? Hast du diesen Spruch von meinem lieben Bruder Jakob, oder wie? Das wäre ja typisch!"

„Nein, von wegen! Dazu brauche ich deinen Bruder nicht!" Die dunkelhaarige junge Frau schüttelte heftig ihren Kopf. „Auch mein Vater sagt es immer wieder, dass du doch endlich nur einmal ruhig sein sollst! Dass du zur Vernunft kommen sollst. Dass du ein bisschen mehr auch an uns denken sollst!"

Der Glaser! Er hätte es sich denken können, wer seine Frau dermaßen gegen ihn aufgewiegelt hatte. „Mehr an euch denken soll ich. Aber genau das tue ich ja beständig. Eben aus diesem Grund möchte ich meinen Mund nicht halten. So wie das beinahe alle anderen tun. Nein, man darf nicht schweigen! Man darf den Braunen das Feld doch nicht ganz und gar überlassen. Das wird zu keinem guten Ende führen! Denk doch nur einmal an die Zukunft unserer Kinder." Mit dem Zeigefinger deutete er auf seinen mittlerweile knapp fünf Monate alten Sohn, den Emilie noch immer fest in ihren Armen hielt. „Was um alles in der Welt soll denn nur aus Ella und Willi werden, wenn das so weitergeht. Glaube mir, es wird zum Krieg kommen. Sie haben die Lunte längst in der Hand. Sie werden die ganze Welt in Flammen setzen, wenn man ihnen nicht Einhalt gebietet. Eben für die Zukunft unserer Kinder!"

„Und du willst also dafür sorgen, dass es nicht so weit kommt! Der Flaschnermeister August Voll aus Kirchardt bei Sinsheim! August! Das kann doch nicht dein Ernst sein! Komm endlich zu dir!" Abrupt wandte Emilie sich um und stürmte in die Küche, deren Tür sie mit einem vernehmlichen Knall hinter sich ins Schloss fallen ließ.

Während der beiden folgenden Tage wurde zwischen den beiden Eheleuten kein einziger Satz gesprochen. Sie zogen es vor, sich möglichst aus dem Weg zu gehen und selbst bei den gemeinsamen Mahlzeiten besser zu schweigen. Um den Graben nicht weiter zu vertiefen, der sich zwischen ihnen so unvermittelt aufgetan hatte.

In der Nacht zuvor hatte es leicht geschneit. Kein Wunder, das war um diese Jahreszeit, Mitte November 1937, zu erwarten gewesen. Doch die Zuckerrübenernte machte es natürlich nicht einfacher. Ganz im Gegenteil. Auf dem Feld herrschte an diesem Morgen eine feuchte, unangenehme Kälte, die sich den Leuten durch Mark und Bein fraß. Egal, mit wie vielen Kleidungsstücken sie sich auch bedeckt hatten. Allzu viele durften es auch wieder nicht sein, die hinderten nämlich nur bei der Arbeit und brachten einen zudem ins Schwitzen. Dann aber brauchte bloß noch ein leichter Luftzug zu kommen und man hatte sich eine schwere Bronchitis eingefangen, die man den ganzen Winter über nicht mehr richtig losbekommen würde. Nein, es handelte sich um keine Arbeit, auf die man sich freuen konnte. Zumal sie in diesem Jahr so spät erst mit der Ernte begonnen hatten. Auch die junge Hausfrau Emilie Voll war schon kurz nach Einsetzen der Dämmerung mit ihrer dreieinhalbjährigen Tochter Ella auf das Feld gekommen, um den Bauern bei der Ernte zu helfen. So, wie dies in einem Aufruf an die Kirchardter Volksgenossen von ihnen verlangt worden war. Den kleinen Willi hatte sie bei der Großmutter Wilhelmine zurückgelassen, denn ein Kind in seinem Alter konnte bei Temperaturen um den Gefrierpunkt auf gar keinen Fall dabei sein. Das war schon bei Ella so eine Sache. Sie solle nur ja nicht einfach so dastehen und den anderen bei der Arbeit zusehen, hatte sie ihre Tochter eindringlich ermahnt. Man müsse immer in Bewegung bleiben, andernfalls wäre sie bald schon durchgefroren bis auf die Knochen. Ach, es war wirklich eine schwere Arbeit mit den Zuckerrüben. Furchtbar schmutzig noch dazu. Eine Arbeit, die Emilie noch nie gerne verrichtet hatte. Zumindest waren die einzelnen Tätigkeiten gut organisiert worden. Die stärksten Männer hatten die Aufgabe übernommen, die Zuckerrüben ächzend und manchmal auch fluchend aus dem Boden herauszuziehen. Die etwas schmächtigeren von ihnen hackten das Kraut ab, während die Rüben dann von den Frauen auf den am Feldrand abgestellten Wagen geladen wurden.

„Was macht der böse Mann denn da?“ Unvermittelt zupfte die kleine Ella ihre Mutter am Ärmel, während sie mit dem weit ausgestreckten anderen Arm über das Feld auf einen dunkel gekleideten Mann deutete, der emsig damit beschäftigt war, das Kraut von den Rüben zu trennen. Bei dem Mann handelte es sich um niemand anders als um Friedrich Kopp, den sogenannten Hengsthalter und amtierenden Bürgermeister von Kirchardt.

„Wieso schaut der denn so böse drein“, stellte sie ihre Frage gleich noch einmal laut und vernehmlich. Auf Kinderart eben. So laut, dass auch Kopp die Frage hatte verstehen können.

Der Hengsthalter sah auf und ließ ein kurzes, trockenes Lachen hören, während er die Arbeit kurz unterbrach und sich an den hölzernen Stiel der Hacke lehnte . „Das siehst du doch: Ich hacke denen allen die Köpfe ab!“ Er machte einen Schritt auf das ängstlich zurückweichende

Mädchen zu und fixierte die beiden scharf. „Die Köpfe hacke ich denen ab“, wiederholte er mit rauer Stimme. „Genau so werden auch die Köpfe von allen unseren Gegnern bald fallen. Jawohl! Das kannst du deinem Vater ruhig ausrichten, was du da gerade gehört hast“, setzt er noch hinzu. Um sich dann der erschrockenen Emilie zuzuwenden, die auf eine solche Reaktion nie und nimmer gefasst gewesen war. „Und das, was dein August sich da kürzlich mit mir geleistet hat, diese Geschichte mit dem Wein da, das wird auch noch ein Nachspiel haben. Glaube mir! Die Zeit wird kommen ... Ich habe ein langes Gedächtnis!“ Der Hengsthalter packte die Hacke mit festem Griff und stieß sie drohend in die Luft. Dann wandte er sich um und fuhr mit seiner Arbeit fort, ohne sich weiter um die junge Frau zu kümmern, die ihre Tochter mit zitternden Händen umklammerte.

Emilie spürte, wie der kalte Schweiß über ihren Nacken rann. Zu dem fassungslosen Entsetzen gesellte sich dieses Gefühl der körperlichen Schwäche, das sie seit der Geburt ihres Sohnes immer noch nicht völlig hatte überwinden können. Kein Wunder, das Kind war ja erst Mitte Juni zur Welt gekommen und gleich nach der Niederkunft hatte sie den Haushalt des Vaters weiter versorgt. War auf das Feld gegangen zum Rübenhacken, dann zur Getreideernte, zur Kartoffelernte. Dies alles, ohne sich eine Ruhepause zu gönnen, so wie es ihr der Arzt doch dringend ans Herz gelegt hatte. Aber das bisschen Geld oder auch nur die Naturalien in Form der Kartoffeln, Erbsen oder Bohnen, die sie für ihre Arbeit von den Bauern bekommen hatte, konnte die Familie gut gebrauchen. Denn der Hausbau hatte all ihre bescheidenen Ersparnisse gekostet – und noch immer war viel am Haus und an der Werkstatt zu tun. In der Tat: Sie hatte sich schon besser gefühlt in ihrem Leben. Körperlich und seelisch. Die ständige Sorge um August, den die Politik einfach nicht ruhen ließ, zerrte an ihren Nerven. Ganz gewaltig sogar.

Dazu das beständige Murren ihres Vaters, wenn er seinem Schwiegersohn wieder einmal zu verstehen gab, dass er dessen beständige Widerborstigkeiten als völlig sinnlos erachtete. Als ob es nichts Wichtigeres gäbe. Dass man als kleiner Handwerker in politischen Auseinandersetzungen nämlich von vornherein auf verlorenem Posten stünde und dass sich der August gefälligst besser um das Wohlergehen seiner Familie zu kümmern habe.

Doch mit dem ansonsten fleißigen und immer zuvorkommenden August war in dieser Hinsicht nicht zu reden. Sobald sich die Gespräche um Politik zu drehen begannen, schien ihr Mann schlagartig wie verwandelt. Natürlich war Emilie ganz genau darüber im Bilde, worauf der Hengsthalter gerade eben so bitterböse verwiesen hatte.

„Komm, wir gehen heim. Du frierst ja." Rasch entschlossen, fasste sie Ella an der Hand und verließ mit ihrer Tochter das Feld, ohne sich um die anderen zu kümmern, die ihr verwundert hinterhersahen. Nur die wenigsten von ihnen hatten mitbekommen, was der Inhalt der scharfen Zurechtweisung des Hengsthalters gewesen war. Glücklicherweise war es nicht an alle Ohren gedrungen. Nur bloß keine weiteren Diskussionen jetzt. Nur fort von hier. „Außerdem ist es auch Zeit für mich: Ich muss deinen kleinen Bruder wieder stillen. Höchste Zeit sogar, dass der Willi wieder was zu essen bekommt." Mit eiligen Schritten strebten die beiden dem Dorf entgegen, das sie doch erst vor einer guten Stunde verlassen hatten. Wie messerscharfe Pfeile vermeinte Emilie, in ihrem Rücken die stechenden Blicke zu verspüren, mit denen der Hengsthalter ihnen hinterherblickte. Vielleicht tat er dies nicht einmal. Vielleicht bildete sie sich das alles auch nur ein. Aber umdrehen würde sie sich auf gar keinen Fall. Nur weg von hier – so rasch wie möglich.

Der Auslöser für diese wahrhaft fürchterliche Szene, als die sie Emilie an jenem Morgen empfunden hatte, lag erst zwei Tage zurück. August! Wieder einmal hatte es

August Voll nicht lassen können. Wieder war er heftig mit Friedrich Kopp aneinandergeraten. Ein Vorfall, der im Nachhinein für eine neuerliche scharfe Auseinandersetzung zwischen den Eheleuten gesorgt hatte. Die in Emilies verzweifelten Ausruf gipfelte, weshalb ihr Mann denn um alles in der Welt keine Ruhe geben könne? „Ruhe habe ich später auf dem Friedhof noch mehr als genug", hatte August seiner Frau darauf grimmig ins Gesicht geschleudert. „Ich lebe aber jetzt – und ich möchte auch, dass meine Kinder als selbstständig denkende Menschen aufwachsen können und nicht als Marionetten dieser verrückt gewordenen Deutschtümler und Rassehengste!"

Wenige Stunden zuvor war August Voll mit einer Flasche Rotwein auf dem Rathaus erschienen. Obwohl er zum Ärger des Hengsthalters auch dieses Mal beim Betreten des Dienstzimmers den obligatorischen Hitlergruß unterlassen hatte, ließ das versöhnlich wirkende Lächeln im Gesicht des Flaschnermeisters den Bürgermeister von einer scharfen Zurechtweisung des jungen Voll ausnahmsweise absehen. „Was führt dich zu mir?" Er verschränkte seine Arme vor der Brust und musterte den Handwerker mit kaum verhohlener Neugierde. Wie sollte man sich auch erklären, weshalb dieser Voll, der doch bekanntermaßen zu den hartnäckigsten Widersachern der großen Bewegung gezählt werden musste, jetzt plötzlich lächelnd mit einer Flasche Wein in der Hand hier bei ihm auftauchte? Einer Weinflasche, die er offenbar dem Bürgermeister zu überreichen gedachte. Merkwürdig! War der August zur Vernunft gekommen? Hatte der Einfluss seines älteren Bruders Jakob endlich etwas Gutes bewirkt? Immerhin durfte man den Weltkriegshelden Jakob Voll zu den eifrigsten Parteigängern der NSDAP zählen – und dies schon seit vielen Jahren, nicht erst jetzt, wo mittlerweile beinahe jeder in das warme Nest der Partei strömte. Was dem Jakob nicht hoch genug angerechnet werden konnte, denn schließlich entstammte er einer Familie, die mit zu den übelsten Anhängern der Sozialdemokratie gezählt werden musste, die dem Hengsthalter in Kirchardt bekannt waren.

Vorsichtig stellte August die Flasche auf dem Schreibtisch des amtierenden Bürgermeisters ab, während gleichzeitig ein dennoch irgendwie verdächtig scheinendes Lächeln um seine Mundwinkel zuckte. „Hier, ist für dich“, deutete er mit dem Zeigefinger seiner ausgestreckten Rechten auf das unerwartete Mitbringsel. „Ein kleiner französischer Gruß! Ein Rotwein. Also dann: Santé – oder wie das in Frankreich so heißt!“

Friedrich Kopp, der schon im Begriff gestanden hatte, die Hand nach dem unerwarteten Geschenk auszustrecken, zuckte augenblicklich zurück, als habe ihn eine Schlange gebissen. „Was soll das?“, fauchte er verwirrt.

„Sag ich doch: ein Geschenk für dich“, erwiderte der andere. „Du brauchst übrigens keine Angst zu haben, dass du da etwas vom Erbfeind zu dir nehmen musst. Das ist ein Wein von hier. Aus Kirchardt.“

Der Hengsthalter schüttelte ungehalten seinen Kopf. „Ja was denn jetzt? Willst du mich etwa auf den Arm nehmen? Was soll das heißen: ein Wein von hier und dazu dann dieser blödsinnige Gruß aus Frankreich?“

„Na ja ...“, in August Volls Augen funkelte es schelmisch, während er sich an der verstörten Überraschung des Bürgermeisters genüsslich zu weiden schien. „Es ist ein Roter aus Kirchardt. Ein Rotwein natürlich, um genau zu sein. Ich habe mir sagen lassen, du trinkst so einen Wein doch eigentlich ganz gerne. Seit neuestem aber eher in aller Heimlichkeit natürlich ...“ Absichtlich ließ er das Ende seines Satzes offen stehen.

In Friedrich Kopp begann die Erkenntnis ganz allmählich zu dämmern. „Was willst du damit sagen ...“

„Genau das, was du jetzt denkst“, grinste der junge Mann über beide Backen. „Tja, schade um den guten Wein. Denn wie gesagt: Das ist ein Franzose, auch wenn er in Kirchardt gewachsen ist. Den wirst du also zukünftig genauso wenig trinken können wie den Amerikaner. Weil das ja beides ganz eindeutig keine arischen Reben sind. Und was für den Amerikaner gilt, das wird ja gerade genauso auch dem guten Franzosen zum Verhängnis. Ich habe mir von daher halt gedacht, ich bringe dir noch eine letzte Flasche vorbei. Damit du ihn heimlich wenigstens noch einmal genießen kannst, bevor dann auch die letzten Weinstöcke von dir und deinesgleichen herausgehauen worden sind." Es war eine Augenweide für August Voll zu beobachten, wie sich Kopps Gesichtsfarbe nun mit rapider Geschwindigkeit veränderte: von der ursprünglichen gesunden Bräune eines Kraichgauer Landwirts schlagartig in dunkelstes Zornesrot.

„Was ... was erlaubst du dir, du frecher Hund!", keuchte der Parteifunktionär mit vor Erregung vibrierender Stimme. „Du wagst es, hierherzukommen und freche Reden zu schwingen? Du ... du ..."

„Schade", zuckte August mit den Schultern und stellte nach wie vor eine möglichst unschuldige Miene zur Schau, während um seine Mundwinkel freilich ein verräterisches Lächeln huschte. „Da meint man es gut mit dir und deinesgleichen, und dann so ein Dank. Nun ja, kann man nichts daran ändern: Undank ist der Welt Lohn, das steht schließlich schon in der Bibel." Er tippte sich mit dem Zeigefinger grüßend an die Stirn. „Also dann eben nicht. Ich lasse dir die Flasche aber trotzdem hier, dann kannst du den nicht arischen Volksfeind gleich eigenhändig vernichten. Wie auch immer du das bewerkstelligst. Erschießen, verbrennen, erhängen – irgendwie halt. Adieu und au revoir, wie man beim Franzosen so sagt." Damit wandte er sich um und eilte mit raschen Schritten aus dem Dienstraum des entgeisterten Bürgermeisters.

Es dauerte eine geraume Zeit, bis sich der Mann wieder einigermaßen beruhigt hatte. „Na warte, Bursche", zischte er schließlich leise. „Wer zuletzt lacht, der lacht am besten. Solche Volksschädlinge wie du, die kommen mir gerade recht! Dich werden wir schon noch am Kragen packen – und dann ... dann kannst du um Hilfe winseln, so viel und so lange du willst. Keiner wird es dann mehr wagen, auch nur den kleinen Finger für dich krumm zu machen. Höchste Zeit, unser Land von solchen Elementen zu säubern!“ Er nickte finster, dann beugte er sich energisch nach vorne und nahm den Hörer von der Gabel des schwarzen Telefonapparats auf seinem Schreibtisch. Langsam und bedächtig wählte er die vertrauten Ziffern auf der Wählscheibe des Telefons.

*

Der Winter war glücklicherweise recht ereignislos verstrichen. Sehr zur Erleichterung von Emilie Voll und ihrem immer noch skeptischen Vater, der dem Frieden nicht so richtig trauen mochte. Weder auf der einen noch auf der anderen Seite. Gleichwohl: Es war immerhin ruhig geblieben zwischen den beiden Fronten. Wobei allein schon dieser Frontbegriff doch völlig fehl am Platze war. Möglich, dass der Schwiegersohn endlich begriffen hatte, dass die Übermacht schlichtweg erdrückend war und es somit keinerlei Sinn machte, ganz alleine auf sich gestellt den Helden zu spielen. Ob jedoch die anderen die gezielte Demütigung mit dem Rotwein einfach großzügig „vergessen“ hatten, das schien dem Glaser freilich zweifelhaft. Mit anderen Worten: Es galt, auf der Hut zu sein. Nach wie vor.

Mit diesem Gefühl verließ Adam Ebert das Haus in der Vorstadtstraße auch am Ostermontag 1938 gleich nach dem Abendessen. Am Küchentisch hatte sich das Gespräch um Emilies Begegnung mit der weinenden Frau Bucher gedreht, die es allem Anschein nach nicht verwinden konnte, dass sie vor wenigen Tagen ihren 14-jährigen Sohn Otto zum Bus hatte bringen müssen. Und den sie in diesem Jahr ganz sicher nicht wiedersehen würde. Denn bei Otto Bucher handelte es sich bekanntermaßen um einen intelligenten Burschen, dessen herausragende schulische Leistungen der Lehrer pflichtgemäß an die Kreisleitung der NSDAP nach Sinsheim weitergeleitet hatte. Und auf deren Veranlassung war nun die Einweisung des Knaben an die Fliegerschule nach Wolfsburg erfolgt. Hier würde die kommende Elite des Reiches ausgebildet, hatte man der verzweifelten Mutter erklärt. Nur die Besten der Besten würden es schaffen, in Wolfsburg aufgenommen zu werden. Sie habe also reichlich Anlass, diese Tatsache mit Stolz zur Kenntnis zu nehmen. Tränen seien bei solch einem freudigen Ereignis absolut fehl am Platz. Auch der Glaser hatte verständnislos den Kopf geschüttelt, als er von der Reaktion der in bescheidenen Verhältnissen lebenden Bauersfrau erfuhr. „Was ist denn daran schon dabei? Mit 13, spätestens mit 14 Jahren müssen doch viele Kinder weg von zuhause. Das ist doch nichts Weltbewegendes. Sie soll von Glück sagen, dass ihr Otto zu solch einer Eliteausbildung geschickt wird und nicht irgendwo als Stallknecht bei einem Bauern arbeiten muss. Was doch viel wahrscheinlicher gewesen wäre, wenn er hätte hierbleiben müssen. Nein, dort in Wolfsburg lernt er etwas, das er sein ganzes Leben lang wird brauchen können. Da bin ich mir ganz sicher."

„Ja, das Kriegführen werden sie ihm beibringen!", warf August dazwischen. Er konnte es einfach nicht über sich bringen, still am Tisch zu sitzen, wenn es um solch ein Thema ging. Bei aller gebotenen Rücksichtnahme dem Schwiegervater gegenüber. Es fügte sich insofern glücklich, dass sich nun eine zarte Kinderstimme zu Wort meldete.

„Warum denn?" Aus neugierigen Augen blickte die vierjährige Ella vom Vater zum Großvater hinüber. „Weil es halt so ist ...", murmelte August verlegen. Doch das Mädchen ließ nicht locker. „Und wieso ist es so?"

„Ebendrum. Das ist noch nichts für kleine Kinder!"

„Dein Vater hat recht. Komm Ella, Zeit, ins Bett zu gehen." Emilie streckte den Arm aus und winkte ihre Tochter zu sich. Zum Glück war Ella mit ihrer Frage rechtzeitig dazwischen gekommen, bevor sich die beiden Männer womöglich wieder in eine politische Diskussion hineingesteigert hätten.

August machte eine abwehrende Handbewegung und erhob sich. „Lass mich das machen. Ich bringe die Ella heute ins Bett."

„Und ich mache mich auch endlich auf den Heimweg. Höchste Zeit jetzt. Morgen müssen wir alle wieder früh aus den Federn." Adam Ebert ergriff ebenfalls dankbar die Gelegenheit beim Schopf, die ihm seine kleine Enkelin mit ihrer naiven Kinderfrage ermöglicht hatte. Nur bloß keine Politik. Schon gar nicht an Ostern. Nicht wieder alles von vorne beginnen. Nur nicht. „Schlaft gut. Und bis morgen." „Bis morgen Mittag, Vater." Emilie reichte ihrem Vater zum Abschied die Hand, dann nickte sie lächelnd in Augusts Richtung. „Also gut. Du bringst die Ella ins Bett und ich räume so lange den Tisch ab. Danach setzen wir uns gemütlich in die Stube. Endlich mal wieder ..."

„Genau so machen wir es", gab August das Lächeln seiner Frau strahlend zurück. „Also Ella, dann sag mal gute Nacht zu deiner Mutter!"

„Gute Nacht, Mutter", tönte es fröhlich aus dem Kindermund.

Wenige Minuten später schlüpfte das Mädchen unter die Bettdecke. „Gute Nacht, Vater!"

„Halt, halt! Da fehlt doch noch etwas ..." Der Vater runzelte streng die Stirn. „Du hast doch noch etwas vergessen, oder? Das Nachtgebet!", half er der Kleinen schließlich auf die Sprünge.

„Au ja, das Nachtgebet! Soll ich dir vorsagen, welches Gebet wir im Kindergarten gelernt haben?"

„Ja. Gerne."

„Dazu muss man aber die Hände falten!"

August Voll nickte eifrig und faltete wie gewünscht die Hände.

„Also ..." Ella schien kurz zu überlegen, dann faltete auch sie die Hände und begann mit ihrem auswendig gelernten Gebet. „Händchen falten, Köpfchen senken, und an Adolf Hitler denken. Der uns gibt das täglich Brot und uns führt aus aller Not ..."

August Voll vermeinte, nicht richtig zu hören. „Ella! Hör auf! Das ... das ist doch kein Gebet!"

„Aber im Kindergarten haben wir das so gelernt!"

„Das ist aber kein Gebet!"

„Ich hab's aber doch so gelernt ..." Das Mädchen konnte sich die seltsame Reaktion des Vaters nicht erklären. Weshalb hatte er sie unterbrochen. Weshalb schaute er denn plötzlich so finster drein? Sie hatte doch nichts Böses getan. Nur ihr auswendig gelerntes Gebet heruntergesagt. Tränen schossen in Ellas Augen, sie begann bitter zu weinen.

„Was ist denn hier los? Wieso weint die Ella denn auf einmal?" Emilie hatte das Zimmer betreten und betrachtete stirnrunzelnd ihre weinende Tochter und den mit finsterer Miene danebensitzenden Mann, der sich nun zu seiner Frau herumdrehte.

„Weißt du, dass sie den Kindern im Kindergarten ein Hitlergebet beigebracht haben? Hast du das gewusst?"

„Nein, das habe ich nicht. Na ja, richtig ist es nicht unbedingt. Aber andererseits ...", sie zuckte wegwerfend mit den Achseln. „So furchtbar tragisch finde ich das nun auch wieder nicht. Es sind doch Kinder ..."

„Ebendarum!" Aufgebracht fuhr August in die Höhe. „Sie verführen die Jugend. Selbst unsere eigenen Kinder. Hinter unserem Rücken! Ein Gebet auf Adolf Hitler! Das ist ja Gotteslästerung!"

„August! Komm wieder auf den Boden! Du übertreibst! Reg dich doch nicht so maßlos auf ..."

„Aber freilich rege ich mich auf!"

„Aber es ist doch trotz allem nur ein harmloses Kindergebet ..."

„Ein harmloses Kindergebet", wiederholte August vorwurfsvoll. „Von wegen harmlos. Die tun damit ja grade so, als sei dieser Hitler jetzt schon der liebe Gott! Na, denen werde ich morgen aber sagen, wo der Barthel den Most holt. Nicht mit meinem Kind!"

„August!" Ihr warnender Ausruf war schärfer geraten, als sie dies eigentlich bezweckt hatte. Und dennoch! Sie durfte es erst gar nicht so weit kommen lassen. Musste ihrem Mann von Anfang an in die Parade fahren. „Das wirst du bleiben lassen. Wir haben weiß Gott schon mehr als genug Schwierigkeiten wegen deiner ständigen Aufsässigkeiten ..."

„Aufsässigkeiten?!" August Voll ballte die Hände zu Fäusten. „Hast du wirklich gesagt Aufsässigkeiten?!"

„Ja, das habe ich. Und das ist auch so. Jetzt haben wir gerade einmal ein paar Wochen lang Ruhe gehabt. Kannst du denn nicht dabei bleiben? Unseretwegen?"

„Ruhe geben! Während sie meine Kinder verführen und hinter meinem Rücken zu NS-Leuten machen!"

„Jetzt übertreib doch nicht so maßlos!"

„Ich übertreibe nicht. Eher im Gegenteil!" Am Ende hatte er sich nicht mehr beherrschen können und die letzten Worte seiner Frau lautstark entgegengebrüllt. Es ... es war einfach aus ihm herausgebrochen. Dass sie ihn aber auch partout nicht verstehen wollte. Wo es ihm doch in aller erster Linie um die Familie ging. Um die Zukunft seiner Kinder. Du meine Güte! Es war zum Haareraufen! Mit wütenden Schritten stürmte August Voll aus dem Zimmer, in dem auf einmal beklemmende Stille herrschte, nur unterbrochen von den leisen Schluchzern der kleinen Ella, die gar nicht verstehen konnte, weshalb es zu dieser Auseinandersetzung zwischen den Eltern gekommen war. Wo sie doch nur das Gebet gesprochen hat, das sie im Kindergarten so schön auswendig gelernt hatte. Wie all die anderen Kinder auch. Und sie hatte es als eine der Ersten gekonnt!

Wütende Schritte polterten zur Wohnung hinaus, das Treppenhaus hinunter, zur Haustür, die wenig später dröhnend hinter dem maßlos aufgewühlten Mann ins Schloss fiel.

„Ach, August“, murmelte Emilie bekümmert, während es in ihren Augen feucht zu glitzern begann. „So recht du wahrscheinlich hast. Aber wohin soll das alles noch führen. Was können wir als kleine Leute denn ändern. Haben wir nicht auch ein Anrecht auf ein zufriedenes Leben ohne diesen ständigen Ärger. Es bringt doch nichts – nichts außer Unfrieden.“ Jetzt konnte sie die Tränen nicht mehr zurückhalten, jetzt ließ Emilie ihrem Kummer freien Lauf. Und beschloss zudem in der nun folgenden, schlaflos verbrachten Nacht, ihren Vater um ein ernsthaftes Gespräch mit August zu bitten, ob dies dem August nun passte oder nicht. Denn allmählich hielt sie es nicht mehr aus. Den ganzen Druck, den sie auf ihren Schultern spürte. Die Angst vor der nächsten Auseinandersetzung, wenn August sich wieder nicht beherrschen konnte. So recht er vielleicht auch hatte. Aber wie sagte der Vater doch immer? „Recht haben allein genügt nicht. Man muss auch Recht bekommen.“ Und danach sah es wirklich nicht aus. Auf keinen Fall würden sich die Machtverhältnisse im Dorf in absehbarer Zeit zugunsten der Sozialdemokraten oder gar Kommunisten entscheidend verändern. Viel eher das Gegenteil stand zu befürchten. Am besten also, ihrem Vater gelänge es tatsächlich, August davon zu überzeugen, dass es besser sei, um die Politik einen großen Bogen zu machen.

Ach, August! Weshalb nur musste das Leben denn so schwer sein? Weshalb konnte das Ehepaar Voll samt seinen beiden Kindern denn nicht auch so glücklich und zufrieden sein Leben genießen, wie dies die anderen doch taten. Weshalb nur wollte es dem August einfach nicht gelingen, manchmal die Augen zu schließen? Dann, wenn es besser war, nicht so genau hinzusehen ...

*

Die ganze Nacht über war es furchtbar schwül geblieben. Jetzt schon zum dritten Mal hintereinander in diesem Sommer 1938. Kein Wunder, dass niemand im Haus in einen tiefen und ruhigen Schlaf gefunden hatte. Selbst der kleine Willi nicht. Auch der hatte sich in der Nacht mehrmals mit kläglichem Wimmern schweißgebadet aus seinem Bettchen gemeldet. So laut, dass selbst Ella immer wieder davon erwacht war. Und kaum hatte sie es geschafft, die Augen wieder zu schließen, da war das Wimmern von neuem an ihre Ohren gedrungen. Dementsprechend müde und verschlafen saß die ganze Familie an diesem Morgen am Küchentisch. Selbst im Haus, dessen Fensterläden sie sicherheitshalber schon geschlossen hatten, war es bereits zu dieser frühen Stunde beinahe unerträglich warm. Erschöpft wischte sich der Vater mit seinem leinenen Taschentuch die Schweißperlen von der Stirn. „Und ausgerechnet heute soll ich die Dachrinne an der Kirche reparieren. Dazu noch für Gotteslohn“, stöhnte August Voll verdrießlich. „Aber was macht man nicht alles, um den verehrten Herrn Schwiegervater und Kirchendiener endlich zufrieden zu stellen ...“

„Jetzt sei mal nicht gar so unleidig“, unterbrach Emilie mit Bestimmtheit die säuerliche Eloge ihres Mannes. „Du hast es meinem Vater nun einmal versprochen ...“

„... und was man verspricht, das hält man auch“, ergänzte August achselzuckend. „Ich weiß ja, ich weiß. Und ich meine ja auch nur. Dass das jetzt ausgerechnet heute, bei dieser Hitze, stattfinden muss. Wir hätten es auch auf den nächsten Samstag verschieben können, aber dann ... dann wäre bei Glaser Ebert mit Sicherheit der

Teufel los gewesen. Was du heute kannst besorgen ... und so weiter, nicht wahr? Da kennst du deinen Vater ja besser als ich."

„Was geschafft ist, ist geschafft", beharrte Emilie auf ihrem Standpunkt. „Besser, du bringst es heute hinter dich und kannst dann am nächsten Samstag wieder etwas anderes machen."

„Eine Arbeit, bei der ich dann auch wieder Geld bekomme und nicht nur den Segen des Himmels. Ja – Gott sei Dank, im wahrsten Sinn des Wortes."

Bevor sich das Gespräch zwischen den beiden Eheleuten womöglich weiter zugespitzt hätte, wurden sie in diesem Augenblick von einem Geräusch an der Haustüre unterbrochen. Wenig später stand Emilies Vater, der Kirchendiener Adam Ebert, um den sich die Unterhaltung gerade noch gedreht hatte, am Küchentisch. Und überraschenderweise war er nicht alleine erschienen, sondern kam in Begleitung des Gemeindedieners, der, ganz so, wie es sein wichtiges Amt von ihm erforderte, eine bedeutungsvolle Miene zur Schau stellte und offensichtlich den Auftrag hatte, demnächst eine Bekanntmachung zu verlautbaren. „Ich bin ihm auf der Straße begegnet und habe ihn deshalb gleich mitgebracht", nickte Adam Ebert in die Richtung des hinter ihm zur Tür hereintretenden Mannes. „Es ist nämlich so, dass es jetzt tatsächlich passiert ist!"

Irritiert runzelte August Voll die Stirn und bedachte den Schwiegervater mit einem fragenden Blick. „Was ist passiert? Was meinst du damit?"

„Die Maul- und Klauenseuche ist ausgebrochen!", erwiderte dieser ernst und lockerte sich mit der linken Hand sorgenvoll den engsitzenden weißen Stehkragen, der ihn angesichts der schlechten Nachrichten wesentlich unangenehmer drückte, als dies üblicherweise der Fall war. Von den unerträglichen Temperaturen an diesem Morgen erst gar nicht zu reden. „Es ist nämlich so", schob sich der Gemeindediener nunmehr energisch an dem

Glaser vorbei. „Wir lassen die Bekanntmachung zwar gleich als Sonderdurchsage durch die Lautsprecher verkünden, aber trotzdem habe ich den Auftrag, persönlich bei allen vorbeizuschauen und sie ganz genau darüber zu belehren, was sie an Hy...gene und anderen Maßnahmen unbedingt zu tun haben, damit wir die Seuche wieder eindämmen können!“ Entschlossen reckte er das Kinn empor.

„Hygene?“ August schmunzelte amüsiert in sich hinein. „Du meinst wohl H-y-g-i-e-n-e?“, betonte er langsam Buchstabe für Buchstabe.

„Sag ich doch!“, brummelte der Amtsdiener mürrisch. „Und das geht nur, wenn wir erst alles desin... desin...“

„Desinfizieren“, half ihm August lächelnd auf die Sprünge. Als Flaschner hatte er während seiner Lehrzeit zwangsläufig auch mit solchen Begriffen zu tun gehabt. „Ja, ja, diese ewigen Fremdwörter. Wird höchste Zeit, dass der Führer auch in dieser Hinsicht einmal hart durchgreift, nicht wahr?“, setzte er noch mit kaum überhörbarem Spott in der Stimme hinzu.

Der andere zog es dennoch vor, so zu tun, als habe er den letzten Teil des Satzes überhört. „Desin...fizieren. Ja. Nur damit können wir diese fürchterliche Seuche in den Griff bekommen, wenn wir peinlich darauf achten, dass sich danach dann auch jeder die Hände mit Seife wäscht, bevor er in den Stall geht. Und die Schuhe wechselt. Und ...“

„Das ist ja eine schöne Bescherung“, unterbrach August die Aufzählung der gesammelten Vorsichts- und Hygienemaßnahmen, während wiederum ein maliziöses Lächeln um seine Lippen spielte. „Ja, hat das euer Führer in seiner ganzen Allmacht denn nicht verhindern können, dass die Maul- und Klauenseuche ausbricht. Reicht sein starker Arm denn nicht einmal dazu?“

Spätestens jetzt war es dem Amtsboten unmöglich geworden, auch diese Verhöhnung des Reichskanzlers Adolf Hitler einfach zu übergehen. Schon gar nicht, nachdem mit dem Glasermeister Ebert doch ein weiterer Zeuge im Raum anwesend war.

„Das ist ja ungeheuerlich, Voll! Das lasse ich mir nicht bieten!“ Er machte einen drohenden Schritt auf den Flaschner zu. „Du nimmst das sofort zurück. Auf der Stelle!“

„Ich denke ja gar nicht daran!“

„Augenblicklich, sage ich! Das befehle ich dir hiermit!“ Der Amtsdiener zupfte aufgeregt am Ärmel des jungen Mannes. „Sofort nimmst du es zurück – sonst muss ich dich mit aufs Rathaus nehmen! In den Arrest!“

„Lass mich los!“ August, der sich bislang einen Spaß auf Kosten des Büttels erlaubt hatte, der ihm schon immer wenig sympathisch gewesen war, geriet nun allmählich in Rage. Was erlaubte sich der Kerl eigentlich, ihn in der eigenen Wohnung am Ärmel zu packen? Und ihm zu allem Überfluss nun auch noch zu drohen!

„Du sollst dich entschuldigen!“

„Auf keinen Fall werde ich das tun. Und nimm jetzt gefälligst endlich deine ungewaschenen Finger von mir weg.“ Er schnellte in die Höhe und schubste den überraschten Gemeindediener mit beiden Händen von sich, so dass der Mann mit seiner rechten Schulter hart gegen den Türrahmen prallte. „Und jetzt hinaus aus meinem Haus! Auf der Stelle!“

Der andere begriff rasch, dass er im Falle einer Auseinandersetzung gegen den körperlich weit überlegenen jungen Handwerker nicht die geringste Chance haben würde. Aber weshalb sollte er sich die Hände schmutzig machen. Und sich womöglich dabei eine blutige Nase holen. Das konnten andere erledigen. Sie würden diesem Voll schon noch die nötigen Flötentöne beibringen. Drohend hob er die Faust in die Höhe. „Das wird noch ein Nachspiel haben! Das garantiere ich dir!“

„Raus!“, donnerte August. „Ein letztes Mal: verschwinde!“

Der Bote duckte sich erschrocken, setzte hastig die Amtsmütze auf den Kopf und war kurz darauf schon mit eiligen Schritten im Treppenhaus zu hören.

„Dem ist es anscheinend recht warm geworden bei uns. So schnell habe ich den ja noch nie rennen sehen", grinste August zufrieden, während Emilies Vater seinen Schwiegersohn mit einem missbilligenden Blick taxierte. „War das denn jetzt wirklich nötig?" Kopfschüttelnd tippte er sich an die Stirn. „Glaubst du, die lassen sich so etwas gefallen? Ich warne dich, das wird mit Sicherheit noch ein Nachspiel haben ..."

„Ach was ...", August machte eine wegwerfende Handbewegung. „Die haben doch jetzt ganz andere Sorgen. Mit ihrer Seuche. Wie sie die nur wieder in den Griff bekommen wollen. Der Kerl selbst wird nämlich schön den Mund halten. Denn wie steht er sonst da, wenn er zugeben muss, dass ich ihn einfach so mir nichts, dir nichts hinausgeworfen habe. Die große Respektsperson. Den Gemeindebüttel!"

„Trotzdem: Es bringt doch nichts Gutes, sich ewig aufzulehnen. Einmal muss jetzt einfach Ruhe sein."

„Hat dir das der Pfarrer aufgetragen? Sollst du mir in seinem Auftrag ins Gewissen reden?"

Es war unübersehbar, dass diese ganz absichtliche Provokation ihre Wirkung bei dem Kirchendiener nicht verfehlte. Zornesröte überzog in Windeseile sein Gesicht. „Lass den Herrn Pfarrer aus dem Spiel! Der hat damit nichts zu tun."

„Und ob der etwas damit zu tun hat. Das kannst du doch nicht einfach übersehen. Du kannst doch nicht auf der einen Seite zu mir sagen, dass auch du die Hitlerleute und ihr unchristliches Gehabe furchtbar findest, dann aber kann man doch andererseits vor dem Treiben des Pfarrers nicht die Augen verschließen. Der gehört doch auch zu diesen Parteiheinis. Ist sogar Mitglied in diesem braunen Pfarrerbund."

August war sich der Tatsache ganz genau bewusst, wie sehr sein Schwiegervater Adam Ebert in dieser Angelegenheit von widerstreitenden Gefühlen geplagt wurde. Einerseits durfte man mit Gewissheit davon ausgehen, dass dem frommen Glaser das Treiben der NSDAP tatsächlich ein Dorn im Auge war, demgegenüber handelte es sich bei Pfarrer Theodor Pfefferle um einen geradezu fanatischen Anhänger der Naziideologie. Kein Wunder, dass Adam Ebert voller Verlegenheit nach der passenden Antwort suchte. Bei der er sich in seiner Not schließlich auf eine bloße Feststellung zurückzog, die in der Tat nicht zu bestreiten war. „Aber er ist doch der Pfarrer ..."

„Und als Pfarrer darf er dann alles, oder wie? Was sagst du denn dazu, dass die Konfirmation jetzt nicht mehr Konfirmation genannt wird, sondern als Jugendreife tituliert wird? Dass sie also selbst an die jahrhundertealte Kirchenordnung Hand anlegen? Ist das also auch einerlei?"

Die Frage schien einen wunden Punkt beim Kirchendiener getroffen zu haben. Er senkte seinen Kopf und murmelte unglücklich: „Na ja ... Wie soll man sagen ..."

Doch August ließ nicht locker. „Wie man sagen soll? Ganz einfach: das, was man empfindet. Ist dir das recht mit der Umwandlung der Konfirmation? Das habe ich gefragt." Er war gespannt, wie die Antwort wohl ausfallen würde.

„Nein ... das ist nicht so richtig nach meinem Geschmack ..."

„Na also! Und der Pfarrer hat es aber trotzdem zugelassen ..."

Adam Ebert verschränkte gequält die Hände. „Was soll er denn machen? Außerdem ist er ein guter Christ – trotz allem. Und ein fleißiger Mann ist er noch dazu. Das kann niemand bestreiten – auch du nicht!"

„Ein fleißiger Mann!" August lachte trocken. „Der Fritz Haarmann war auch ein fleißiger Mann. Trotzdem war er ein erfolgreicher Jungenmörder, wenn man das so nennen kann. Auch er hat junge, hoffnungsvolle Buben in den Tod getrieben. Genauso, wie es das große Vorbild vom Pfefferle mit seinem ganz und gar unseligen Werk heimlich vorantreibt! Unser großer Führer! Was dieser Mensch im Sinn führt, ist ganz und gar nicht christlich. Er predigt den Hass und die Rache. Wofür auch immer. Diese Botschaft wird uns direkt in den Abgrund führen. Das ist ganz und gar nicht christlich. Schon deshalb frage ich mich, wie dann ein Pfarrer auf der Seite von solchen Leuten stehen kann. Es ist mir unbegreiflich. Im Übrigen – das müsstest du doch wissen: Das wievielte Gebot ist es, in dem geschrieben steht „Du sollst nicht töten"?" August Voll hatte sich in immer größere Rage geredet und trat noch einen Schritt näher an seinen zurückweichenden Schwiegervater heran: „Und das wievielte Gebot besagt, dass du kein falsches Zeugnis reden sollst gegen deinen Nächsten? Gegen die Juden, die Kommunisten und die Sozialdemokraten. Oder gelten die alle etwa nicht als Menschen? Sag schon!", funkelte er dem Kirchendiener zornig ins Gesicht.

„August! So lasse ich nicht mit mir reden!"

„Weil es die Wahrheit ist? Weil du nicht mehr weißt, was du sagen sollst? Weil es dir in Wahrheit nämlich ganz genauso geht wie mir. Weil du weißt, dass der Pfarrer auf der falschen Seite steht. Weil es dich innerlich beinahe zerreißt deswegen? So ist es doch! Gib es doch wenigstens zu!"

Der Kirchendiener schüttelte heftig seinen Kopf. „So etwas darf man nicht sagen. Das lasse ich nicht zu, dass der Pfarrer verunglimpft wird – und mit ihm die gesamte Kirche. Auf gar keinen Fall!" Ohne ein Wort des Abschieds griff er nach seinem Hut und verließ das Haus in der Vorstadtstraße mit eiligen Schritten.

Nachdenklich starrte August hinter seinem Schwiegervater drein, dem man deutlich anmerkte, wie sehr ihn diese Auseinandersetzung innerlich aufgewühlt hatte. Doch weshalb nur waren Leute vom Schlag des Glasers dennoch nicht in der Lage, die dementsprechenden Konsequenzen zu ziehen, wenn sie die Situation doch ganz genau erkannt hatten. Was hielt sie nur davon ab, der Wahrheit die Ehre zu geben? Wehret den Anfängen! Weshalb taten sie es nicht? Weil es längst zu spät war? Wie in diesem schrecklichen Lied, das ihm in den letzten Wochen nicht aus dem Sinn gehen wollte. Dieser widerliche Ohrwurm, den auch er immer wieder leise vor sich hin summte: „Warte, warte noch ein Weilchen, dann kommt Haarmann mit dem Beilchen ... auch zu dir ..."

„Ach, August, bitte! Hör auf!" Mit tränennassen Augen stand Emilie vor ihrem Mann und schlug die Hände vor das Gesicht. „Bitte! Ich kann nicht mehr! Erst dieser furchtbare Streit zwischen dir und meinem Vater – obwohl du mir versprochen hast, dich zusammenzureißen – und jetzt noch dieses furchtbare Lied. Bitte, August! Um meinetwillen. Und um unserer Kinder willen: Hör auf damit. Es nimmt kein gutes Ende, wenn du solche Dinge in den Mund nimmst!"

Betroffen schlug August die Augen nieder. „Ich! Jetzt bin es wieder ich. Immer bin ich an allem schuld! Nur weil ich das nicht gutheiße, was um uns herum vorgeht. Kann man denn so etwas wirklich gutheißen? Darf man sich vor den Tatsachen verschließen? Mach doch nur mal die Ohren auf, wenn sie von den Juden reden. Oder von den Kommunisten! Was sie über diese Menschen so alles von sich geben an widerlichen Hassreden! Und was sie mit den armen Leuten einmal machen werden, sobald der Führer nur mit den Fingern schnippt und ihnen das lange erwartete Zeichen dafür gibt! Emilie! Begreife doch: Im Vergleich mit dem, was da auf uns zukommen wird, dagegen war selbst ein Massenmörder vom Schlage dieses Fritz Haarmann ein kleines Licht!"

Müde und mit ihren Kräften ganz offensichtlich am Ende senkte die junge Frau ihren Kopf, während sie sich langsam auf dem Küchenstuhl niederließ. „Dennoch. So darfst du nicht reden, August", flüsterte sie kaum hörbar. „Du sollst es nicht. Du kannst doch die Welt nicht im Alleingang retten. Das nimmt kein gutes Ende, August. Bitte hör auf. Noch einmal: um des lieben Friedens in unserer Familie willen und wegen unserer beiden Kinder. Bitte! Ich bitte dich inständig: Hör auf!" Ein erbarmungswürdiges Schluchzen ließ den Oberkörper von Emilie Voll erbeben.

Erschrocken trat der Handwerker einen Schritt zurück und musterte seine Ehefrau mit einem langen Blick aus traurigen Augen. Mühsam schluckte er den trockenen Kloß hinunter, der sich in seiner Kehle ausgebreitet hatte. Dann räusperte er sich verlegen und begann mit heiserer Stimme langsam und eindringlich zu sprechen: „Das geht doch nicht Emilie. Eben wegen unserer Kinder geht es nicht. Sie führen uns alle ins Verderben, wenn wir ihnen nicht rechtzeitig in den Weg treten. Es wird zu einer Katastrophe kommen, wenn wir sie nicht aufhalten. Glaube mir doch, Emilie, es wird furchtbar werden, wenn wir ihnen nicht widerstehen! Irgendwie müssen wir es schaffen, Gleichgesinnte zu finden, die nicht wollen, dass Deutschland in Hass und Krieg versinkt! Es ist unsere Christenpflicht: Nicht für uns müssen wir es tun, sondern für unsere Mitmenschen. Und eben auch für unsere Kinder! Gerade für die Kinder!"

Lange Zeit herrschte völlige Stille in der Küche. Endlich sah Emilie auf und tupfte sich mit einem weißen Leinentaschentuch die Tränen aus den rot geweinten Augen. „Aber weshalb immer du, August? Weshalb machen die anderen alle es denn nicht. Wieso musst es immer nur du sein? Glaubst du denn im Ernst, du könntest die ganze Welt retten? Ausgerechnet du: der Flaschner August Voll?"

Jetzt war es zu viel. Sie wollte ihn einfach nicht begreifen! Zeigte keinerlei Verständnis für die Seelenqualen ihres Mannes! Impulsiv schoss August Voll in die Höhe und riss mit einer zornigen Bewegung die Küchentüre auf.

Ohne ein einziges Wort der Erklärung stürmte er dann die Treppe hinunter. Aus dem Haus, dessen Tür er krachend hinter sich ins Schloss warf. Nur fort von hier. Hinaus, über die Vorstadtstraße, durch die Hauptstraße, aus dem Dorf heraus, wo ihn niemand verstand. Erst nach einer guten Viertelstunde hielt er erstmals keuchend inne. An dieser Stelle hier, bei den schönen hohen Bäumen am Birkenbach, auf halber Strecke zwischen Kirchardt und Berwangen, befand sich seit Jahren schon sein Lieblingsplatz. Immer dann, wenn er Zeit zum Überlegen brauchte, wenn er wieder mit sich ins Reine kommen musste – immer dann hatte er sich hierher geflüchtet. Hier würde ihn niemand belästigen. Hier war Ruhe vor all den Zurechtweisungen, Ängstlichkeiten, dummen Sprüchen und Belehrungen. Und hier würde er im Laufe der nächsten Stunden schon wieder zu sich selbst finden können. Sich am Ende dieser Überlegungen ein weiteres Mal versichern, dass er im Recht war. Und die anderen auf dem Holzweg. Was sie ja hinter vorgehaltener Hand manchmal einräumten. Nach dem dritten Bier, dem zweiten Krug Most. Aber niemals dann, wenn es wirklich darauf ankam. Du meine Güte!

Was glaubten all diese Menschen denn nur? Dass sich alles wie von selbst plötzlich wieder zum Guten wenden würde? Wie naiv konnte ein erwachsener Mensch denn eigentlich sein? Es war zum Haareraufen!

Dazu diese entsetzlichen Magenschmerzen, die ihn zu allem Überfluss nun auch noch heimsuchten und mit einer würgenden Übelkeit verbunden waren. Immer öfter musste er in den letzten Monaten dieses unangenehme Drücken in der Magengegend verspüren. Meistens dann, wenn ihm irgendetwas gegen den Strich gegangen war. Wenn es wieder zu einem solchen Streit wie heute gekommen war. Oder wenn er gar etwas hatte kommentarlos hinnehmen sollen. Um des lieben Friedens willen hinunterschlucken müssen. Es war nicht gut, das zu tun.

Am eigenen Leib konnte man es spüren. Aber auch diese Schmerzen würden vorübergehen.

*

Die wenige Seiten zuvor erwähnte Rundfunkübertragungsanlage stellte in den Augen der Kirchardter Bevölkerung einen gewaltigen Schritt in Richtung auf die modernen Zeiten dar, die seit kurzem ganz offenkundig angebrochen waren. Der Aufbruch in eine fortschrittliche Zukunft. Und dazu gehörten eben auch die Lautsprecher, die man an allen Ecken und Enden des Dorfes angebracht hatte, wodurch es nunmehr möglich war, das gesamte Dorf in ein und derselben Minute über amtliche Bekanntmachungen und Anordnungen zu informieren. In Windeseile sozusagen. Man brauchte dafür nun also keinen Gemeindediener mehr, keinen dieser sogenannten Büttel, die mit einer großen Glocke „bewaffnet" den Kirchardtern die Neuigkeiten lautstark verkündeten. Wie es ja in allen Dörfern landauf – landab genau so gehandhabt wurde. Diese Aufgabe wurde nunmehr durch die zentrale Lautsprecheranlage übernommen. Womit gleichzeitig auch dafür Sorge getragen war, dass – im Gegensatz zu den Bekanntmachungen durch den Büttel – nichts mehr vergessen werden konnte. Diese Durchsagen wurden angekündigt mit lauten Fanfarentönen, die knisternd aus den Lautsprechern trompeteten. Danach blieb den Leuten noch eine gute Minute Zeit, um die Fenster zu öffnen oder auf die Straße zu treten. Erst dann begann eine amtlich klingende Stimme mit unverkennbar bedeutendem Unterton mit der Verbreitung der neuesten Nachrichten. (Übrigens ein Mittel zur Nachrichtenverbreitung, dessen man sich später in den Ländern des sogenannten Ostblocks noch jahrzehntelang bediente. Zumeist begann die Durchsage mit zackiger Marschmusik, dann folgten die amtlichen Bekanntmachungen. Sogar zu Beginn des 21. Jahrhunderts hat es das in den ländlichen Regionen von Tschechien oder der Slowakei noch gegeben).

Mittels dieser Nachrichten-Übertragungsanlage erfuhr das ganze Dorf im Spätsommer des Jahres 1938 beispielsweise auch, dass August Volls Mutter Wilhelmine das Mutterkreuz in Gold verliehen bekommen hatte (als Auszeichnung für die Geburt ihrer insgesamt zehn Kinder – von denen fünf jedoch schon als Säuglinge gestorben waren). Dieses Mutterkreuz gab es in verschiedenen Ausführungen: Die höchste Stufe war die goldene, die ab der Zahl von acht Kindern verliehen wurde.

Die Reaktion von August auf die Verleihung des Mutterkreuzes fiel erwartungsgemäß aus. Dass er es furchtbar finde, ja, genau so habe er sich ausgedrückt, erinnert sich Paula Thrun noch viele Jahrzehnte später an den zornigen Kommentar ihres Onkels. Während die Mutter, eine einfache Frau, die Meinung vertreten hat, man solle solch ein Ehrenzeichen dann eben auch dementsprechend in Ehren halten, wenn man so eine wertvolle Auszeichnung schon verliehen bekommen habe. Das Deutsche Mutterkreuz steht also künftig auf der Kommode im Wohnzimmer der Familie seiner Eltern, sehr zu August Volls Verdruss. Aber um Augusts Befindlichkeiten kümmert sich in diesen Wochen keiner. Denn, auch das weiß Paula Thrun noch zu erzählen: Man ist in der Familie Voll gerade etwas eingeschüchtert, nachdem doch die Frau Dr. Groß, die in der NS-Frauenschaft sehr aktiv war, aus Anlass der feierlichen Mutterkreuz-Verleihung erschienen war. Mit heftigen Worten hat sie Wilhelmine Voll getadelt, dass die ihrem renitenten Sohn August nicht mehr Widerworte gibt! So ein ewiges Aufbegehren, das nimmt einmal kein gutes Ende! Sagt die Frauenschafts-Aktivistin Dr. Groß.

Welch ein Schicksal sich hinter dieser Auszeichnung verbirgt: Zehn Kinder hat die Frau zur Welt gebracht, nur fünf haben überlebt! Schicksale, die vor wenigen Jahrzehnten noch an der Tagesordnung waren. Man macht es sich heutzutage kaum noch bewusst, doch so lange sind diese bitteren Zeiten noch gar nicht vergangen. Wie oft haben die Kinder das erste Lebensjahr nicht überstanden. Wie viel Leid hat solch ein Kindstod für die Eltern bedeutet, für die Frauen vor allem, die diese Kinder unter Schmerzen geboren hatten! Wie haben sie diese Seelenqualen nur bewältigt? Neben diesem armen, harten Leben, das bei den meisten an der Tagesordnung war. In den Familien der Kleinbauern, Fabrikarbeiter und Tagelöhner. Der überwiegenden Mehrheit der Bevölkerung.

Zurück zur Lautsprecheranlage: Die brachte einen ganz entscheidenden Nachteil mit sich. Man konnte nicht nachfragen, wenn man die Botschaft nicht so richtig verstanden hatte. Solange der Gemeindediener noch unterwegs gewesen war, stellte ebendieses ja keinerlei Problem dar. Hatte man etwas nicht richtig verstanden, konnte man den Büttel gleich fragen, was denn damit gemeint sei. Was man sich darunter vorzustellen habe oder um wen genau es sich denn handele? Bei all den Buchers, Gebhards, Benders, Kopps und Bentz', die in großer Zahl im Dorf lebten, musste es ja weitere Unterscheidungsmerkmale geben, damit man wusste, wer genau nun gemeint gewesen war. Die schiere Durchsage, dass an Wilhelmine Voll das Deutsche Mutterkreuz in Gold verliehen worden sei, war in dieser Hinsicht nur wenig aussagekräftig. Man konnte es sich zwar denken – andererseits gab es auch in weiteren Voll-Familien viele Kinder. Tja ... Eine Nachfrage beim Gemeindediener dagegen hätte sofort die notwendige Klärung gebracht: Natürlich meine er die Bienen-Volls, hätte der Büttel daraufhin zur Antwort gegeben. Und alle hätten verstehend genickt.

Die „Bienen-Volls"! Ein herrlicher Begriff – eine wunderschöne Arabeske, wie sie einem nur das Landleben in früheren Zeiten bieten kann. Eine Sitte, die da und dort in ihren letzten Ausläufern noch anzutreffen ist. Dass einzelne Familien im Dorf zum Zwecke ihrer besseren Unterscheidbarkeit mit Zusatznamen belegt werden.

Weshalb aber „Bienen-Voll"? Es war mühsam genug für mich, durch den Nebel kurpfälzisch-badischen Dialekts hindurchzudringen, den man in Kirchardt spricht, um der Sache schließlich aber doch auf den Grund zu kommen.

Immerhin hat mir diese prägnante Bezeichnung „Bienen-Voll" recht rasch ermöglicht, die zugehörigen Personen der recht großen Voll-Familie unter dem „richtigen Dach" einzuordnen. Die Vermutung, damit sei auch die Frage nach der Freizeitbeschäftigung der Volls geklärt, die hat sich freilich als eine gloriose Fehleinschätzung entpuppt. Denn mit der Imkerei hatten die Volls noch nie etwas zu schaffen. Das „Bienen-Voll" hat einen ganz anderen Ursprung. Solch ein Begriff kann wirklich nur im ländlichen Dialektraum zustande kommen.

Ursprung dieser Bezeichnung ist nämlich der Vorname von August Volls Großmutter Philippine. Um die zahlreichen Voll-Familien und deren noch wesentlich größere Kinderschar auseinanderhalten zu können, hat man die Kinder (und später natürlich auch deren Kinder ganz genauso) im Ort mithilfe von Beinamen unterschieden: die Kinder der Philippine. Die dann kurz und bündig eines schönen Tages zur Biene geworden ist. Und somit waren aus den Kindern und Enkeln der Philippine Voll eben halt die „Bienen-Volls" geworden. Selbst noch die Urenkel erkennt man dank dieses Zusatzes sofort. Irgendwie passt es, denn dass sie auch bienenfleißig sind, das kann jeder im Dorf bestätigen – da braucht man sich nur den beständig weiter in den Himmel wachsenden Holzstapel des Onkel Willi hinter seinem Elternhaus zu betrachten. In den Wald geht er nämlich immer noch gerne. So, wie er es früher oft auch mit der Mutter gemacht hat. Die Liebe zum Wald hat sich seit den Tagen der Kindheit gehalten. Holzsammeln, Brennholz machen, das sind seine Leidenschaften.

Wenn da also wieder mal ein Mann auf seiner kleinen, fast schon antiken zweirädrigen Zugmaschine durchs Dorf tuckert, der Anhänger bis zum Äußersten mit Brennholz beladen, dann wissen alle im Dorf, dass da wieder der Willi auf seiner legendären „Brummi“ unterwegs ist, einer von den Bienen-Volls halt. Aber wie gesagt: kein Imker. Sondern der Urenkel der Philippine Voll. „Bienen-Voll“.

Die Frieda hat dann noch eine Erklärung draufgesetzt. Die legendäre „Friedel“, die Schwiegertochter des Glaser Ebert, die gerade ihren 86. Geburtstag gefeiert hat, während ich dieses Buch schreibe. Natürlich sind wir während der Geburtstagsfeier bei ihrer berühmten und selbstgemachten (Ehrensache!) Schwarzwälder Kirschtorte auch auf die alten Zeiten zu sprechen gekommen. Ja, ja, die Bienen-Volls ... Als Kinder hätten sie die Mutter der „Bienen-Volls“ spöttisch die Wespen-Tante genannt. „Wefzgentante“ auf Kirchardterisch. Die Friedel lacht, bis ihr vor lauter Lachen die Tränen kommen: „Die Wespen-Tante!“

*

Im Frühjahr 1938 war es geschehen. Die Wirtshausschlägerei im Gasthaus „Löwen“. Noch heute erinnert sich August Volls Tochter Ella ganz genau daran, wie sie voller Entsetzen am nächsten Morgen die blutige Jacke des Vaters im Hausflur hängen sah. Den Anblick hat sie ihr ganzes Leben lang nicht mehr vergessen. Dabei war Ella im Frühjahr 1938 erst vier Jahre alt. Der Alptraum dieses Morgens aber hat sich unauslöschlich in ihr Gedächtnis gebrannt. Die blutbesudelte, total verdreckte Jacke, der furchtbare Zustand des Vaters.

Was um alles in der Welt war da nur passiert?!

Ihr Vater, so hat es Ella später erfahren, habe den Hitlergruß verweigert, als er den „Löwen“ betreten hat. Wieder einmal! Auch ihre Tante Frieda Ebert, die spätere Schwiegertochter des Glasers, weiß noch ganz genau darüber

Bescheid. Über diese Geschichte, die wie ein Lauffeuer im Dorf die Runde gemacht hat. Frieda war damals immerhin schon 19 Jahre alt. Sie hat August Voll mit eigenen Augen gesehen. Wie er halb totgeschlagen auf der Straße lag, nachdem man ihn im wahrsten Sinn des Wortes „in hohem Bogen" aus der Gaststätte hinausgeworfen hatte. Wie immer wieder einer aus der Menge der braun uniformierten Männer den am Boden liegenden wehrlosen Mann mit dem Stiefel getreten hat. Selbst Jakob, sein eigener Bruder! Sie höre es noch heute, wie man in der Familie erst gerufen habe, der August liege halb tot auf der Straße, umringt von diesen wütenden Männern. Wie man den August nach Hause geschafft hat, zu der entsetzten Emilie. Am ganzen Leib habe August diese Blutergüsse und teilweise sogar offene Wunden gehabt. Frieda Ebert vergisst auch nicht den Anblick seiner blutigen Kleidung, die man am nächsten Morgen versucht hat zu säubern, was nahezu unmöglich gewesen ist. Und sie schüttelt nur verwundert und energisch ihren Kopf, wenn sie demgegenüber mit einem Vernehmungsprotokoll aus dem Jahr 1947 konfrontiert wird, in dem der ehemalige Bürgermeister Friedrich Kopp die Sache leichthin abtut. So tragisch sei das alles nicht gewesen damals. Man habe ein bisschen viel getrunken und so sei es nur alkoholbedingt zu dieser Schlägerei gekommen. Dass der Auslöser dafür aber der von August verweigerte Hitlergruß gewesen ist, daran mochte sich keiner mehr erinnern. Sie seien doch alle betrunken gewesen, da habe nichts Politisches dahintergesteckt, hat er bei seiner Vernehmung behauptet. Obwohl es jeder im Dorf besser gewusst hat.

Frieda Eberts Erinnerung an diese Schlägerei deckt sich mit der Erzählung von Paula Thrun, Jahrgang 1928, der Tochter von Augusts Bruder Heinrich:

„Die Familie Voll hat immer einen großen Familienstolz gehabt. Umso schlimmer war es für den August und seine Familie später, dass man ihn in Heidelberg eingesperrt hat. Das war eine furchtbare Schande für alle. Zweimal hat es ja diese Schlägereien zwischen dem August und den Nazis gegeben. Das zweite Mal, da hat der Wilhelm bei uns in der Nacht am Fenster geklopft. Wir haben alle schon geschlafen. ‚Heiner, steh auf! Wir müssen dem August helfen. Die haben den August zusammengeschlagen.' Im ‚Löwen' haben sie ihn blutig geschlagen. Halb totgeschlagen. Er hatte den Hitlergruß verweigert. Sie haben ihn die Treppe heruntergeworfen, noch mal geschlagen und sind dann auf ihn draufgetreten. Aber er hat dennoch auch später keine Ruhe gegeben. Der August hatte anscheinend auch etwas gesagt. Deshalb gab es die gewaltige Schlägerei. Später hat es geheißen, er habe die Uniform beleidigt und er sei ein Volksschädling. Ja, das war das Wort: Volksschädling. Alle hat man als Volksschädling bezeichnet damals, die dagegen waren. Dann haben sie ihn angezeigt und so ist er ins Gefängnis nach Heidelberg gekommen. Das ist ganz schnell gegangen."

Ganz so schnell ist es aber doch nicht gegangen. In der Erinnerung der Paula Thrun ist das rückblickend alles etwas schneller vonstatten gegangen mit dem Gefängnis, wie es tatsächlich der Fall gewesen ist – immerhin sind ja nunmehr bald schon 70 Jahre vergangen. Fakt ist, dass August Voll von den NSDAP-Leuten gewaltig verprügelt wurde und zu allem Überfluss deswegen dann auch noch ins Gefängnis gesteckt worden ist. Zuvor aber hat es sogar eine offizielle Anklage gegen das Opfer und eine Gerichtsverhandlung gegeben. Dieser Vorgang ist aus den Unterlagen des Generallandesarchivs in Karlsruhe ersichtlich. Das typische Vorgehen der damaligen Machthaber, wie es sich durch die gesamte Hitlerzeit hindurch verfolgen lässt. Wie man nicht nur peinlich genau, sondern geradezu penibel darauf bedacht war, den äußeren Anschein der Legalität zu wahren. Deshalb also ist ganz formal Anzeige gegen den Blechner August Voll erhoben worden. Sie lautete auf schwere Körperverletzung, Beleidigung von NS-Symbolen, von Parteiabzeichen und die Verweigerung des Hitlergrußes. August Voll vermeinte, seinen eigenen Augen nicht mehr trauen zu können, als er das Schreiben gelesen hatte. Ein uniformierter Bote aus Sinsheim war am späten Vormittag in der Werkstatt erschienen, um dem Handwerker den Brief mit der Vorladung zum Gerichtstermin nach Sinsheim persönlich auszuhändigen. Deren Erhalt er dem Mann dann zu allem Überfluss auch noch zu quittieren hatte. Verblüfft betrachtete er noch einmal das Blatt Papier mit dem Briefkopf des Amtsgerichts, die vorgedruckten Zeilen und die handschriftlichen Einträge darin. Die Vorladung zum Gerichtstermin! Samt Unterschrift und Gerichtssiegel. Es bestand nicht der geringste Zweifel daran: Er würde vor Gericht erscheinen müssen. Und zwar als Angeklagter!

Unfassbar: Denn aus guten Gründen war August Voll den flehentlichen Bitten seiner Frau Emilie gefolgt und hatte auf eine Anzeige gegen die brutalen Schläger verzichtet. Eine Anzeige würde alles nur noch schlimmer machen, hatte ihm Emilie mit drastischen Worten auseinandergesetzt. Sie würden ihn bei nächster Gelegenheit dann womöglich gar totschlagen. Eine Einschätzung, die auch seine Brüder Heinrich und Wilhelm teilten. „Denk daran: Die Braunen halten zusammen wie Pech und Schwefel! Da wird keiner hinterher den anderen an den Pranger stellen. Und selbst wenn solch ein mehr als unwahrscheinlicher Fall eintreten sollte: Auch die Justiz befindet sich schon längst in ihrer Hand. Du hast also von vornherein nicht die geringste Chance. Deshalb: Lass es. Ich bitte dich! Emilie hat recht!“

Wie Hohn dröhnten diese eindringlichen Worte seines Bruders Heinrich jetzt durch Augusts Schädel, als er das amtliche Schriftstück in seinen zitternden Händen hielt. Die Anklage! Sie hatten den Spieß ganz einfach umgedreht. Zu allem Überfluss hatten sie nun auch noch aus dem Opfer einen Täter gemacht! „Das kann doch wohl alles nicht wahr sein! Jetzt bin plötzlich ich auch noch derjenige, der anscheinend als Erster zugeschlagen hat!“

Langsam ließ sich August auf den Schemel neben der Werkbank sinken und rieb sich mit seiner linken Hand den Bauch. Schlagartig waren sie wieder aufgetaucht, diese bohrenden Magenschmerzen, verbunden mit einer beinahe erstickenden Übelkeit. Wie jedes Mal, wenn er an die ausweglose Situation denken musste, in der er sich befand. Es war zum Verzweifeln. Wirklich und wahrhaftig zum Verzweifeln. Die anderen waren im Besitz der totalen Kontrolle und umklammerten ihre Macht mit eisernem Griff. Samt ihrer brutalen Gewalt, die sie rücksichtslos gebrauchten! Wie aussichtslos die Lage sich darstellte, wurde ihm in diesem bitteren Moment in schockierender Art und Weise deutlich. Das Schriftstück, das er in seinen Händen hielt, sprach in dieser Hinsicht eine überdeutliche Sprache. Und dennoch: Konnte es wirklich sein, dass man ihn zu allem Überfluss nun auch noch vor Gericht stellte. Dass die Täter ihr Opfer ein weiteres Mal bestraften?

„Die waren es doch, die mich verhauen haben. Nicht umgekehrt. Dabei habe ich mich am Schluss nur meiner Haut gewehrt, als die anderen mindestens zu sechst auf mir draufgelegen sind und auf mich eingeschlagen haben. Und nun soll trotz allem ich es sein, der wegen schwerer Körperverletzung bestraft wird? Das ist doch der schiere Hohn! Es kann und darf einfach nicht wahr sein. Solch eine Anklage darf nicht durchgehen. Niemals!“ Es war das letzte Fünkchen Hoffnung, mit dem sich August Mut zusprach. Traurig und hoffnungslos richtete er den Blick auf seine beiden Kinder, die auf dem Boden des Wohnzimmers ihre Spielsachen ausgebreitet hatten. Die vierjährige Ella, die emsig damit beschäftigt war, aus kleinen Holzwürfeln, die ihr Vater im vergangenen Winter für sie angefertigt hatte, einen möglichst hohen Turm aufzuschichten. Und der knapp zehn Monate alte Willi, der in

Windeseile auf allen vieren über den Teppich krabbelte und den Turm mit einer raschen Handbewegung zum Einsturz brachte. Was immer wieder dieselbe Reaktion zur Folge hatte: den empörten Aufschrei seiner älteren Schwester und das fröhliche, unbefangene Lachen ihres kleinen Bruders, der sich natürlich nicht der geringsten Schuld bewusst war. Wie auch? Wo es ihm doch solch ein Vergnügen bereitete, die Klötzchen umzuwerfen, die Ella gleich wieder aufschichten würde.

August seufzte tief. Ella und Willi! Wie friedlich sich diese Szene präsentierte. Vollkommen in ihr Spiel vertieft ahnten die Kinder nicht im Geringsten, was sich an Gefahren längst über ihrer Zukunft zusammenbraute. Schon um dieser Zukunft willen war es seine Pflicht als Vater, dem Treiben der braunen Machthaber unerschrocken entgegenzutreten. Zumindest hinter seiner eigenen Haustür hatten sie gar nichts mehr zu befehlen. Vielleicht würde es ihm ja doch gelingen, den Richter von seiner Unschuld zu überzeugen. Vielleicht gab es immer noch Richter, die sich nur dem Gesetz verpflichtet fühlten. Und nicht diesem Adolf Hitler und seinen Vasallen. Vielleicht würde ihm vor Gericht doch noch das Recht zuteil werden, das sie versuchten auf den Kopf zu stellen. Wenigstens an das Recht würde man sich als ehrbarer, redlicher Handwerker wohl noch voller Zuversicht klammern dürfen.

*

Wenige Tage später dann war die Hoffnung zerplatzt. Einfach zerplatzt. Am 24. Mai 1938 hatte die Verhandlung gegen den Blechner August Voll vor dem Badischen Amtsgericht in Sinsheim stattgefunden. Schon beim Betreten des mit einer Hakenkreuzfahne geschmückten Gerichtssaales war sich August schlagartig darüber bewusst geworden, dass er mit keinerlei Verständnis würde rechnen dürfen. Allein die düstere Miene des Richters sprach Bände. Dazu der missbilligende Blick aus dessen dunklen Augen, mit dem er den Angeklagten förmlich zu durchbohren schien. Mit schneidender Stimme verlas der Richter noch einmal den Inhalt der Anklageschrift. Die Tatsache der schweren Körperverletzung, die dem Blechner Voll zur Last gelegt wurde. Danach griff er nach einem weiteren Schriftstück, dessen Inhalt er ebenfalls wörtlich wiedergab. Ein Zeugenprotokoll, das anscheinend von der Sinsheimer Polizei angefertigt worden war. Mit ganz und gar eindeutigen Aussagen darin. Dass es sich bei August Voll um einen dorfbekannten Quertreiber und Unruhestifter handele, der in Kirchardt vom Bürgermeister schon wiederholt zur Ordnung gerufen worden war. Um einen gewaltbereiten Volksschädling, dem es anscheinend Vergnügen bereitete, die Ehrenzeichen der Partei zu beleidigen. Der zu allem Überfluss aus einer Familie stammte, die überwiegend mit den Sozialdemokraten, ja sogar mit den Kommunisten sympathisierte. Bis auf die einzige rühmliche Ausnahme in Person seines ältesten Bruders, des Weltkriegsveteranen Jakob Voll, der im Kampf für das Vaterland sogar einen Arm auf dem Feld der Ehre gelassen hatte. Und dem die Umtriebe seines kleinen Bruders nach eigener Aussage ein fürchterlicher Dorn im Auge waren. Schon des Öfteren sei es von Seiten des August Voll zu Unverschämtheiten und gar handgreiflichen Auseinandersetzungen gekommen. Aber während man bislang, immer aus Rücksicht auf seinen Bruder Jakob, Gnade vor Recht habe ergehen lassen und auf eine Anzeige verzichtet habe, sei es nunmehr hohe Zeit, das schädliche Treiben des unbelehrbaren Flaschners aktenkundig zu machen und vor Gericht zu bringen. Solche und weitere Aussagen zitierte der Richter, dessen Miene sich im Laufe seines Vortrags weiter verdüsterte. Es war nicht zu fassen! August Voll vermeinte, sich in einem bösen Traum zu befinden. Wie sie da hinter seinem Rücken agiert und all diese üblen Verleumdungen zusammengetragen hatten! Er konnte sie direkt vor sich sehen, jeden Einzelnen. Wer von ihnen welche Ungeheuerlichkeit zum Besten gegeben hatte und wie sich dabei ein hämisches Grinsen auf ihren Gesichtern breitmachte! Sie hatten ihm eine Falle gestellt und heute war der Tag der Vergeltung angebrochen. Ihrer Vergeltung. Von wegen Recht und Gesetz! Wieder einmal wurde dem jungen Handwerker schlagartig und schockhaft bewusst, wie aussichtslos die Sache war. Wie hilflos und verlassen er ganz alleine auf weiter Flur stand.

Was waren das für Worte, die der Richter da gerade eben gebraucht hatte? Was hatte er gesagt? Hatte ihn strengstens zur Mäßigung und Vorsicht ermahnt. Und dabei die Möglichkeit aufgezeigt, solche Volksschädlinge wie den Blechner Voll im Fall des Falles in eine Heilanstalt einweisen zu lassen, wenn der noch einmal solch ein ungebührliches Verhalten an den Tag legen würde. Zumal im Hinblick auf die Symbole der Partei. Widrigenfalls müsse man ihn dann eben der Obhut einer Irrenanstalt übergeben und ihm dort die entsprechende Behandlung angedeihen lassen.

Spielten ihm die überstrapazierten Nerven einen Streich? Oder hatte er dennoch richtig gehört. Waren es wirklich die Worte des Richters gewesen, die wie Donnerschläge in sein Bewusstsein gedrungen waren?

Nur unter Aufbietung all seiner Konzentration war es ihm möglich gewesen, dem Richter zu widersprechen. Mit lauter Stimme zu widersprechen, auch wenn sich nach den unglaublichen Äußerungen ein harter Kloß in seiner Kehle gebildet hatte. Dass er sich durchaus im Vollbesitz seiner Sinne befinde. Dass er sich im Übrigen verbitte, als womöglich Geisteskranker hingestellt zu werden. Auch die Androhung der Einweisung in eine Irrenanstalt überschreite das Maß des Erträglichen bei weitem – von der gesetzlichen Handhabe ganz zu schweigen –, hatte August, dessen Herz vor Aufregung heftig pochte, dem

Richter entgegengehalten. „Ich bin doch nicht geisteskrank! Man kann mir doch nicht mit einer Heilanstalt drohen und mich dorthin einweisen lassen! Das ist ein Unding! Unmöglich!"

Doch bei dem Richter schien diese selbstbewusst vorgetragene Replik nicht den geringsten Eindruck hinterlassen zu haben. Er stellte ein überlegenes Lächeln zur Schau und deutete auf das in Leder gebundene, mit einem Hakenkreuz versehene Gesetzbuch, das vor ihm auf dem Richtertisch lag. „Und ob es möglich ist. Ich verweise Sie in diesem Zusammenhang auf den Text des Reichsheimtückegesetzes vom 21. März 1933 – und zwar in seiner Fassung vom 20. Dezember 1934. Hier empfehle ich besonders die Lektüre des Paragraphen 130a RSTGB. Reichsstrafgesetzbuch", setzte der Richter knapp hinzu. Mit verschränkten Armen musterte er den verblüfften Angeklagten zufrieden. Dieser Warnschuss hatte gesessen! Und natürlich war der renitente Blechner immer noch genauso schlau wie zuvor. Denn natürlich hatte der keine Ahnung vom Inhalt dieses recht neuen Gesetzes, das gleichwohl ganz genau auf Leute seines Schlages zielte.

„Also, fuhr er schließlich langsam fort. „Für jedes als Volksschädling erkannte Subjekt liegt die Einweisung in eine Heilanstalt durchaus im Bereich des Möglichen. Das ist ja auch nur konsequent. Denn wer die Partei und ihre Symbole beleidigt, wer um sich schlägt und brave Volksgenossen bei der Ausübung ihres Einsatzes für Volk und Vaterland überdies sogar noch verletzt ... Wer sich also dermaßen aufführt, der muss im Kopf verwirrt sein! Das ist gar nicht anders möglich. Schreiben Sie sich das gut hinter die Ohren, Voll, und ziehen Sie die entsprechenden Schlüsse daraus. Auch den, dass ich Sie noch einmal mit Milde behandle: um ihres Handwerks willen, dem Sie, wie mir zur Kenntnis gegeben worden ist, in durchaus zufriedenstellender Art und Weise nachgehen. Und um ihrer jungen Familie willen. Seien Sie sich dieser Tatsache künftig aber wohl bewusst. Ich lasse also Gnade vor Recht ergehen! Ein allerletztes Mal!"

Falls August Voll nach diesen Worten eventuell die Hoffnung bewegt hatte, das Urteil laute trotz der finsteren Drohung mit der Irrenanstalt auf Freispruch, sah er sich unmittelbar danach bitter getäuscht. Denn der Strafbefehl vom 24. Mai 1938, den der Verurteilte gleich im Anschluss an das Verfahren ausgehändigt bekam, lautete folgendermaßen: „Auf Antrag der Staatsanwaltschaft wird gegen den am 21. 3. 1906 zu Kirchardt geborenen, in Kirchardt wohnhaften, verh. Blechner August Voll unter Annahme mildernder Umstände eine Gefängnisstrafe von einem Monat festgesetzt. Zugleich werden dem Beschuldigten die Kosten auferlegt. Der Strafbefehl ist vollstreckbar und rechtskräftig." Ein Monat Gefängnis in Heidelberg! Zudem hatte er die gesamten Kosten des Verfahrens zu tragen. Und dies alles trotz der hohen Schulden, die den jungen Handwerker durch den Hausbau noch drückten. Es war furchtbar! Gefängnis! Er, August Voll, ein verurteilter Sträfling! Allein diese Vorstellung: nicht auszuhalten für einen rechtschaffenen Menschen, als den er sich bislang immer gesehen hatte. Künftig also handelte es sich bei ihm um einen ehemaligen Sträfling. Diese Schande! Die er damit nicht nur über sich, sondern über die ganze Familie gebracht hatte.

Und dazu die Drohung mit der Anwendung dieses Reichsheimtückegesetzes. Der öffentlich geäußerte Hinweis auf eine mögliche Einweisung als Geisteskranker! Auch diesen Satz des Richters würden die zahlreichen Prozessbesucher aus Kirchardt, die bei der Verhandlung in Sinsheim anwesend waren, natürlich voller Freude genüsslich im Dorf verbreiten. Jetzt war August auch schlagartig klar geworden, weshalb sich die Zeugen in diesem Verfahren von Anfang an dementsprechend verhalten hatten. Worauf sie eigentlich gezielt hatten. Ein abgekartetes Spiel! Schon vor Beginn der Verhandlung waren sie genauestens instruiert worden, was sie zu sagen hätten. Deshalb hatte einer nach dem anderen vor dem Richter erklärt, man müsse befürchten, dass der August verrückt geworden sei. So, wie der sich bei der Auseinandersetzung benommen habe. Und auch sonst ...

Manch einer der angeblichen Zeugen hatte also auf diese Einweisung in eine Irrenanstalt gehofft und stellte jetzt ganz unverhohlene Enttäuschung zur Schau. Nur einen Monat! Und dann auch noch Gefängnis! Nicht das Irrenhaus! Das sie ihm doch so sehr gegönnt hätten, diesem ewigen Verweigerer! Die Ernüchterung in ihnen wich jedoch rasch der Schadenfreude, nachdem sie mit eigenen Augen erleben konnten, wie offensichtlich schwer getroffen sich August Voll nach dem Urteil zeigte. Die Fassungslosigkeit in seiner Miene. Die Leichenblässe. Wie er auf den Stuhl des Angeklagten niedersank, vor Schock und Entsetzen minutenlang unfähig, sich überhaupt zu äußern. Von wegen Freispruch! „Aber mich haben sie doch niedergeschlagen ...", murmelte er später wieder und wieder. „Ich war doch das Opfer ..."

Nun gut, wenn dieses in ihren Augen viel zu milde Urteil eine solche Wirkung ausübte, dann hatte es sich am Ende ja dennoch gelohnt. Und selbst die Androhung der Einweisung in die Heilanstalt schien dem Voll beinahe genauso an die Nieren zu gehen, als habe man ihn schon dorthin gesteckt. Der August Voll, einer, von dem man nicht mehr so recht wissen konnte, ob er wohl verrückt geworden sei. Diese Worte des Richters machten wie ein Lauffeuer die Runde im Dorf.

Dementsprechend sprachlose Betroffenheit herrschte in der Familie des künftigen Häftlings. Diese Schande! Während Wilhelm und Heinrich hilflos mitansehen mussten, wie die Mutter tagelang immer wieder wie aus heiterem Himmel in bittere Tränen ausbrach, während der Vater stumm und bis in sein Innerstes tief getroffen der täglichen Arbeit nachging, präsentierte sich Jakob, ihr ältester Bruder, genau so, wie sie es erwartet hatten. Außer sich vor Wut tobte er in der Küche seines Elternhauses herum. Brüllte Worte wie Schande, Sträfling, Volksverhetzer und Geisteskranker durch die Gegend. Und dies, obwohl doch die Tatsache nicht aus der Welt zu diskutieren war, dass er selbst, Jakob, kräftig bei der Anzeige gegen seinen Bruder mitgemischt hatte. August, Wilhelm und Heinrich verstanden die Welt nicht mehr.

Am schlimmsten aber war es zuhause. In der Vorstadtstraße. Die Reaktion seiner Frau Emilie, als er ihr den Urteilsspruch auseinandergesetzt hatte. Die Bitternis in ihren Augen. Dieses hilflose Entsetzen. Die völlige Verzweiflung. „Und was ist mit mir und den Kindern? Wie sollen wir denn über die Runden kommen – mit den ganzen Schulden? Und wenn du dann auch noch einen ganzen Monat lang gar nicht arbeiten kannst. Wenn ... wenn du ... wenn du im Gefängnis bist“, schluchzte Emilie am Ende ihrer Selbstbeherrschung.

„Und wann ... wann wirst du gehen müssen?“ August zuckte ratlos mit den Schultern. „Das haben sie nicht gesagt. Auf jeden Fall nicht gleich. Ich weiß es nicht.“ Ein sonderbares Gefühl. Da hatten sie ihn also zu dieser Gefängnisstrafe verurteilt, ihn über deren Beginn jedoch im Unklaren gelassen. Wie ein Damoklesschwert würde die Ungewissheit in den nächsten Wochen über ihnen schweben. Vielleicht handelte es sich auch dabei um vollste Absicht. Um sie ein weiteres Mal zu quälen – und ihre Macht und Überlegenheit zu demonstrieren? Zuzutrauen wäre es ihnen. Andererseits: „Vielleicht vergessen sie es ja. Wer weiß ...“, murmelte August leise.

Emilie ließ ein hysterisch klingendes Lachen ertönen. „Vergessen! Das glaubst du ja wohl selbst nicht! Die vergessen nichts! Niemals!“ Ohne ein weiteres Wort für ihren Mann drehte sie sich um und schleppte sich mit müden Schritten zum Schlafzimmer, dessen Tür sie hinter sich verschloss. Ein ersticktes Schluchzen war das Einzige, was die Kinder an diesem Nachmittag von ihrer Mutter noch hörten. Was war nur geschehen? Weshalb war die Mutter so traurig? Und weshalb glitzerte es auch in den Augen des Vaters so feucht? Ella konnte sich nicht erklären, was passiert war. Denn dass der Vater ins Gefängnis sollte? Nein, sie musste sich verhört haben. Denn der Vater war doch ein so fleißiger Mann. Das sagte selbst der Glaser-Opa – und der war ja ein angesehener Mann im Dorf. Was aber war es dann, weshalb die Mutter und der Vater so traurig waren? Was war denn nur passiert? Hoffentlich war es bald wieder vorbei. Und alles wieder gut. Das Mädchen faltete die Hände und murmelte ein leises Gebet, so wie sie das vom Glaser-Opa gelernt hatte. „Ich bin fromm, dass ich in den Himmel komm. Und der Vater und die Mutter auch. Bitte, lieber Gott, mach, dass alles wieder gut ist!"

So gingen die Wochen ins Land und so mancher Kirchardter wunderte sich, dass der August noch immer auf freiem Fuß war. Wo der doch vom Gericht in Sinsheim rechtskräftig verurteilt worden war. Auf einen Monat Gefängnis hatte das Urteil gelautet. Wieso konnte der dann immer noch frei herumspringen und seiner Arbeit nachgehen. Den ganzen Sommer über. Selbst der Herbst war schon längst angebrochen. Wie war das nur möglich? Hatte der Voll etwa irgendetwas „gedreht"? Womöglich mithilfe seines Bruders Jakob, der ja diesbezüglich über die besten Verbindungen verfügte? Aber wie passte dies dann mit den abfälligen Äußerungen zusammen, die sie aus dem Mund des Einarmigen immer wieder in Bezug auf dessen Bruder August vernehmen konnten? Und auch die nervöse Unruhe, von der selbst die obersten der NSDAP im Dorf immer befallen wurden, wenn die Frage auf den Beginn der Gefängnisstrafe von August Voll kam. Man würde Erkundigungen einziehen. In Sinsheim. Bei der Kreisleitung direkt. Dort würde es sicherlich eine befriedigende Erklärung für die Verzögerung geben. Auf alle Fälle würde dem Voll das freche Lachen schon noch vergehen, das sie in der letzten Zeit in seinem Mienenspiel wieder festzustellen schienen. Egal, wie trickreich der es auch angestellt hatte, sie würden ihn schon kleinkriegen. Während sich die einen also mit dieser Art von Gedanken plagten, erwies sich die Situation in Wirklichkeit auch für August Voll als kaum noch erträglich. Tatsächlich schwebte die Haftstrafe wie eine schwarze Wolke über seinem Kopf.

Diese wochenlange Ungewissheit. Die allmählich aufkeimende Hoffnung – wider alles bessere Wissen war sie nicht aus den Gedanken zu bekommen. Das erschreckte Zusammenzucken, wenn der Briefträger plötzlich vor ihm stand. Die Angst, dass der entscheidende Brief dieses Mal unter der Post wäre. Was war schlimmer? Dieses unerträgliche Warten, die Unsicherheit? Das Gefühl, als Spielball missbraucht zu werden? Es zerrte gewaltig an den Nerven. Bei August genauso wie bei Emilie. Es war nicht zu übersehen, wie schwer diese Bürde auf der Seele der jungen Frau lastete, deren früher so fröhliches Lachen seit Wochen schon nicht mehr erklungen war. Was ihrem Ehemann beinahe das Herz zerriss. Aber was sollte er tun? Er war machtlos. Völlig machtlos. Ausgeliefert der Willkür von Leuten, die er abgrundtief verabscheute. Die das Leben der gesamten Familie zur Qual machten. Absichtlich.

*

Die Nacht vom 9. auf den 10. November 1938, die in der darauffolgenden Woche als die „Reichskristallnacht" in den Zeitungen feierlich gewürdigt werden würde. Die Nacht war eiskalt gewesen und so hatte es einen feinen Raureif gegeben an diesem kühlen Novembermorgen.

Wie mit einer weißen Schicht aus strahlendstem Puderzucker bestäubt, präsentierte sich die Wiese vor Ellas Augen geradezu mit einem märchenhaften Schimmer, als das viereinhalb Jahre alte Mädchen, Hand in Hand mit dem Glaser-Opa, aus dem Haus trat. Auf der Miene von Adam Ebert, dem für gewöhnlich meist recht in sich gekehrten, tiefreligiösen und ruhigen Mann, spiegelte sich heute Morgen ein ganz besonders trauriger Ernst. Gerade so, als drückten den Großvater schwere Sorgen. Zumindest war es Ella so erschienen, als der alte Mann vor wenigen Minuten die Küchentüre geöffnet hatte und die Enkelin mit merkwürdig belegter Stimme fragte, ob sie Lust habe, ihn zu einem Spaziergang in das benachbarte Berwangen zu begleiten. „Aber zieh ihr etwas Warmes an", hatte er seine Tochter Emilie gebeten. „Es ist kalt heute Morgen. Besonders kalt sogar." Fröstelnd rieb er sich die Oberarme. „Es wird einen frühen Winter geben", setzte er leise noch hinzu. „Einen viel zu frühen Winter. Und bitterkalt wird es in Deutschland werden. Eisig kalt!"

Überrascht sah Emilie auf, die sich selbst seit Wochen schon in dieser tiefen Traurigkeit gefangen fühlte, die sie seit der demütigenden Nachricht von Augusts Verurteilung ergriffen hatte. Die junge Frau musterte ihren Vater mit einem besorgten Blick. Es war doch sonst nie seine Art gewesen, sich in irgendeiner Form über das Wetter auszulassen. Das sei ihnen vom Herrgott so gegeben, wie es eben sei und glücklicherweise könne es kein Mensch beeinflussen. Welchen Sinn machte es also, sich überhaupt Gedanken zum Wetter zu machen und sich darüber in mancherlei Art und Weise zu beschweren, pflegte er bei solchen Gelegenheiten immer wieder zu argumentieren. Und jetzt so etwas! Zu allem Übel schien Adam Ebert tatsächlich zu frieren. Es war nicht zu übersehen, wie er sich nach wie vor hastig die Arme massierte. Ausgerechnet er, der stolze Mann, der sonst niemals irgendeine Schwäche zeigte. Der Kirchendiener Adam Ebert präsentierte sich den Augen seiner erschrockenen Tochter an diesem Morgen erstmals als frierender, kränkelnder Greis, der tief gebeugt von ernsten Sorgen in die Küche getreten war.

Wenig später hatte Ella von der Mutter ihren dicken Strickpullover und den Wintermantel übergezogen bekommen und ergriff die Hand ihres Großvaters, um mit Freuden zu dem angekündigten Spaziergang nach Berwangen aufzubrechen. Endlich herauszukommen aus dieser seltsam bedrückten Atmosphäre, die schon seit Wochen auf dem Leben im Haus in der Vorstadtstraße lastete. Schon aus diesem Grund konnte sie es kaum mehr erwarten, bis der schöne Ausflug in Kirchardts Nachbarschaft endlich beginnen würde. Es war den beiden beinahe schon zum geliebten Ritual geworden, zumindest einmal im Monat die schätzungsweise zweieinhalb Kilometer am Birkenbach entlang in südlicher Richtung nach Berwangen zurückzulegen, wo sich in früheren Jahren die allzu früh verstorbene Frau des Großvaters, die Großmutter Luise, so oft und anscheinend auch gerne aufgehalten hatte. Die Mutter Luise habe zu ihren Lebzeiten einen herzlichen Kontakt mit den dort wohnhaften Juden gepflegt, hatte Emilie ihrer Tochter erst kürzlich einmal erzählt. Vor allem auf manche von den Judenfrauen habe sie einen tiefen Eindruck gemacht, die sogenannte „schwarze Frau“. So hatten die jüdischen Frauen von Berwangen Luise Ebert nämlich üblicherweise genannt, ihrer tiefschwarzen Haare und des dunklen Teints wegen. Und immer habe sie den Judenfrauen etwas abgekauft. „Diese Leute müssen doch auch von etwas leben“, habe sie gemeint, wenn ihr Adam Ebert aus diesem Grund wieder einmal Vorhaltungen gemacht habe, wegen ihrer allzu freigiebigen Art und Weise. Dass sie doch noch einen viel besseren Preis hätte heraushandeln können und Ähnliches mehr habe der Vater ins Feld geführt. Doch Luise Ebert habe dann jedes Mal nur ihr mildes Lächeln erstrahlen lassen und mit einer entwaffnenden Geste die

Arme ausgebreitet. Damit war der Widerstand des Glasers endgültig in sich zusammengebrochen und mit einem resignierten Seufzer auf den Lippen hatte er genickt. Genau so waren die Diskussionen zwischen den beiden immer ausgegangen. Kein Wunder also, dass sogar eine Abordnung der jüdischen Gemeinde von Berwangen zu Luises Beerdigung erschienen war und dass die jüdischen Händler auch noch viele Jahre nach Luise Eberts Tod gern gesehene Gäste im Haus des Glasers und Kirchendieners Adam Ebert gewesen waren, mit dem sie über alle Glaubensgrenzen hinweg dennoch ein unsichtbares Band zu verbinden schien.

War es auf diese enge Bekanntschaft seit Großmutters Zeiten zurückzuführen oder schlichtweg einfach auf die Tatsache, dass im Nachbardorf Berwangen Menschen lebten, die einen anderen Glauben praktizierten als die Bewohner von Kirchardt, was Enkelin und Großvater mit geradezu magischer Anziehungskraft regelmäßig hierher zog? Womöglich auch deshalb, weil es sich bei diesen um Juden handelte, um das faszinierende Volk der Bibel? Des Alten Testaments. In deren Land einst doch alles begonnen hatte. Geheimnisvoll, faszinierend – schlichtweg eine andere Welt. Kein Wunder also, dass Ella diese Ausflüge mit dem Großvater in vollen Zügen genoss und es kaum erwarten konnte, bis sie wieder einmal Hand in Hand, zumeist schweigend ihren Weg nach Süden einschlugen und mit weit ausholenden Schritten ihrem Ziel entgegenstrebten. Vorbei an den Weinbergen und Obstwiesen, die sich zwischen den beiden Dörfern ausbreiteten. Bis dann nach einer guten Viertelstunde schon in der Ferne die christliche Kirche von Berwangen ins Blickfeld kam und ebenso der am östlichen Dorfrand an der Hangseite über Berwangen gelegene jüdische Friedhof mit seinen teilweise prächtigen Grabmalen. Es bedurfte bei diesen Spaziergängen auch niemals vieler Worte zwischen dem Großvater und seiner Enkelin. In stummer

Übereinstimmung und Vorfreude auf das Ziel schritten sie zufrieden aus.

Doch am heutigen Morgen war alles anders. Irgendwie bedrückend, ja geradezu angsteinflößend. Ella konnte sich die merkwürdige Stimmung, die wie Mehltau auch auf ihr Gemüt zu drücken begann, überhaupt nicht erklären. Was war denn nur geschehen? Auch im Dorf selbst, so schien es ihr, huschten die Menschen rasch aneinander vorbei. Gerade so, als vermieden sie es peinlichst, die anderen womöglich grüßen zu müssen. Oder gar einige belanglose Sätze miteinander zu wechseln. So wie dies doch eigentlich der Brauch im Dorf war. Am besten, man wurde gar nicht erst gesehen oder geriet in den Blickkontakt des Gegenübers. Eigenartig. Plötzlich hatte der Großvater die Hand seines Enkelkindes wesentlich fester gedrückt, als dies sonst der Fall war, dann hatte er unvermittelt innegehalten, schon kurz nachdem sie Kirchardt hinter sich gelassen hatten. Obwohl sie also doch noch lange nicht am Ziel waren.

„Ich muss dir etwas sagen, Ella", hatte er kaum hörbar mit rauer Stimme geflüstert. „Es ist etwas Furchtbares geschehen in der vergangenen Nacht!"

Es hätte dieser unheildrohenden Ergänzung gar nicht bedurft: So merkwürdig unsicher und zitternd hatte die Stimme des Großvaters geklungen. Dem Mädchen war die tiefe Verunsicherung nicht entgangen, die aus dieser Stimme sprach. Von dem angsterfüllten Ausdruck in Großvaters Augen ganz zu schweigen.

„Was ist denn passiert, Großvater? Ist es so schlimm, was du mir sagen musst?"

Der alte Mann schluckte trocken, schien sogar mit den Tränen zu kämpfen. Dann atmete er einmal tief durch und beugte sich auf Augenhöhe zu seiner Enkelin hinunter, die er mit einem unsicher flackernden Blick musterte, bevor er schließlich mit seiner Erklärung begann. „Sie ... sie haben gestern Abend einen Brand gelegt. Sie haben die Kirche der Juden in Berwangen angezündet. Die Synagoge ist niedergebrannt worden. Zerstört bis auf die Grundmauern."

„Angebrannt? Wer hat das denn getan?"

Der Großvater zuckte traurig mit den Schultern und blieb seiner Enkelin die Antwort lange schuldig. Dann jedoch straffte er seinen Rücken und streckte den Arm weit aus in Richtung auf das Dorf, von dem gerade die Rede gewesen war. Und tatsächlich: Dort hinten war eine dünne graue Rauchwolke zu sehen. Von ihrem jetzigen Standpunkt aus betrachtet gleich neben der christlichen Kirche. An der Stelle, an der die Synagoge der Juden stand. Angebrannt? Jetzt war ihr auch klar, was die Ursache des merkwürdigen Geruches sein konnte, der schon seit einigen Minuten so sonderbar unangenehm in der Luft gelegen hatte. Brandgeruch!

Wortlos schritten die beiden weiter, ohne dass der Großvater näher auf ihre Frage eingegangen wäre. Eine weitere Viertelstunde später hatten sie in Höhe des jüdischen Friedhofs den oberen Siedlungsrand von Berwangen erreicht, von dem aus beinahe das ganze Dorf zu überblicken war. Der Brandgeruch war immer stärker und stechender geworden. Je mehr sie sich Berwangen genähert hatten.

„Da schau nur ganz genau hin, Ella, was diese Leute angerichtet haben!" Der alte Kirchendiener nahm den Hut vom Kopf und beschrieb mit seinem weit ausgestreckten Arm einen Kreis, der über die noch immer qualmenden Reste der Synagoge hinausdeutete. „Das alles haben sie gemacht: das Gotteshaus in Schutt und Asche gelegt, den Friedhof der Juden geschändet, ihre Häuserwände beschmiert, die Schaufenster der Judenläden eingeworfen und die Möbel von den Juden auf dem Sportplatz verbrannt, die in den letzten Wochen ausgewandert sind. Dies und viele genauso schlimme Dinge mehr, das haben sie getan!"

Erschrocken schlug das Mädchen die Hand vor den Mund und starrte fassungslos auf die Überreste der zerstörten Synagoge. „Aber weshalb denn? Weshalb haben sie das getan? Was haben die Juden denn gemacht, dass man ihnen so etwas antun musste?“, flüsterte Ella mit vor Entsetzen vibrierender Stimme. „Waren das wohl die bösen Leute?“ Nur allzu deutlich erinnerte sich das Mädchen in diesem bedrückenden Augenblick an die Worte des Vaters von den „bösen Leuten“, wie er sich immer auszudrücken pflegte, wenn seine Tochter wieder einmal hatte wissen wollen, was ihn und die Mutter denn so traurig mache.

Dann ... dann hatte der Vater also vielleicht doch nicht unrecht gehabt, wenn er immer sagte, dass es sich bei seinen Gegnern um böse Leute handele. Um die Männer, die ihn ins Gefängnis stecken wollten. Denn nur böse Leute konnten so etwas Furchtbares tun. Es handelte sich um dieselben Leute, die nun auch die Synagoge in Berwangen niedergebrannt hatten. Die zu allem Übel auf dem Friedhof der Juden noch Grabsteine umgeworfen hatten. Aus reiner Lust und Laune heraus. Raserei, blinder Hass, Neid und Missgunst. Als sei es diesen schlimmen Menschen gestattet, sogar noch die Toten zu bestrafen. Wofür auch immer zu bestrafen. Denn, welches Verbrechen die Berwanger Juden begangen haben sollten, Lebende wie Tote, das konnte dem Mädchen keiner sagen. Nur so viel: dass es eben böse Männer waren, die so etwas anrichteten. Mehr wollte oder mehr durfte der Großvater ihr anscheinend nicht sagen.

„Ja, das waren diese schlimmen Männer“, nickte der alte Kirchendiener bekümmert. „Da hast du ganz recht. Das sind tatsächlich genau diejenigen, die auch deinen Vater geschlagen haben und jetzt noch ins Gefängnis stecken wollen. Und hier sehen wir, was sie anrichten. Nein, es liegt weiß Gott kein Segen auf ihren Handlungen. Im Nachhinein muss ich deinem Vater so gesehen wirklich recht geben. Sie haben üble Dinge getan und noch viel Übleres im Sinn. Doch der Herr wird sie eines Tages dafür bestrafen. Da bin ich mir ganz sicher.“ „Und dann müssen die anderen ins Gefängnis rein, nicht der Vater?“, fragte das Mädchen mit einem hoffnungsvollen Augenaufschlag. Doch Adam Ebert zuckte bei dieser impulsiven Frage seiner Enkelin nur verlegen und ratlos mit den Schultern. „Ich hoffe es, Ella. Bei Gott, ich hoffe es …“ Verstohlen wischte er sich mit dem Handrücken eine Träne aus dem Auge.

Schweigend und nachdenklich starrten die beiden von ferne auf die verkohlten Reste des ehemaligen jüdischen Gotteshauses, das in der vergangenen Nacht der Zerstörungswut einer blindwütigen und rasenden Meute zum Opfer gefallen war. Ein Schicksal, das die Berwanger Synagoge mit so vielen anderen im ganzen Reich zu teilen hatte. Wie ein Unheil ankündigendes Leichengerippe ragten die verbrannten schwarzen Balken in den düsteren grauen Himmel dieses Novembertages hinein.

Ein aufgeregt mit den Händen fuchtelnder Mann machte sich nun bei den Trümmern unten an der Synagoge zu schaffen. Als wenn er auf der Suche nach etwas wäre. Braun gekleidete Männer kamen dazu. Ausgelassene laute Rufe waren zu hören. Ganz offenkundig hatten sich einige von ihnen schon um diese frühe Morgenstunde kräftig dem Alkohol gewidmet. Womit sich auch ihr unsicher schwankender Gang erklären ließ. „Da schau, das ist ihr Anführer. Der Allerschlimmste. Ich kenne ihn gut. Das war einmal ein ganz normaler Mensch – bis er sich von den Parolen der Hitlerleute hat vergiften lassen“, nickte Adam Ebert bekümmert in Richtung seiner Enkelin. „Das ist der Hühner-Frieder. Der war in der Nacht anscheinend der Rädelsführer. Und jetzt ist er auch noch stolz auf das, was er da angerichtet hat. Sieh nur, wie er dasteht und sich feiern lässt. Es ist entsetzlich. Wie sie mit einem Mal völlig außer Rand und Band geraten sind! Was sollen wir nur tun, um ihnen Einhalt zu gebieten? Wo soll diese Saat der Gewalt denn um alles in der Welt noch hinführen? Aber wer ist Manns genug, ihnen mutig und unerschrocken gegenüberzutreten?“ Ratlos schüttelte der alte Glaser Ebert seinen Kopf und gab sich selbst die traurige Antwort. „Ich weiß es nicht. Ist weiß es wirklich nicht ...", flüsterte er kaum hörbar. „Vielleicht wäre es wirklich besser gewesen, wir hätten es alle so gemacht wie der August. Wenn damals schon alle zusammengestanden hätten ... Wehret den Anfängen! Schon in der Heiligen Schrift steht es doch geschrieben!" Er nahm die Hand seiner Enkelin und musterte das Mädchen mit einem hoffnungslosen Blick. „Komm, Ella, lass uns gehen. Ich kann den Anblick nicht mehr ertragen!" Mit raschen Schritten strebten sie auf demselben Weg wieder zurück nach Kirchardt, über den die beiden erst vor einer knappen halben Stunde an den Ort dieses ungeheuerlichen Geschehens gekommen waren. Niemals mehr würde Ella diesen heutigen Vormittag vergessen. Der Anblick der in Trümmern liegenden Synagoge, das traurige Fazit ihres Großvaters samt der aussichtslosen Hilflosigkeit, die selbst das viereinhalbjährige Mädchen verspürte. Sie würde sich immer daran erinnern.

Die Synagoge von Berwangen ist in der sogenannten „Reichskristallnacht", der Nacht vom 9. auf den 10. November 1938, in Flammen aufgegangen. Genauso wie das jüdische Gotteshaus in Grombach, zwei Kilometer nördlich von Kirchardt. Gelegt worden sind die Feuer nachweislich von SA-Leuten aus Berwangen, Grombach und Kirchardt. Natürlich auf sogenannte „Anweisung von oben". In ein und derselben Nacht.

*

Die Geschichte der Jüdischen Gemeinde von Berwangen reicht zurück bis in die Anfänge des 18. Jahrhunderts. Teilweise setzte sich die Bevölkerung dieses Kraichgaudorfes bis zu einem Anteil von 20 Prozent aus Juden zusammen – das waren bis zu 194 Menschen. Im Jahr 1933 zählt man zwar nur noch 33 Juden, doch selbst diese wenigen Familien spielten durchaus noch eine wichtige

Rolle in dem Dorf und auch in der ganzen Umgebung. Viele Viehhändler waren unter ihnen – Berwangen galt zu jener Zeit als eine der bedeutendsten Viehhändlergemeinden in ganz Nordbaden.

All jene, die selbst nach der unseligen Reichskristallnacht noch an eine Wende zum Besseren geglaubt und nicht die allerletzte Chance zum Auswandern wahrgenommen hatten, haben diese Hoffnung mit dem Leben bezahlt. Im Oktober 1940 wurden die letzten Berwanger Juden in das Lager GURS nach Südfrankreich deportiert. Die meisten von ihnen wurden 1942 in Auschwitz ermordet. Die Häuser der Berwanger Juden, die sie meist um ein Spottgeld hatten verkaufen müssen, sind danach von Deutschen bewohnt worden. Nur zwei der ehemaligen jüdischen Einwohner von Berwangen sind nach dem Ende des Zweiten Weltkriegs in ihr Heimatdorf zurückgekehrt: Abraham und Edda Gutmann – und das weitere Zusammenleben im Dorf gestaltete sich dementsprechend schwierig. Natürlich haben sie auch wieder ihr altes Haus bezogen und haben später angeregt, einen Gedenkstein für die ausgelöschte jüdische Gemeinde von Berwangen zu errichten, haben sich darum gekümmert, dass der Judenfriedhof nicht völlig zerfallen ist, und haben die Erinnerung an die Geschichte wachgehalten. Alles Dinge, die in jenen Jahren der Verdrängung nach dem Schock des Zweiten Weltkriegs nicht sonderlich willkommen gewesen sind bei der Bevölkerung. Man wollte doch am liebsten gar nichts mehr mit den unseligen alten Geschichten zu tun haben. Sie bloß nicht mehr aufwärmen. Im Jahr 1974 ist Edda Gutmann gestorben. Ihrem letzten Wunsch entsprechend hat man sie auf dem jüdischen Friedhof in Berwangen begraben. Dort, wo auch ihr Mann und ihre Vorfahren begraben sind. Mit dem Tod von Edda Gutmann ist die über 200-jährige Geschichte der jüdischen Gemeinde von Berwangen endgültig zu Grabe getragen worden.

*

Es war am Morgen des 15. November 1938, als Wilhelm Voll aufgeregt in die Flaschnerwerkstatt seines Bruders August stürmte.

Überrascht sah der Flaschnermeister von seiner Arbeit auf und bedachte seinen Bruder mit einem fragenden Blick: „Ja, Helm, was ist denn mit dir heute Morgen los? Hat dich eine Hummel gestochen, oder wie?"

Wilhelm lachte bitter auf. „Von wegen Hummel! Das wäre mir zehnmal lieber gewesen als das, was ich mit eigenen Augen habe sehen müssen! Sie werden wirklich immer dreister und unverschämter ..."

August konnte sich nur allzu gut denken, von wem wohl die Rede war. Er legte seine Stirn in ernste Falten. „Du meine Güte. Was haben sie denn jetzt wieder angestellt?"

„Man hält es nicht für möglich, aber es ist so. Ich habe es ja wie gesagt selbst mitansehen müssen ..."

„Was mitansehen müssen? Jetzt sag halt schon?"

Immer noch war Wilhelm Voll sichtlich darum bemüht, seine Fassung wiederzuerlangen. Er atmete tief durch, dann begann er endlich mit seiner Erklärung.

„Ich habe gesehen, wie der Emil einer Judenfrau den Hintern verhauen hat. Dieses Schwein!"

„Wie bitte?!" August meinte, sich verhört zu haben. „Was soll das denn heißen: den Hintern verhauen?"

„Der hat die arme Frau, es war eine von den Berwanger Juden, die in Kirchardt etwas hat verkaufen wollen, einfach zu sich hergewunken. Das heißt, nicht gewunken, sondern befohlen vielmehr. Du kennst ja seine Art. Und die Frau ist natürlich zu ihm hingegangen. Was hätte sie auch andere tun sollen? Seit dem Synagogenbrand weiß man ja, wozu diese Herrenmenschen fähig sind!" In einer hilflosen Geste breitete Wilhelm die Arme aus. „Auf jeden Fall ist die Frau also zu ihm hinübergegangen. Und da hat er sie sofort gepackt, ihr die Hose heruntergezogen und sie direkt auf das nackte Hinterteil gehauen. Immer wieder. Und gelacht hat er dabei. Aus vollem Hals gelacht! Es war ... zum Verzweifeln!"

„Diese Barbaren!"

„Die arme Frau hat geschrien und gebettelt, er möge sie doch bitte loslassen. Aber er hat nur gelacht und erst recht draufgehauen. Es war nicht mehr mitanzusehen!" Wieder unterbrach sich Wilhelm kopfschüttelnd und bedachte seinen Bruder mit einem kummervollen Blick. „Ich habs einfach nicht mehr ausgehalten. Ich habe das nicht mehr ertragen können. Also bin ich zu ihm rübergelaufen und habe ihm gesagt, dass er sofort aufhören solle. Doch er hat mir nicht einmal eine Antwort gegeben, sondern einfach weitergemacht. Dann sind noch zwei von seinen Kumpanen dazugekommen und haben mir verboten, auch nur einen einzigen weiteren Schritt zu tun. Sonst erginge es mir genauso wie meinem unbelehrbaren kleinen Bruder! Haben sie gesagt."

„Diese Lumpen!"

Eine Zeitlang herrschte völlige Stille in der Werkstatt. Jeder der Brüder hing seinen eigenen bitteren Gedanken nach. Es war schließlich Wilhelm, der sich leise räusperte. „Und weißt du, was das Allerschlimmste für mich war? Dass so viele von unseren braven Kirchardtern lachend im Kreis um die arme Frau herumgestanden sind. Die haben sich am Unglück der Jüdin noch geweidet, während die anderen sich ganz schnell in die Häuser geflüchtet haben: Nur ja nichts sehen oder hören müssen!"

August nickte zerknirscht. „Das ist es ja gerade: Wenn wir uns alle einig wären, dann hätten diese Kerle doch nicht die geringste Chance. Aber so ..."

„Die arme Frau. Ich selber, das muss ich zugeben, hab mich dann natürlich auch nicht mehr getraut, etwas zu unternehmen. Auch das mache ich mir jetzt zum Vorwurf. Wenigstens sagen hätte ich etwas müssen. Schon der Frau wegen. Aber ich habe es nicht getan. Und mich damit mitschuldig gemacht. Es war wirklich eine furchtbare

Szene. Irgendwann hat sie der Kerl dann losgelassen und unter dem Gejohle von der ganzen Truppe ist sie weinend davongerannt ..."

„Fürchterlich. Ausgerechnet der Bucher! Sonst für alles und jedes zu blöde. Aber um wehrlose Leute zu verhauen, dafür reicht es dann grade noch!"

„Allerdings. Und das Schlimmste an allem ist auch noch, dass der sich öffentlich damit brüsten darf, im Recht zu sein. Dass er die Rückendeckung von ganz oben hat. Hast du heute Morgen schon die Zeitung gelesen?"

„Nein. Und ehrlich gesagt, ich mag sie auch eigentlich gar nimmer lesen. Ich rege mich jedes Mal nur furchtbar darüber auf, was so alles in der Zeitung steht. Und kann doch nichts dagegen machen. Ich lege sie immer gleich dort hinüber an den Ofen – zum Feueranzünden. Wahrscheinlich bestelle ich sie demnächst am besten ganz ab", deutete August zu dem kleinen Ofen hinüber, mit dem er an kalten Tagen die Werkstatt heizte.

„Na, dann sage ich es dir, was da drinsteht. Es ist nämlich der Freibrief für genau solche Demütigungen wie sie der Emil begangen hat." Wilhelm bückte sich herunter und holte die Zeitung von dem Stapel, auf den sie sein Bruder am Morgen achtlos geworfen hatte. „Da, schau. Gleich auf der ersten Seite steht es. Dieser Artikel da, der eine Verordnung vom 11. November im Reichsgesetzblatt bejubelt. Ich lese es dir vor. Doch, hör zu!", beharrte Wilhelm entschieden auf seinem Vorhaben, obwohl August rasch eine ablehnende Handbewegung beschrieben hatte. „Das muss man einfach wissen, es passt nämlich völlig ins Bild. So allmählich begreife ich, worauf die ganzen übersteigerten Judenverfolgungen hinauslaufen. Die wollen an das Geld der Juden. Darum geht es ihnen in Wirklichkeit. Um nichts anderes. Hör zu, was da steht: ‚Die feindliche Haltung des Judentums gegenüber dem deutschen Volk und Reich erfordert entschiedene Abwehr und harte Sühne. Den Juden deutscher Staatsangehörigkeit in ihrer Gesamtheit wird die Zahlung einer Kontribution von einer Milliarde Reichsmark an das Deutsche Reich auferlegt.‘ Das ist doch ungeheuerlich, oder?“

„Eine Milliarde Reichsmark? Das ist ja ...“ August verschlug es angesichts der eben gehörten Summe beinahe die Sprache. „Wie sollen die Juden denn solch eine gewaltige Summe aufbringen? Und wofür das alles, bitte? Etwa deshalb, weil man ihnen die Synagogen angezündet und ihre Geschäfte geplündert hat? Dafür sollen sie nun uns auch noch eine Entschädigung zahlen? Nicht etwa wir ihnen! Das ist ja widersinnig!“

„Da hast du vollkommen recht! Es ist genauso irrsinnig wie all die anderen Dinge, die sich direkt vor unseren Augen abspielen. Die Opfer dürfen sich hinterher bei den Tätern dafür entschuldigen, dass sie all diese Demütigungen haben erfahren müssen. Wie gesagt, das kennen wir ja leider zur Genüge – am eigenen Beispiel. Der eine wird windelweich verprügelt – und dafür muss er dann zur Strafe wegen Körperverletzung auch noch ins Gefängnis ...“, ein bitteres Lächeln zuckte um die Mundwinkel von Wilhelm Voll, als er sich diese Anspielung auf die Gasthausschlägerei vom vergangenen Frühjahr nicht verkneifen konnte, bei der sein Bruder beinahe zu Tode geprügelt worden war. „Gibt es inzwischen eigentlich irgendeinen Anhaltspunkt dafür, ob sie diese Strafe bei dir tatsächlich noch vollziehen wollen? Da sind doch sicherlich auch gewisse Fristen zu beachten, in denen das dann geschehen muss. Und wenn sie diese nicht einhalten, dann könntest du womöglich doch noch ohne das Gefängnis davonkommen, oder?“

August ließ ein trockenes Lachen vernehmen. „Das glaubst du doch selber nicht, Helm. Das wäre zu schön, um wahr zu sein. Aber die werden mich schon rechtzeitig ins Gefängnis zitieren, da bin ich mir ganz sicher. Vielleicht wollen sie die Geschichte ja absichtlich noch ein bisschen weiter in die Länge ziehen, um mich ein paar Monate lang in genau diesem Schwebezustand zwischen

Hoffen und Bangen zu halten. Und mir damit eben ein paar Seelenqualen mehr zufügen. Es ist tatsächlich ein furchtbares Gefühl, wenn ständig dieses Damoklesschwert über dir hängt und wenn du wider besseres Wissen eben dennoch hoffst, dass sie die Strafe nicht vollziehen werden. Es wäre ja wirklich wunderbar, wenn dieser Kelch an mir vorübergehen könnte. Aber ich will darauf lieber keine Hoffnungen setzen und hinterher dann umso schlimmer enttäuscht werden. Wer weiß, was sie in aller Heimlichkeit womöglich schon längst beschlossen haben ...“ Der junge Handwerker fuhr sich mit einer müden Handbewegung über die Schläfen. „Aber egal, wann das mit dem Gefängnis der Fall sein wird – und egal, ob ich die Strafe absitzen muss oder nicht: Mich werden sie damit dennoch nicht kleinbekommen. Deswegen nicht! Nicht mich!“

„Dich nicht ..., aber die Emilie vielleicht“, warf Wilhelm mit sorgenvoll gerunzelter Stirn vorsichtig ein. „Die scheint mir mit dieser Geschichte doch ganz besonders schwer umzugehen, August. Bedenke bitte, was es für deine Frau bedeuten muss. Diese Ungewissheit ...“

„Darüber habe ich mir auch ohne deinen brüderlichen Rat tatsächlich schon einmal Gedanken gemacht“, fuhr August zornig auf. „Entschuldigung. Es war nicht so gemeint, wie es geklungen hat, Helm“, hob er im selben Augenblick seine Hände in die Höhe. „Du kannst mir glauben, mich lässt das alles auch nicht kalt. Und natürlich sehe ich auch, wie die Emilie darunter leidet. Genauso wie unser Vater. Aber wo gibt es einen Ausweg für mich? Soll ich etwa die Hände in den Schoß legen und auch zu all dem schweigen, was diese Kerle da tun und treiben? Nein, Wilhelm, das kann ich einfach nicht. Ich denke sogar, dass es meine Christenpflicht ist, eben nicht den Mund zu halten. Und schau doch, wohin es führt, wenn ihnen keiner mehr in die Parade fährt. Dann können sie mit den Juden umspringen, wie sie wollen. Als wenn auch nur ein einziger von diesen armen Menschen ihnen jemals etwas zuleide getan hätte.“ Wilhelm Voll nickte ernst. „Du hast ja recht. Sie scheinen sich alle geradezu einen Sport daraus zu machen, die Juden zu quälen. Mit einem Mal. Es ist wie ein Flächenbrand, der alle erfasst hat! Da sind Leute mit dabei ... bei denen hätte ich so etwas nie und nimmer für möglich gehalten!“

„Und dazu gehört natürlich auch in vorderster Reihe der Hengsthalter. Klar, der ist ja jetzt vollends einer von den ganz fanatischen Judenhassern geworden!“

„Dabei weiß der nicht einmal, weshalb das so ist. Denn wenn der sich noch daran erinnern würde, wie er selbst doch noch vor höchstens zehn, 15 Jahren ganz und gar anders dahergeredet hat. Und zwar immer dann, wenn er mit seinem Gaul einen guten Preis bei den Juden hat erzielen wollen. Da ist er den Juden damals vor lauter Freundlichkeit und tausend Bücklingen doch beinahe in den Hintern gekrochen!“

*

Die Tage gingen bleiern ins Land. Als laste ein zentnerschweres Gewicht auf seiner Seele, das ihm mit unbarmherziger Gewalt ganz langsam und beharrlich alle Kraft aus dem Leib drückte, so schien es August Voll, der sich nicht einmal mehr in der Lage sah, tröstende Worte für seine Ehefrau Emilie zu finden, die noch stärker unter der Ungewissheit zu leiden schien. Und auch die Beschäftigung mit seinen Kindern, die ihm doch in früheren Tagen immer so viel Freude bereitet hatte, verschaffte seinen Seelenqualen keine Linderung mehr.

Dann – es war der Vormittag des 13. Dezember – kam der entscheidende Brief. Nicht mit dem Postboten, sondern durch den Gemeindediener persönlich wurde der Brief übermittelt. Schon am Umschlag war zu erahnen, dass vom Inhalt des Schriftstückes nichts Gutes zu erwarten war. Dazu das maliziöse Lächeln, das um die Lippen des Gemeindedieners spielte, als er mit einem lauten „Heil Hitler!" die Flaschnerwerkstatt betrat. „Post für dich, August. Aus Sinsheim!" Mit absichtlich lauter Stimme hatte er den Absender des Briefes verkündet, so dass es auch für Emilie Voll zu hören war, die neben dem Dachvorsprung des Schuppens damit beschäftigt gewesen war, Brennholz zu einem hohen Stapel aufzuschichten. „Um Gottes willen!" Erschrocken schlug die junge Frau ihre Hand vor den Mund, während August mit aschfahler Miene auf den Umschlag starrte. „Also doch!", murmelte er heiser. „Sie haben mich also doch nicht vergessen ..."

„Nein, das haben sie nicht. Natürlich nicht!", grinste der Gemeindediener sichtlich zufrieden angesichts der entgeisterten Reaktion des notorischen Querulanten, der nun also endlich bekam, was er verdiente. „Hier", deutete er auf ein zweites Blatt in seinen Hände. „Hier unterschreiben! Die Quittung, dass du den Brief von mir persönlich am heutigen Vormittag ausgehändigt bekommen hast. Da hast du einen Bleistift. Und jetzt: dein Autogramm, bitte!" Mit zitternden Händen quittierte August den Empfang des Briefes. Dann drehte er sich um und schritt grußlos ins Haus, ohne sich noch um den Gemeindeboten zu kümmern. Nein, vor den neugierigen Augen dieses Mannes wollte er den Brief keinesfalls öffnen. Obwohl sich beide über den Inhalt des Schreibens gleichwohl im Klaren waren.

Er bemerkte nicht einmal, wie Emilie leise hinter ihm ins Wohnzimmer getreten war, während er sich langsam auf das Sofa niederließ und eine Zeitlang schweigend auf den Umschlag starrte. „Komm, das hilft nun auch nichts mehr." Es war Emilies Hand, die von hinten sachte auf seine Schulter drückte. „Bringen wir es hinter uns, August. Soll ich ihn öffnen?"

Anstelle einer Antwort schüttelte August nur stumm den Kopf. Er fingerte sein Taschenmesser aus der Hosentasche, klappte es auf und begann mit übertriebener Sorgfalt den Umschlag an seinem oberen Rand langsam aufzuschlitzen. Gerade so, als gewähre er sich damit eine allerletzte Galgenfrist. Es war nur ein einziges Blatt Papier, das in dem Umschlag steckte. Und der Inhalt des gedruckten Formschreibens samt seinen hand- und maschinenschriftlichen Ergänzungen war eindeutig. So, wie er dies schon lange befürchtet hatte, handelte es sich jetzt um die Anordnung zum Vollzug des Strafbefehls. Eine Anordnung, die am 12. Dezember in Sinsheim ausgestellt worden war. Damit waren auch die letzten Hoffnungen auf eine Haftverschonung endgültig zerstoben. Um den am 24. Mai 1938 ergangenen Strafbefehl nun zu vollziehen, war der „Blechner August Voll, geb. am 21. März 1906 in Kirchardt, wegen erschwerter Körperverletzung auf den 2. Januar 1939 zum Strafantritt geladen". Er habe sich dazu im Gerichtsgefängnis in Heidelberg einzufinden.

Ein Monat Haft! Also doch! Eine Katastrophe! Schlimmer noch als die Gerichtsverhandlung, weit schlimmer als das Urteil. Denn jetzt war es Fakt. Jetzt war nicht mehr daran zu rütteln: August würde ins Gefängnis müssen. Als Sträfling. Der erste Voll, der jemals ins Gefängnis gesteckt worden war. Diese Schande! Ach, hätte sich in diesem Augenblick doch nur der Boden unter seinen Füßen aufgetan und ihn für immer verschluckt! Aber nichts dergleichen geschah. Nur aus den Augenwinkeln nahm er wahr, wie sich seine bitterlich weinende Frau zum Schlafzimmer schleppte und die Tür leise hinter sich abschloss. Es sollte Tage dauern, bis Emilie sich zumindest einigermaßen gefangen hatte und sich wieder dazu in der Lage sah, die beiden Kleinen zu versorgen. Ella und Willi schliefen in der Zwischenzeit bei Augusts Mutter Wilhelmine. Selbst wenn aus den Augen der Mutter des Öfteren kummervolle Tränen über die Wangen rannen, wenigstens eine Person in der Familie musste jetzt die Nerven behalten. Denn auf den Vater hatte die Nachricht vom baldigen Haftantritt seines Sohnes gewirkt wie ein Donnerschlag. „Mein Sohn ein Zuchthäusler!“ Das war sein einziger Kommentar gewesen, während er betroffen und müde aus dem Haus in der Vorstadtstraße wankte. Am nächsten Morgen konnte der Vater das Bett nicht verlassen. Der alte Mann sei sehr schwer erkrankt, hatte ihnen der Arzt mit ernster Miene auseinandergesetzt, nachdem er Jakob Voll senior einer eingehenden Untersuchung unterzogen hatte. Man müsse mit dem Schlimmsten rechnen.

*

Welch ein trauriges Weihnachten bescherte das Jahr 1938 für die junge Familie in der Kirchardter Vorstadtstraße. Für August Voll, Emilie und ihre beiden kleinen Kinder, die noch nicht ganz fünf Jahre alte Ella und den zweieinhalbjährigen Willi. Es war das Mädchen, dessen helle Stimme unvermittelt die drückende Stille durchbrach. „Du, Vater?“ August hob überrascht den Kopf und blickte in die erwartungsvolle Miene seiner Tochter, die den Vater neugierig musterte. „Ob du dann aber wohl zu meinem Geburtstag kommen kannst? Ob du wieder da bist, wenn ich schon fünf Jahre alt werde? Du bist dann doch wieder da, nicht wahr?“ Eine im Grunde genommen harmlose Kinderfrage, die auf August freilich wirkte, als habe man ihn direkt in die Magengrube getroffen.

„Wie lange wird das wohl dauern, dass du weg sein musst bei den bösen Männern?“, bohrte Ella weiter, nachdem von ihrem Vater keine Antwort gekommen war. Doch August blieb weiterhin stumm.

„Mutter, kannst du es mir sagen?“, ließ Ella nicht locker.

Die Folge war ein bitteres Seufzen ihrer Mutter: „Ganze vier Wochen wird der Vater weg sein“, murmelte sie leise.

„Vier Wochen?“ Ella schien angestrengt zu überlegen. „Und ich habe am 22. Januar Geburtstag. Das weiß ich nämlich schon.“ Sie runzelte konzentriert die Stirn und versuchte die Tage bis zum Geburtstag an den Fingern abzuzählen, aber es wollte ihr einfach nicht gelingen. Voller Hoffnung richtete sie ihren Blick ein weiteres Mal auf ihren Vater. „Bis dahin bist du doch schon längst wieder da, oder?“

Ein Klopfen an der Wohnzimmertüre ersparte August Voll für diesen Augenblick die bittere Antwort. Kurze Zeit später stand Wilhelm vor ihnen, Augusts älterer Bruder. Allein dessen bekümmerter Gesichtsausdruck sprach Bände. Und August war sich sofort darüber im Klaren, um welche Sorgen es sich nur handeln konnte. „Unserem Vater geht es gar nicht gut. Er liegt jetzt schon den ganzen Tag im Bett und kann nicht einmal mehr aufstehen. Ich fürchte, es geht allmählich zu Ende mit ihm!“

Voller Schrecken schlug Emilie die Hände vor das Gesicht. „Auch das noch. Hört es denn gar nicht mehr auf? Als ob die Sache mit der Gefängnisstrafe nicht schon schlimm genug wäre. Was haben wir nur verbrochen, dass das Elend dermaßen über uns hereinbricht?“

Wilhelm ließ sich langsam auf den Stuhl neben seiner Schwägerin sinken. „Das frage ich mich auch schon die ganze Zeit. Und dazu noch dieser Unfrieden in der eigenen Familie. Sogar jetzt, an Weihnachten! Du solltest einmal den Jakob hören. Der tobt herum wie ein Irrer und schreit die ganze Zeit, daran sei der August schuld. Der habe seinem Vater das Herz gebrochen. Ein Sträfling in der eigenen Familie! Ein Zuchthäusler! Und jetzt habe er zu allem Überfluss auch noch den eigenen Vater auf dem Gewissen!“

„Zuchthäusler!“ Emilie fuhr empört in die Höhe. „Wie kann der Jakob so etwas behaupten? Der August ist doch kein Schwerverbrecher! Und schon gar kein Zuchthäusler! Das ist nicht wahr! August, sag du doch auch einmal etwas!“ Die junge Frau bedachte ihren Ehemann mit einem entschlossenen Blick. Doch von August kam immer noch keine Antwort. Still und in sich zusammengesunken hockte er nach wie vor auf dem Sofa und kaute bitter auf seiner Unterlippe.

Beschwichtigend hob Wilhelm die Hand, als er bemerkte, wie der Ärger aus Emilie herauszubrechen drohte. „Mir brauchst du das alles weiß Gott nicht zu sagen. Und August ja auch nicht. Das Schlimme ist nur, dass dein Schwager Jakob von nichts anderem mehr redet als von der schmachvollen Gefängnisstrafe, die er als Zuchthaus bezeichnet!“

„Du hast recht“, nickte Emilie achselzuckend. „Bei dem ist glaube ich sowieso Hopfen und Malz verloren. Der würde vermutlich sogar seinen eigenen Bruder verleugnen, wenn es um irgendwelche Parteisachen geht. Allein, wie wütend ich den damals wegen der Schlägerei gesehen habe. Dass er zugeschaut hat, ohne dem August zu helfen. Wie kann man in aller Seelenruhe dabei zusehen, wie der eigene Bruder halb totgeprügelt wird, Wilhelm?“

Wilhelm zog es vor, die Frage unbeantwortet zu lassen. Gut, dass Emilie anscheinend nicht bis ins letzte Detail wusste, wie schlimm es wirklich zugegangen war. Dass Jakob dem am Boden liegenden Bruder sogar selbst noch seinen Stiefel in den Unterleib getreten hatte! Emilie schüttelte heftig den Kopf. „Nein, von dem ist wohl tatsächlich nichts an Hilfe zu erwarten. Aber er könnte jetzt wenigstens seinen Mund halten, das könnte man schon auch von einem Menschen wie ihm erwarten. Jetzt, wo der August so furchtbar bestraft worden ist. Und wir gleich mit. Denn was das für ein Gefühl ist, durchs Dorf laufen zu müssen und die Leute hinter deinem Rücken tuscheln zu hören, dass dein Mann demnächst ins Gefängnis käme, das ist wirklich nichts Schönes, das kannst du mir getrost glauben.“ Wilhelm nickte unglücklich, während er sich erhob und zu seinem Bruder hinübertrat, dem er fürsorglich die Hand auf die rechte Schulter legte. „Das kann ich mir schon vorstellen. Durchaus. Dass ihr euch nun mitbestraft fühlt. Klar, das ist alles andere als angenehm. Das glaube ich dir. Aber an solche Dinge hat der August natürlich nicht gedacht damals, als er den Hitlergruß verweigert hat ..."

„Ich fürchte, selbst wenn er daran gedacht hätte: Er hätte es dennoch getan", entgegnete Emilie mit einem bitteren Blick auf ihren Ehemann.

„Ja, da magst du recht haben. Aber er kann halt nicht aus seiner Haut. Und im Grund genommen hat er ja recht. Wenn es nur mehr solche Leute wie den August gäbe, dann wäre das alles gar nicht so weit gekommen."

„Es ist aber so weit gekommen", parierte Emilie die Verteidigungsrede ihres Schwagers kühl. „Die anderen sind halt schlauer als mein Mann und ducken sich rechtzeitig, bevor sie etwas abbekommen. Er dagegen, er drückt noch absichtlich den Rücken durch, damit sie ihn auch ja nicht übersehen können. Als wenn ein Mann alleine auf weiter Flur etwas bewegen könnte! Und dass es ausgerechnet auch noch mein Mann sein muss!"

„Aber recht hat er trotzdem", verteidigte Wilhelm beharrlich den jüngeren Bruder, der nach wie vor stumm und anscheinend völlig teilnahmslos vor sich auf den Boden starrte. „Da bin ich wirklich auf seiner Seite und alle anderen aus der Familie auch – bis auf den Jakob eben, in seiner ganzen Verbohrtheit."

„Aber dennoch: Du prügelst dich doch auch nicht ständig mit den anderen von der Partei, oder? Zumal es die überwältigende Übermacht ist!" Emilie schien in ihrer grenzenlosen Verbitterung und Depression keinerlei Neigung zu verspüren, einfach klein beizugeben und die Worte ihres Schwagers unwidersprochen im Raum stehen zu lassen. Zu tief hatte sich die Verbitterung über die eigenmächtige und unüberlegte Handlungsweise ihres Ehemannes in der jungen Frau festgesetzt. Weshalb nur schien August denn niemals daran zu denken, welche Folgen es für sie und die Kinder zeitigte, wenn er sich wieder einmal in aller Öffentlichkeit mit den im doppelten Sinn des Wortes starken Männern im Dorf anlegte. „Du weißt doch auch, wann es besser ist, lieber den Mund zu halten, oder? Du denkst ja vielleicht oft genug ziemlich dasselbe wie der August. Aber du bist immerhin schlau genug, es nicht ständig und überall laut hinauszuposaunen. Nicht wahr?“ Dieses Argument hatte seine Wirkung nicht verfehlt.

Eine Zeitlang herrschte nun wieder nahezu völlige Stille in der Stube – nur das monotone Klacken der großen Wanduhr war zu hören. Wie ein unheilverkündendes Menetekel schwang das Pendel der Uhr von der einen auf die andere Seite. Auch den Kindern war die beklemmende Atmosphäre nicht verborgen geblieben, die zwischen den Erwachsenen herrschte. Selbst der kleine Willi traute sich nicht, auch nur einen Mucks von sich zu geben.

„Tja“, wagte es Wilhelm nach geraumer Zeit dennoch, die beklemmende Stille mit einem langgezogenen Seufzer zu durchbrechen. „Glaube mir, Emilie“, er nahm seine Schwägerin bei diesen Worten ernst ins Visier, „ich wäre froh, wenn ich von unseren Eltern denselben Mut mit in die Wiege gelegt bekommen hätte wie mein Bruder August. Aber es ist eben nicht so. Ich ... ja ich ziehe immer rechtzeitig den Schwanz ein. Aber nicht etwa, wie du denken magst, aus Klugheit oder gar aus kühler Abwägung heraus. Sondern aus Feigheit. Einzig und allein aus Feigheit. Und genau deshalb bin ich stolz darauf, so einen Bruder wie den August zu haben. Da können all die anderen vom Schlage meines unglückseligen Jakob sagen und herumproleten, was sie wollen. Ich bin stolz auf meinen Bruder!“, betonte er mit Nachdruck jedes Wort seines letzten Satzes.

Wieder entstand eine Pause, in der die beiden niedergeschlagenen Menschen sorgenvoll den eigenen Gedanken nachhingen. Ab und zu richteten sie verstohlene Blicke auf August, von dem jedoch noch immer keinerlei Bewegung ausging. Immer noch hockte er völlig in sich zusammengesunken, mit gesenktem Kopf in der Ecke des Sofas. Wie das sprichwörtliche Häufchen Elend! Dieser früher so aufrechte und selbstbewusste Mann! Nein – so konnte und durfte der Tag nicht enden! Einem plötzlichen Impuls folgend klatschte Wilhelm unvermittelt in die Hände. „Schluss jetzt mit der ganzen Trübsal. Immerhin ist es doch heute Heiliger Abend. Da sollte man sich doch freuen über die Geburt des Christkindes und nicht in einem Wirrwarr aus Kummer und Sorgen verstricken. Da will man doch freudige Gesichter sehen." Er nickte zu den beiden Kleinen hinüber. „Schaut doch auf das Geschenk, das euch das Schicksal mit diesen beiden lieben Kindern gegeben hat. Gerade für die Kinder soll doch heute ein schöner Tag sein. In zwei Stunden beginnt der Gottesdienst in der Kirche. Das ist sowieso immer der schönste Gottesdienst im ganzen Jahr. Wisst ihr was? Da gehen wir alle zusammen hin. Ich hole euch nachher ab. Meine Hilde wird sich freuen, wenn sie neben der Ella sitzen darf. Also einverstanden? Machen wir es so?" Erwartungsfroh stemmte Wilhelm seine Hände in die Hüften. „Ihr kommt alle mit und wir sitzen nebeneinander in der Kirche ..."

„... wenn der Pfefferle die Predigt hält?", fiel Emilie ihrem Schwager zweifelnd ins Wort. „Müssen wir uns ausgerechnet an Weihnachten den Pfefferle auch noch anhören?"

Unwirsch zog Wilhelm die Stirn in tiefe Falten. „Ja, Emilie, das müssen wir. Du weißt selbst, wie sehr mir das ganze Parteigetue von dem Pfefferle ganz gewaltig auf die Nerven geht. Aber heute ist Weihnachten. Heiliger Abend vielmehr. Da wird auch der nicht umhinkönnen, die frohe Botschaft zu verkünden. Egal, was er sonst so an unsäglichen Predigten schwingt. Heute wird die Geburt unseres Erlösers gefeiert. Heute gehen wir in die Kirche. Und zwar alle zusammen! Ganz bewusst auch vor aller

Augen, damit sie sehen, welchen starken Zusammenhalt es in der Familie Voll immer noch gibt. Wir gehen alle gemeinsam: du, der August und die Ella – und auch den Willi nehmen wir mit. Der darf dann auch einmal sehen, was für ein wunderschöner Christbaum in der Kirche steht. Den hat der andere Opa gestern am Abend noch geschmückt, wisst ihr? Euer Glaser-Opa", bückte er sich zu den beiden Kindern herunter, auf deren Gesichtern sich ein erwartungsfrohes Lächeln zeigte. „Es ist wirklich ein herrlicher Weihnachtsbaum. Das müsst ihr einfach einmal gesehen haben. Ihr werdet stolz auf den Opa sein, da bin ich mir ganz sicher." Und an seine zweifelnde Schwägerin gewandt, fuhr Wilhelm mit Nachdruck in der Stimme fort: „Das darf man den Kindern einfach nicht vorenthalten, Emilie." Unternehmungslustig klatschte er in die Hände. „Und anschließend an die Kirche wird dann bei uns Heiliger Abend gefeiert. So traurig die Zeiten auch sein mögen: Das muss am heutigen Tag einfach sein. Wir können uns doch nicht alles kaputt machen lassen, schon gar nicht unseren Seelenfrieden – sonst haben wir von vorneherein verloren. Die nächsten Monate werden ohnehin hart genug verlaufen. Ein bisschen Lebensfreude zwischendrin: Das ist schlicht und einfach überlebensnotwendig. Und", mit einem fröhlichen Zwinkern in den Augen beugte sich Wilhelm ein weiteres Mal zu den Kindern herunter. „So viel ich weiß, hat das Christkind auch etwas für euch bei uns abgegeben."

„Für uns?", staunte Ella, in deren Augen es freudig zu glitzern begann.

„Ja, für euch", bestätigte der Onkel lächelnd. „Und es darf dann nach der Kirche geöffnet werden, hat das Christkind zur Tante gesagt. Also: Machen wir es so? Erst gehen wir in die Kirche und dann anschließend zu uns – und zu den Geschenken. Ja?"

Die Antwort erfolgte postwendend in Form eines doppelten Jubelschreis aus fröhlichen Kinderkehlen. Voller

Begeisterung umklammerten Ella und Willi die Beine ihres Onkels. „Na also. Damit ist doch wohl alles klar, oder?" Wilhelm bedachte seinen Bruder und die Schwägerin mit einem fragenden Blick.

Während August eher teilnahmslos mit den Schultern zuckte, schien Emilie kurz zu überlegen. Dann sah sie dankbar zu Wilhelm auf, während sie sich mit dem Handrücken eine Träne von der Wange wischte. „Du hast recht Wilhelm. So machen wir es. Wir können uns doch nicht jeden Tag kaputt machen lassen vor lauter Sorgen. Schon um der Kinder willen. Das stimmt. Es muss doch auch noch eine Zukunft für uns geben dürfen." Nun aber schaffte sie es nicht mehr, die so lange unterdrückten Tränen weiter zurückzuhalten. Nun endlich ließ sie all der wochenlangen Anspannung freien Lauf. Es war das Beste, was sie machen konnte.

*

Der Heilige Abend, Weihnachten, die sogenannte „Zeit zwischen den Jahren", Silvester, Neujahr: Die Zeit schien plötzlich mit Riesenschritten zu vergehen. Und schon war der 2. Januar 1939 angebrochen, der Tag, an dem der 32 Jahre alte August Voll seine Strafe im Gefängnis von Heidelberg anzutreten hatte. Um exakt 9 Uhr 15 hatte er sich am Tor des Gefängnisses gemeldet. Die genaue Uhrzeit des Strafantritts ist in den erhalten gebliebenen Akten penibel vermerkt worden.

Abschied am frühen Morgen des 2. Januar 1939. Es war noch völlig dunkel draußen und eisig kalt. August Voll hatte die ganze Nacht über nicht in den Schlaf gefunden. Zu heftig pochten die Schmerzen in seinem Magen, zu schwer lasteten die Gedanken an die kommenden Wochen im Gefängnis auf seiner Seele. So leise wie möglich war er aufgestanden und hatte seinen alten Lederkoffer ergriffen, in den ihm Emilie am gestrigen Abend die wenigen Sachen gepackt hatte, die er in das Gefängnis mitbringen durfte. Nicht einmal einen Kaffee hatte er mehr zu sich nehmen wollen. Nur fort jetzt. Die Verabschiedung von seiner Frau so kurz wie möglich machen. Er drückte der mit offenen Augen im Bett liegenden Emilie einen hastigen Kuss auf die Wange, öffnete noch einmal vorsichtig die Tür des Kinderzimmers, in dem seine beiden Kleinen friedlich schliefen, dann verließ er die Wohnung ohne ein weiteres Wort des Abschieds. Es wäre zu viel gewesen. Ein Wort nur, und all der aufgestaute Kummer hätte sich Bahn gebrochen. Zu welchem Nutzen? Den Kloß im Hals herunterschlucken und weg. Schnell weg. Er hastete durch das Treppenhaus hinunter und ließ die Haustür leise hinter sich wieder ins Schloss fallen. Fröstelnd zog er die Arme enger an den Leib und nahm einen tiefen Atemzug von der kalten Morgenluft. Das tat gut. Noch einmal. Er spürte, wie sich die frische Luft in seiner Lunge verteilte, merkte, wie sie ihm neue Kraft verlieh. Weiter jetzt. Nicht, dass er sich womöglich verspätete. Der Weg nach Grombach zur dortigen Bahnstation würde eine gute halbe Stunde in Anspruch nehmen. Von Grombach aus dann, wie es für viele andere Kirchardter tägliche Praxis war, mit dem Zug in Richtung Sinsheim, Heidelberg. Nur, dass die anderen zur Arbeit fuhren, von der sie abends wieder zurückkommen würden. Er aber hatte seine Strafe im Gefängnis anzutreten. Ein ganzer Monat bis er wieder zuhause wäre. Wie er diese Schmach überstehen sollte! Die unverhohlen wissend grinsenden Gesichter der Fahrgäste auf dem Grombacher Bahnsteig sorgten dafür, dass ihn der Kummer in diesem Augenblick nicht übermannte, sondern dass Ärger in ihm hochstieg. Ärger aufgrund dieser schadenfrohen Blicke, mit denen sie ihn bedachten. Nur allzu klar war er sich über die spöttischen Gedanken dieser Leute. Doch immerhin hatten sie ihn wenigstens von dem ganzen Elend abgelenkt, in das er sich so hoffnungslos verstrickt sah. Und um der Wahrheit die Ehre zu geben: Es gab auch ganz andere Blicke, die ihn verstohlen streiften. Mitleidige Blicke. Teilnahmsvolle Mienen. Vielleicht war es ja Einbildung. Aber dennoch schien es ihm, als wüssten alle Bescheid, wohin ihn seine Reise heute Morgen führen würde. Selbst Leute, die er doch gar nicht kannte. Doch welche Rolle spielte das eigentlich noch? Die Tatsachen waren unabänderlich. Erst in einem Monat würde er wieder zurückkehren. Hoffentlich würde sich der Vater bis zu diesem Zeitpunkt wieder erholt haben. Denn bei der Krankheit des Vaters ging es mittlerweile tatsächlich um Leben oder Tod.

Aus diesem Grund war ihm am gestrigen Abend der Abschied von seinem Vater besonders schwergefallen. Die Ungewissheit, ob es nicht ein Abschied für immer gewesen war. Die furchtbare Qual, das Unglück in den Augen des Kranken. Sie war dem von der Krankheit schwer gezeichneten Vater bedrückend deutlich anzusehen gewesen, diese enttäuschte Betroffenheit. Dazu die mit ersterbender Stimme geflüsterte, kaum noch wahrnehmbare Frage, ob der August also nun am nächsten Morgen tatsächlich ins Gefängnis gehen müsse. Ob er sich deswegen verabschieden wolle. Gefängnis! Kraftlos hatte der alte Mann in all seiner Verzweiflung den Kopf von der einen auf die andere Seite bewegt. Eine trotz allem mehr als deutlichen Geste! Und wieder das beinahe unhörbare Gemurmel des Todkranken: der eigene Sohn ein Sträfling! Abkommandiert zum Tütenkleben in der Gefängniswerkstatt. Ein ausgebildeter Handwerker, der Tüten klebt! Unfassbar! Diese Schande ...

Unvermittelt hatte ihn sein älterer Bruder Jakob dann mit der gesunden rechten Hand grob an der Schulter gepackt und August aus dem Krankenzimmer geschubst. Vor Kummer und Schmerz angesichts der bedrückenden Szenerie am Krankenbett des Vaters war August nicht in der Lage gewesen, sich gegen diese rabiate Behandlung zur Wehr zu setzen. Willenlos hatte er es mit sich geschehen lassen müssen. Ohne auch nur ein weiteres Wort zu verlieren, hatte Jakob die Türe hinter August ganz absichtlich mit vernehmlicher Lautstärke ins Schloss fallen lassen. Keine Verabschiedung mehr zwischen den Brüdern. Keinerlei Mitgefühl. Nichts.

*

Erst am gestrigen Tag hatte August das Dorf verlassen, um in Heidelberg seine Gefängnisstrafe anzutreten, da verschlechterte sich der Zustand des Vaters dramatisch. Er würde sterben müssen. Diese Erkenntnis war bis in das Bewusstsein des Kranken gedrungen. Es würde nicht mehr lange gehen mit ihm. In einer gewaltigen Kraftanstrengung gelang es dem Vater, mit einigermaßen deutlicher Stimme seine Frau Wilhelmine und den Sohn Wilhelm an das Krankenbett zu rufen. Er habe nur noch einen einzigen, letzten Wunsch in diesem Leben. Noch einmal möge man es dem Sterbenden ermöglichen, seinen Sohn August sehen zu dürfen und doch noch den Frieden mit ihm zu machen. „Ich will nicht so aus dieser Welt scheiden müssen. Nicht im Streit mit meinem August. Was habe ich dem armen Jungen für schlimme Vorwürfe gemacht! Dass er ein Sträfling sei, ein Verbrecher, dass er die Familienehre in den Dreck gezogen habe, dass wir alle uns für ihn schämen müssten und so weiter ...“, flüsterte der alte Mann mit allmählich ersterbender Stimme. „Nein, so darf es nicht enden. Ich habe mich in dieser Hinsicht viel zu sehr in etwas hineinsteigern lassen. Und gar nicht daran gedacht, wie schlimm es doch für den August sein muss, ins Gefängnis zu gehen. Und dann auch noch begleitet von solch bitteren Abschiedsworten. Nein, es darf nicht das letzte Wort zwischen uns gewesen sein. Ich möchte mit meinem August noch ins Reine kommen, bevor ich gehen muss. Bitte! Bitte erfüllt mir diesen letzten Wunsch in meinem Leben. Bitte fragt auf dem Rathaus nach, ob es denn nicht möglich wäre, dass mich der August noch einmal besuchen kann. Ich ... es wird nicht mehr lange dauern mit mir. Ich fühle es – und der Arzt hat es euch doch sicher auch bestätigt. Beinahe vier Wochen soll es aber noch dauern, bis der August wieder entlassen wird. Vier Wochen! Ich werde es so lange nicht mehr schaffen. Bitte, appelliert an ihre Barmherzigkeit. Ein einziges Mal nur sollen sie Milde walten lassen. Auch wenn ich genau weiß, wie der Hengsthalter und all die anderen über unseren August denken. Doch in diesem Fall sollen sie es wenigstens um meinetwillen versuchen. Und um der Menschlichkeit willen. Das werden sie doch schaffen, Wilhelm, oder?"

Es zerriss Wilhelm Voll beinahe das Herz, als er seinen Vater so elend vor sich auf dem Sterbelager sah. Dieser flehende Ausdruck in den trüb gewordenen Augen. Dieses beinahe weinerliche Flüstern, das am Ende kaum noch zu verstehen war. Die unsägliche Mühe, die es dem Todkranken bereitete, seine Bitte zu formulieren. Das Zittern, das den Mann nach dieser Anstrengung nun erfasst hatte. Die Schweißperlen auf seiner Stirn. Das fahle Gelb seiner Haut. Nein, so elend hatte er den Vater noch nie im Leben sehen müssen. Diesen kräftigen, arbeitsamen Mann, zu dem er als Kind doch immer voller Stolz und Bewunderung aufgeblickt hatte. Stark wie ein Baum! Und nun lag dieser Mann als armseliges Häufchen Elend vor ihm. Hegte nur noch einen einzigen Wunsch in seinem erlöschenden Leben. Wilhelm räusperte sich unbehaglich. „Einfach wird es nicht werden, Vater. Und wie macht man das überhaupt? Wohin sollen die sich dann wenden? Ich fürchte, die werden sich noch sturer zeigen, als sie das uns gegenüber ja sowieso schon an den Tag legen. Ebendarum, weil sie den August so sehr verachten. Also, ich denke, es kann uns – wenn überhaupt - nur gelingen, wenn wir den Jakob auf unsere

Seite bringen. Wenn der dann dazu bereit ist, auf das Rathaus zu gehen und seine Parteifreunde zu überzeugen, dass sie irgendwelche Gesuche stellen. Ja, dann könnte es klappen. Aber nur dann. Und ihr wisst: Das mit dem Jakob und dem August, das ist ja auch so eine Sache ..."

„Aber Wilhelm!" Die Augen der Mutter füllten sich mit Tränen. „Das kann doch nicht wahr sein! Sie müssen ihren Streit doch endlich einmal beenden. Beim Wunsch seines eigenen Vaters wird der Jakob doch ein Einsehen haben. Beim letzten Willen des eigenen Vaters! Es ist seine Pflicht als Christenmensch! Alles andere darf keine Rolle spielen. Dieser elende Streit. In der eigenen Familie! Er muss uns diesen Dienst erweisen! Das muss er einfach. Ich werde ihn schon dazu bringen. Seiner Mutter gegenüber wird er sich doch nicht verweigern können. Und um seines Vaters willen muss er jetzt eben über seinen Schatten springen. Es muss einfach sein!" Schluchzend stürmte Wilhelmine Voll aus dem Schlafzimmer, riss auf dem Flur hastig ihren Mantel von der Garderobe und stürmte aus dem Haus. Sie würde es ihrem Ältesten schon beibringen, was sich im Angesicht des Todes dem Vater gegenüber ziemte! Selbst wenn sie die Hand gegen den eigenen Sohn würde erheben müssen: Dieses Mal würde sie nicht nachgeben. Würde nicht die Augen vor den Problemen verschließen und einfach wegsehen. So wie sonst immer. Dieses Mal nicht. Es musste sein! Das war der Jakob seinem Vater schuldig.

Voller Zweifel massierte sich Wilhelm Voll mit der rechten Hand die schmerzende Stirn. Viel zu viel war am heutigen Tag schon auf ihn eingestürmt. Nachdem bereits ganz früh am Morgen die weinende Mutter vor ihm gestanden hatte und ihrem Sohn erklärte, dass es mit dem Vater allem Anschein nach nun tatsächlich zu Ende ginge. Obwohl sie doch am gestrigen Abend erstmals wieder etwas Hoffnung geschöpft hatten. Als selbst der Kranke mit erstaunlich klarer Stimme geäußert hatte, er fühle sich ein klein wenig besser als in den vergangenen Tagen. Und dann solch eine furchtbare Wendung. Unverzüglich war Wilhelm Voll zu Dr. Sturm, dem Dorfarzt, geeilt und hatte den Mann mit dringenden Worten gebeten, ihn zum Krankenbett seines Vaters zu begleiten. Dort angekommen, hatte der Mediziner allerdings nur einen kurzen Augenschein benötigt, sich langsam umgewandt und mit allen Anzeichen des Bedauerns die Achseln gehoben. Draußen auf dem Flur seines Elternhauses hatte Wilhelm Voll aus dem Mund des Arztes jenes Fazit vernehmen müssen, das er sich in Wahrheit längst selber hatte ausmalen müssen. Wenn da nicht eben doch noch das winzige Fünkchen Hoffnung am Glimmen gewesen wäre, das dann nach der ernüchternden Diagnose schlagartig erloschen war. „Wir müssen den Tatsachen ins Auge sehen. Es gibt keinerlei Hoffnung mehr, Herr Voll. Ihr Vater wird bald sterben. Ich bin mit meiner Kunst am Ende angelangt. Da ist leider nichts mehr zu machen. Es wird vielleicht noch ein, allerhöchstens zwei Tage gehen. Aber länger nicht. Machen sie sich auf das baldige Ende gefasst und nehmen sie Abschied von ihrem Vater." In einer mitfühlenden Geste hatte Dr. Sturm dem traurigen jungen Mann seine Hand auf die Schulter gelegt und ihm viel Kraft für die nächsten schweren Tage gewünscht.

Und nun also stand Wilhelm hilflos und verloren am Sterbebett des Vaters, dessen letzter Wunsch ganz am Ende seines Lebens darin bestand, sich mit seinem Sohn August noch aussöhnen zu können. Doch August befand sich als Häftling im Heidelberger Gefängnis – nicht zuletzt auf Betreiben genau derjenigen, die im Kirchardter Rathaus das Sagen hatten. Zu diesen Leuten also sollte er nun gehen und an deren Mitgefühl appellieren? Wo er sich doch selbst schon oft genug mit dem Hengsthalter und dessen brauner Truppe heftigste Wortgefechte geliefert hatte. Zwar war es nie so weit gekommen, wie das bei August mehrfach der Fall gewesen war, und auch den Hitlergruß hatte Wilhelm um des lieben Friedens willen nie verweigert, wenn sie ihn quasi dazu genötigt hatten. Aber ansonsten? Nein, als Freunde konnte man sie nicht bezeichnen. Wie dieser Bittgang also höchstwahrscheinlich ausfallen würde, das konnte man sich nur allzu gut ausmalen.

Somit blieben ihnen wirklich nur noch zwei Möglichkeiten, um den letzten Wunsch des Vaters erfüllen zu können: dass die Mutter es tatsächlich schaffte, ihren Sohn, den einarmigen Weltkriegsveteranen Jakob, bei dem es sich ja immerhin um Augusts ältesten Bruder handelte, zum Gang aufs Rathaus zu bewegen. Wenigstens dem todkranken Vater zuliebe. Und dass er, Wilhelm, nunmehr versuchte, den Dr. Sturm zu bitten, ebenfalls auf das Rathaus zu gehen und dort zu versichern, wie ernst es um Jakob Voll senior stand. Ihren todkranken Vater, dessen letzter Wunsch das versöhnende Gespräch mit August war, seinem Jüngsten. Dem Sorgenkind. Ja, es war vielleicht sogar die passendste Formulierung in dieser bedrückenden Angelegenheit: das Sorgenkind.

Und das für unmöglich Gehaltene trat ein. Sie hatten Erfolg gehabt. Auf dem Kirchardter Rathaus war man wirklich im Sinne der Familie Voll aktiv geworden!

Protokollvermerk der Gefängnisleitung Heidelberg vom 8. Januar 1939 an den Vorstand der Gefängnisse Mannheim-Heidelberg nach Mannheim. Im dortigen Landesgefängnis einen Tag später eingegangen, als die Maßnahme schon eingeleitet war:

„Betr. Strafgefangenen August Voll.

Das Bürgermeisteramt Kirchardt hat heute Vormittag dem Gefängnis Heidelberg fernmündlich mitgeteilt, dass der Vater des Strafgefangenen August V o l l lebensgefährlich erkrankt sei und gleichzeitig im Auftrage der Angehörigen gebeten, den August Voll zum Besuche seines lebensgefährlich erkrankten Vaters auf drei Tage zu beurlauben. Im Verlaufe des Vormittags hat noch der behandelnde Arzt in Kirchardt, Dr. Sturm, angerufen und das

Vorbringen des Bürgermeisteramtes fernmündlich bestätigt. Das Amtsgericht Sinsheim, das auch durch das Bürgermeisteramt Kirchardt angerufen wurde, hat als Vollstreckungsbehörde durch Amtsgerichtsrat Linden der Strafunterbrechung auf drei Tage fernmündlich zugestimmt.

Der stellvertretende Vorstand der Gefängnisse Mannheim und Heidelberg (Herr Oberrechnungsrat Brenzinger) wurde von dem Antrag des Bürgermeisteramtes Kirchardt telefonisch in Kenntnis gesetzt.

Da die vorgebrachten Tatsachen glaubhaft und im Hinblick auf die Persönlichkeit des Gefangenen Fluchtgefahr ausgeschlossen erschien, hat der stellvertretende Vorstand dem Gef. Voll zum Besuche seines schwererkrankten Vaters für drei Tage Urlaub bewilligt.

Dem Gefangenen Voll, der heute Vormittag 11 Uhr 30 Minuten auf freien Fuß gesetzt wurde, wurde die Bewilligung des dreitägigen Urlaubs eröffnet und er wurde gleichzeitig belehrt, dass er sich nach Ablauf der Frist, längstens bis Mittwoch, den 11. Januar 1939, nachmittags 17 Uhr im Gefängnis Heidelberg zur Fortsetzung des Strafvollzugs zu stellen habe."

Also Hafturlaub. Am selben Vormittag noch wurde dem erschrockenen August Voll von der Gefängnisleitung eröffnet, wie schlecht es um seinen Vater stehe und man ihm deshalb für ein letztes Wiedersehen mit dem Todkranken eine Haftunterbrechung gestatte. August Voll erreichte Kirchardt am Nachmittag des 8. Januar 1939. Seit der Mitteilung über den Zustand des Vaters hatte er keine Ruhe mehr gehabt. So schnell wie möglich war er in sein Heimatdorf geeilt. In unerträglicher Zähflüssigkeit waren die Minuten wie endlos erscheinende Stunden verstrichen, bis sich schließlich das Tor des Gefängnisses für ihn geöffnet hatte. Nachdem er die strenge Belehrung über sich hatte ergehen lassen, in der ihn der Beamte mit deutlichen Worten dazu ermahnte, sich am Ende dieses sogenannten Freigangs auf alle Fälle rechtzeitig wieder einzufinden. Und schon gleich gar nicht möge er etwa versuchen, den beiden Bewachern zu entfliehen, die man ihm sicherheitshalber zur Seite gebe. Bis 11 Uhr 30 hatte es noch gedauert, bis er das Gefängnis in Heidelberg verlassen konnte. Zusammen mit den beiden Wachleuten an seiner Seite. Zu allem Überfluss hatte man ihm sogar Handschellen angelegt und ihn mit dieser Fessel an einen der Wachleute gebunden. Als handele es sich um einen Schwerverbrecher! Doch August realisierte dies in seinem momentanen Gemütszustand nur schemenhaft. Viel stärker drückte die Sorge um den schwerkranken Vater auf sein Gemüt. Schlimm genug, dass sie aufgrund der unsinnigen Belehrungen und all der anderen Verzögerungen den Mittagszug von Heidelberg um knapp fünf Minuten verpasst hatten und sich damit nun gezwungen sahen, nahezu eine ganze Stunde auf dem Bahnsteig warten zu müssen, bis endlich der nächste Zug in den Bahnhof einfuhr. Auch die Zugfahrt selbst, von Heidelberg in Richtung Rappenau, schien ihm heute eine Ewigkeit zu dauern. Weshalb dieser unerträglich lange Aufenthalt in Steinsfurt? Warum fuhr der Zug denn nicht endlich weiter? Weshalb um alles in der Welt musste man gut und gerne zehn Minuten untätig im Waggon sitzen und auf den Anschlusszug aus Eppingen warten? Bis schließlich auch diese Fahrgäste eingestiegen waren und sich die Lokomotive mit quälender Langsamkeit fauchend und spuckend wieder in Bewegung setzte? Endlich kam das Bahnhofsgebäude von Grombach in ihr Blickfeld, wo der Zug mit quietschenden Rädern stehen blieb. Kaum waren sie hier aus dem Waggon der Dritten Klasse geklettert, hatte er seine beiden uniformierten Bewacher inständig um Eile gebeten. Gott sei Dank hatten die Leute ein Einsehen mit ihrem verzweifelten Gefangenen gehabt und so legten sie beinahe die gesamte Strecke von Grombach nach Kirchardt, also immerhin gute zwei Kilometer, im Dauerlauf zurück. Auch wenn die Wachleute aufgrund der ungewohnten Anstrengung heftig keuchten und ins Schwitzen gerieten, schienen sie immerhin zu begreifen, wie sehr den jungen Mann die Eile plagte. Wie ungeheuer wichtig es ihm war, so schnell wie möglich in Kirchardt einzutreffen. In solch einem Fall musste die eigene Befindlichkeit eben einmal zurückgestellt werden. Immer schneller drängte August, dem die beiden doch ein arger Bremsklotz waren, auf sein Heimatdorf zu, dessen Kirchturmspitze er nun erblicken konnte. Bald schon würde er am Bett seines Vaters stehen. Nur weiter jetzt. Schneller!

Dennoch kam August Voll am Nachmittag des 8. Januar 1939 zu spät.

Genau zwei Stunden vor Augusts Ankunft war sein Vater Jakob Voll verstorben. Bis zuletzt hatte der todkranke Mann gehofft, es sei ihm vergönnt, noch so lange am Leben bleiben zu dürfen, um diese Begegnung wahr werden zu lassen. Um die Aussöhnung mit seinem Sohn doch noch zustande zu bringen und dann in Frieden von dieser Welt scheiden zu können. Alle Hoffnung war vergeblich geblieben. Auf beiden Seiten.

Kraftlos sackte August in sich zusammen, als er seinen Brüdern Wilhelm und Heinrich gegenüberstand, die ihn über diese fürchterliche Tatsache in Kenntnis setzen. Den einen der beiden Wachleute, an dessen Arm er zu allem Überfluss durch die Handschellen immer noch gebunden war, riss er dabei mit zu Boden. Immerhin bewirkte dieser Umstand, dass man ihn wenigstens jetzt von der Fessel befreite und sie ihm angesichts der dramatischen Tatsachen auch versprachen, von nun an auf die Handschellen verzichten zu wollen.

Den Abend verbrachte August Voll mit den beiden Wachleuten im Haus in der Vorstadtstraße. Es täte ihnen sehr leid, aber sie hätten die strenge Anweisung, ihren Gefangenen auf Schritt und Tritt zu begleiten. Selbst bis ins eigene Haus hinein. Sosehr sie dies auch bedauerten, setzten sie der Familie auseinander. Befehl sei nun eben Befehl. Nichts zu machen. So verlief das Abendessen weitgehend schweigend. Weder Emilie noch dem tieftraurigen August und nicht einmal den Kindern stand der Sinn nach einem belanglosen Gespräch. Selbst Ella und Willi verspürten die sonderbare Atmosphäre, die an diesem Abend in der Küche herrschte.

Nur einmal wurde das Schweigen von der Feststellung des einen Wachmanns kurz durchbrochen, dass man sich zu seinem Bedauern leider gezwungen sehe, ebenfalls in dem Haus hier zu übernachten. Was Emilie lediglich mit einem Kopfnicken quittierte.

Erst im Anschluss an das Abendessen, als man den nicht sonderlich willkommenen Gästen aus Gründen der Höflichkeit noch ein Glas eigenen Kirchardter Rotwein angeboten hatte, schien sich die Anspannung allmählich zu lösen. Auch Ella und Willi legten die Scheu vor den beiden Fremden ab und Ella begann sogar, ihre anfängliche Schüchternheit zu überwinden und neugierige Fragen zu stellen. Nach der Uniform. Nach der Bedeutung der Streifen auf der Uniformjacke und Ähnliches mehr. Bis es eben doch zu der Frage kam, die letzten Endes wohl irgendwann hatte kommen müssen. Ob der Vater denn wirklich solch ein schlimmer Verbrecher sei, dass man ihn immer bewachen müsse? Bis ins eigene Haus hinein? Voller Zorn war Emilie in die Höhe geschossen und hatte bereits den rechten Arm erhoben, um Ella die entsprechende Antwort auf das Hinterteil zu erteilen. Doch der eine der beiden Uniformierten reagierte rasch und beugte sich mit dem Oberkörper so weit vor, dass er sich zwischen das Mädchen und dessen erboste Mutter schob. „Lassen Sie es gut sein, Frau Voll. Sie hat es ja nicht böse gemeint“, versuchte er, die aufgebrachte Emilie mit sanfter Stimme zu beschwichtigen. „Es ist doch überall so, dass Leute in Uniform Kinder eben faszinieren. Und wenn wir gleich zu zweit auftauchen, dann sieht es ja wirklich aus, als ob ...“ Er richtete seinen Blick nun auf Ella, die sich den Zorn der Mutter gar nicht erklären konnte. „Also da kannst du dir ganz sicher sein: Dein Vater ist absolut kein Verbrecher. Im Gegenteil sogar. So viel habe ich hier am heutigen Nachmittag schon mitbekommen. Du kannst vielmehr stolz auf deinen Vater sein. Aber mehr darf ich dir dazu leider auch nicht sagen“, setzte er mit einem warnenden Seitenblick auf seinen Kollegen noch hinzu. „Nicht, dass wir uns sonst noch um Kopf und Kragen reden. Man weiß ja nie. Ich würde sowieso sagen, es ist genug für heute. Gute Nacht also. Sie wollen ja sicherlich auch eine Weile alleine sein. Ohne fremde Ohren dabeihaben zu müssen. Komm Frieder. Wir gehen schlafen.“

Die Wachleute erhoben sich rasch, tippten sich zum Abschied noch grüßend mit dem Zeigefinger an die Stirn und begaben sich mit einem demonstrativen Gähnen hinüber in das Wohnzimmer, wo Emilie kurz zuvor zwei Sofas für die beiden Männer als Schlafgelegenheit hergerichtet hatte.

Für August wurde es eine ruhelose Nacht, in der tausend bittere Gedanken durch seine Erinnerung jagten.

10. Januar 1939

Nur zwei Tage nach dem Tod des Vaters fand das Begräbnis statt. Es sollte ein fürchterlicher Tag für die ganze Familie werden. Aus den unterschiedlichsten Gründen.

Noch ganz genau erinnert sich Paula Thrun, die Nichte von August Voll, an die Beerdigung ihres Großvaters und all die Ereignisse, die sich unauslöschlich in ihr Gedächtnis gebrannt haben:

„Zwei Tage vor der Beerdigung seines Vaters im Januar 1939 kam der August mit zwei Wachmännern von der Zugstation Grombach gelaufen. Auch beim Leichenzug sind die zwei Wachmänner direkt an seiner Seite mitgelaufen. Und danach beim Kaffee waren die Wachmänner bei der Großmutter auch noch dabei. Haben mit Kaffee getrunken und dann sind sie wieder mit ihm abmarschiert, zum Bahnhof nach Grombach. In die Vorstadt hinüber sind sie gegangen, auf beiden Seiten ein Wachmann und der August in der Mitte, ungefesselt, aber eben bewacht. Halb in der Vorstadt drüben hat er sich noch mal umgedreht und hat so leidvoll zu uns hergeschaut. Die Großmutter hat da so sehr weinen müssen.

Für den August war das eine ganz große Schande, dass er im Gefängnis war. Dass er eingesperrt war! Und die Emilie hat sich auch sehr geschämt deshalb. Aber da gab es niemand, der gesagt hat, schaut doch mal: Die Volls sind rechtschaffene Leute! Das haben alle gewusst, dass das rechtschaffene Leute waren. Aber das Regime war halt so, dass die paar hundertprozentigen Nazis die Oberhand hatten."

Auch Ella, die in wenigen Tagen ihren fünften Geburtstag feiern würde, war bei der Beerdigung des Großvaters dabei. Weshalb war der Vater nirgendwo zu sehen? Wo doch der Trauerzug jetzt gleich beginnen würde und sich schon so viele Menschen vor dem Haus des Großvaters eingefunden hatten. Gut, der Vater hatte eine halbe Stunde vor ihnen das Haus in der Vorstadtstraße verlassen. Samt den beiden Uniformierten. Weil er sich noch einmal von dem toten Vater verabschieden wolle. Und zwar in aller Stille. Deshalb sei er mit den beiden Bewachern vor Beginn des Leichenzugs zu seinem Elterhaus hinübergegangen, hatte es geheißen. Aber wo war er jetzt nur geblieben? Weshalb war er nicht vorne, bei der Großmutter, zu sehen. Und bei seinen anderen Geschwistern? Er schien wie vom Erdboden verschluckt. Noch einmal sah sich das Mädchen um. Ja! Da! Ganz hinten. In der letzten Reihe konnte sie ihn erkennen.

Musik erklang und der Trauerzug setzte sich langsam in Bewegung. Angeführt vom Veteranenverein, dessen langjähriges Mitglied er als Kriegsteilnehmer 1914–1918 gewesen war, führte der letzte Weg des alten Jakob Voll von seinem Haus hinauf zum Friedhof. Begleitet von den getragenen Klängen der Musikkapelle des Veteranenvereins, in der er selbst so gerne gespielt hatte. Als Trommler. Was auch der Grund dafür war, dass am heutigen Tag kein Trommelschlag ertönte. Und ganz am Ende des Zuges schritt August Voll mit gesenktem Kopf in Begleitung seiner Bewacher hinterher. Am hintersten Ende. Geplagt von Scham und Traurigkeit. Von Wut und Demütigung. Diese Schande! Vielleicht konnte er einen Teil der Schande dadurch von der Familie fernhalten, wenn er sich als Letzter auf den Weg zum Friedhof machte. Ganz hinten eben. So hatte er sich gedacht. Denn die verzweifelte Scham, von der die ganze Familie ergriffen war, ließ sich nicht verbergen. Nicht an einem solchen Tag! Ob es sich um Emilie handelte, die den kleinen Willi auf dem Arm trug, oder ihren Vater, den stolzen Kirchendiener, der doch schon immer vor der Unbeherrschtheit des Schwiegersohns gewarnt hatte, die Brüder Wilhelm und Heinrich sowie erst recht um Wilhelmine Voll, die Witwe, Augusts Mutter: Sie alle schienen sich in Grund und Boden zu schämen. Seinetwegen. Es war unübersehbar.

Aus diesen Überlegungen heraus also hatte August sich erst gezeigt, als sich der Zug bereits in Bewegung gesetzt hatte. Eine Tatsache, die sich Ella natürlich in ihrem Alter noch nicht erklären konnte und dementsprechend ratlos war.

Ebenso wenig konnte sie sich einen Reim auf diese feindseligen Blicke machen, mit denen Leute wie der Bauernführer Bentz, der Bürgermeister Kopp und selbst der Pfarrer ihren Vater bedachten. Und dann erst der Onkel Jakob, in seiner grünen Uniform mit dem schwarzen Trauerflor und der finsteren Miene! Für den der eigene Bruder einfach nicht mehr existent war. Seit dessen Ankunft hatte er kein einziges Wort mit ihm gewechselt.

Diese Demütigung! Unter den Augen des gesamten Dorfes. Die Kameraden des Vaters vom Veteranenverein. Alle waren sie angetreten, um dem Verstorbenen die letzte

Ehre zu erweisen. Und dann der jüngste der Volls ganz hinten in der Reihe als von der Polizei bewachter Sträfling! Eine Schande.

Am offenen Grab des Vaters war es dann doch noch zu einer direkten Konfrontation der beiden Brüder gekommen. Stumm und regungslos war die Familie am Grab gestanden und hatte die Beileidsbekundungen der anderen Trauergäste entgegengenommen. Bis schließlich auch August als Allerletzter langsam an das Grab getreten war und einen langen, traurigen Blick auf den in die Erde gesenkten dunklen Holzsarg geworfen hatte. Schlagartig war die Zornesröte in Jakobs Gesicht geschossen, als er seinen jüngsten Bruder direkt vor sich am Grab stehen sah. Wütend musterte er den „Sträfling" und ballte hinter dem Rücken seiner nun bittere Tränen vergießenden Mutter die Faust des ihm verbliebenen rechten Armes. Dann war es endgültig um seine Beherrschung geschehen. Er konnte nicht mehr länger an sich halten. Beerdigung hin oder her! Mit einem energischen Schritt löste er sich von den anderen Familienmitgliedern und schleuderte dem erschrocken zurückweichenden August all seine Verachtung direkt in das Gesicht. „Du bist schuld! Deinetwegen ist der Vater gestorben! An einem gebrochenen Herzen. Wegen der Schande, dass wir einen Sträfling in der eigenen Familie haben! Das hat der Vater nicht verkraftet! Es hat ihn umgebracht! Du Volksschädling, du! Einzig und allein deine Schuld ist es, dass der Vater tot ist!"

Wilhelmine Voll schluchzte laut auf. Schon wieder Streit! Und dann auch noch ausgerechnet am offenen Grab des Vaters. Es war zu viel. „Könnt ihr denn nicht wenigstens mir zuliebe einmal Ruhe geben. Ein Mal nur ..."

August, dem es bei dieser Szene beinahe das Herz zerriss, machte einen impulsiven Schritt nach vorne und versuchte, die Mutter tröstend in seine Arme zu nehmen, doch sie wich unwillkürlich vor ihrem Sohn zurück und schüttelte mit trauriger Bitterkeit den Kopf. Drohend richtete

Jakob den Metallhaken am linken Arm auf seinen Bruder: „Wage es ja nicht, noch näher an uns heranzukommen, du Verräter! Sonst ... sonst garantiere ich für nichts! Für gar nichts!" Er unterbrach sich kurz und holte tief Luft. Dann sprach er es aus: „Und dass du dir über eines keinerlei Illusionen machst: Ich habe endgültig keinen Bruder mehr!" Ein fürchterliches Fazit. Der Satz, den August nie mehr in seinem Leben vergessen würde.

Nur dreieinhalb Jahre später sollte wieder ein Mitglied der Familie Voll auf dem Friedhof von Kirchardt begraben werden. Aber das konnte zu diesem Zeitpunkt natürlich noch niemand ahnen. Erst recht nicht, um wen es sich handeln würde.

Das Kaffeetrinken im Haus der Volls, das sich an die Beerdigung des Vaters anschloss, war überschattet von einer knisternden Anspannung. Man konnte die Befürchtung beinahe schon mit Händen greifen, dass es plötzlich und unvermittelt zu einer neuerlichen Auseinandersetzung zwischen den Brüdern kommen würde. Stumm saßen die Trauergäste vor den Kaffeetassen. Keinem stand der Sinn nach einem Gespräch, wie unverfänglich man dies auch immer begonnen hätte. Denn der plumpe Versuch, die Gesellschaft damit auf andere Gedanken zu bringen, wäre doch von jedem sofort durchschaut worden. Was also tun? Nur manchmal durchbrach ein jammervolles Schluchzen die drückende Stille. Die Mutter! Weshalb nur sah sie immer sofort zu Boden, wenn ihr Sohn versuchte, zumindest Blickkontakt mit ihr aufzunehmen? Hatte sie in ihm etwa ebenfalls den Alleinschuldigen am Tod des Vaters ausgemacht? Hatte er denn nicht alles versucht, um rechtzeitig an das Sterbebett seines Vaters zu gelangen? Gab man ihm womöglich gar an der Verspätung noch die Schuld? Als sei nicht alles schon schlimm genug! Allein der Gedanke, sich demnächst wieder an der

Gefängnispforte melden zu müssen, um die restliche Haftstrafe zu verbüßen. Rest? Es waren noch weit mehr als drei Wochen! Tütenkleben! Nein, es war zu viel. Es war nicht länger auszuhalten.

Mit plötzlicher Entschlossenheit ballte er seine rechte Hand zu einer Faust und knallte sie dermaßen heftig auf die Tischplatte, dass die Kaffeetassen klirrten. Im selben Moment erhob er sich abrupt und nickte auffordernd zu seinen beiden uniformierten Begleitern hinüber. „Gehen wir!"

„Ja, gleich. Ich muss nur noch erst den Kuchen fertig essen", deutete der eine auf seinen Teller. „Fünf Minuten noch."

„Ich möchte gehen!", wiederholte August mit vernehmlicher Stimme.

Der Uniformierte schnaufte ungehalten. „Sie haben aber doch noch einen ganzen Tag lang Zeit, Voll", bedachte er den ungeduldigen Häftling mit einem verständnislosen Blick. „Es reicht doch völlig, wenn wir am morgigen Vormittag aufbrechen. Erst morgen Nachmittag müssen Sie sich doch wieder in Heidelberg melden."

„Ich möchte gehen. Jetzt! Auf der Stelle!" Mit einem sonderbar gepressten Unterton in der Stimme, der nun selbst bei dem Wachmann ein überraschtes Stirnrunzeln hervorrief, wiederholte August Voll seine Aufforderung.

„Eugen. Tun wir ihm eben den Gefallen." Achselzuckend hatte sich der zweite Bewacher erhoben und wischte sich mit dem Handrücken die Kuchenkrümel von den Lippen. „Lass uns aufbrechen."

„Das verstehe zwar, wer will. Aber bitte: Wenn du meinst. Schade um den schönen Kuchen ..."

*

Schon wenige Augenblicke später waren sie aus dem Haus getreten und strebten mit ausladenden Schritten die

Straße hinunter in Richtung Grombach, wo sie am dortigen Bahnhof den letzten Zug des heutigen Tages nach Heidelberg besteigen würden. Nur weg von hier. Fort. So schnell wie möglich. Es war einfach zu viel gewesen, was an diesem Tag auf August eingestürmt war. Noch nicht einmal Emilie, seine eigene Frau, hatte ein tröstendes Wort für ihn gefunden. Schlimmer noch: Sie hatte sich geschämt für ihren Mann. Selbst Heinrich und Wilhelm war neben ihrem Bruder nicht sonderlich wohl in der Haut gewesen. Man hatte es ja beinahe körperlich spüren können. Von Jakob und dessen schlimmer Verwünschung gar nicht erst zu reden!

Selbst seine Schwester Emma hatte doch vorhin noch so getan, als wäre August gar nicht anwesend. Dazu die Mutter mit ihrem anklagenden Blick! Und das alles vor den Augen seiner eigenen Kinder. Nein! Er hatte es einfach nicht mehr ausgehalten in seinem Elternhaus. So gesehen erschien ihm nun plötzlich sogar die Rückkehr in das düstere Gefängnis von Heidelberg in dieser Situation als geradezu willkommener Fluchtpunkt.

Schweigend absolvierten die drei Männer den wiederum gut zwei Kilometer langen Fußmarsch zurück zum Bahnhof von Grombach, von wo sie vorgestern gekommen waren. Zum Glück verging keine halbe Stunde, bis sich der von einer keuchenden schwarzen Dampflok gezogene Zug nach Heidelberg dem Bahnsteig näherte.

„Sind Sie sich wirklich absolut sicher, dass Sie einsteigen wollen?“, wandte sich der ältere der beiden Wachleute mit fragendem Blick an seinen Gefangenen. „Denn heute wird kein Zug mehr hierher zurückgehen. Das heißt, Sie verschenken einen ganzen Tag von Ihrem Hafturlaub. Das ist Ihnen hoffentlich klar, oder?“

August nickte und bedachte sein Gegenüber mit einem langen, traurigen Blick. „Ja, das ist mir schon klar. Vielen Dank auch für den Hinweis. Es ist ja nett, dass Sie so viel Anteilnahme für mich aufbringen, aber Sie haben die

Situation vorher doch selbst mitbekommen. Ich habe es einfach nicht mehr ertragen können. Es ist gerade so, als würden mir alle die Schuld am Tod des Vaters geben. Dabei war der Vater doch schon viel länger krank. Das können sie jetzt doch nicht alles auf mich schieben.“ In den Augen des jungen Mannes begann es feucht zu glitzern. „Nur weil ich ins Gefängnis musste, sei er gestorben, hat mein ältester Bruder behauptet. Und keiner hat ihm widersprochen. Niemand. Nein, da ist mir sogar das Gefängnis lieber!“ Mit einer müden Handbewegung fuhr sich August Voll über das Gesicht, dann straffte er mit neuer Entschlossenheit seinen Rücken und drückte energisch die Klinke der Waggontür III. Klasse herunter. Wenige Minuten später setzte sich der Zug ruckelnd wieder in Bewegung. Heidelberg entgegen. Und der Verbüßung der restlichen Haftzeit des Sträflings August Voll.

*

„Also, jetzt sag mir halt endlich einmal ganz genau, was du eigentlich so Schlimmes angestellt hast, dass sie dich gleich einen ganzen Monat lang eingesperrt haben.“ Der Wachmann, der mit einem langen, durstigen Schluck den Inhalt seines Bierkrugs gerade zum zweiten Mal geleert hatte, musterte sein Gegenüber neugierig. Dieser August Voll, den er zusammen mit dem Kollegen seit zwei Tagen zu bewachen hatte, erschien ihm immer rätselhafter. Bei jenem jungen Mann mit dem traurigen Ausdruck in seinen braunen Augen handelte es sich doch ganz eindeutig um einen Menschen von der Sorte, die keiner Fliege etwas zuleide tun konnte. Ein gewisses Maß an Menschenkenntnis glaubte der Aufseher, sich nach vielen Jahren des Dienstes im Heidelberger Gefängnis angeeignet zu haben. Das sah man doch schon auf den ersten Blick, dass dieser Voll weder ein Betrüger noch ein Raufbold oder gar ein nichtsnutziger Tagedieb sein konnte. Weshalb aber war er dann überhaupt zu dieser Gefängnisstrafe verurteilt worden? Dass es angeblich mit irgendeiner schweren Körperverletzung zu tun hatte, das war ihm zwar bekannt, aber andererseits kaum vorstellbar. Das passte einfach nicht zu diesem Mann. „Jetzt sag schon, Voll, wieso bist du nun wirklich bei uns im Gefängnis gelandet!"

„Frieder, leiser bitte! Die Leute spitzen schon die Ohren!" Warnend legte der Kollege den Zeigefinger an die Lippen und nickte vieldeutig mit dem Kinn zu den Nachbartischen hinüber, wo die anderen abendlichen Wirtshausbesucher in der Tat beim Stichwort Gefängnis interessiert aufgehorcht hatten. Kein Wunder, wenn da drüben zwei Uniformierte zusammen mit einem Zivilisten am Tisch hockten und dabei anscheinend vom Gefängnis die Rede war, dann konnte man sich seinen Teil dabei schon denken. Und womöglich gab es interessante Gespräche zu belauschen, die dann in den folgenden Abenden ihre Runde an den Stammtischen machten.

„Schon gut", hob der Wachmann Frieder entschuldigend die Hände. Auch er hatte nach diesem warnenden Hinweis die Aufmerksamkeit registriert, die seine allzu laut vorgetragene Frage an den Nachbartischen ausgelöst hatte. Aber immerhin, es war schon eine gute Idee gewesen, die Zugfahrt nach Heidelberg hier in Zuzenhausen zu unterbrechen. Kurz nachdem sie den Bahnhof Sinsheim hinter sich gelassen hatten, waren sie mit ihrem allmählich wieder gesprächiger werdenden Häftling übereingekommen, die Bahnfahrt am übernächsten Haltepunkt, in Zuzenhausen, zu unterbrechen. Es wäre sicherlich besser für ihn, bei einem Glas Bier in der dortigen Brauereiwirtschaft erst einmal auf andere Gedanken zu kommen, als gleich wieder in die triste Zelle des Heidelberger Gefängnisses zurückzumüssen, hatten die Aufpasser argumentiert. Und schließlich müssten sie sich mit ihrem Gefangenen ja auch erst am kommenden Nachmittag wieder zurückmelden. Man könne also getrost das eine oder andere Glas Bier trinken und dann sogar hier in der Gastwirtschaft übernachten, die auch über einfache Fremdenzimmer verfüge. Da die Gefängnisleitung dem Sträfling August Voll bei Antritt seiner Haftunterbrechung gestattet hatte, für den Fall des Falles auch einige Reichsmark mit sich zu führen, dürfte die Bezahlung der recht geringen Übernachtungskosten ohnehin keinerlei Problem darstellen. Natürlich müsse er auch für die Übernachtung der beiden anderen aufkommen. Aber wie gesagt, man benötige zu dritt ja nur ein Zimmer, und preiswert sei es in Zuzenhausen überdies schon immer gewesen. Von Vorteil sei ein Verweilen hier in diesem Lokal auch deshalb, weil keiner von ihnen damit rechnen müsse, auf eventuelle Bekannte oder gar Kollegen zu treffen. Denn Zuzenhausen lag weit genug entfernt von Heidelberg – und erst recht natürlich von Kirchardt.

Zum Erstaunen seiner beiden Bewacher war August Voll rasch auf ihren Vorschlag eingegangen und hatte sogar eine gewisse Begeisterung in seiner Antwort anklingen lassen. In der Tat erschien es auch ihm als besser, sich mit einem Krug Bier Ablenkung zu verschaffen, statt in der engen Gefängniszelle zusammen mit den drei anderen Mithäftlingen, die ihm in den ersten Hafttagen zudem alles andere als geheuer erschienen waren, das Echo dieses traurigen Tages nicht mehr aus dem Kopf zu bekommen.

Ein Tisch in der recht gut mit Gästen besuchten Wirtschaft war glücklicherweise noch frei gewesen und ebenso war es möglich, sich gegen eine wirklich geringe Summe ein Zimmer für die Übernachtung zu reservieren. Somit hatte einem gemütlichen Aufenthalt in dem Lokal also kein Hindernis mehr entgegengestanden. Rasch waren die drei Männer bereits nach dem ersten Bier zu der Anrede „Du" übergegangen, und nachdem man sich auch dem Inhalt des zweiten Kruges erfolgreich gewidmet hatte, war es eigentlich kein Wunder, dass das Gespräch irgendwann unweigerlich auf die Gründe kommen musste, die August Voll als Häftling ins Heidelberger Gefängnis gebracht hatten.

„Wir haben am Anfang natürlich gedacht, du seiest halt auch einer von diesen Verbrechern da“, fügte der Wachmann Frieder mit einem entschuldigenden Lächeln seiner vorherigen Frage noch hinzu. „Deshalb haben wir dir auch erst in Kirchardt die Handschellen abgenommen. Man weiß ja nie ...“

„Aber seitdem wir dann bei dir zuhause deine Familie gesehen haben, deine Frau und die beiden Kinder ... also spätestens dann ist uns klar geworden, dass du doch kein richtiger Verbrecher sein kannst. Wenn du weißt, was ich damit sagen will ...“

August, der allein bei der bloßen Erwähnung seiner Familie wieder schmerzlich zusammengezuckt war, nickte müde. „Das kommt halt darauf an, wie man es sieht“, murmelte er leise. „Für die einen bin ich ein Verbrecher – und werde es auch immer bleiben. Denn von nun an wird es im Dorf immer heißen: Da schaut mal, da läuft der Voll. Den haben sie schon einmal eingesperrt. Der war schon mal im Gefängnis.“ Er lachte bitter auf. „Der Sträfling Voll! Wie sich das anhört!“

„Aber du bist doch ein rechter Mann! Mit einer netten Familie. Hast einen ordentlichen Beruf, ein schönes Haus gebaut und ...“

„... und leider ein allzu freches Mundwerk riskiert“, fiel August dem Wachmann in die Rede. „Das war nämlich mein ganzes Verbrechen, dass ich es gewagt habe, den Hitlergruß zu verweigern, und mich dann sogar noch zur Wehr gesetzt habe. Als sie mich dazu zwingen wollten. Und dass ich dann um mich geschlagen habe, als sie mich deswegen verprügelt haben! Wie gesagt: sie mich. Ich habe mich nur gewehrt – und hinterher haben sie mich dann wegen schwerer Körperverletzung drangekriegt. Nochmal: sie mich. Nicht: ich sie. Vor Gericht waren sich dann alle einig, dass ich es gewesen sei, der einfach so, gleichsam wie ein Blitz aus heiterem Himmel, zugeschlagen hätte."

„Und das war alles?"

„Das war alles."

„Dafür haben sie dich dann einsperren lassen. Nur deshalb?"

„Nur deshalb. Das kannst du mir getrost glauben."

Eine Zeitlang herrschte betroffene Stille am Tisch. Es dauerte geraume Zeit, bis es den beiden Aufsehern gelang, das eben Gehörte zu verarbeiten. Denn auf eine solche Aussage waren sie nicht gefasst gewesen. Es war Eugen, der sich schließlich mit verlegenem Schulterzucken räusperte. „Tja, das ist es, was ich auch meinen Kindern immer wieder sage. Es bringt halt nichts, sich aufzulehnen. Unsereins zieht immer den Kürzeren. Am besten, man hält den Mund und verhält sich ganz unauffällig. Dann kann einem nichts passieren."

August blies unwillig seinen Atem durch die Nase. „Von wegen nichts passieren! Und was, bitte, machst du dann, wenn du den Arm zum Hitlergruß ausstrecken sollst, das aber nicht tun willst? Da kannst du lange stumm bleiben wollen. Wehe dir, wenn du den Arm nicht ausstreckst!"

„Du meine Güte", verdrehte Frieder die Augen. „Dann macht man es eben. Das bringt einen doch nicht um. Bevor es dann hinterher so ausgeht wie bei dir. Was hast du denn nun davon, dass du dich zur Wehr gesetzt hast?"

Eugen, der spürte, wie sich sein Häftling bei diesen Worten innerlich versteifte, rückte mit dem Stuhl näher an August Voll heran. „Versteh doch, was der Frieder damit sagen will", versuchte er einen fürsorglichen Tonfall anzuschlagen. „Es ist doch nur so, dass es unsereinem wirklich überhaupt nichts bringt, sich gegen die anderen aufzulehnen. Die sind doch in der absoluten Mehrzahl. Die machen eh, was sie wollen. Das kannst du mir getrost glauben", er senkte seine Stimme zu einem leisen Flüstern und sah sich dabei verstohlen in der Gaststube um, „auch mir und dem Frieder passt vieles nicht, was wir sehen und erleben müssen. Du hast ja recht, wenn du meinst, dass in der heutigen Zeit viele Dinge in eine falsche Richtung laufen. Aber was soll man dagegen schon machen? Wir sind doch nur ein winzig kleines Rädchen im großen Getriebe. Du hast es ja am eigenen Leib verspüren müssen, wie es einem ergeht, wenn man sich gegen die anderen auflehnt."

August schüttelte langsam und nachdrücklich seinen Kopf. „Aber das ist es doch gerade. Wenn jeder so denkt, wie du das tust, dann kann sich doch nie etwas wirklich zum Besseren wenden. Wenn jeder einfach immer gleich den Schwanz einklemmt, dann ist es kein Wunder, dass es so weit gekommen ist. Und noch viel schlimmer kommen wird ..."

„Man kann es auch übertreiben mit der Schwarzmalerei", setzte Frieder verdrießlich dazwischen. „Ich sage ja auch nicht, dass mir alles passt, was die da tun und treiben. Aber immerhin: Denk doch allein einmal an die Millionen von Arbeitslosen, die es vor ein paar Jahren noch gegeben hat. Die haben jetzt alle eine Arbeit bekommen. Das muss man eben auch einmal anerkennen. Das hat kein anderer vorher geschafft, was der Hitler da hingekriegt hat."

„Aber um welchen Preis! Wer bezahlt diese Arbeiter denn eigentlich? Woher nimmt der Hitler auf einmal bloß das ganze Geld? Und was machen die Leute bei ihrer Arbeit?"

Frieder zuckte verständnislos mit den Schultern und musterte den anderen irritiert. „Na was wohl? Das weißt du doch ganz genauso gut wie ich. Die bauen beispielsweise Autobahnen, auf denen man dann die Fernstrecken so schnell bewältigen kann wie niemals zuvor. Und die ganze Welt schaut voller Staunen auf uns. Das hat noch keiner hinbekommen, nicht einmal die Amis, die doch sonst ständig behaupten, bei ihnen sei alles besser, schneller und größer."

„Autobahnen!" August spuckte den Begriff förmlich aus seinem Mund. „Als wenn es den Herrschaften dabei nur darum ginge, dass unsereins dann schneller von A nach B gelangt."

„Ja, aber ... so ist es doch. Jetzt sag bloß, du bestreitest auch das noch, dass man auf den Autobahnen schneller fahren kann als auf normalen Straßen." Mit kritisch gerunzelter Stirn hatte sich der Wachmann Eugen wieder in die Unterhaltung eingeklinkt. Allmählich, so schien es ihm, würde er seine positive Einschätzung in Bezug auf ihren Häftling doch noch korrigieren müssen. Der Kerl nörgelte ja wirklich an allem und jedem herum. Dieser Voll stellte anscheinend alles in Frage, wirklich alles. Kein Wunder folglich, dass diese Nörgelei irgendwann im Gefängnis geendet hatte. „Das kann doch wohl nicht dein Ernst sein, oder? Kann man auf der Autobahn nun schneller fahren oder nicht?"

„Ach was, natürlich kann man das", wischte August Voll den Einwand ungehalten beiseite. „Aber merkt ihr denn nicht, was damit in Wirklichkeit bezweckt wird?" Er unterbrach sich und bedachte die beiden Uniformierten mit einem bedeutungsvollen Blick. „Die bauen diese Autobahnen in Wahrheit vor allem aus militärischen Gründen. Damit die Wehrmacht mit ihren Panzern und den Mannschaftswagen ruck, zuck von einem Ort zum anderen kommt. Die Wehrmacht. Nicht Leute wie du und ich. Um die geht es beileibe nicht – auch wenn sie das natürlich immer behaupten. Denkt doch nur einmal an den sogenannten Anschluss von Österreich im vergangenen März. Wie sie da in Windeseile mit den Panzern aufgefahren sind. Dank der schönen, geraden Autobahnen. Oder dann im Herbst der erzwungene Anschluss des Sudetenlands. Als Nächstes wird der Rest von Tschechien dran sein, da bin ich mir ganz sicher. Aber irgendwann verschluckt sich der Hitler noch an seinen ganzen erpresserischen Großdeutschland-Ambitionen. Irgendwann wird sich einer zur Wehr setzen. Egal, wie übermächtig die Zahl der Panzer ist, die sie an seinen Grenzen aufgefahren haben. Und dem, der sich zur Wehr setzt, dem werden andere zu Hilfe kommen, die dem Hitler auch endlich mal Einhalt gebieten wollen. Dann aber ... dann gibt es Krieg!"

„So ein Quatsch! Krieg! Das wird der Führer niemals zulassen!"

„Es wird Krieg geben. So wahr ich hier sitze. Glaubt es mir. Der Hitler hat das Streichholz längst in die Hand genommen, mit dem er die Lunte anzünden wird."

Warnend legte Frieder den Zeigefinger an die Lippen und sah sich sorgenvoll in der Gaststube um. „Psst! Sei doch um alles in der Welt ein bisschen leiser. Es muss uns ja nicht gleich die ganze Wirtschaft zuhören! Und womöglich gibt es dann einer weiter an unsere Dienststelle. Du redest uns um Kopf und Kragen!"

„Nicht nur uns", schüttelte Eugen wiederum verdrießlich den Kopf. „Denk doch auch einmal an deine Kinder und an deine Frau, bevor du in aller Öffentlichkeit solche Reden führst ..."

„Ebendrum! Das tue ich doch! Gerade um meine Familie geht es mir ja. Wir müssen diesem Wahnsinnigen in den Arm fallen, bevor es zu spät ist! Bevor die ganze Welt in Flammen aufgeht!"

„Und du also willst sozusagen im Alleingang die Welt retten? Ausgerechnet der August Voll. Ein kleiner Flaschner aus dem Kraichgau!" Vieldeutig tippte sich der Wachmann an die Stirn. „Das bringt doch nichts. Die hören doch nicht auf Leute wie unsereinen. Wer bist du denn schon? Du kannst dabei nur verlieren. Begreif das doch. Du schadest damit nur dir selber und deiner Familie – und ändern kannst du sowieso nichts. Das sind andere Kaliber, die an den Fäden der Macht ziehen."

Eugens Kollege Frieder, der trotz aller unterschiedlichen Auffassungen Mitleid mit seinem aufgewühlten Häftling empfand, versuchte einen versöhnlicheren Tonfall anzuschlagen. Vielleicht wurde dem Voll die Aussichtslosigkeit seiner Haltung dann eher deutlich. „Schau. Es ist doch wirklich so, wie der Eugen sagt. Es hat keinen Wert, sich gegen die mächtigen Herren aufzulehnen. Das ist schon ganz anderen wie uns schlecht bekommen. So jemand wie unsereins kann da nichts ausrichten, selbst dann nicht, wenn wir es wollten. Sei halt einfach ein bisschen schlau, August. Mach's eben auch so, wie es die anderen alle machen, und ducke dich in Gottes Namen ein bisschen herunter. Nicht auffallen und sich mit dem großen Strom treiben lassen. Nur so werden Leute wie wir durchs Leben kommen und später vielleicht einmal sogar noch erleben dürfen, dass irgendwann ein anderer an die Macht gekommen ist. Einer, dem wir wieder mehr vertrauen können. Und wie vorhin schon gesagt, es ist ja nicht alles wirklich schlecht, was sie in Berlin gemacht haben ..."

August Voll ballte die Hände zu Fäusten. „Nein", presste er voller Anspannung hervor. „Man darf die Dinge nicht einfach weiter treiben lassen. Sie sind schon viel zu weit gegangen. Und sie werden immer weiter gehen, wenn sie keinen Widerstand verspüren. Denkt doch nur einmal daran, was sie mit den Juden gemacht haben! Ist das etwa alles richtig gewesen?" Herausfordernd fixierte er seine beiden Bewacher, die nun verlegen ihre Köpfe senkten.

„Na ja, alles ist da sicher nicht richtig gewesen ...", murmelte Frieder leise.

„Nicht alles richtig gewesen!" Der junge Handwerker schlug sich mit der flachen Hand fassungslos gegen die Stirn. „Wie kann man das einfach so dahersagen. Denkt denn keiner von euch an die Synagogen, die sie angezündet haben, an die verwüsteten Judenfriedhöfe, an die zerstörten und geplünderten Geschäfte, an die verzweifelten Kinder, deren Väter sie in sogenannte Konzentrationslager gesteckt haben. Ist euch das etwa alles einerlei? Darf man da einfach teilnahmslos und schweigend danebenstehen?!" Der ältere der beiden Wachleute beugte sich vor. „Man muss schweigen", betonte er vernehmlich, „... denn sonst ist man selber dran! Und was soll es meinen Kindern nützen, wenn man mich dann auch in solch ein Lager steckt? Nur weil ich irgendwann den Mund nicht gehalten habe?"

August Voll ließ einen gequälten Seufzer vernehmen. „Ich sage es noch mal: Eben für die Zukunft unserer Kinder dürfen wir nicht tatenlos zusehen. Und schon gar nicht als ein rechter Christenmensch. Wir haben die Verpflichtung, unsere Stimme zu erheben. Das steht schon in der Bibel."

„In der Bibel", entgegnete Eugen mit einem sarkastischen Lachen. „Dann geh doch mal in die Kirche und pass genau auf, ob der Pfarrer den Mut hat, dieses Thema von der Kanzel herunter anzusprechen. Da kannst du lange warten, da mache ich jede Wette."

„Und außerdem", ergänzte Frieder. „Man hat eben auch eine Verantwortung gegenüber seiner Familie. Das steht ja ebenso in der Bibel. So ähnlich auf jeden Fall."

Resigniert blickte sich August Voll in der Gaststube um. Wieder verspürte er dieses unangenehme Drücken in der Magengegend, das ihn bei solchen Diskussionen mit unschöner Regelmäßigkeit heimsuchte. „So einfach darf man es sich nicht machen", flüsterte er schließlich heiser. „Selbst dann nicht, wenn sogar die Kirche versagt. Das kenne ich aus Kirchardt zur Genüge. Aber die Pfarrer sind ja auch nur Menschen. Und wenn selbst sie versagen, dann müssen eben wir umso deutlicher unsere Stimme erheben! Ich kann davon nicht abgehen. Das ist und bleibt einfach unsere Christenpflicht und Schuldigkeit."

Voller Bedauern zuckte Eugen mit den Schultern und musterte sein Gegenüber ernst. „Dann ... das kann ich dir aber jetzt schon sagen, dann wird das Leben noch schwerer für dich werden, als es jetzt schon gekommen ist. Wenn du also weiterhin den Michael Kohlhaas spielen willst. Und zwar nicht nur für dich, sondern auch für deine arme Familie. Mensch August!", versuchte er es ein allerletztes

Mal. „Denk doch auch an deine Familie! Hast du denn gar kein Verantwortungsgefühl?!"

August atmete tief durch. „Es reicht! Ich finde, wir sollten es damit bewenden lassen!" Nachdenklich starrte er auf das leere Bierglas in seiner Hand. Dann richtete er sich voll überraschender Entschlossenheit mit einem Mal auf, streckte den Arm weit in die Höhe und rief dem hinter dem Tresen lehnenden Wirt laut und deutlich durch das ganze Lokal seine Bestellung hinüber. „Herr Wirt! Noch ein Bier bitte! Das heißt: natürlich drei Bier! Für jeden eines!"

Damit war die Diskussion endgültig an ihren Schlusspunkt gekommen. Keinem der drei Männer stand im Verlauf des Abends noch der Sinn nach weiteren politischen Auseinandersetzungen. Umso eifriger wandten sie sich dem Inhalt ihrer Bierkrüge zu. Manchmal tat es einfach gut, sich der berauschenden Wirkung des Alkohols hingeben zu können. Die im Falle August Volls überdies auch eine spürbar beruhigende Wirkung zeitigte.

*

11. Januar 1939

Mit müden, schleppenden Schritten bahnten sich August Voll und seine beiden Bewacher einen Weg durch die mit zahlreichen jungen Menschen bevölkerten Gassen der Heidelberger Altstadt. Der allzu reichliche Alkoholkonsum des vergangenen Abends machte den dreien selbst am Nachmittag noch schwer zu schaffen. „So, halt an. Von hier an müssen wir wieder so tun, als ob ..." Eugen, der ältere der beiden Uniformierten, hatte an der Ecke einer kopfsteingepflasterten Gasse innegehalten und ein Paar Handschellen von seinem Hosengurt gelöst, die er August mit einer bedauernden Geste präsentierte. „Es muss halt sein. Sonst bekommen wir womöglich Ärger, wenn sie uns so sehen. Also, jetzt reich mir mal bitte deine Hände."

„Halt, warte noch kurz." Frieder, der andere Wachmann, hatte die rechte Hand gehoben und bedeutete seinem Kollegen innezuhalten. „Erst noch etwas: Brüderschaft haben wir natürlich niemals getrunken. Dass auch das klar ist, oder?" Frieder musterte den jungen Handwerker in ihrer Obhut mit einem erwartungsvollen Blick.

„Ja, ist klar. Ausgemacht ist doch ausgemacht", schüttelte dieser unwirsch seinen Kopf.

„Na, dann ist es ja gut. Ich hab halt gedacht, ich sage es lieber noch einmal. Man kann ja nie wissen."

„Braucht es bei mir aber nicht", murrte August verstimmt. „Was versprochen wird, das wird auch gehalten. Basta!"

„Schon gut, schon gut", versuchte der Gemaßregelte den aufgebrachten Mann zu beschwichtigen. „Ich meine es ja nur gut. Mit uns allen übrigens ..." Er trat noch einen Schritt näher an August heran und sah diesem sorgenvoll direkt in die Augen. „Und bitte, August, du wirst ja jetzt im Gefängnis noch einige Wochen lang Zeit haben, über das nachzudenken, was wir da gestern am Abend besprochen haben. Trotz der ganzen vielen Biere, die wir dort getrunken haben. Eines möchte ich dir schon noch einmal ans Herz legen: Überlege dir bitte gut, ob du auch weiter den Helden spielen willst. Nein!" Mit festem Griff legte er seine Hände auf die Schultern des jungen Handwerkers, der ganz offensichtlich im Begriff stand, ihm darauf eine wütende Antwort entgegenzuschleudern. Mit ernsten Augen nahm er ihn in sein Visier. „Du wirst es wenigstens fertigbringen, dir einen wirklich gut gemeinten Rat anzuhören. Und ihn auch ernsthaft noch einmal abwägen. Das bist du dir und deiner Familie einfach schuldig! Du wirst unter die Räder kommen, wenn du so weitermachst wie bisher. Ich kann dir nur raten, ducke dich weg und warte, bis der ganze schlimme Spuk vorüber ist. Denn eines Tages wird es vorbei sein. Da bin ich mir ganz sicher. Und diesen Tag möchte ich schon noch erleben, denn auch mir ist das alles wirklich nicht recht, was um mich herum geschieht. Aber wie gesagt: Ich möchte überleben. Und dir wünsche ich von ganzem Herzen, dass du es auch noch erleben wirst. Wenn du zuvor die richtigen Schlüsse gezogen hast. Für dich und dein Leben – und auch für das Wohlergehen deiner Familie. Mach's gut, August!" Er zog den mit finsterer Miene vor ihm verharrenden August an seinen Oberkörper und umarmte ihn herzlich. „Alles Gute, August", wiederholte der Wachmann tonlos. Dann wandte er sich rasch ab, um die Tränen der Rührung zu verbergen, die mit einem Mal über seine Wangen rannen.

„Also dann ..." Auch Eugen räusperte sich betreten, während er nun endlich zur Ausführung seines vorhin unterbrochenen Vorhabens schritt. „Es muss halt sein." Mit einem metallischen Klicken schlossen sich die Handschellen um August Volls Handgelenke. Wenige Minuten später wurde der Gefangene Voll, August, von den beiden Wachmännern vor die schweren Eisentore des Gefängnisses geführt. Am 11. Januar 1939, exakt um Punkt 15 Uhr 30, so wurde es von Wachmann Eugen in seinem Protokoll später auf das Genaueste festgehalten, betrat der Blechner Voll wieder die Haftanstalt in Heidelberg, um dort seine restliche Strafzeit zu verbüßen.

Verfolgt von den misstrauischen Blicken des Pförtners gelangten die Männer in den Innenhof. Irgendetwas schien dem Aufseher am Tor am Verhalten der drei merkwürdig zu sein. Aber was es wohl war? „Also, ich weiß nicht", kratzte er sich nachdenklich am Hinterkopf. „Ihr seht ja aus wie das Leiden Christi. Hat es etwa ein Vorkommnis gegeben? Muss ich noch etwas wissen?"

„Ruhe sollst du geben!", fauchte der Wachmann Eugen wütend in das Gesicht seines erschrockenen Kollegen. „Nur Ruhe, sonst gar nichts! Hiermit überstellen wir den

Gefangenen August Voll pflicht- und auftragsgemäß am heutigen Tag wieder der Obhut des Gerichtsgefängnisses Heidelberg. Heil Hitler!"

Er knallte die Hacken seiner Lederstiefel zusammen und streckte den rechten Arm schräg nach oben.

„Heil Hitler!", tönte es ebenso aus dem Mund der beiden anderen.

Der Frage des Pförtners war durch diese geistesgegenwärtige Reaktion jegliche Grundlage entzogen worden. Beleidigt zog er die Mundwinkel nach unten. Dann eben nicht. Sollten die Kerle doch machen, was sie wollten. Und außerdem: Was ging ihn die ganze Angelegenheit denn schon an? Nicht das Geringste! Besser, man schnüffelte in diesen sonderbar aufgeregten Zeiten mit seiner Nase nicht in jeder Sache herum, sondern achtete sorgsam auf das eigene Wohlergehen. Sollten sich doch die höheren Herrschaften mit den Problemen herumschlagen. Wenn es sich denn überhaupt um Probleme handelte. Denn, was konnte solch ein renitenter kleiner Handwerker wie dieser Voll dem Reich an Schaden zufügen? Höchstens doch sich selbst. Angestrengt kniff der Pförtner die Augen zusammen und warf einen Blick hinauf zu der großen Uhr, die an der Rückwand der Wachstube angebracht war. 15 Uhr 30. Diese Uhrzeit des Eintritts ihres Gefangenen zur Verbüßung der restlichen Haftstrafe würde er an die Gefängnisleitung weiterleiten. Alles andere konnte ihm egal sein.

Von der Leitung des Gefängnisses Heidelberg aus erging wenig später der entsprechende Vermerk an das zuständige Amtsgericht in Sinsheim. Samt der Berechnung der Reststrafe. Die Haft des Blechners Voll aus Kirchardt verlängerte sich wegen der Unterbrechung durch den Hafturlaub nun natürlich um etwas mehr als drei Tage. Auf das Penibelste wurde die Verbüßung der Reststrafe errechnet. Da ging es nicht nur um Tage oder Stunden. Sondern sogar um Minuten.

Sie ist tatsächlich minutiös protokolliert worden. Die Reststrafzeit von August Voll. Auch dabei handelt es sich um eine jener Absonderlichkeiten, auf die wir in diesen Zeiten des sogenannten Dritten Reiches voller Erstaunen und manchmal Fassungslosigkeit immer wieder gestoßen werden. Egal, worum es ging: ob um das beschlagnahmte Vermögen der Juden, um Todesurteile, Haftstrafen oder um Zuckerrüben. Ob Auschwitz, Stalingrad oder die Autobahnen. In geradezu bedrückender Akribie ist von den Beamten alles verwaltet und protokolliert worden. Wie gesagt – so brutal und menschenverachtend es auch klingt –, es war so. Es machte keinerlei Unterschied, ob es um Menschen, Schicksale oder nur um Waren ging. Im Prinzip handelte es sich doch immer um „Vorgänge". Genau diese Vorgehensweise ist es, die noch Jahrzehnte später eine Gänsehaut hervorruft. Denn sie macht uns in ihrer ganzen Nüchternheit damit die Kälte deutlich, mit der bei den zuständigen Stellen lediglich stur nach demselben einheitlichen Schema gearbeitet worden ist. Das eigene Denken scheint völlig ausgeblendet worden zu sein. Gefühle erst recht. Das Räderwerk des Unfassbaren. Man hat sich als willfähriges Werkzeug benutzen lassen. Am besten nicht darüber nachdenken, worum es im Einzelfall ging. Nicht auffallen. Nur seine Arbeit machen.

Auszug aus der Gefängnisakte des August Voll:

„Heidelberg, 11.1.1939.

An Amtsgericht Sinsheim

In Strafsachen Aug. Voll aus Kirchardt wegen ernster Körperverletzung

Der Herr Vorstand der Gefängnisse Mannheim u. Heidelberg hat dem Strafgefangenen August Voll aus Kirchardt zum Besuch seines lebensgefährlich erkrankten Vaters einen Strafurlaub von 3 Tagen bewilligt. Voll hat diesen Urlaub am 8.1.39 vormittags um 11.30 Uhr angetreten.

Der Strafrest betrug noch 24 Tage, 21 Stunden und 45 Minuten. Nach Ablauf der Frist hat sich Voll heute Nachmittag 15.30 Uhr zur Fortsetzung des Haftvollzugs wieder gestellt. Die Strafe war daher 3 Tage und 4 Stunden unterbrochen. Das Strafende fällt nunmehr auf 5. Februar 1939 nachmittags 13.15 Uhr."

So steht es – wortwörtlich – in der mir vorliegenden Strafakte.

*

Am Abend des 5. Februar 1939 – draußen war es längst schon dunkel geworden – kam August Voll endlich nach Hause. Sie hatten ihn tatsächlich bis in den Mittag hinein warten lassen. Bis auf die letzte Minute hatte er seine Strafzeit absitzen müssen. Dann endlich hatten sie die Seitentür am großen hohen Eingangsportal des Heidelberger Gefängnisses geöffnet und ihn hinausgelassen. Hinaus in die Freiheit. Zurück ins Leben. Mitten hinein in den quirligen Alltag der alten Universitätsstadt. Kein Mensch hatte sich um den ernsten jungen Mann gekümmert, der da mit langsamen Schritten dem Bahnhof zustrebte. Irgendein Landmensch halt. Man konnte es schon an seiner eher rustikalen Kleidung erkennen. Kein Akademiker. Kein Professor, den man vielleicht sogar kennen musste. Höchstens ein einfacher Handwerker. Kein Grund also, um Notiz von ihm zu nehmen. Und dann noch die Miene, die er zur Schau stellte. Als habe sich die Last der ganzen Welt auf seine Schultern gelegt. Egal. Es gab wichtigere Ereignisse in Heidelberg als den schweren Gang eines entlassenen Häftlings hinüber zum Bahnhof. Ein Mann, aus dem in den letzten Wochen tatsächlich ein anderer geworden war. Die Tage der Gefängnishaft hatten ihn schwer gezeichnet. Nein, das war nicht mehr derselbe August Voll, als den man ihn noch vor einigen Wochen gekannt hatte. Allein schon sein Anblick! Der noch nicht einmal 33-jährige Mann schien um Jahre gealtert. Dieser unsichere, flackernde Blick. Die dunklen Ringe unter seinen Augen und diese bitteren Falten, die sich tief um seine Mundwinkel gegraben hatten.

Voller Entsetzen hatte Augusts Schwester Emma die Hände vor den Mund geschlagen, als sie ihren Bruder so verändert plötzlich vor sich stehen sah. Zusammen mit ihren Brüdern Wilhelm und Heinrich war sie am späten Nachmittag in das Haus in der Vorstadtstraße gekommen, um dort voller Ungeduld Augusts Ankunft zu erwarten. Irgendwann in den nächsten Stunden musste er ankommen. Wenn er den Zug genommen hatte, der kurz nach 18 Uhr in Grombach halten würde. Spätestens dann musste er also eintreffen. Eigentlich hatten sie ja gehofft, ihn schon kurz nach halb fünf in die Arme schließen zu können. Wenn er den Nachmittagszug von Heidelberg genommen hätte. Doch um diese Zeit war er nicht gekommen. Und so saßen sie weiter im Wohnzimmer und warteten. Ein Gespräch wollte nicht so richtig in Gang kommen. Kein Wunder, angesichts all der Gedanken an die traurigen Ereignisse der letzten Monate, die sie noch immer nicht aus ihrem Kopf bekommen hatten. Von der Sorge um August und dessen Ehe ganz zu schweigen. Denn auch das war ein Grund gewesen, weshalb sie Emilie nicht alleine zu Hause wissen wollten, wenn August endlich zurückkam. Emilie, die einst so muntere junge Frau, die sich in den vergangenen Tagen mehr und mehr in sich zurückgezogen hatte. Die nach wie vor schwer an der Schmach dieser Gefängnisstrafe ihres Mannes zu leiden hatte. Und die vor allen Dingen schwere Sorgen im Hinblick auf die weitere Zukunft plagten. Schon aus diesem Grund schien es Emma, Heinrich und Wilhelm geboten, ihren Bruder zusammen mit seiner Frau zu begrüßen. Nicht, dass die Gespräche gleich bei Augusts Ankunft schon wieder in eine falsche Richtung treiben würden.

Kaum hatte sie ein Geräusch unten an der Haustüre vernommen, da war Emma mit einem Freudenschrei vom Sofa aufgesprungen und zur Wohnungstür geeilt. „Er ist da! August! Endlich ist er angekommen!"

Mit einem Ruck öffnete sie die Tür und spähte erwartungsvoll in den düsteren Hausflur hinunter, wo ihr nun schwere Schritte entgegenkamen. Schon an seinem dunklen Haarschopf konnte sie ihren Bruder erkennen: August! Tatsächlich! Er war es! Doch kaum hatte der erschöpfte Mann seinen Kopf gehoben und das Gesicht in ihre Richtung gedreht, da erstarrte Emma in maßlosem Erschrecken: „August! Was haben sie denn nur mit dir gemacht?"

Doch August zuckte nur müde mit der Schulter, dann stellte er langsam seinen Koffer auf den Boden und bedachte seine Schwester mit einem unsicheren Blick.

Ganz allmählich gewann Emma ihre Fassung wieder. „Jetzt komm erst mal herein, August", streckte sie ihre Hand aus und zog den Bruder energisch am Ärmel seines Mantels in die Wohnung hinein. „Emilie! Er ist da! August ist gekommen!"

Im Nachhinein durfte man von einem glücklichen Umstand sprechen, dass die beiden Kinder noch wach geblieben waren. Denn mit einem lauten Jubelschrei stürmte die fünfjährige Ella auf ihren Vater zu und durchbrach damit die bedrückende Atmosphäre, die sich bleischwer auf die doch im Grunde erfreuliche Tatsache von Augusts Heimkehr zu senken drohte.

„Vater! Endlich bist du wieder da!" Das Eis war gebrochen.

Auch für den kleinen Willi schien der Jubelruf seiner Schwester das willkommene Signal zu sein, auf das er die ganze Zeit über gewartet hatte. Mit weit ausgebreiteten Armen stürzte er sich auf seinen Vater, dessen Oberschenkel er danach mit festem Griff umklammert. Gerade so, als wolle er damit demonstrieren, wie schmerzlich er den Vater vermisst hatte und dass er ihn nun nicht mehr gehen lassen würde. Niemals mehr. Es war nichts zu machen. Die Gefühle ließen sich nicht länger unterdrücken. Tränen der Rührung quollen aus den Augen des Heimkehrers und rannen über seine Wangen, während er die Köpfe seiner Kinder zärtlich streichelte.

„Schön, dass du wieder da bist, August.“ Auch Emilie wischte sich verstohlen eine Träne von der Backe, während sie an die Seite ihres Mannes trat, kurz zu zögern schien, sich dann aber auf die Zehenspitzen stellte und ihrem August einen verlegenen Kuss auf die Lippen drückte. Die Geschwister Voll warfen sich überraschte Blicke zu. Das hätten sie von der normalerweise recht zurückhaltenden Emilie nun doch nicht erwartet. Noch dazu sozusagen in aller Öffentlichkeit. Es schien sich also alles zum Guten zu wenden. Nachdem ihnen Emilie mit dieser Geste wohl hatte andeuten wollen, dass sie bereit war, einen Schlussstrich unter die bitteren Auseinandersetzungen der vergangenen Wochen zu setzen. Dass sie es schon schaffen würde, die Schmach der Gefängnisstrafe irgendwann zu vergessen.

Mit einem müden Seufzer ließ sich August langsam auf das Sofa sinken. Erschöpft schloss er für einen Moment die Augen, dann hob er den kleinen Willi zu sich auf den Schoß, während sich Ella direkt neben ihren Vater kuschelte. Ein dankbares Lächeln umspielte seine Lippen.

„Das ist schön, dass auch ihr da seid und mich willkommen heißt“, nickte er seinen Brüdern und der Schwester zu. „Wenigstens wir gehören also noch zusammen.“

„Aber natürlich, August.“ Wie sollte er sich nur ausdrücken. Krampfhaft suchte Wilhelm nach den richtigen Worten. „Und warte nur, auch das mit dem Jakob wird sich wieder einrenken. Du weißt doch, die Zeit heilt alle Wunden. Erst recht in der eigenen Familie.“

„Auf alle Fälle freuen wir uns alle, dass du jetzt wieder da bist“, fügte er entschlossen hinzu. Nur nicht an das leidige Thema Jakob erinnern. Zumindest nicht jetzt.

Gleich zu Beginn. Er musterte den jüngeren Bruder, in dessen Gesicht die vergangenen Wochen wirklich unübersehbar tiefe Spuren hinterlassen hatten, sorgenvoll. „War es arg schlimm dort?"

August lachte bitter auf. „Schlimm?! Es war fürchterlich. Entsetzlich. Es war die schlimmste Zeit, die ich jemals habe durchmachen müssen." Er nahm Willi von seinem Schoß und setzte ihn neben die Schwester. Dann beschrieb er eine hilflose Handbewegung. „Wisst ihr, wie das ist? Im Gefängnis? Da bist du kein Mensch mehr – nur noch eine Nummer"!

„Eine Nummer?!"

„So fühlt man sich. Wie eine Nummer. Beliebig und austauschbar. Auf alle Fälle ist man für die dort kein Mensch mehr. Und dann haben sie mich die ganze Zeit über diese Tüten kleben lassen. Wie den primitivsten Idioten! Das sei genau die richtige Arbeit für einen wie mich, haben sie gemeint. Denn wer sich ständig gegen den Führer und seine großartige Regierung auflehne, der könne ja nicht mehr alle Tassen im Schrank haben. Oder müsse von vornherein ein Dummkopf sein. Deshalb sei für solche Leute das Tütenkleben schon beinahe eine anspruchsvolle Tätigkeit. So haben sie über mich gesprochen. Und dabei hämisch gelacht. Und dann sollst du auch noch den Mund halten dabei. Wehe, du sagst etwas!"

August bedachte seinen Bruder mit einem vieldeutigen Blick. „Denn dann wäre ich vermutlich gleich gar nimmer nach Hause gekommen. Für solche Fälle haben sie jetzt diese Konzentrationslager. Auch das haben sie mir überdeutlich zu verstehen gegeben." Er senkte den Kopf und starrte eine Zeitlang schweigend zu Boden. Keiner von den anderen wagte es, den Gesprächsfaden von sich aus wieder aufzunehmen.

Eine halbe Ewigkeit schien vergangen, dann ließ August ein kurzes, trockenes Lachen ertönen. „Ja, so ist das. Damit muss man dann erst einmal fertig werden." Langsam ballte er seine Hände zu Fäusten und drückte hart den Rücken durch. „Aber wenn sie glauben, dass ich das alles einfach vergessen kann oder dass sie mich damit endgültig zum Schweigen gebracht haben, dann sind sie auf dem Holzweg. Nein. So einfach lasse ich mir den Mund nicht stopfen. Schon um der Zukunft meiner Kinder willen nicht. Solange sie mich in Ruhe lassen – gut und schön. Aber ich lasse mich deshalb noch lange nicht zwingen, im Chor der Wölfe einfach mitzuheulen. Das werden sie nie schaffen. Niemals!“ Mit grimmiger Entschlossenheit schaute er in die Runde und nickte dazu heftig. Gerade so, als könne er seiner Feststellung dadurch umso mehr Nachdruck verleihen. Vor allem auch bei seiner Frau Emilie, die bei diesen Worten erkennbar zusammengezuckt war und ihrem Mann nun mit leiser Stimme entgegenhielt. „Aber du als Einziger? Wie soll das denn gehen? Du hast doch am eigenen Leib erfahren müssen, wozu das führt.“

August kniff missmutig die Augenbrauen zusammen. „Irgendwann werden auch die anderen aufwachen und meinem Beispiel folgen.“

„Ich weiß nicht, August. Wirklich nicht ...“ Allein der Ton ihrer Stimme verriet überdeutlich, wie hoffnungslos sich Emilie schon wieder zu fühlen schien. Und auch die anderen registrierten voller Sorge die Verwandlung, die ihr Bruder im Gefängnis ganz offensichtlich durchgemacht hatte. Er war härter geworden. Bitterer. Der Grund dafür musste in der Verzweiflung liegen, der August im Gefängnis schutzlos ausgeliefert gewesen war. Er hatte sich verändert. Es würde Wochen dauern, bis sich diese Verbitterung gelegt hätte. Wenn überhaupt. Und wenn nicht in der Zwischenzeit ein neuerlicher Zusammenprall mit den Hitlerleuten passierte. Sie würden auf ihren Bruder achtgeben müssen. In dessen eigenem Interesse. Doch August registrierte die sorgenvollen Mienen gar nicht. Viel zu sehr war er gefangen von seinen eigenen Gedanken. Er jedenfalls würde nicht klein beigeben. So wie all die anderen Mitläufer und Weggucker. Denn er wusste, was er der Zukunft seiner Kinder schuldig war.

*

September des Jahres 1939

Kriegsbeginn!

Im sprichwörtlichen Sinn wie eine Bombe schlug diese Nachricht auch in Kirchardt ein. Sosehr man sich im Verlauf des Tages auch von behördlicher Seite bemühte, Stolz und Siegeszuversicht zu verbreiten, so triumphal die Marschmusik auch aus den Rundfunklautsprechern dröhnte, bei der überwiegenden Mehrzahl der Menschen hatte die Meldung zunächst schieres Entsetzen ausgelöst. Angst und Betroffenheit. Sogar in den Reihen der langjährigen Parteimitglieder. Zu frisch und zu bedrückend waren bei vielen immer noch die Erinnerungen an den Krieg, der 1918 verloren worden war. An die Entbehrungen, die Opfer, Tote und Verwundete, zudem die Sorge um die Angehörigen. Allem Gefasel von den damals siegreich voranmarschierenden Helden und dem von feigen Verrätern verhinderten Kriegsgewinn zum Trotz. Säbelrasseln! Man hatte sich in den vergangenen Jahren an diese Töne gewöhnt. Auch daran, dass die Forderungen des Reichskanzlers und die Muskelspiele seiner Generäle sich mehr und mehr emporgeschraubt hatten. Doch schließlich war es Hitler bislang noch jedes Mal gelungen, seine Forderungen durchzusetzen. Selbst nach Österreich und Böhmen war man kampflos einmarschiert. Immer wieder hatten die anderen Nationen im letzten Moment doch nachgegeben – und mehr als einmal hatten es deren Staatsoberhäupter vorgezogen, besser ihre Augen vor der Realität zu verschließen. Denn was wäre die Folge gewesen? Ein neuer schrecklicher Krieg, den sie allesamt verhindern wollten. Und so war man voller Zuversicht davon ausgegangen, dass auch die immer schärfer klingenden Wortgefechte in Richtung Polen am Ende mit einem für das Deutsche Reich zufriedenstellenden Ergebnis ihr Ende finden würden. Ohne einen Schuss Pulver zu vergeuden, würde der Führer auch im Hinblick auf Polen seine Ziele durchsetzen, um den gerechten Forderungen des Deutschen Volkes zu ihrem Recht zu verhelfen. Egal, welche Drohkulissen Adolf Hitler zuvor auch aufgebaut hatte. Er würde es schon schaffen. Dank seiner Überzeugungskraft und dank der Hilfe all seiner Getreuen. Kampflos würde es ihm gelingen. Auch diesesmal.

Seit dem heutigen Tag, seit dem 1. September 1939, erschienen all diese Überlegungen freilich in einem neuen Licht. In einem düsteren Licht. Es dauerte bis weit in den Mittag hinein, bis sich die bekannten NS-Größen von Kirchardt mit teilweise recht mühsam zur Schau gestellter Siegeszuversicht auf den Straßen zeigten. So mancher von ihnen hatte lange daran zu kauen gehabt, diesen Schock zu verdauen, der am heutigen Morgen durch die Radiomeldung vom Kriegsbeginn auch Kirchardt erfasst hatte. Seitdem das bislang trotz aller Schärfe recht unverfängliche Geschwätz, man würde es den unverschämten Polen eines Tages schon zeigen, schlagartig zur furchtbaren Wirklichkeit geworden war.

Das Unfassbare war geschehen. Und zwar genau so, wie es August Voll doch immer prophezeit hatte. Natürlich habe es sich nur um reine Gegenwehr gehandelt. Die Soldaten der Deutschen Wehrmacht hätten nur „zurückgeschossen“, wie es im Radio hieß. Denn die anderen, die Polen, hatten doch den Überfall auf den Sender Gleiwitz begangen. Für den sie nun die Quittung bekämen. Ein für alle Mal sei es danach Schluss mit der ständigen Gefahr aus dem Osten. Jetzt würde die Deutsche Wehrmacht dafür Sorge tragen, dass nie mehr eine Bedrohung oder gar solche Überfälle von polnischem Territorium aus geschehen würden. Sie hatten es sich selbst zuzuschreiben, diese Polen. Das war der Kern der Nachrichten, die seit dem Vormittag über den Äther im ganzen Reich verbreitet wurden. Wieder und wieder. Begleitet von triumphaler Marschmusik und der mehrfach wiederholten stolzen Ansprache des Führers, Reichskanzlers und obersten Befehlshabers der Wehrmacht, Adolf Hitler, an sein Volk – und garniert mit ersten Erfolgsmeldungen von der Front. Der Krieg würde rasch beendet sein. Unaufhörlich quollen die Wellen der Zuversichtspropaganda aus den Lautsprechern. Im Ministerium von Josef Goebbels schien man sich allem Anschein nach schon lange und bestens auf diesen Tag vorbereitet zu haben.

„Dass ich nicht lache. Ein Überfall auf Deutschland!" Vielsagend tippte sich August Voll an diesem Morgen mit dem Zeigefinger gegen die Stirn. „Als hätten die Polen auch nur irgendein Interesse gehabt, sich militärisch mit dem übermächtigen Deutschland anzulegen. Das kann doch kein Mensch wirklich glauben. Noch nicht einmal der Kopp! Nein, an dieser Geschichte ist etwas faul. Und zwar gewaltig."

Doch was sollten solche Feststellungen noch nützen? So zutreffend sie waren. Der Krieg war erklärt. Deutsche Soldaten waren in Polen einmarschiert. Schon hatte es die ersten Toten gegeben. Die Maschinerie des Grauens war in Bewegung geraten. Und würde so schnell nicht mehr zu stoppen sein.

Wie aber würde es weitergehen? Das war die bange Frage, auf die es auch für August keine befriedigende Antwort mehr geben konnte. Denn natürlich würden Frankreich und England heftigen Protest einlegen. Würden Hitler vermutlich sogar ultimativ auffordern, sich unverzüglich aus Polen zurückzuziehen. Doch was wäre, wenn? Wenn Hitler die Ultimaten der europäischen Mächte einfach ignorierte? Wenn er womöglich kalkulierte, es würde bei deren Drohungen bleiben? Dass sie es niemals wagen würden, dem Deutschen Reich den Krieg zu erklären. Zumindest nicht wegen Polen. Was aber, wenn doch? Worauf sollte man hoffen? Dass der Krieg schon in wenigen Wochen beendet sei – und sich die Aufregung in England und Frankreich dann bald wieder legte? Zu Ungunsten der Polen? Oder sollte August Voll etwa darauf hoffen, das England und Frankreich wirklich ernst machten und Hitler tatsächlich nun ihrerseits den Krieg erklärten? Um dem unseligen Treiben des Reichskanzlers ein Ende zu bereiten? Eine schreckliche Vorstellung: Denn selbst wenn man von einer schon rein zahlenmäßigen Übermacht der anderen ausgehen konnte, würde es Monate dauern, bis die Wehrmacht wirklich besiegt wäre. Wenn nicht Jahre. Mit Zigtausenden von Opfern! Durfte dies aber der Preis der Freiheit sein? Es war zum Verrücktwerden! Welche Entwicklung sich auch immer ergeben würde, die Zukunft erschien ihm wenig hoffnungsvoll.

„Heil Hitler!“ Der Schrecken fuhr August durch Mark und Bein, als der überlaute Hitlergruß unvermittelt direkt in sein linkes Ohr gebrüllt wurde. Der Handwerker wirbelte überrascht herum und starrte in das stark gerötete, mit dicken Schweißperlen überzogene Gesicht von Jakob Voll, seinem ältesten Bruder. Er hatte gar nicht bemerkt, dass jemand die Werkstatt betreten hatte, so sehr war er in das Gespräch mit Emilie vertieft gewesen. In seine hoffnungslose Feststellung, dass man seit dem heutigen Morgen in einer fürchterlichen Falle stecke, aus der es im Grunde genommen kein Entrinnen mehr geben konnte. Deshalb hatte er Jakob erst gar nicht wahrgenommen. Es war nicht zu übersehen, dass der Weltkriegsveteran offensichtlich direkt aus dem Gasthaus hierhergekommen war, wo er, zur Feier dieses in seinen Augen stolzen Tages, schon einige Schnäpse auf das Wohlergehen des Reichskanzlers und den baldigen Sieg der Wehrmacht konsumiert hatte. Die Alkoholfahne, die August Voll aus dem Mund seines unsicher schwankenden Bruders entgegenwehte, tat ein Übriges, um keinerlei Zweifel am Zustand seines Gegenübers aufkommen zu lassen. Jakob! Seit Monaten waren sie sich aus dem Weg gegangen. Seit der hässlichen Szene am Grab des Vaters. Und seitdem hatte es kein einziges versöhnliches Gespräch mehr zwischen den beiden Brüdern gegeben. Was aber wollte Jakob nun heute bei ihm? Ausgerechnet heute!

August begriff rasch. Für seinen Bruder, den überzeugten Nationalsozialisten und Weltkriegsveteranen war der heutige Tag offenbar ein Freudentag. Wie oft hatte er schon früher mit vor Begeisterung glänzenden Augen von seiner Militärzeit erzählt. Von den eindrucksvollen Uniformen, den blitzenden Säbeln, der schmetternden Marschmusik und dem siegreichen Vorrücken der deutschen Armee in Frankreich. Und davon, wie sehr es ihn mit Stolz erfülle, sein Opfer für das Vaterland gebracht zu haben. Selbst um den Preis des linken Armes. „Der Tag der Vergeltung ist gekommen! Endlich! Der Führer wird es ihnen allen zeigen! Allen! Den Polen, den Engländern und erst recht natürlich auch dem Franzosen! Der hat es schon lange ganz besonders verdient!“ Im letzten Augenblick gelang es dem gefährlich schwankenden Mann, sich mit der rechten Hand gerade noch an der Werkbank abzustützen, bevor er im Überschwang der Begeisterung auf den harten Steinboden der Werkstatt gefallen wäre. Der reichlich genossene Alkohol forderte ganz offenkundig seinen Tribut.

„Aber Jakob! Denk doch erst einmal darüber nach, was du da sagst!“ Es konnte doch nicht wahr sein! Der eigene Bruder! Selbst ein sturer Parteigänger wie Jakob musste doch begreifen, dass ein Krieg mit allen Nachbarn zu keinem guten Ende führen konnte. Von den fatalen Auswirkungen auf die Bevölkerung einmal ganz zu schweigen! „Jakob! Man kann doch nicht mit der ganzen Welt Krieg führen! Das ist doch furchtbar! So etwas darf man nicht einmal denken! Wohin soll das denn noch führen?" Der Kriegsveteran stieß ein höhnisches Lachen hervor und musterte den jüngeren Bruder mit einem verächtlichen Blick aus seinen rot unterlaufenen Augen. „Typisch August! Ich hätte es mir ja denken können! Beim ersten Schuss Pulver macht der Kleine schon in die Hose! Während sich alle kriegstauglichen Männer jetzt voller Stolz hinter unserem Reichskanzler Adolf Hitler vereinen wie ein Mann und das Vaterland verteidigen werden bis zum letzten Blutstropfen!"

„Jakob!" Trotz des maßlosen Ärgers, der bei diesen dummdreisten Sprüchen in ihm hochkochte, versuchte es August noch einmal mit Argumenten. „Was heißt denn hier das Vaterland verteidigen? Wir sind es doch, die heute Morgen in Polen eingefallen sind. Du stellst die Verhältnisse einfach auf den Kopf mit deinen Behauptungen!"

„Mit meinen Behauptungen!" Jakob spuckte ihm die Feststellung geradezu ins Gesicht. „Das wagst ausgerechnet du mir zu sagen? Dem ehemaligen Soldaten, der für das Vaterland sogar seinen Arm auf dem Feld der Ehre geopfert hat? Ausgerechnet du?! Ein ehemaliger Sträfling? Ein Vorbestrafter? Pfui Teufel!" Nun hatte er tatsächlich ausgespuckt. Direkt vor die Füße seines Bruders, der sich nur noch mit Mühe beherrschte. Beinahe wäre ihm die Hand ausgerutscht!

Doch bevor der entgeisterte August die passenden Worte gefunden hatte, wandte sich Jakob schon an Emilie, die mit leichenblasser Miene die Auseinandersetzung bislang stumm verfolgt hatte. „Ich kann dir nur raten, pass auf den da auf", deutete Jakob mit dem Daumen verächtlich hinter sich. „Es braucht nicht viel in diesen heldenhaften Zeiten. Da wird nicht mehr lange gefackelt, wenn solche Subjekte zur Gefahr für unseren heldenhaften Kampf zu werden drohen. Und falls er glaubt, dass er als Handwerker so schnell nicht wird einrücken müssen", mit einem vernichtenden Blick streifte er den nach wie vor regungslos verharrenden August, „dann kannst du ihm sagen, dass er sich auch in dieser Hinsicht gewaltig täuscht. Gerade solche wie ihn können wir ganz gut gebrauchen. Die werden zunächst einmal nach vorne an die Front geschickt und haben so immerhin noch einen doppelten Nutzen: Zum einen werden sie dann von den ersten Kugeln getroffen und nicht unsere wirklich wertvollen Soldaten und zum anderen sind wir die Kerle dann los, die zuhause das Volk aufwiegeln und beständig etwas zu meckern haben. Auf solche Handwerker kann der Führer nämlich gerne verzichten. Heil Hitler!" Laut knallte Jakob die Hacken seiner schwarzen Lederstiefel zusammen, schaffte es aber nicht mehr, den Arm zum Hitlergruß in die Höhe zu strecken. Denn wieder war er bedrohlich ins Schwanken geraten und nur mit Hilfe seiner Schwägerin Emilie, die geistesgegenwärtig einen Schritt nach vorne gemacht hatte, gelang es ihm, sich abzustützen.

„Raus!" August riss die Tür der Werkstatt weit auf und deutete hinaus ins Freie. „Sofort raus hier! Und lass dich ja nie wieder bei mir blicken!"

Falls es überhaupt noch ein winziges Band gegeben haben sollte, das die beiden Brüder trotz aller Unterschiedlichkeit verband – mit dem heutigen Tag war es endgültig zerschnitten. Am 1. September 1939. Dem Tag des Kriegsbeginns. Einem Krieg, der sich zu einer furchtbaren Katastrophe ausweiten würde, wie sie die Welt noch nie zuvor erlebt hatte. Was zu jenem Zeitpunkt niemand ahnen konnte. Denn selbst die schlimmsten Alpträume wurden von den schrecklichen Entwicklungen bei weitem in den Schatten gestellt, die in den folgenden Jahren über die Menschheit hereinbrachen.

*

Der 20. April des Jahres 1940 wurde im gesamten Deutschen Reich festlich begangen. Also auch in Kirchardt, dem kleinen Kraichgaudorf. Denn beim 20. April handelte es sich um Führers Geburtstag. Den idealen Termin, um dem weitblickenden genialen Reichskanzler und obersten Befehlshaber der Wehrmacht im Rahmen einer prachtvollen Parade seinen Dank zu erweisen. Mit stolz aufgezogenen roten Fahnen, in deren Mitte auf blütenweißem Grund das pechschwarze Hakenkreuz prangte. Das Symbol des Führers und seiner treuen Partei, der NSDAP, die Deutschland zu neuem Ruhm und Ehre geführt hatten. Der Führer, dessen siegreiche Truppen von einem Triumph zum anderen eilten und alle Gegner, die sich in den Weg zu stellen wagten, einfach überrollten.

Polen, Dänemark, in Kürze Norwegen und demnächst ganz sicher auch Belgien, Holland und Frankreich! Sie alle hatten ihren Tribut schon bezahlt oder würden dies demnächst tun müssen. Auch mit dem Engländer würde man schon noch fertig werden: in der Luft genauso wie auf hoher See. Denn der Führer hatte doch auch einen Pakt mit Russland zustande bringen können – ein wahrhaft genialer Geniestreich, um sich den Rücken im Osten freizuhalten – wenn es demnächst mit aller Kraft in Richtung Westen gehen würde. Wenn sie es dem verhassten Franzmann endlich zeigen würden!

Am heutigen Tag aber sollte es festlich zugehen im ganzen Deutschen Reich. Bei den Feierlichkeiten zum 51. Geburtstag des Führers.

Schon am Tag zuvor war allen Kirchardter Hausbesitzern von eigens dazu eingeteilten Parteimitgliedern auf das Eindringlichste eingeschärft worden, dass man von ihnen an diesem 20. April ein festlich geschmücktes Haus erwarte. Samt der sorgsam aufgezogenen Hakenkreuzfahne – besser noch gleich mehreren – am Fenster. Denn man wolle dem festlichen Anlass entsprechend Fotografien herstellen lassen und diese anschließend bei der Kreisleitung in Sinsheim voller stolz präsentieren. Um zu zeigen, wie einmütig das ganze Dorf hinter Führer und Vaterland versammelt war. Damit nicht der geringste Zweifel an der bedingungslosen Linientreue der Kirchardter entstehen könne.

Diese ganz besonders sorgfältige Vorgehensweise entsprang freilich einem einfachen Grund. Manch einer unter den Kirchardtern konnte sich die Ursache denken, doch keiner wagte es, diese Vermutung in aller Offenheit auszusprechen. Nicht mehr im Frühjahr 1940.

Denn im Dorf war es ein offenes Geheimnis, dass ihr Bürgermeister, Hengsthalter Friedrich Kopp, der stolzeste aller Nationalsozialisten, einen hohen Preis dafür bezahlt hatte, vom Kriegseinsatz in der Wehrmacht befreit zu werden. Nachdem man ausgerechnet ihn im September 1939 als einen der allerersten Männer von Kirchardt zu den Fahnen gerufen hatte. Wenn diese Einberufung des Bürgermeisters zunächst noch den Anschein von Freiwilligkeit gehabt hatte, was angesichts der fanatischen Übereinstimmung zwischen dem Hengsthalter und seiner Partei auch niemanden wundern konnte, so sprach sich bald schon das Gegenteil im Dorf herum. Denn Friedrich Kopp war ganz und gar nicht freiwillig gegangen. Im Gegenteil, verzweifelt hatte er versucht, seiner Einberufung doch noch zu entgehen. Was auch immer der Anlass für den Stellungsbefehl gewesen war: Kopps besondere Linientreue, die früheren zahllosen Beteuerungen aus seinem Mund, sich selbstverständlich mit Freuden dereinst als Erster zu den Waffen rufen zu lassen, wie auch immer ... Es war auf alle Fälle nicht nach dem Geschmack des Bürgermeisters gewesen, auch wenn er in der Öffentlichkeit natürlich diesen Eindruck beharrlich zu verbreiten versuchte.

Irgendwie war nämlich in der Zwischenzeit ein Vorgang aus dem Rathaus durchgesickert. Das beständige Bemühen des Friedrich Kopp, so schnell wie möglich wieder nach Kirchardt zu gelangen. Der erste schriftliche Antrag Friedrich Kopps datierte vom Januar 1940. Der Antrag zur Freistellung aus der Wehrmacht, samt der

Begründung, dass es sich bei ihm doch um einen Landwirt handele, dessen Aufgabe die Sicherstellung der Ernährung des Volkes sei. Dazu müsse man bedenken, dass sich in seiner Hofstelle auch der Zuchthengst des Dorfes befände. Ein weiterer Grund, ihn unbedingt freizustellen, denn wer sonst könne mit dem Zuchthengst so umgehen wie eben der Hengsthalter, dessen im Dorf gebräuchliche Bezeichnung ja überdies eine deutliche Sprache im Hinblick auf seine Erfahrung spreche. Eigens aus diesem Grund war von der Kreisleitung sogar ein Gutachten der Deckstation in Bruchsal angefertigt worden. Doch dieses Gutachten war nicht zu dem gewünschten Ergebnis gekommen. Im Gegenteil, es sei keinesfalls die Anwesenheit von Kopp notwendig, um die Dinge in Sachen Zuchthengst in den Griff zu bekommen. Dies gelänge auch ohne dessen Hilfe. Doch Friedrich Kopp hatte nicht klein beigegeben. Sondern, wie man im Dorf hinter vorgehaltener Hand kolportierte, sozusagen Himmel und Hölle bei all seinen Parteifreunden in Bewegung gesetzt, um doch noch so schnell wie möglich von der Wehrmacht wieder wegzukommen. Und tatsächlich, er hatte es geschafft: Im Februar 1940 war er wieder zurückgekommen. Aus Gründen, die den Kirchardtern nur allzu deutlich geworden waren!

Dennoch – oder womöglich gerade deswegen – konnte man den glücklich heimgekehrten Bürgermeister nun an allen Stammtischen hören, wie er voller Stolz vom erfolgreichen Beginn des Krieges berichtete und vom siegreichen Vorrücken der Deutschen Wehrmacht, an dem natürlich auch tapfere Männer wie er ihren entscheidenden Anteil hatten. Ganz klar, es war die sogenannte „Flucht nach vorne“, die der Bürgermeister mit dieser maßlosen Aufschneiderei angetreten hatte. Weshalb er peinlichst versuchte, jeden Eindruck schon im Ansatz zu unterbinden, der seine Linientreue und hundertprozentige NS-Gesinnung auch nur im Mindesten in Zweifel zog. Deshalb also der ganze Aufwand – was von Kopp freilich ganz anders dargestellt worden war – eben mit dem Verweis auf den siegreichen Vormarsch der Deutschen Waffen unter ihrem genialen Führer, der am 20. April 1940 seinen 51. Geburtstag feiern durfte.

Erst vor einigen Tagen war auch August Voll ins Rathaus bestellt worden. Er habe Kenntnis davon erhalten, wie despektierlich sich der im Dorf nur allzu bekannte Querkopf Voll im Hinblick auf die Rückkehr des Hengsthalters ins Rathaus ausgelassen habe. Ob es stimme, was ihm diesbezüglich zugetragen worden sei.

Worauf August Voll nur mit einer wegwerfenden Geste die Hand gehoben und ein ärgerliches „Helden seid ihr. Alle zusammen ...“, gemurmelt hatte.

Was schon völlig genügte, um den Hengsthalter wütend in die Höhe fahren zu lassen. Mit scharfen Worten hatte er den jungen Flaschnermeister zurechtgewiesen. Keinesfalls würde er ihm eine solche Unverschämtheit ein zweites Mal durchgehen lassen. Das nächste Mal müsse er sofort die Kreisleitung darüber in Kenntnis setzen, hatte er ihm unmissverständlich erklärt. Was dies bedeute, das könne sich ein ehemaliger Sträfling sicherlich ganz gut selber ausmalen.

„Und im Übrigen überlege ich mir ganz ernsthaft, alle treuen Volksgenossen zu bitten, nicht mehr bei dir im Laden einzukaufen! Das wäre ja noch schöner: Wir nähren die Natter mit unserem Geld an der eigenen Brust“, hatte Kopp gemeint und dabei entschlossen die Arme vor dem Oberkörper verschränkt. „Was wir bekanntlich bei den Juden schon einmal bestens geschafft haben!“

„Und meinen Laden? Den wollt ihr dann auch noch gleich abbrennen, so wie damals die Berwanger Synagoge?“

„Ich warne dich, Voll!“, zischte der Hengsthalter. „Hör auf mit diesen Reden! Sonst wirst du schneller erfahren, wie ernst es mir mit dieser Warnung ist, als dir lieb sein kann!“ „Schon gut, Kopp. Bleib schön auf dem Boden“, beschwichtigend hob August die Hände, dann bedachte er den Hengsthalter mit einem vieldeutigen Blick. „Ehrlich gesagt kauft doch schon lange mehr keiner von deinen engen Getreuen bei mir ein. Was also soll so eine Sache bewirken? Und außerdem ...", ein amüsiertes Lächeln umspielte seine Mundwinkel, als er sich vertraulich zu dem Bürgermeister herunterbeugte, „Sie machen es ja so: Sie schicken immer ihre Verwandtschaft zu mir, wenn's im Winter um einen Holzschlitten geht oder um Schlittschuhe für die Kinder. Und ich, ich wundere mich ein paar Tage später immer, wer von euren Kindern dann dennoch mit den von mir verkauften Schlitten durchs Dorf zieht. Wo ihr mich doch längst schon meidet wie der Teufel das Weihwasser. So ist es doch, Kopp. Aber glaube doch nicht, dass ich so dumm bin, das nicht zu bemerken. Ich wünsche dir noch einen schönen Tag!" Der junge Flaschnermeister tippte sich mit dem Zeigefinger zum Abschied grüßend an die Augenbraue und zwinkerte schelmisch. Damit wandte er sich um und verließ das Rathaus mit eiligen Schritten.

„Na warte, Voll", zischte der solchermaßen brüskierte Hengsthalter ärgerlich. „Dich kriegen wir schon noch dran. Und ganz am Ende wirst du darum betteln, den Führergruß entbieten zu dürfen! Du wirst schon sehen ..." Er erhob sich ächzend, um eine Zeitlang stumm und ehrfurchtsvoll das große Bild des Führers zu betrachten, das hinter dem Schreibtisch des Bürgermeisters in einem blank polierten goldenen Rahmen an der Wand prangte. „Eines Tages werden wir auch den letzten Volksschädling vernichtet haben. Mit des Führers Hilfe. Heil Hitler!" Zackig streckte er seinen rechten Arm weit von sich in die Höhe und knallte gleichzeitig die Hacken seiner schwarz gewichsten Lederstiefel zusammen. Der Tag würde kommen. Dafür würde der Führer schon sorgen. Und dann: Gnade solchen Leuten wie dem Volksschädling Voll! Zertreten würde man sie, wie einen Haufen Ungeziefer.

Einfach zertreten. Vernichten. Erst die Juden, dann den ganzen üblen Rest ...

Die Gerüchte, die sich um die nicht ganz und gar tadellose Rückkehr des Bürgermeisters von der Wehrmacht rankten, waren also der Hauptgrund für den Eifer, den der Hengsthalter am diesjährigen Führergeburtstag an den Tag legte. Mehr noch als im vergangenen Jahr, wo man doch immerhin den 50. Geburtstag Adolf Hitlers begangen hatte. Ein Lebensalter, das gemeinhin eine größere Feierlichkeit nach sich zog.

Doch Friedrich Kopp hegte an diesem 20. April 1940 ein ganz besonderes Interesse an einem ausnehmend festlich geschmückten Dorf. Deshalb auch die Abordnungen der Parteimitglieder, die am Tag zuvor den Kirchardtern eingeschärft hatten, wie sie ihre Häuser zu schmücken hatten. Überall war der Ablauf der Parade zudem auf das Genaueste beschrieben worden. Dazu die Durchsagen mithilfe der Lautsprecher, die ebenfalls gleich mehrfach erfolgt waren. Bis es tatsächlich keiner mehr hören mochte. Kein Wunder, dass auch die Kinder bis ins kleinste Detail im Bild waren.

Am Morgen des Führergeburtstages wussten auch die beiden Kinder der Familie, der beinahe 3-jährige Willi und die nun 6 Jahre alte Ella, ganz genau Bescheid, worin ihre Pflichten bestanden. Zunächst nämlich im ordnungsgemäßen Verhalten beim obligatorischen morgendlichen deutschen Gruß. Dem sogenannten Hitlergruß zu Ehren des großen Führers, den sie am heutigen Tag noch des Öfteren ausbringen würden. Dementsprechend also hatten die beiden Kleinen schneidig gegrüßt, als sie am Morgen nach dem Aufstehen voller Stolz in die Küche geeilt waren, um den Eltern zu zeigen, was sie perfekt gelernt hatten. Die Reaktion des Vaters in Form eines schmerzhaften Hiebes auf die Hand war freilich ganz anders ausgefallen als erwartet!

Als wäre damit in den Augen der Kinder, die sich den seltsamen Ärger ihres Vaters nicht hatten erklären können, an diesem Vormittag nicht schon genug passiert, hatte Ella kurz danach zu ihrem Entsetzen das Blutbad entdecken müssen, das offenbar ein Marder in der vergangenen Nacht direkt vor dem Haus in der Vorstadtstraße angerichtet hatte. All die schönen kleinen Entenküken, die Ella doch tagtäglich so viel Freude bereiteten, waren tot. Dümpelten mit aufgeschlitzten Kehlen im Bach vor dem Haus. Gleich unterhalb der Brücke, die von der Straße zum Haus führte. Es war entsetzlich. Der Marder musste sich in einen regelrechten Blutrausch hineingesteigert haben. Kein einziges der Küken hatte überlebt.

Zwar passierte es immer wieder einmal, dass eine der Gänse oder Enten, die von Emilie Jahr für Jahr aufgezogen wurden, einem Fuchs oder eben einem Marder zum Opfer fiel, doch dermaßen schrecklich wie heute hatte es noch nie ausgesehen! Und der Vater? Der hatte nur hilflos mit den Schultern gezuckt und irgendetwas von einem schlimmen Vorzeichen gemurmelt, das zu diesem Tag des Führergeburtstags ja bestens passen würde, als die bitterlich weinende Ella mit ihrer schlimmen Nachricht ins Haus gestürmt war.

Es handelt sich um eine der wenigen Erinnerungen, die der damals erst sechsjährigen Ella an ihren Vater geblieben sind. Eine weitere Episode muss um Mitte Juli 1940 stattgefunden haben. Auch diese Szene wird sie nie vergessen. Seit ihrer Einschulung waren erst wenige Wochen vergangen (damals begann ein Schuljahr noch nach den Osterferien).

Es war früher Nachmittag und das Mädchen saß ratlos am Küchentisch. Sie konnte sich keinerlei Reim auf die Hausaufgaben machen, die der Lehrer aufgegeben hatte. Nichts wollte richtig klappen. Die Schreibübungen nicht und auch nicht das Zusammenzählen. Worauf der Vater ganz plötzlich in Rage geraten sei und ihr mit zornigen Worten Bescheid gegeben habe. Er lasse sie so lange am

Küchentisch sitzen und die Aufgaben üben, bis sie diese endlich begriffen habe. Und zwar aus dem „Effeff" heraus! Sie brauche auch nicht zu glauben, dass er ihr vorher gestatte, ins Schwimmbad zu gehen. Egal wie heiß es war. Die Hausaufgaben hätten absoluten Vorrang. Denn diese Erkenntnis war August Voll ganz wichtig: Nur wer die nötige Bildung hatte, besaß auch eine Chance. Eine Chance, die Enge des Dorfes zu überwinden. Fortzuziehen, wenn einem der Sinn danach stand, um sich an einem anderen Ort niederzulassen und einen Beruf seiner Wahl ausüben zu können. Bildung ist Macht! Eine Chance, die August Voll nicht gehabt hatte, selbst wenn er es mit Fleiß und Intelligenz bis zum Handwerksmeister brachte. Die Kinder sollten es einmal besser haben. Und dorthin gehen können, wohin sie mochten. Was August selbst verwehrt geblieben war. Deshalb die plötzliche Strenge, die der Vater immer dann an den Tag legte, wenn es um die Schule ging. Das Freibad hatte zu warten.

Eine weitere Erinnerung. Ebenfalls aus dem Sommer des Jahres 1940. Dass den Vater sehr häufig Schmerzen im Magen plagten, das war man in der Familie Voll allmählich schon gewöhnt. Im Rückblick kann Ella das durchaus verstehen, wenn sie an den ganzen Ärger zurückdenkt, an all die Auseinandersetzungen, die er mit den NSDAP-Leuten ausgefochten hat. Als kleines Mädchen freilich hat sie sich über die Magenprobleme des Vaters immer nur gewundert. Und lästig war das den Kindern obendrein. Denn es bedeutete ja, dass man auch heute Mittag wieder Haferschleimsuppe vorgesetzt bekam. Wie so oft. Diese fürchterliche schleimig zähe Brühe, vor der sich die Kinder so sehr geekelt haben. Jeder, der als Kind schon einmal in den „Genuss" gekommen ist, diese „gesunde Suppe" essen zu müssen, kann sich die Szene lebhaft vorstellen.

Und nicht einmal dem magenkranken August Voll schien der Sinn nach Haferschleim zu stehen. Sehr zum

Verdruss seiner Ehefrau Emilie, die doch gemeint hatte, ihrem Mann etwas Gutes zu tun. Denn immerhin konnte eine solche Diät die gereizten Magenwände wieder beruhigen. Eine Erkenntnis, die allgemein verbreitet war. Auch schon im Haushalt von Augusts Eltern. Aber weshalb stellte er am Mittagstisch dann diese abweisende Miene zur Schau. „Wieso isst du denn deine Suppe nicht? Die Suppe wird kalt und dann schmeckt sie nimmer."

Mit allen Anzeichen des Widerwillens legte August den Löffel zurück auf den Tisch, mit dem er nur unlustig in der Suppe herumgerührt hatte, ohne dabei einen einzigen Schluck zu sich zu nehmen. „Ich habe halt keinen Hunger. Mein Magen tut immer noch so weh ..."

„Ebendarum sollst du ja diese Suppe essen. Es ist das Beste, was du machen kannst. Aus genau diesem Grund habe ich sie doch gekocht."

„Ich habe einfach keinen Appetit! Und ganz ehrlich ... ich kann den Haferschleim allmählich auch gar nicht mehr sehen", August zog die Mundwinkel herunter und schob den Suppenteller demonstrativ von sich.

„Ich mag das auch nicht essen", sekundierte in diesem Augenblick eine helle Mädchenstimme dem Vater.

„Und ich erst recht nicht", stimmte auch Willi mit ein in den Chor der Unzufriedenen.

„Das wird ja immer besser! Da koche ich extra so eine Suppe! Meint ihr etwa, dass es womöglich meine Leibspeise ist? Von wegen!" Beleidigt schob nun auch Emilie Voll den Teller beiseite. „Diese ewigen Magenschmerzen. Und ich höre mir die Jammerarien jedes Mal geduldig an. Versuche sogar noch, das Beste draus zu machen. Haferschleim! Und dann kommst du plötzlich daher und sagst, du magst das nicht. Dann weiß ich allmählich auch nimmer weiter." Sie stützte die Ellbogen auf den Küchentisch und musterte ihren Mann mit einem langen, vorwurfsvollen Blick aus ihren graublauen Augen. „Vielleicht kannst du dich am allerbesten ja selber kurieren. Indem du dich nämlich mehr um deine Arbeit kümmerst als um die Politik. Dann vergeht das Magenweh von ganz alleine."

Abrupt setzte sich August kerzengerade auf. „Was willst du damit sagen? Worauf willst du hinaus?"

„Das weißt du ganz genau." Angriffslustig reckte Emilie ihr Kinn in die Höhe. Nein. Dieses Mal würde sie nicht wieder um des lieben Friedens willen klein beigeben. Dieses Mal nicht. Sie hatte es schon viel zu häufig getan. Und dann hinterher – im wahrsten Sinn des Wortes – die Suppe selbst mit auslöffeln dürfen, die sich ihr August eingebrockt hatte. Sich und auch den übrigen Familienmitgliedern, die doch jedes Mal mit davon betroffen waren. Was August freilich nicht im Geringsten zu kümmern schien. „Es ist doch wahr! Da brauchst du jetzt gar nicht so missmutig dreinzuschauen, dass ich das sage. Wieso kannst du denn nicht still und friedlich deiner Arbeit nachgehen. Arbeit gibt es doch mehr als genug – wenn du dich nur ein bisschen darum kümmern würdest, dann hättest du mit Sicherheit noch wesentlich mehr zu tun. Und wir hätten mehr Geld zur Verfügung, um das Haus schneller abzuzahlen. Was wirklich kein Fehler wäre. Da kann ich nebenher noch so viele Gänse mästen und bei den Bauern mithelfen, wenn das Geld ausbleibt, das du verdienen könntest, dann wird es noch ein halbes Jahrhundert dauern, bis wir endlich die ganzen Schulden loshaben. Hör doch also endlich auf, dich mit der Politik zu beschäftigen. Du kannst doch nicht das Geringste ausrichten. Jetzt im Krieg erst recht nicht. Was für einen Sinn macht es denn, die Zeitung zu lesen und dann die halbe Nacht nicht mehr schlafen zu können – vor lauter Aufregung und Empörung. Was bringt es außer diesen Magenschmerzen am nächsten Tag? Und ich kann dann wieder Haferschleimsuppe kochen und bekomme zu allem Überfluss dann noch solche Kommentare zu hören! Also wirklich. Irgendwann einmal muss es einfach genug sein!"

„Wenn es mehr gäbe, die sich ihre Gedanken machen ...“

„Und was, bitte, wäre dann? Dann gäbe es noch mehr Magenkranke! Sonst gar nichts. Wie wäre es stattdessen, wenn du etwas mehr an deine eigene Familie denken würdest. Nein“, sie beschrieb eine wegwerfende Handbewegung. „Ich meine nicht mich. Ich meine die Kinder. Denkst du eigentlich nicht, dass es auch sie belastet. Wenn ihr Vater ständig krank ist. Wenn sie von anderen nur hören müssen, ihr Vater sei ein Außenseiter. Ein Tunichtgut. Ein Volksschädling. Denkst du denn daran nie?“

Ungehalten wischte August einen Brotkrümel von der Tischplatte. „Und ob ich das tue!“

Doch so leicht ließ sich die in Rage geratene Emilie nicht zufrieden stellen. „Ich merke es! Das sagt sich so einfach daher. Und was ist mit den Aufträgen, die immer weniger werden? Genauso wie mit den Kunden in der Werkstatt. Die gehen doch lieber nach Grombach oder nach Berwangen, anstatt bei dir etwas zu kaufen. Das fällt doch allmählich jedem auf. Und dabei könnten wir das Geld wirklich gut gebrauchen ...“

Es war zu viel. Mit einer abrupten Bewegung fuhr August in die Höhe. „Das reicht mir für heute. Jetzt habe ich endgültig keinen Hunger mehr.“ Grußlos verließ er die Küche und zog sich in seine Werkstatt zurück, die er erst spät am Abend, lange nach Einbruch der Dunkelheit, wieder verließ. In den folgenden Tagen wurde zwischen den beiden Eheleuten nur das Notwendigste gesprochen. Und August vermied es beharrlich, sich auch nur das Geringste von den quälenden Magenschmerzen anmerken zu lassen, die ihn seit diesem harschen Wortwechsel umso heftiger heimgesucht hatten. Eine Tatsache, die Emilie freilich dennoch nicht verborgen blieb.

*

27. September 1940

War es das letzte Leuchten dieses erlöschenden Sommers? Dieser milde Abend nach einem für die Jahreszeit viel zu warmen Tag, als die Sonne glutrot hinter dem Horizont versank. Am späten Nachmittag hatte sie es endgültig nicht mehr ausgehalten in ihrem Haus. Egal was die Leute auch für Gesichter zur Schau stellten, während Emilie Voll mit hastigen Schritten an ihnen vorbeieilte. Und überdies nicht einmal innehielt, sondern mit einem knappen Gruß auf den Lippen weiterhastete. Vor das Dorf. Auf die Wiesen. Zu den Obstgärten hinaus. In die Freiheit – wo die Luft zum Atmen frisch und unverbraucht roch – ganz im Gegensatz zur Enge des Dorfes, zur stickigen Finsternis des Hausflures, zur beklemmenden Monotonie in der Vorstadtstraße. In den Obstwiesen angekommen hatte sich die schwer atmende junge Frau mit ihrem Rücken erschöpft an den Stamm eines Kirschbaumes gelehnt, die Augen geschlossen und ihr Gesicht von den hellen Strahlen der allmählich an den Horizont heruntersinkenden Sonne wärmen lassen. Eine gute halbe Stunde lang mochte sie so dagestanden haben. Entrückt von allen Sorgen und Problemen des Alltags. Es hatte so gutgetan. Nach all dem, was am heutigen Vormittag über sie hereingebrochen war. Wo sie gute Miene zum bösen Spiel hatte machen müssen. So gut es eben gegangen war. Schlimm genug war die Familie ja getroffen worden. All die üblen Befürchtungen waren Wirklichkeit geworden. Nichts und niemand hatte den „Befehl von ganz oben“, wie es aus dem Rathaus geheißen hatte, rückgängig machen können. Und deshalb war ihr Ehemann August Voll am heutigen Tag also eingezogen worden. Als Soldat zum Einsatz im Krieg. Trotz der Tatsache, dass er in seiner Eigenschaft als Handwerker doch eigentlich im Dorf als unentbehrlich galt. So wie die anderen Handwerker auch. Ein Argument, das man in Augusts Fall nicht hatte gelten lassen. Dazu die Tatsache, dass es sich um einen jungen

Familienvater mit zwei kleinen Kindern handelte. Doch auch das spielte keine Rolle. Handwerker und Familienvater: Bei all den anderen hatte dies in jener Zeit als Begründung noch vollkommen ausgereicht, nicht in den Krieg zu müssen. Bei August Voll nicht. Er war dennoch eingezogen worden. Als einer der ersten Handwerker aus Kirchardt überhaupt.

Als Soldat bei einer Flugabwehr-Einheit, als sogenannter Flaksoldat, hatte er fortan in einem Stuttgarter Ortsteil namens Heumaden seinen Dienst zu versehen. Fröstelnd zog die junge Frau den wollenen Überhang fester um ihre Schultern, als sie voller Bangen an die Zukunft dachte. An die nächsten Tage und Wochen, die sie nun völlig auf sich alleine gestellt, zusammen mit den beiden Kleinen würde bewältigen müssen. Wie immer das vonstatten gehen sollte.

So gingen die Tage ins Land. Allmählich hatte man sich an die neue Situation gewöhnt. Was war ihnen auch anderes übrig geblieben. Irgendwie ließ sich das Leben in der Kirchardter Vorstadtstraße dennoch organisieren. Die Nachbarn und die zahlreichen Mitglieder der großen Voll-Familie griffen, wo es nötig war, der jungen Frau tatkräftig unter die Arme. Halfen Emilie aus bei dem kleinen Verkauf in der Werkstatt ihres Mannes, wo es Wurstbüchsen, allerlei Werkzeuge und – wie schon in den Jahren zuvor – auf den Winter Schlitten und Schlittschuhe zu kaufen gab. Schneeschippen, Schaufeln und andere Gerätschaften. Auch wenn sich die Anzahl der verkauften Gegenstände doch in überschaubaren Grenzen hielt, wenigstens ein bisschen Geld kam so in die Haushaltskasse. Zumindest reichte es zur Bezahlung der Darlehenszinsen für den Hausbau. Wenngleich an die eigentliche Tilgung der Schulden im Augenblick nicht zu denken war. Immerhin war sie nicht gezwungen, neue Schulden zu machen. Als vorteilhaft erwies sich, dass Emilie schon von Kindesbeinen an gelernt hatte, wie es in der Landwirtschaft zuging, obwohl ihr Vater als Glaser nebenbei nur eine winzige Landwirtschaft betrieb. Doch bald schon war Emilie in eigener Verantwortung mit der Pflege des Gemüsebeetes betraut worden, weil der Vater dazu keine Zeit mehr gefunden hatte und die immer wieder kränkelnde Mutter mit der Erziehung ihrer Kinder bereits stärker beansprucht war, als dies ihren schwachen Kräften zuträglich war. Emilie hatte also im Garten ganz auf sich alleine gestellt nach dem Rechten sehen müssen. So schwer ihr die harte Arbeit damals auch gefallen war, im Nachhinein betrachtet handelte es sich um einen glücklichen Umstand, denn immerhin bereitete ihr nun die Versorgung der eigenen Familie mit selbst angebauten Kartoffeln, Linsen, Erbsen, Kraut und Bohnen nicht die geringsten Probleme. Genauso wenig wie das Einkochen von Obst, Krautstampfen oder die Haltbarmachung der Bohnen. Fähigkeiten, die ihr jetzt segensreich zugutekamen. Denn Bargeld brauchte die Familie dadurch kaum. Und die geringen Summen, die beispielsweise für die Anschaffung von Winterstiefeln benötigt wurden, konnte sie sich mit Gelegenheitsarbeiten bei den Bauern dazuverdienen. Ob bei der Kartoffelernte, bei den Zuckerrüben oder in den Zigarrenfabriken: Emilie war überall dort zu finden, wo es Arbeit gab. Und wo man einen kleinen Lohn bekam, so bescheiden dieser meist auch ausfiel. „Besser als gar nichts“, so lautete ihre Devise. „Kleinvieh macht bekanntlich auch Mist.“ Oft genug dauerte es bis spät in die Nacht, bis die erschöpfte Emilie von der Arbeit zurückkehrte. Zum Glück hatte dann die Schwägerin Frieda in der Zwischenzeit bereits dafür gesorgt, dass Ella und Willi etwas zu essen bekommen hatten. Meist waren die Kinder von der Tante auch schon ins Bett gebracht worden, bis Emilie endlich zuhause war, um dort seufzend und hundemüde auf das Wohnzimmersofa zu sinken, auf dem sie mehr als einmal von der Müdigkeit übermannt worden war. Um dann oft genug am nächsten Morgen gleich bei

Tagesanbruch wieder hochzuschrecken, weil eine neue Aushilfstätigkeit bei einem der Bauern auf sie wartete.

Damit verstrichen die Tage und wandelten sich ganz allmählich zur Normalität. Was hätten auch Klagen und Jammern daran geändert? So war es eben gekommen. Man musste sein Schicksal annehmen und sich nicht dagegen auflehnen. So wie es schon in der Bibel stände, hatte der fromme Vater oft genug gemeint, wenn er, wie dies bekanntlich tagtäglich der Fall war, bei seiner Emilie das Mittagessen vorgesetzt bekam. Andere Familien hatte es viel härter getroffen. Schließlich gab es in Kirchardt und auch im benachbarten Berwangen mittlerweile schon die ersten Gefallenen zu beklagen. Ein Schicksal, von dem sie hoffentlich verschont blieb. Denn wie hätte es ohne August weitergehen sollen? Eine gewisse Zeitlang könnte sie sich, ganz und gar auf sich alleine gestellt, natürlich schon behelfsmäßig durch das Leben schlagen. So, wie dies in den vergangenen Wochen, die längst zu Monaten geworden waren, der Fall gewesen war. Aber für immer? Ohne August? Ganz ohne ihren Ehemann? Den Vater ihrer Kinder! Ohne jede Hoffnung und Zukunft? Niemals. Allein beim bloßen Gedanken an das Undenkbare erschien es Emilie, als zerquetsche eine eiskalte Faust ihr Herz. Nein, am besten nicht einmal daran denken!

Vielleicht durfte man in diesem Zusammenhang sogar noch von einer glücklichen Fügung sprechen, dass August nicht direkt an die Front gerufen worden war. Eben weil er als absolut unzuverlässiger Soldat gegolten hatte. Solche Burschen wie ihn könne man nicht in der vordersten Linie gebrauchen, hatte man dem Flaschnermeister bei dessen Einberufung vorwurfsvoll entgegengeschleudert. Als unwillkommenes Hindernis in den eigenen Reihen beim unaufhaltsamen Vorrücken der siegreichen Wehrmacht. Leute wie er taugten gerade noch für den Dienst bei der Flugabwehr. Eine Einstellung, die sich in den kommenden Kriegsjahren gewaltig verändern würde. Aber zum Zeitpunkt der im Grunde genommen schikanösen und alles andere als notwendigen Einberufung von August Voll stellte diese Verwendung eine absichtliche Demütigung des jungen Mannes dar, für deren rasche Verbreitung im Dorf ebenfalls gesorgt wurde. Wo doch bei der Flak ansonsten nur Ältere oder Soldaten „zweiter Wahl“ ihren Dienst versahen. Aber genau dieser Umstand bot seiner Familie zumindest die Gewähr dafür, dass man bei Augusts Einsatz nicht von einer unmittelbaren Lebensgefahr ausgehen musste. Man durfte sich dennoch nicht in allzu unbekümmerter Sicherheit wiegen. Denn es war nicht zu übersehen, wie sich die Gefahr aus der Luft doch immer stärker auch am Himmel über Heilbronn und Stuttgart zeigte. So unaufhaltsam die Armee auch an allen Fronten auf dem Boden vorrückte, die Anzahl der englischen Flugzeuge über ihren Köpfen war deutlich größer geworden. Zwar hatte man am Boden Frankreich in einer Art Blitzkrieg besiegen können, der Luftkrieg über England freilich war von den Deutschen nicht gewonnen worden. Egal, wie das die Propaganda auch schönfärberisch stets zu verkünden wusste. Die Nachrichten aus den verbotenerweise heimlich immer wieder abgehörten „Feindsendern“ sprachen eine ganz andere Sprache. Und aus der Menge der pfeilschnellen Jagdflieger heraus machte sich immer öfter das bedrohliche Propellerdröhnen der schweren Jagdbomber bemerkbar, das scheinbar den ganzen Himmel erzittern ließ. Wenn man davon ausging, wie viele Zentner an hochexplosiver Last da über ihren Köpfen schwebten, die sich an irgendeinem unglückseligen Ort todbringend entladen würde, dann war es kein Wunder, dass ihnen bei diesem Anblick eine Gänsehaut den Rücken herunterlief.

Noch schien sich August Voll freilich in seiner Flugabwehrstellung am Talkessel von Stuttgart in relativer Sicherheit zu befinden. Auch wenn jedermann wusste, dass gerade Stuttgart eines der Hauptziele für die Bombenflugzeuge darstellen würde. Sogenannte kriegswichtige

Firmen wie Daimler und Bosch, die sich von Untertürkheim bis weit hinter Cannstatt am Neckar entlang ausbreiteten, samt all ihrer Zulieferbetriebe: Sie galt es zu schützen. Um jeden Preis der Welt. Bislang, weit in den Winter 1940/41 hinein, war dies relativ problemlos geglückt. Aber was würde die Zukunft bringen? Mit jedem Tag, den der Krieg länger dauerte, verstärkte sich die Gefahr.

Würde Hitler die Russen womöglich doch noch überfallen? Wie es viele befürchteten? Würde er denselben Fehler machen wie Napoleon und wie der letzte deutsche Kaiser? Oder würde er es als genialer Stratege, als der er sich betrachtete, dennoch besser wissen? Würde womöglich nun auch noch Amerika den Deutschen den Krieg erklären? Um den heftig bedrängten Engländern nun auch offiziell militärisch zu Hilfe zu eilen, nachdem sich die USA bislang nur mit materieller Unterstützung begnügt hatten. Was wäre, wenn ... wenn gar beides geschehen würde: der Krieg mit Russland und mit Amerika. Ein Horrorszenario. Undenkbar, meinten die einen. Das würde der Amerikaner niemals wagen. Auch der Führer schien dies so zu sehen. Und wenn doch? Dann war der Krieg verloren.

Eine verzwickte Angelegenheit. Denn was sollte man sich wünschen? Dass der Krieg so schnell wie möglich beendet würde? Das schon. Jedoch um den Preis von Tausenden, wenn nicht gar Hunderttausenden von Opfern, die eine militärische Lösung auf alle Fälle kosten würde. Selbst August Voll plagte sich mit diesen widerstreitenden Gedanken. Nacht für Nacht. Musste man am Ende gar den verbrecherischen Überfall Hitlers auf Polen noch gutheißen? Samt der Kontrolle über nahezu ganz Westeuropa, die er seit dem Sieg über Frankreich, Belgien und Holland in die schmutzigen Hände bekommen hatte. Musste ausgerechnet einer wie er, der engagierte Hitlergegner August Voll, Hitlers böses Werk nun zu allem Überfluss noch verteidigen? Im Interesse seiner Familie und seiner Kinder. Es schien ihm wie bitterer Hohn. Aber genau dies war der

Fall. Es war zum Verzweifeln! Wahrhaftig: zum Verzweifeln! Nur selten gelang es August, diese bitteren Gedanken abzustreifen, die ihn mit zunehmender Sorge plagten. Mit jedem Kriegstag wurde es schlimmer. Mit jedem Namen eines Kameraden, dessen auf dem sogenannten „Feld der Ehre“ erlittener Heldentod bekannt gegeben wurde. Meldungen, die ganz allmählich häufiger zu hören waren. Aus allen Teilen Europas. Hitler schien unersättlich. Er würde auch den Krieg mit Russland beginnen. Darüber war sich August Voll bald völlig im Klaren. Er würde keine Ruhe geben. Egal, wie viele Opfer es kostete. Opfer, die für Hitler höchstens Zahlen waren. Statistik. Verfügungsmasse. Keine Menschen. Kein Schicksal, das sich hinter dem Namen verbarg. Samt der Familie, die damit ins Unglück gestürzt worden war. Eltern, Geschwister, Frau und Kinder. Das war Leuten wie „denen da oben“ doch völlig einerlei! Schrecklich. Und kein Mensch weit und breit, bei dem man sich die Sorgen von der Seele reden konnte. Beziehungsweise durfte.

Nur einmal hatte August diesen Fehler begangen. Hatte sich mit einem Kameraden ausgetauscht, den dieselben sorgenvollen Gedanken zu bewegen schienen wie August. Doch entweder waren sie bei dieser Unterhaltung belauscht worden oder aber es hatte sich bei dem angeblichen Kameraden um einen Spitzel gehandelt. Gleich am nächsten Morgen war August zum Feldwebel zitiert worden, in dessen Dienstzimmer sich zwei weitere Männer in dunklen Ledermänteln aufhielten, die den Soldaten finster musterten, ohne sich in irgendeiner Hinsicht zu äußern. Der Feldwebel hatte ihm mit wenigen scharfen Worten den Befehl erteilt, künftig keinerlei subversiven Worte mehr in den Mund zu nehmen. Der Inhalt dessen, was ihm an Aussagen des Soldaten Voll zugetragen worden war, reiche völlig aus, um ihn des Hochverrats zu bezichtigen. Ein einziges weiteres Wort nur und er garantiere ihm das Kriegsgericht. Oder als Alternative die Einweisung in ein Militärlazarett, in dem man ihn auf seinen Geisteszustand hin untersuchen würde. Er könne also selbst wählen: zwischen Pest und Cholera. Beziehungsweise sei er damit seines Glückes eigener Schmied. Kein weiteres Wort mehr im Hinblick auf die Politik und den möglichen Kriegserfolg.

Nach diesem scharfen Verweis hatte der Feldwebel den Soldaten August Voll wieder zurück zur Flakstellung beordert. Von dem Kameraden dagegen fehlte jede Spur. Er sei einer anderen Einheit zugeteilt worden. Das war das Einzige, was der Unteroffizier als Erklärung für das plötzliche Verschwinden des Soldaten berichten konnte. Auch wenn August meinte, ein warnendes Flackern im Blick seines Vorgesetzten erkannt zu haben: Der Unteroffizier vermied es peinlichst, die Rede auch nur im Entferntesten auf die angebliche Abkommandierung des Kameraden zu bringen. Es war ein deutlicher Warnschuss. Eine letzte Warnung. Und die Konsequenz, die man ihm angedroht hatte, war furchtbar. Würden sie es tatsächlich bis zum Äußersten treiben? Und ihn in ein Lazarett einweisen lassen? Nur, weil er sich den Luxus einer eigenen Meinung leistete? Nur, weil ihn die Sorge erfüllte, dass Hitler bald den ganzen Erdball in Brand setzen würde. Das konnte doch nicht wahr sein! Musste man sich heutzutage schon als verrückt bezeichnen lassen, nur weil einem dieser Krieg so zuwider war? Durften sie jeden Andersdenkenden einfach als Verrückten bezeichnen? Sie taten es! Mehr als einmal hatte man ihm in den vergangenen Jahren doch schon vorgehalten, dass jemand verrückt sein müsse, der sich so beharrlich und unbelehrbar gegen die NSDAP stelle. Diese Aussage war schlimm genug. Aber trotz allem hatte er das nicht ernst genommen. Sich darüber geärgert, gut. Aber mehr auch nicht. Der Krieg brachte seine eigenen furchtbaren Gesetzmäßigkeiten mit sich. Die früher so inhaltsleere Drohung war schlagartig Realität geworden. Und das in Zeiten, in denen der Irrsinn ausgebrochen war. Tagtäglich auf den Schlachtfeldern in ganz Europa. Doch darüber durfte man kein Wort verlieren. Es war zum Verzweifeln!

Umso dankbarer war August Voll für die wenigen herrlichen Tage, an denen es Emilie gelang, ihn mit den Kindern zu besuchen. Ohne diese wunderschönen Stunden, in denen Willi beständig auf seinem Schoß saß und ihm Ella nicht von der Seite wich, wäre es unerträglich gewesen. So gelang es ihm zumindest, sich von einem Besuch auf den nächsten freuen zu können und die schweren Gedanken in den Hintergrund zu drängen. So bitter auch immer der Abschied war. Es handelte sich um die einzige Abwechslung im tristen Alltag des Soldaten August Voll.

Dass diese Besuche recht häufig stattfinden konnten – was dennoch immer einen Abstand von mehreren Wochen bedeutete –, war dem glücklichen Umstand zu verdanken, dass eine aus Kirchardt stammende Familie vor einigen Jahren nach Mettingen bei Esslingen übergesiedelt war. Der Ort war nicht allzu weit von Heumaden entfernt, befand sich genau unterhalb der am Rand des Stuttgarter Talkessels gelegenen Flakstellung auf dem gegenüberliegenden Neckarufer. Eine ideale Konstellation. Denn seit vielen Jahren pflegte Emilies Vater Adam Ebert mit dieser Familie eine gute Bekanntschaft. Das war der Grund, der es Emilie ermöglichte, manchmal auch die Kinder zum Besuch des Vaters mitzunehmen. Denn normalerweise musste man eine Übernachtung für den langen Weg einrechnen. Aber angesichts der bescheidenden finanziellen Möglichkeiten der jungen Familie wäre eine solche Übernachtung in einer Pension oder einem Gasthaus auf keinen Fall finanzierbar gewesen. Schon gar nicht zu dritt! Einmal hatte Emilie alleine in einem Gasthaus in Sillenbuch übernachten müssen, weil an diesem Abend kein Zug mehr zurückgefahren war. Eine teuere Angelegenheit. Geld, mit dem die Volls in Kirchardt angesichts ihrer bescheidenen Lebensweise gut und gerne zwei Wochen hätten auskommen können. Schon aus diesem Grund durfte man wirklich von einem Glücksfall sprechen, dass sich die Familie in Mettingen ohne Wenn und Aber bereit erklärte, Emilie sogar samt den Kindern bei sich übernachten zu lassen.

Auch August, den an dienstfreien Tagen oft das Heimweh plagte, kam an Sonntagen häufig zu Besuch nach Mettingen. Zu den einzigen Menschen, die er hier in der Gegend kannte. Bei denen man sich unbeschwert über die alten Zeiten in Kirchardt unterhalten konnte und damit wenigstens für einige Stunden den eigenen Kummer vergaß, der sich sofort wieder einstellte, sobald August den beschwerlichen Rückweg hoch zur Unterkunft der Flaksoldaten anzutreten hatte.

Noch heute können sich die damals vier beziehungsweise sieben Jahre alten Kinder des Flaksoldaten an die Besuche beim Vater erinnern. Vor allem die steilen Stuttgarter „Stäffele", die schmalen Treppen, die vom Neckartal hochführten bis auf die gut und gerne 200 Meter höher gelegene Filderebene. Das war, hauptsächlich in den Sommermonaten, eine recht schweißtreibende Angelegenheit. Diese „Stäffele", für die das auf mehrere Hügel gebaute Stuttgart bis heute bekannt ist, schienen sich manchmal endlos hinaufzuwinden. Gesäumt von vielen kleinen Obstwiesen mit Kirschbäumen und Himbeerhecken.

Kurz vor einem dieser Besuche hatte Willi neue Schuhe bekommen, was damals für Emilie alles andere als einfach war. Nur im Tausch gegen die selbst angebauten Kartoffeln, Bohnen und Erbsen war es ihr möglich gewesen, für den kleinen Willi die neuen Schuhe zu erwerben, worauf es der Junge dann natürlich kaum noch hatte erwarten können, sie dem Vater voller Stolz zu präsentieren. Doch auf dem steilen Weg vom Talgrund hoch nach Heumaden gab es fatalerweise zahlreiche wunderbare Entdeckungen zu machen. Gelb gefleckte Feuersalamander auf den Trockenmauern, bunte Schmetterlinge in den Obstwiesen und erst recht die vielen kleinen Steine auf den holprigen Treppenstufen, die sich mit dem Fuß herrlich weit ins Tal hinunterkicken ließen. Das Resultat in Form der total ruinierten neuen Schuhe, als man die Höhe endlich erreicht hatte, war dann freilich nicht mehr ganz so toll und traf bei Emilie auf dementsprechendes Entsetzen. Doch kaputt war kaputt, da halfen auch noch so viele bittere Tränen nichts mehr.

So etwas vergisst man nicht. Genauso wenig wie die Gaststätte, in der meistens das Treffen mit dem Vater stattfand. In einem Wirtshaus in Sillenbuch mit der Bezeichnung „Silberwald". Das so hieß, weil sich hinter dem Gasthaus ein kleines Waldstück anschloss, der sogenannte Silberwald. Bei dieser Gaststätte handelt es sich in Ellas Erinnerung um ein schönes, fast schon vornehm wirkendes Haus, in dem man auch übernachten konnte – sofern das Geld dafür gereicht hätte. Zumindest von außen machte das Haus diesen Eindruck. Viel schöner herausgeputzt, als man dies von den einfachen Gasthäusern im Kraichgau her gewohnt war.

Dafür jedoch war es mit dem Essen nicht weit her. Auch so etwas vergisst ein hungriges Kind nicht. Noch Jahrzehnte später meldet sich die Erinnerung wieder. An die dunkle Eckbank im Gastraum und vor allem an die Fleischküchle, die geschmeckt haben wie Sägemehl – auf alle Fälle viel schlechter als diejenigen, die man von zuhause her gewohnt war, wenn sie von der Mutter gemacht wurden.

Gut 60 Jahre später, im Sommer 2002 fahren wir mit Ella wieder nach Heumaden. Auf den Spuren von damals. Wenig genug ist an optischen Erkennungsmerkmalen noch auszumachen. Die Bombardements des Zweiten Weltkriegs haben wenig übrig gelassen von der früheren Bebauung. Den Rest haben die Wohnbausünden der 60er und 70er Jahre dann noch mit aller Konsequenz besorgt. Ob Sillenbuch oder Heumaden – wir entdecken keine alten Häuser mehr. Nachkriegs-Betonromantik. Und mittendrin: das Gasthaus Silberwald an der Kirchheimerstraße. Nicht mehr vergleichbar mit dem früheren Bild aus Ellas Erinnerung. Kein Wunder: Das Haus ist vor wenigen Jahren total neu gebaut worden. Der viereckige Bau fügt sich nahtlos ein in die Reihe der anderen Häuser ringsum. Innen drin steht wieder eine Eckbank. Genauso wie früher, dafür ist das Essen weitaus besser geworden! „Doch, das stimmt“, nickt Ella und muss schmunzeln, wenn sie an die Fleischküchle von damals denkt.

Ein Wegweiser neben dem „Gasthaus Silberwald“ weist zum nahen Klara-Zetkin-Haus. Eine der Begründerinnen der deutschen Arbeiter- und Frauenrechtsbewegung, die hier in Sillenbuch 20 Jahre lang gelebt hat. Der Blick reicht von Sillenbuch über den ganzen Stuttgarter Kessel bis hinüber zum Rotenberg, der Grabkapelle des württembergischen Königshauses. Tatsächlich ein idealer Standort für eine Flugabwehrstellung. Von Heumaden aus ließ sich die Industrie im Tal am besten mit den Flakkanonen vor den feindlichen Bombern beschützen.

Hier also haben sie den Vater getroffen. Ella versucht sich an Einzelheiten zu erinnern. Dabei fallen immer wieder die Stichworte Fleischküchle, Eckbank, Himbeeren und eben die Stäffele. Erinnerungsbruchstücke eines damals zwischen sieben und acht Jahre alten Mädchens. Ein merkwürdiges Gefühl beschleicht mich in diesem Moment in der Gaststätte „Silberwald“. Denn auch unsere Tochter Nina ist mit dabei auf dieser Spurensuche in die Vergangenheit ihrer Großmutter. Nina wird demnächst acht Jahre alt. Exakt so alt, wie Ella damals war. Sie fragt die Oma, was sie hier denn eigentlich suchen würde?

Die Antwort kommt postwendend: „Meinen Vater!“

Minutenlang herrscht Stille am Tisch.

*

Irgendwann, wohl im Herbst 1941, hat der Vater bei einem seiner seltenen Besuche in Kirchardt einen Schäferhund mitgebracht. Der war den Soldaten in der Flakstellung zugelaufen. Der Feldwebel habe schon die Pistole gezückt und wollte den unnützen Streuner erschießen, berichtete der Vater. „Der hat gesagt, wir können so eine Kreatur nicht brauchen. Deshalb wollte er ihn erschießen. Aber mir hat der arme Hund leidgetan. Deshalb habe ich dem Feldwebel gesagt, mein Bruder, der ‚Helm', habe einen Bauernhof, dort könne der Hund doch bleiben. Man könne ihn da auch gut gebrauchen. Der Feldwebel war einverstanden und hat gemeint, dann solle ich ihn aber auch so schnell wie möglich fortschaffen."

So kam der Schäferhund Nelli aus Stuttgart nach Kirchardt. Augusts Bruder Wilhelm war tatsächlich einverstanden, er würde den Hund behalten. Das war zu erwarten gewesen. Schließlich besaß der „Helm" ein großzügiges Herz. Auch die Reaktion des ältesten Bruders Jakob erfolgte freilich ganz und gar erwartungsgemäß. Der habe nur zornig den Kopf geschüttelt, als man ihm auf seine Frage, woher denn plötzlich der Hund komme, erklärte, den habe der August mitgebracht. Aus Mitleid. Und den Hund damit vor dem Erschießen gerettet. „Typisch August! Mit seiner ganzen blödsinnigen Mitleidsduselei!" Auch Jahre nach ihrer Auseinandersetzung am Grab des Vaters hatte sich an dem Verhältnis zwischen den beiden Brüdern nichts mehr verändert. Das Tischtuch war und blieb zerschnitten.

Nur wenige Stunden nachdem August am nächsten Tag Kirchardt wieder verlassen hatte, um in die Flakstellung nach Stuttgart zurückzukehren, war plötzlich auch der Schäferhund verschwunden. Um dann zwei Tage später unvermittelt bei den Flaksoldaten in Heumaden aufzutauchen. Ganz auf sich alleine gestellt hatte das Tier den 60 Kilometer langen Weg nach Stuttgart zurückgelegt und die Soldaten wiedergefunden. Jetzt drohte der Feldwebel erst recht mit der Erschießung des lästigen Hundes, doch August schaffte es noch einmal, ihn davon abzuhalten. Wieder hatte er zwei freie Tage dafür geopfert, um den Hund nach Kirchardt zu bringen. Glücklicherweise ist er dieses Mal auch da geblieben. Viele Jahre lang sind die Kinder dann zum Onkel Helm gegangen und haben mit dem von ihrem Vater geretteten Schäferhund Nelli gespielt. Weit über den Tod des Vaters hinaus.

Nur ein paarmal gelang es August, die Familie in Kirchardt zu besuchen. Oft verstrichen viele Monate, bis der Vater wieder einmal zuhause war. Und nie konnte man mit Gewissheit sagen, wann er kommen würde. Denn die Repressalien, denen August Voll in zunehmendem Maße ausgesetzt war, verhinderten solch einen Besuch oft in letzter Minute. Immer wieder wurde er aufgrund unbotmäßiger Äußerungen mit Strafen belegt. Mit Urlaubssperren und Sonderdienst. Nie konnte man sicher sein, ob die Ankündigung im letzten Brief wirklich wahr würde. Ob der Vater tatsächlich kommen konnte.

Es muss gegen Ende August 1941 gewesen sein. Endlich einmal war wieder ein Brief des Vaters aus Heumaden in Kirchardt eingetroffen. In dem neben vielen Grüßen und lieben Wünschen am Ende noch der Wunsch zu lesen war: „Bitte keine Tomaten mehr schicken.“ Was Emilie beständig getan hatte, um ihren Ehemann August wenigstens notdürftig mit gesunden Produkten aus dem eigenen Garten zu versorgen. Die Verpflegung der Soldaten war dementsprechend schlecht, worüber sich August schon oft genug beklagt hatte. Doch August mochte keine Tomaten, erst recht keine grünen Tomaten. Ausgerechnet grüne Tomaten! Doch was hätte Emilie machen sollen? Hätte sie reife, also weiche Tomaten verschickt, dann wären die auf dem Transport doch sicherlich kaputtgegangen. Also behalf sie sich mit den noch harten grünen Früchten. In der Hoffnung, sie würden schon noch ein bisschen nachreifen.

„Das Beste wäre, er würde sie hier essen. Ganz reif. Da mag er sie ja auch."

„Aber wann kommt der Vater denn wieder?" Seit Wochen schon hatte Ella den Vater nicht mehr zu Gesicht bekommen.

Doch ihre Mutter zuckte nur ratlos mit den Schultern. „Das ist so eine Sache ... Das wüsste ich auch gerne", murmelte sie traurig. Es war ein merkwürdiges Gefühl, das Ella an diesem Tag nicht mehr verlassen würde.

Es war im Winter 1941. Einer dieser seltenen Besuche daheim.

„Was ist das denn? August! Um Gottes willen! Wie siehst du denn aus?" Erschrocken hatte Emilie im Badezimmer die Hände vor den Mund geschlagen und betrachtete fassungslos den Oberkörper ihres Mannes, der regelrecht übersät war mit blauschwarzen Flecken in allen Schattierungen. „Was haben sie denn mit dir gemacht, August?"

„Mit mir gemacht?" August schüttelte energisch seinen Kopf. „Nichts. Gar nichts. Ich habe mich nur gestoßen."

„Gestoßen! Nie und nimmer! An allen möglichen Stellen gleichzeitig, Wie soll das denn gehen? Nein, August, das kannst du mir nicht weismachen."

„Ach, Emilie." Langsam wandte sich ihr Ehemann um und musterte seine Frau mit einem unendlich traurigen Blick aus hoffnungslosen Augen. „Was soll ich dir nur sagen ..."

„Die Wahrheit, August ...", erwiderte Emilie beklommen. „Einfach nur die Wahrheit. Hast du dich wieder einmal nicht beherrschen können?"

„Beherrschen ..." August hob voller Verbitterung die Schultern, um gleich danach einen schmerzhaften Seufzer auszustoßen. „Ja, sie haben mich verprügelt. Grün und blau geschlagen haben sie mich. Nicht nur einmal. Am ganzen Leib habe ich nur noch Schmerzen. Es ist ein Wunder, dass sie mich überhaupt haben heimgehen lassen an diesem Wochenende …" „Aber warum denn nur, August? Was um alles in der Welt ist denn passiert?!"

„Weil ich gewagt habe, einmal im Kreis der Kameraden darüber nachzudenken, wer die anderen eigentlich sind."

„Welche anderen?"

„Na, eben diejenigen, die hoch über unseren Köpfen in den Flugzeugen sitzen. Die wir abschießen sollen. Weil es unsere Feinde sind. Dabei kennen wir diese Leute doch gar nicht. Das sind doch Menschen wie wir auch. Aber plötzlich werden es unsere Feinde und wir sollen sie vom Himmel holen. Das ist doch eigentlich widersinnig, oder? Nur das habe ich gesagt." August holte tief Atem, dann breitete er in einer hilflosen Geste die Arme aus. „Aber es ist doch so. Ich habe doch wirklich nichts Falsches gesagt. Und es stimmt ja auch, dass wir es waren, die doch die anderen überfallen haben. Nicht umgekehrt. Wir haben sie doch erst zu den Feinden gemacht, als die wir sie jetzt ansehen. Dabei setzen sie sich im Grund genommen doch nur zur Wehr. Aber so etwas darf man nicht mehr sagen. Damit macht man sich nur Feinde. Erst recht, wenn man sich fragt, was einem diese Menschen da getan haben, die wir abschießen."

„Aber ihr müsst doch Stuttgart verteidigen. Denk doch einmal daran, wie viele Opfer es in Stuttgart geben würde, wenn alle Bomben dort einschlagen würden. Wenn ihr nicht dafür sorgen würdet, dass sie wegen eurer Geschütze einen weiten Bogen fliegen und deshalb die Ziele nicht so richtig treffen. Oder rechtzeitig selbst von euch abgeschossen werden. Wie viele Opfer uns das erspart!"

„Erspart!" August lachte bitter auf. „Aber um welchen Preis! Und noch einmal: Das alles müsste es gar nicht geben, wenn wir es geschafft hätten, weiter mit unseren Nachbarn in Frieden zu leben. Jetzt stell dir doch einmal vor, was passiert, wenn wir ein Flugzeug ins Visier bekommen haben und es tatsächlich abschießen."

„Na ja ...“

„Das Flugzeug explodiert und stürzt ab. Die Menschen im Flugzeug sterben. Weshalb sterben sie? Weil ich auf den entscheidenden Knopf gedrückt habe. Weil genau aus diesem Grund unser Geschoss ihr Ziel erreicht. Und ich mich damit zu einem Mörder gemacht habe. Zum Mörder an einem Menschen, den ich noch nicht einmal gekannt habe. Der mir niemals im Leben etwas angetan hat. Das sind die furchtbaren Gesetze des Krieges, Emilie.“ Wieder breitete August weit die Arme aus. „Schau mich ganz genau an, Emilie. Vor dir steht ein Mörder. Ein mehrfacher Mörder. Und beinahe täglich kommen neue Morde dazu!“

„August! So etwas darfst du doch nicht sagen!“ Emilie war bei diesen furchtbaren Worten erschrocken zusammengezuckt und schmiegte sich nun eng an die Schulter ihres Mannes. „Du bist doch kein Mörder, August. Du bist doch nur Soldat.“

„Das ist es eben. Soldat! Wir müssen den Tatsachen ins Auge blicken, Emilie. So schwer das auch ist. Ich habe Menschen umgebracht. Getötet. Durch meine eigene Hand. Ich bin verantwortlich für ihren Tod, Emilie. Und ich weiß jetzt schon, dass es noch mehr werden. Wie soll ich mit dieser Last auf dem Gewissen nur jemals wieder ruhig schlafen können? Wie nur?“ Längst rannen Tränen über die Wangen des verzweifelten Mannes, der hoffnungslos vor sich auf den Boden starrte. „Und als ich gesagt habe, dass ich das alles bald nicht mehr aushalte, da haben sie mich erst in den Arrest gesperrt und dann auch noch verprügelt. Mehr als einmal. Emilie! Was soll ich nur tun?“

Die Situation, in der sich August Voll befand, war aussichtslos. Bereits am übernächsten Tag musste er zurück bei seiner Flakstellung sein. Um dort weiter seinen Dienst zu versehen. Der einzig und allein das Ziel hatte, feindliche Flugzeuge abzuschießen. Mit Menschen an Bord, deren sicheren Tod man dafür in Kauf nahm. Es gab keinen anderen Weg. Doch wie sollte man mit dieser schrecklichen Erkenntnis fertig werden? Dass man am Ende verantwortlich war für den Tod von Dutzenden von Menschen. Menschen, die man zu deren Lebzeiten noch nicht einmal gekannt hatte. Auch wenn die Kameraden noch so scheinbar leicht darüber hinweggingen: Auch auf ihren Seelen lastete diese Tatsache schwer. Am besten nicht daran denken. Und schon gar nicht darüber sprechen. Was August Voll dennoch getan hatte. Was man ihm zur Last legte und hart bestrafte. Verbunden mit dem strengen Befehl, dies niemals wieder zu tun.

Als wenn das so einfach wäre!

Es war ein langer, schwerer Weg zurück zu seiner Flakstellung nach Heumaden, den August Voll am übernächsten Tag zu gehen hatte.

In den kommenden Monaten war Emilie nur noch alleine aufgebrochen, um ihren Mann zu besuchen. Die Kinder hatte sie aus guten Gründen in Kirchardt zurückgelassen. Denn jedes neuerliche Zusammentreffen mit August geriet zum Alptraum. Allein der verzweifelte Ausdruck in seinen Augen. Die sich steigernde Unruhe. Die Ruhelosigkeit. Die nagenden Selbstzweifel. Die bitteren Vorwürfe, die er sich machte, weil er den Abschuss des Flugzeugs nicht in letzter Sekunde verhindert hatte. Wieder nicht verhindert hatte! Die scharfen Wortwechsel mit den ranghöheren Kameraden. Die Isolation, in die sich August in seiner Einheit allmählich selbst gebracht hatte. Weil es ihm im Gegensatz zu all den anderen eben nicht gelang, die Augen zu verschließen. Weil er nicht in der Lage war, nur eine Kanone zu sehen, die ein Flugzeug ins Visier bekam. Und abzuschießen hatte. Treffer! Jubel! Auftrag erfüllt!

Weil sie sich weigerten, die Menschenleben wahrzunehmen, die hinter diesen Erfolgsmeldungen steckten. Sie machten es sich weiß Gott zu einfach! Doch sie verspürten nicht die mindeste Lust, sich die Gedanken des ewigen Nörglers Voll zu eigen zu machen. Weshalb auch. Was hätte es ihnen gebracht außer unruhigem Schlaf und einem schlechten Gewissen. Dazu womöglich ein Disziplinarverfahren samt der Versetzung zu einer kämpfenden Einheit an die Front. Irgendwo in Europa. Wo es längst nicht so gemütlich zuging wie in der relativen Bequemlichkeit der Flakstellung hoch über dem Stuttgarter Talkessel. Nein, er sollte einfach den Mund halten und sie in Ruhe lassen.

Was die Verzweiflung bei August Voll allmählich ins Unermessliche steigerte. Eine Verzweiflung, die ihm auch seine Frau nicht mehr von der Seele nehmen konnte. So sehnsüchtig er ihre Besuche auch immer erwartet hatte. So bedrückend zerrannen die wenigen Stunden ihres Zusammenseins.

Kein Wunder, dass auch Emilie im Anschluss an solche Besuche dementsprechend traurig und mit ihren Kräften am Ende zurück nach Kirchardt kam. Dass die Kinder voller Erschrecken die bitteren Tränen bemerkten, die über die Wangen der Mutter rannen. Die in den Tagen danach durch nichts und niemanden zu trösten war.

August! Weshalb nur machte er es sich so unsagbar schwer. Sich – und ihnen allen!

Weshalb konnte er seine Gedanken nicht in eine andere Richtung lenken. Was doch in seinem eigenen Interesse wäre.

Mitte Mai 1942. Im Nachhinein sollte es sich als die letzte Begegnung erweisen, die August, Emilie und die Kinder in Freiheit zusammenführte. In relativer Freiheit – angesichts der zunehmenden Restriktionen, denen sich der Soldat in seiner Einheit ausgesetzt sah.

Alle diejenigen, die sie damals als junge Frau schon gekannt haben, erinnern sich auch heute noch voller Bedauern, wie Emilie mit den Kindern, die sie erstaunlicherweise noch einmal mitgenommen hatte, nach diesem letzten

Treffen nach Hause zurückgekommen ist. Weinend und verzweifelt. Tagelang wieder. Und dieses Mal schien alles noch schlimmer zu sein als bei den Begegnungen zuvor. Falls eine solche Steigerung ins Negative für die Außenstehenden überhaupt denkbar war. Ganz blass habe er ausgesehen, der August. Leichenblass. „Gerade so wie das Leiden Christi!“, hatte Emilie unter Tränen geflüstert. „Abgemagert sei er. Ein Schatten seiner selbst. Nichts mehr zu erkennen von dem einst so willensstarken, kraftvollen Mann. Ganz und gar verhärmt hätte sie ihn erleben müssen. Auch psychisch sei der Vater ihrer Kinder am Ende. Es musste sich um eine Art Vorahnung gehandelt haben, die Emilie zu dem Entschluss geführt hatte, noch einmal die Kinder mit zum Vater zu nehmen. Trotz dessen jammervollen Zustandes. Sie hatte ihnen diesen Anblick nicht erspart. Weshalb nicht? Eben, weil sie ahnte, dass es möglicherweise das letzte Mal sein konnte? Die letzte Begegnung zwischen dem Vater und seinen Kindern?

Auch Ella war bei diesem Besuch in bittere Tränen ausgebrochen. Dieses unsagbare Erschrecken, als sie den Vater vor sich gesehen hatte. Den Schatten seiner selbst. Die rot glühenden Wangen, den fiebrigen Blick aus diesen unsteten Augen. Es war einfach aus ihr herausgebrochen. Sosehr die Achtjährige auch versucht hatte, sich zusammenzureißen. Es war einfach zu viel gewesen. Die Tränen waren einfach aus ihren Augen gequollen. Für August war es eine zusätzliche Folter gewesen, die sie dem armen Vater doch so gerne erspart hätte. Wie er seine Tochter in die Arme geschlossen hatte, ihr zärtlich über das Haar gefahren war, während er diesen einen Satz formulierte. Diesen letzten Satz, den sie auf ewig im Gedächtnis behalten würde. Genauso wie seine tränenerstickte Stimme, die kaum zu verstehen gewesen war: „Ja, meine Ella spürt es. Die weiß, was auf mich und uns zukommt. Sie ahnt es. Lebe wohl, Ella!“ Kurz zuvor hatte August der schockierten Emilie gegenüber ganz konkret prophezeit, was nun als Nächstes kommen würde. Was sie offenbar bereits in die Wege geleitet hatten. „Die da!" – wie er sich voller Panik und Hilflosigkeit nur noch ausdrückte. Dass sie es ihm ja bereits lange genug angedroht hatten. Und nun würden sie die Drohung wahr machen. Würden ihn demnächst ins Irrenhaus stecken. Doch, wirklich. Samt der Begründung, dass er nach wie vor gegen den „Führer" eingestellt sei und auch nicht an die Überlegenheit der deutschen Rasse glaube. Was in ihren Augen längst ausreiche, um jemanden für verrückt zu erklären. Natürlich würde man ihn als Soldaten in ein sogenanntes Lazarett verbringen. Doch allein der Name des Lazaretts sprach Bände: Winnenden! Dort, wo sich seit vielen Jahren schon ein Irrenhaus befand. In einem Teil der dortigen Gebäude war ein Militärlazarett eingerichtet worden. Und dorthin, das hatte man ihm schon vor Wochen angedroht, dorthin würden sie ihn stecken. Formal ins Militärlazarett, in Wirklichkeit aber ins Irrenhaus. Kein Wunder, dass die Verzweiflung wie eine Flutwelle über der entgeisterten Emilie zusammengeschlagen war. Wieder und wieder hatte sie August entgegengehalten, dass es völlig unmöglich sei. Dass er doch bitte so etwas nicht sagen solle. Sie könne und wolle dies einfach nicht glauben. „Die können dich doch nicht so mir nichts – dir nichts einfach einsperren! Schon gar nicht ins Irrenhaus!"

Minuten später schon war jegliche Hoffnung geschwunden. Gerade als sie im Begriff gestanden hatte, von August Abschied zu nehmen, war der Feldwebel dazugekommen, hatte sie unwirsch gemustert, danach kalt und unbarmherzig diesen schrecklichen Satz gesagt. „Er ist selber schuld. Jetzt ist er dran!" Mehr nicht. Doch das hatte genügt, um jegliche Hoffnung endgültig zu ersticken. Sie würden ihre Drohung wahr machen. Wie hatte der Mann sich ausgedrückt? „Selber schuld!" Und weshalb? Nur weil sich da einer Gedanken machte! Als

Mensch, für den auch auf der anderen Seite doch Menschen standen. Was für eine Zeit!

*

Die weiteren Recherchen zum Schicksal des August Voll müssen in Winnenden erfolgen. Wozu ich eine Vollmacht von Augusts Tochter Ella benötige. Nur dann kann ich Akteneinsicht bekommen. Immerhin handelt es sich um personenbezogene, recht sensible Daten. Dazu bedarf es einer Vollmacht der Angehörigen. Wenn die Tochter unterschreibt, dann gibt es diese Akteneinsicht. Sofern Daten vorhanden sind. Doch Ella zögert kurz, als ich ihr den Stift für die Unterschrift auf die Vollmacht in die Hand drücke. Dann aber scheint ein Ruck durch sie zu gehen und sie unterschreibt. War es die Furcht vor dem, was vielleicht ans Tageslicht kommen wird, was sie ganz kurz hat zögern lassen? Die Angst, dass mit dem Vater vielleicht doch etwas nicht gestimmt hat? Eine Frage, die sich ihr und ihrem Bruder Willi seit mehr als 60 Jahren stellt. Bohrende Zweifel, die schon hundertmal verworfen worden sind – und dennoch immer wiederkommen. Kommt jetzt also die Wahrheit ans Licht? Welche Wahrheit?

Stimmen diese böswilligen Gerüchte vielleicht doch, die seit der Beerdigung des Vaters nie ganz verstummt waren?

Was ist denn nun die Wahrheit?

Kann man denn überhaupt noch etwas finden?

Man kann.

Das Undenkbare war Tatsache geworden! Im Juni des Jahres 1942 war der Gefreite August Voll wegen ständiger Befehlsverweigerungen beziehungsweise wegen absichtlicher Verzögerungen bei der Umsetzung von Befehlen tatsächlich ins Reservelazarett Winnenden eingewiesen worden. Die Gründe für dessen Ungehorsam müssten einer psychiatrischen Kontrolle unterzogen werden. Deshalb war das in Winnenden untergebrachte Lazarett in diesem speziellen Fall die richtige Adresse. Denn ein Regimegegner vom Schlage eines August Voll musste durchaus als Geisteskranker betrachtet werden. Die Tatsache seiner Gefängnisstrafe samt deren Ursachen war ja aus den Akten zu entnehmen und sprach schon für sich alleine genommen eine eindeutige Sprache. Dazu noch dieser hartnäckige Widerstand an der Flakkanone, seitdem sie eines der Feindflugzeuge vom Himmel geholt hatten. Nein, es war höchste Zeit gewesen, sich den renitenten Kerl vom Leib zu schaffen. Der noch von Glück sagen konnte, nicht gleich wegen Befehlsverweigerung vor ein Kriegsgericht gestellt zu werden, sondern nur nach Winnenden ins Lazarett zu kommen. Wo man dann weitersehen würde.

*

Schon im September 1939, gleich bei Kriegsbeginn, war in Winnenden auf dem Areal der psychiatrischen Heil- und Pflegeanstalt ein Reservelazarett eingerichtet worden. Im sogenannten „Frauenneubau" der Anstalt. 120 Betten standen hier zur Verfügung.

August Volls Behandlung als Geisteskranker in diesem Reservelazarett war unter anderem möglich geworden durch die Verschärfung des „HTG", des „Heimtückegesetzes" vom 21. März 1933, wonach Regimekritiker als psychisch Kranke tatsächlich ziemlich problemlos in ein sogenanntes Irrenhaus eingewiesen werden konnten. Die entscheidende Voraussetzung dazu schaffte der Paragraph 42 des Reichsstrafgesetzbuches, der im November 1933 beschlossen worden war. Er sollte dem „wirksamen

Schutz der Volksgemeinschaft gegen verbrecherische Schädlinge" dienen und „den Belangen der Allgemeinheit den unbedingten Vorrang vor denen des verbrecherischen oder minderwertigen Rechtsbrechers geben".

Der Historiker Thomas Stöckle, einer der besten Kenner dieser Thematik im Bereich des ehemaligen Württemberg beschreibt in einem Aufsatz, wie genau diese fatale Bestimmung zum entscheidenden Hebel für das Regime geworden ist, Andersdenkende über die Einweisung in Irrenanstalten zu beseitigen oder mindestens zur Räson zu bringen: „Mit dieser neuen Regelung wurden die Heil- und Pflegeanstalten auch Organe des Justizvollzugs."

Doch das war erst der Anfang: „Durch die Erweiterung des sogenannten Heimtückegesetzes, das kritische Äußerungen über den Staat oder die Partei kritisch verfolgte, wurde es seit dem 20. 12. 1934 möglich, politische Unzuverlässigkeit im Sinne des NS-Regimes als Einweisungsgrund in eine Heilanstalt zu benutzen. In der Heilanstalt waren diese Menschen so gut wie entmündigt und in ihren Rechten drastisch beschnitten, obwohl sie formalrechtlich geschäftsfähig und im Besitz aller persönlichen Rechte waren und, wie der ärztliche Direktor der Anstalt Zwiefalten, Professor Dr. Gruhle formulierte, nicht nur nicht geisteskrank, sondern so gut wie normal seien. Die Heilanstalt von Winnenden (oder Winnental, wie es früher genannt wurde) erklärte in diesem Zusammenhang dem württembergischen Innenministerium, dass die forensischen Patienten und Patientinnen der gleichen Hausordnung wie die übrigen Kranken unterliegen."

Die Kontrolle war total: „Die an die Eingewiesenen eingehenden Briefe werden alle vom Direktor in Empfang genommen, von ihm oder dem Abteilungsarzt geöffnet und, wenn der Inhalt nichts Ungeeignetes für den Eingewiesenen oder andere enthält, wieder geschlossen dem Empfänger ausgehändigt." Mit anderen Worten: Viele der Patienten ahnten gar nichts davon, dass ihre Post längst von der Anstaltsleitung kontrolliert und gelesen worden war. Und weiter: „Ebenso unterliegen alle von den Eingewiesenen an Behörden, Angehörige oder Freunde geschriebenen Briefe der Kontrolle des Direktors und der Abteilungsärzte."

In diesem Buch „Winnenden gestern und heute", aus dem ich nach einem Artikel von Thomas Stöckle zitiert habe, liegt zwischen den betreffenden Seiten zufällig eine Bildpostkarte. Ich nehme sie in die Hand, betrachte sie kurz – und stutze. Sie zeigt eine märchenhafte Flusslandschaft, darauf ist in goldenen Lettern ein Schiller-Zitat gedruckt worden: „Schade um den verlorenen Augenblick – das Leben ist so erstaunlich schnell dahin." Ich weiß beim besten Willen nicht, wie diese Postkarte dorthin gekommen ist – auch nicht, von wem ich sie überhaupt bekommen habe. Ich weiß nur, dass es mir wieder eiskalt den Rücken hinuntergelaufen ist, als ich dieses Zitat gelesen habe, das sich ausgerechnet zwischen diesen Seiten gefunden hat.

Wieder und wieder stoße ich bei meinen Recherchen auf das Reichsheimtückegesetz: Es ist der Hauptgrund, weshalb in den Jahren ab 1942 Verurteilungen und daraus abgeleitete Einweisungen in Heilanstalten drastisch zugenommen haben. Als sogenannte „forensische Patienten" (also vom Gericht eingewiesene Patienten) sind sie dann beispielsweise wie August Voll in die Psychiatrie nach Winnenden gekommen. Wenngleich August Voll ins Winnender Reservelazarett kam. Denn er unterstand als Soldat dem Militärrecht. Für Soldaten aber gab es eigene Lazarette. Auch auf dem Areal der Irrenanstalt Winnenden. Es war kein Zufall, dass er ausgerechnet ins Lazarett nach Winnenden gesteckt wurde. Dort, wo es die Heil- und Pflegeanstalt gab? Immerhin schien er dort als angeblich Geisteskranker in scheinbar besten Händen zu sein: beim Oberstabsarzt Prof. Dr. Hans Gruhle, dem ehemaligen

Direktor des Psychiatrischen Krankenhauses Zwiefalten, der schon in den 30er Jahren als Wissenschaftler in Heidelberg zu den Koryphäen seines Faches gezählt worden war.

Gruhle fungierte als Leiter des Lazaretts in Winnenden. Ein Psychiater im militärischen Teil der Heilanstalt Winnenden. Und bei Gruhle handelte es sich um genau denjenigen, dessen Unterschrift später auf dem Totenschein des August Voll zu finden sein sollte.

In der Zeit, die seit der Einweisung von August Voll nach Winnenden verstrichen ist, schafft es die Familie nur noch selten, Kontakt zu dem Patienten herzustellen. Der Landwirt Heinrich Voll ist der letzte von ihnen, der August Voll lebend zu Gesicht bekommt. Verzweifelt steht der Mann am Krankenbett seines Bruders, dessen Wangen fieberrot glühen. Lungenentzündung sei es, sagt der Bettnachbar. Das habe er aus den Kommentaren der Ärzte aufgeschnappt. Mehr nicht. Man müsse mit allem rechnen.

Doch für eine Lungenentzündung ist die Psychiatrie der absolut falsche Ort, um August zu heilen. August muss dringendst verlegt werden. Doch das ist ein Ding der Unmöglichkeit.

Das heißt ... einer könnte es schaffen. Ein Einziger. Wenn der seinen ganzen Einfluss in die Waagschale werfen würde. Das hat selbst August bei Heinrichs vorletztem Besuch zu dessen maßlosem Erstaunen gesagt. Und ihn sogar gebeten, diesen Satz zuhause genauso auszurichten. „Nur der Jakob kann mir jetzt noch helfen. Sag ihm das doch bitte. Richte ihm bitte aus, dass es schön wäre, wenn er mich so bald wie möglich besuchen würde."

Ausgerechnet Jakob! Wo die Brüder doch seit Jahren schon diese furchtbare Gegnerschaft voneinander fernhielt. Diese ganz und gar verschiedenen politischen Standpunkte. Jetzt war es nur noch Jakob, der helfen konnte. Durch seinen Einfluss und seine zahlreichen Kontakte in die Partei hinein. Wenn überhaupt, dann konnte es nur ihm gelingen. Genau das war es, was Heinrich dem ältesten der Voll-Brüder mit deutlichen Worten auseinanderzusetzen versuchte. Nur er, Jakob, könne es noch schaffen, das Leben des Jüngsten zu retten. Er sei die letzte Hoffnung.

Doch der einarmige Weltkriegsveteran hatte für Heinrichs flehentliche Bitten nur ein höhnisches Lachen übrig gehabt. Ausgerechnet jetzt erinnere man sich wieder an den Bruder. Jetzt sei er ihnen plötzlich wieder recht. Wenn es darum ginge, diesen Wehrkraftzersetzer zu unterstützen. Nachdem der über Jahre hinweg nur Hohn und Spott für die Partei und deren treue Gefolgsleute wie Jakob übrig gehabt hatte. Ausgerechnet jetzt erinnerte man sich des bisher so verächtlich gemiedenen Bruders. Was für August genauso gelte wie für Heinrich, auch wenn er seinen Appell noch so dringlich vorgetragen hatte. Ein Kommunist, der sich für einen Wehrkraftzersetzer engagierte. Für einen Sozialdemokraten. Sonst noch etwas!

Egal wie verzweifelt sich Heinrich auch abmühte, ob er bettelte oder flehte, ob er an Jakobs Verantwortung dem eigenen Bruder gegenüber appellierte, an die christliche Nächstenliebe, an Augusts kleine Kinder erinnerte, an die unschuldige Schwägerin Emilie: Es half nichts. Mit harschen Worten verbat sich Jakob Voll jeden weiteren Versuch, ihn zu einer Meinungsänderung zu bewegen. Da sei nichts zu machen. Er hätte es sich vorher überlegen müssen. Oft genug habe er den August ja gewarnt. Sage keiner, es sei nicht so gewesen. Damit hatte sich Jakob Voll umgewandt und war mit entschiedenen Schritten grußlos fortgegangen, ohne sich noch einmal nach seinem fassungslosen Bruder umzusehen, aus dessen Augen in diesem Moment jede Hoffnung gewichen war.

*

Jetzt lese ich ihn ein weiteres Mal, den zunächst so merkwürdig verklausuliert wirkenden Brief, den der Patient August Voll im Militärlazarett Winnenden nach Hause geschrieben hat. Nach Kirchardt, das er nie mehr wiedersehen würde. Darüber war sich der 36 Jahre alte August Voll absolut im Klaren. Er würde dieses Lazarett auf keinen Fall mehr lebend verlassen können. Es war nur noch eine Frage der Zeit.

„*29.6.1942*
An meine liebe Frau,
da ich es fühle, daß meine Gesundheit stark bedroht ist und meine Kräfte täglich weniger werden, will ich für den Fall, daß schnell etwas mit mir geschieht, noch einige Zeilen an dich schreiben. Sollte mich der Tod überraschen und du erfährst von mir diese Zeilen, so möchte ich dir noch Kraft und Trost zusprechen. Liebe Frau, werde dann erst recht stark, so wie du es immer gewesen bist und klage nicht über mich, denn wenn es mich ereilt, habe ich es besser als Du. Grüße vor allem meine Mutter und übermittle Ihr noch die besten Grüße. Es würde mir auch leid tun, wenn das meine Mutter noch erleben würde.
Nach meinem Tode möchte ich noch bitten: sorge für die Kinder und erziehe sie nach besten Kräften. Streitet Euch nie und seid einig miteinander bis auch für Euch die Stunde des Scheidens kommt.
Auf Wiedersehen. Dein August.
Ich wünsche noch ein gesundes glückliches Leben.“

Das ist der letzte Brief, der Emilie Voll von ihrem Mann erreicht hat, solange er noch am Leben war.

Am selben Tag, dem 29. Juni 1942, hat er einen zweiten Brief an seine achtjährige Tochter Ella geschrieben.

„*Meiner lieben Tochter Ella!*
Als Andenken will ich Dir auch noch einige Zeilen mit in das Leben geben. Wenn ich schnell von Euch scheiden

muß, dann klage nicht über mich, denn das hast Du schon genug über mich gemacht und ich bin mir jetzt auch bewußt, warum du es immer gemacht hast, denn in den meisten Fällen liegt schon eine Vorahnung vor. Meine liebe gute brave Ella bleibe auch Du in Deinem Leben stark und brav wie Du es immer gewesen bist. Liebe Ella haltet jederzeit zusammen und sorge auch du für Deine Mutter, Großvater und Großmutter soweit es Dir möglich ist. Wenn Du einmal heranwächst und in Deinen glücklichen Jahren stehst, dann werde immer Herr über Versuchungen welche an jeden Menschen unerwartet heranschleichen. Ich wünsche Dir ein glückliches und gesundes Leben. Streitet Euch nie und vergesse auch Deinen Bruder Willi nicht. Nehme das Leben nicht als Spielzeug aber auch nicht zu ernst damit Du auch etwas vom Leben hast. Bete wie Du es immer gemacht hast und vertraue auf Gott dann wird er Dir auch beistehen.
Auf Wiedersehen. Dein Vater."

Und ein dritter Brief, den August Voll am selben Tag geschrieben hat. An Willi, seinen über die Maßen geliebten Sohn, der am 18. Juni gerade erst den fünften Geburtstag gefeiert hatte, ohne dass der Vater dabei sein konnte:

„*Den 29. Juni 1942.*
Mein lieber Sohn Willi!
Für Dich ist es schwer und es ist für mich deshalb sehr hart, daran zu denken, wie es mit meiner Gesundheit steht. Da Du noch sehr jung bist bitte ich Dich diese Zeilen als Andenken an Deinen Dich so lieb gehabten Vater aufzubewahren. Lieber Willi werde einmal tapfer und mache Deinem Vater eine Ehre. Wenn Du einmal das von mir und meinem Vater hart verdiente Vermögen als Deinen Teil empfängst dann tue es nicht verprassen und denke daran wie es Deine Vorfahren erschaffen mußten. Streitet Euch nicht darüber und seid einig und haltet zusammen. Vergesse Deine Mutter und Deine Schwester Ella nicht

und helfe ihnen sowie es in Deinen Kräften steht. Auch Deinen Großvater und Großmutter nicht im Stich lassen. Wenn Du einmal heranwächst dann denke daran, daß jeder seines Glückes Schmied selber ist. Ich muß leider zu spät erkennen, daß ich mein Glück oft selber mit den Füßen getreten habe darum werde einmal stark und lerne aus den Fehlern die Dein Vater gemacht hat. Ich vertraue aber auf Gott und Jesus Christus und bin deshalb überzeugt, daß auch Gott und Gottes Sohn einem so armen Wesen wie Du es bist beistehen werden. Deshalb lege ich Dich mein lieber Willi in Gottes Hände und weiß, daß Du dort am besten geborgen bist. Werde groß und gesund und ich wünsche Dir ein langes glückliches Leben und ebenso gesunde Nachkommen. Auf Wiedersehen. Dein Vater."

Noch heute – mehr als 60 Jahre danach – kann es Willi Voll nicht ertragen, wenn die Rede auch nur andeutungsweise auf seinen Vater kommt. Sofort schießen ihm Tränen in die Augen, Tränen der Rührung. Er kann es nicht aushalten, als ich ihn nach dem Abschiedsbrief seines Vaters frage. Abrupt fährt Willi Voll in die Höhe und verlässt den Raum mit einer hastig gemurmelten Entschuldigung auf den Lippen. Er kann einfach nicht darüber sprechen. Dabei muss er den Brief schon unzählige Male gelesen haben, das zeigen mir allein die stark brüchig gewordenen Stellen, an denen das Schriftstück zusammengefaltet ist. Aber ein Gespräch darüber zu beginnen, das ist Willi Voll auch heutzutage noch unmöglich. Dabei hatte ich ihn ansonsten eigentlich immer als eher robusten Menschen eingeschätzt, den so rasch nichts aus der Ruhe bringen kann. Von einem ehemaligen und über lange Jahre aktiven Fußballer erwartet man so etwas für gewöhnlich. Von wegen!

Willi Voll hat übrigens auch den Beruf des Flaschners erlernt, genau wie sein Vater. Und Willis Sohn Uwe ebenso. Familientradition.

Auch nach diesen Schreiben hat August Voll noch weitere Briefe an die Familie verfasst, aber es ist ihm nicht mehr gelungen, diese Nachrichten noch zu seinen Lebzeiten aus dem Lazarett herauszuschleusen. Immerhin jedoch haben die Mörder sie übersehen. Oder waren sie ihnen nicht wichtig. So belanglos schienen sie zu sein. Dadurch hat sich im Nachlass des verstorbenen August Voll ein Foto finden lassen, das einige Soldaten zeigt, die für diese Aufnahme vor einem Militärlastwagen posieren. Auf die Rückseite ist hastig gekritzelt:

„den 24.Juli 1942:
Heute Nacht ist anscheinend ein Anschlag zum Mord an mir geplant und ich glaube, daß ich bei Tagesanbruch tot bin! Die besten Grüße, August Voll“

Und ein weiteres Foto, das August Voll in Uniform zeigt, auch auf dessen Rückseite der Hinweis auf die lebensbedrohliche Situation, in der sich der Patient in dieser Julinacht befunden hat:

„An meine lieben Kinder, da man mich heute Nacht mit dem Tod bedroht hat und wollte bei mir einen Selbstmord vortäuschen, verspreche ich euch heute als letztes, daß ich das nie machen werde und wenn es soweit kommen sollte, dann ist es nur Täuschung… durch ruchlose Mörder“

Es müssen fürchterliche Stunden gewesen sein. Diese beiden Bilder – samt den beiden auf die Rückseite geworfenen Todesahnungen – konnten von August Voll nicht mehr abgeschickt werden. Er hat sie vor den Ärzten und Pflegern verstecken müssen – erst seinem Mitpatienten und Zimmerkameraden Adam Winkler, dem er sie offenbar am Ende seines Lebens übergeben hat oder der sie nach dem Tod von August Voll rasch an sich genommen hatte, gelingt es schließlich mit allerlei Tricks, diese Dokumente eines mit dem Tod bedrohten Menschen an dessen Familie weiterzugeben.

Dokumente, die klar gegen einen Selbstmord sprechen. Fürchterliche Vorahnungen, die in der Nacht des 8. August 1942 zur schrecklichen Realität geworden sind.

Trotz aller sorgsamen Recherche, die sich über Jahre hinweggezogen hat, werden wir nie mehr bis in die letzte Einzelheit herausfinden können, was sich in jener Nacht nun ganz konkret zugetragen hat. Denn auch das Leben des Adam Winkler, des Zimmernachbarn und einzigen Zeugen, der angekündigt hatte, über die wahren Geschehnisse später, nach seiner Entlassung aus dem Lazarett, die Wahrheit berichten zu wollen, war schon kurz nach dem Tod des August Voll ebenfalls beendet. Beziehungsweise: Auch dieses Leben hat ein gewaltsames Ende gefunden.

*

Winnenden, Schlosspark. Der Park des Krankenhauses für Psychiatrie im Sommer 2002: Eine Idylle, in der sich vor genau 60 Jahren eine Tragödie zugetragen hat. Nichts erinnert heutzutage daran, dass es hier früher überhaupt Soldaten gab, die in das Reservelazarett eingewiesen worden sind. Die, wie auch viele andere Patienten von Winnenden, zu Opfern des Regimes geworden sind. Nichts. Keine Erinnerungstafel zu finden. Kein Denkmal für die Menschen, die hier gestorben sind oder von hier aus zu Hunderten nach Grafeneck in den Tod gekarrt worden sind: mit den grauen Bussen auf direktem Weg in das erste Vernichtungslager der „Endlösung".

Da sehen wir doch noch ein Denkmal. Es befindet sich direkt an der Schlossmauer. Das Denkmal für den Mops des Herzogs von Württemberg. Ein Denkmal für einen Hund! Der treue Mops von Winnenden. Voller Stolz erzählt man hier die Geschichte vom Hund des Herzogs

Karl Alexander. Der Herzog hatte als österreichischer Feldmarschall in der Nähe von Belgrad gegen die Türken gekämpft und dabei seinen Mops aus den Augen verloren. Doch der getreue Hund tauchte Wochen später wieder am Wohnsitz des Herzogs, eben am Schloss von Winnenden, auf. Wofür ihm dann Mitte des 18. Jahrhunderts dieses Denkmal gesetzt worden ist.

Ansonsten scheint man sich eher schwerzutun in Winnenden mit der Erinnerung. Überhaupt mit der Tatsache, dass es hier das psychiatrische Krankenhaus gibt. Vielleicht auch deshalb, weil den Leuten bis heute der unsägliche Reim noch in den Ohren dröhnt, den auch ich als Kind immer wieder hergesagt habe: „Winnenden, die Stadt der Spinnenden." Irgendwie scheint das immer noch nachzuwirken. Kein Hinweis auf die Psychiatrie.

Dabei ist das Gelände des alten württembergischen Schlosses mustergültig hergerichtet worden. Ein weitläufiger Park, schön renovierte Gebäude, eine gut besuchte Cafeteria mit Terrasse.

Früher, da war das anders.

Willi Voll erinnert sich an einen Besuch, den sie beim Vater in Winnenden gemacht hatten. Sieht die Insassen der Psychiatrie wieder vor sich, die im Park des Krankenhauses immer im Kreis gelaufen sind. Immer um die Kirche aus dem 13. Jahrhundert herum. Um die Schlosskirche St. Jakob. Eine merkwürdige Szene, die sich in das Gedächtnis des damals Fünfjährigen eingebrannt hat. Ein Irrenhaus. Und der Vater dort drin – als Patient. Was sollte man da glauben?

Ella dagegen erinnert sich an beinahe gar nichts mehr, was den Besuch damals betrifft.

Immerhin sind die Gebäude ja auch vollständig renoviert worden und präsentieren sich heute viel gefälliger als noch vor 60 Jahren. Und das Mopsdenkmal? Hat es das damals auch schon gegeben? Sie hat es gar nicht wahrgenommen – angesichts all der schlimmen Eindrücke, die in diesem Krankenhaus auf sie eingestürmt sind. Der elende Zustand des Vaters ist der Achtjährigen natürlich nicht verborgen geblieben. Und dann die ganzen Umstände. Die merkwürdigen Leute. Die Patienten. Die streng bewachte Lazarettabteilung. Nein, da hatte sie keine Augen mehr für das Mopsdenkmal, das damals natürlich auch schon dastand und auf uns heute wirkt wie eine Verhöhnung der Opfer. Schon deshalb, weil es sich um das einzige Denkmal im Schlosspark handelt.

Am 8. August 1942 ist August Voll gestorben.

Ein letzter winziger Zettel findet sich in seinem Nachlass:

„Ruchlose Mörder!“

Er sei aus dem Fenster gesprungen, hat man der Witwe später mündlich erklärt. Als offizielle Todursache hatte man die Lungenentzündung und Knochenbrüche vermerkt. Den angeblichen Selbstmord damit mehr als notdürftig verschleiert – auch um dem toten Soldaten ein sogenanntes „Heldenbegräbnis“ zukommen zu lassen. Doch wie um alles in der Welt sollte das gehen, der Sprung durch das vergitterte Fenster aus dem dritten Stock in einer geschlossenen psychiatrischen Abteilung? Wo es noch nicht einmal Griffe an den Fenstern gibt.

Ist August Voll also aus einem anderen Fenster gesprungen? Oder hinuntergestoßen worden? Oder hat man ihm am Abend eine Spritze gegeben, eines der anderen (unvergitterten) Fenster geöffnet und gewartet ... Solche Andeutungen hatte sein Zimmernachbar Adam Winkler der Witwe gegenüber gemacht. Von wegen Selbstmord.

Doch der behandelnde Oberstabsarzt Dr. Gruhle diagnostizierte in der von ihm unterschriebenen „Sterbefallanzeige“ nüchtern „Herzschwäche bei Lungenentzündung nach Schädel- und Rippenbruch nach inneren Blutungen“!

*

Der Morgen des 9. August 1942.

Völlig verstört saß Emilie Voll am Küchentisch. Schluchzend, mit rot geweinten Augen. So fanden sie die Großmutter Voll und deren Sohn Wilhelm schließlich vor, als die beiden voller Sorge die Küche des Hauses in der Kirchardter Vorstadtstraße betraten. Sofort hatten sie sich aufgemacht, nachdem sie vor wenigen Minuten von der kleinen Ella alarmiert worden waren. Dass die Mutter nur noch weine und kein Wort mit ihren Kindern gesprochen habe. Dass es auch gar kein Frühstück gegeben habe.

„Aber Emilie! Was um alles in der Welt ist denn passiert?“ Voller Schrecken hatte sich Wilhelm Voll zu seiner bitterlich weinenden Schwägerin hinuntergebeugt und blickte forschend in ihr fahles Antlitz.

Lange schien es, als habe Emilie die Frage gar nicht verstanden. Doch dann brach es unvermittelt aus ihr heraus. „Der August ist tot!“

Als habe ihn ein Messerstich mitten in die Brust getroffen, fuhr Wilhelm zurück. „Emilie! Wie kommst du denn auf so etwas?“

Mit einer hilflosen Geste hob Emilie die Achseln. „Ich habe heute Nacht einen schlimmen Alptraum gehabt. Ich habe von August geträumt. Das heißt, eigentlich von Emma und Hermann ...“

„Wie ... von Emma und Hermann? Von meiner Schwester Emma und von ihrem Mann?“ Wilhelm konnte sich nicht im Geringsten erklären, was seine Schwester und deren Ehemann Hermann Pisot mit einem Alptraum zu tun haben sollten. Obwohl ... Wilhelm stutzte. War es wegen Hermanns Beruf als Hersteller von Grabsteinen? Hatte sie deswegen diesen furchtbaren Zusammenhang hergestellt? Er brauchte nicht lange auf die Antwort zu warten.

„Heute Nacht habe ich eben von Emma und dem Hermann geträumt. Sie sind mir auf den Fahrrädern begegnet. Und auf dem Gepäckträger haben sie einen Sarg transportiert.“

„Auf den Gepäckträgern? Einen Sarg?!"

„Ja, ich weiß ja selber, wie merkwürdig das klingt: auf den Gepäckträgern." Emilie schüttelte hilflos den Kopf. „Es war halt so. Und dann habe ich die beiden gefragt, was sie denn da gerade machen ..."

Sie unterbrach sich und wischte sich mit dem Handrücken über die Augen. Dann sah sie ihrem Schwager mit einem verzweifelten Blick direkt in die Augen. „Da haben sie zu mir gesagt, sie würden den August nach Hause bringen!"

Ein heftiger Weinkrampf ließ den Körper der jungen Frau erzittern. „Sie bringen den August nach Hause! In einem Sarg! Ich habe die ganze Nacht über nicht mehr schlafen können. Und auch das Bild von August bei meinem letzten Besuch geht mir nicht mehr aus dem Kopf. August ist heute Nacht gestorben." Sie machte eine abwehrende Handbewegung. „Nein, Wilhelm. Sag jetzt besser nichts. Es ist so. Du wirst sehen. Ich habe es ganz deutlich gespürt. Der August ist heute Nacht gestorben. Mutter", richtete sie einen unsagbar traurigen Blick auf ihre Schwiegermutter, die bei diesen Worten entsetzt zusammengezuckt war und langsam auf dem Küchenstuhl in sich zusammensank. „Dein August ist tot. Ich spüre es ganz genau. Dein Sohn. Mein Mann!"

Es war die Nacht, in der August Voll tatsächlich gestorben ist. Emilie Voll, die in all den Jahren später eigentlich niemals zu bewegen war, über diese Zeit zu sprechen. Über den Tod ihres Mannes, über die Umstände, die wohl dazu geführt hatten, über die Abschiedsbriefe, über die schreckliche Zeit danach. Ausgerechnet Emilie hat am Ende ihres eigenen Lebens mehrfach über diesen Traum berichtet. Ihrer Tochter Ella gegenüber, die sich damit ganz unvermittelt wieder an diesen Morgen erinnert hat, der längst verdrängt war. An den Morgen, an dem ihre Mutter weinend von dem schlimmen Alptraum berichtet hatte. An die Nacht, in der Ellas Vater gestorben ist.

Der Nachmittag des 9. August 1942.

Kirchardt. Das Militärfahrzeug stoppte genau vor dem Haus in der Vorstadtstraße. Zwei Soldaten in Wehrmachtsuniform kletterten aus dem Gefährt und stellten wichtige amtliche Mienen zur Schau, während sie das Haus forschend musterten. Wilhelm Voll, der die Ankunft des Fahrzeugs vom Fenster seines gegenüberliegenden Hauses beobachtet hatte, bemerkte, dass einer der beiden Soldaten einen Brief in seiner Hand hielt.

Das konnte nichts Gutes bedeuten. Schon gar nicht an diesem Tag, der so unheilvoll begonnen hatte. Seit Emilies Bericht von diesem fürchterlichen Alptraum, der auch ihm nicht mehr aus dem Kopf gehen wollte. Rasch eilte er aus dem Haus, um seiner Schwägerin beiseite zu stehen, falls sich dies als notwendig erweisen sollte.

Gerade hatte er die offen stehende Haustüre erreicht, da vernahm er zwei Männerstimmen: „Herzliches Beileid. Heil Hitler!"

Mit ernsten Gesichtern wandten sich die beiden Soldaten um und schoben sich im engen Hausflur grußlos an Wilhelm vorbei, der bei diesen Worten wie angewurzelt stehen geblieben war. Also doch! Es bedurfte seiner ganzen Selbstbeherrschung, um einen tiefen Atemzug zu nehmen. Erst dann gelang es ihm allmählich, die Lähmung zu überwinden, die ihn schlagartig überfallen hatte. Mit vorsichtigen Schritten näherte er sich dem Wohnzimmer, dessen Türe ebenfalls offen stand. Emilie!

Wie versteinert stand die junge Frau mitten im Zimmer. Einsam und verlassen. Den Kopf tief zu Boden gesenkt, aschfahl, in ihrer rechten Hand ein amtlich wirkendes Dokument. Es war ein kaum hörbares Flüstern, das jetzt aus ihrem Mund drang, ohne dass sie den Besucher dabei auch nur eines Blickes würdigte. Gerade so, als spräche sie nur mit sich selbst. Worte, die Wilhelm jedoch die allerletzte Hoffnung raubten. Endgültig. „Es ist wahr. Es ist so gekommen, wie ich es geträumt habe ..."

Wilhelm schluckte den würgenden Kloß, der sich in seiner Kehle auszubreiten drohte, angestrengt hinunter. „Wie ... wie ist es geschehen, Emilie?", formulierte er leise und vorsichtig.

„Der August ist tot. Er ist in der vergangenen Nacht gestorben." Immer wieder unterbrach sich die junge Frau, gerade so, als stellte allein dieses kraftlose Flüstern schon eine nahezu unüberwindbare Anstrengung für sie dar. „Morgen werden sie ihn bringen und hier bei uns aufbahren ... Übermorgen ist dann das Begräbnis. Sie haben alles schon so weit angeordnet. Auch, dass es sich um ein Soldatenbegräbnis handeln wird. Ein Soldatenbegräbnis! Für August ..." Jetzt ließen sich die Gefühle nicht länger unterdrückend. Jetzt brach es einfach aus ihr heraus.

Geistesgegenwärtig machte Wilhelm einen Schritt auf seine Schwägerin zu und schaffte es gerade noch, sie rechtzeitig aufzufangen, bevor Emilie halb ohnmächtig zu Boden gesunken wäre. Er legte die Arme um die nun am ganzen Leib heftig zitternde junge Witwe und zog sie eng an sich heran. „Weine dich ruhig aus, Emilie. Es ist das Einzige, das uns überhaupt noch helfen kann ...", stieß er mit rauer Stimme noch hervor, während die Tränen nun auch ungehindert aus seinen Augen strömten. Sein Bruder war tot! August hatte mit seinem Leben bezahlen müssen.

Wofür nur? „August! Wofür?"

Leise und vorsichtig waren die Kinder durch den Flur zum Wohnzimmer geschlichen und beobachteten von der Türe aus dieses sonderbare Bild. Wie der Onkel Wilhelm die leichenblasse Mutter auf das Sofa setzte, deren Kopf tief auf den Oberkörper herunterfiel. Und wie über die Wangen des Onkels hemmungslos die Tränen rannen. Ohne dass er sich dieser Tränen dabei zu schämen schien. Wo sie ihn bis heute noch niemals hatten weinen sehen. Den kräftigen Mann, in dessen Familie es meist viel munterer zuging als bei ihnen selbst. Es musste etwas Furchtbares geschehen sein. Noch nicht einmal die Kinder trauten sich in diesem Augenblick freilich, eine unbefangene Frage zu stellen. Langsam zogen sie sich wieder zurück in die Küche, in der sie stumm am Tisch verharrten, bis endlich der Onkel zu ihnen kam und sie mit rauer Stimme darüber aufklärte, was die Ursache für die bitteren Tränen war, die noch immer in seinen Augen schimmerten.

11. August 1942

Das Heldenbegräbnis. Ja, es handelte sich um ein sogenanntes „Helden"-Begräbnis, die Beerdigung des während seines Dienstes für Volk und Vaterland gestorbenen Soldaten August Voll in Kirchardt. Während im Dorf längst hinter vorgehaltener Hand die üblen Gerüchte vom Selbstmord die Runde machten, versammelte man sich auf dem Friedhof zu einem Soldatenbegräbnis mit allem, was dazugehörte. Die Erinnerungen der damals acht Jahre alten Ella sind verständlicherweise nur bruchstückhaft, zu schockierend waren die Eindrücke, die innerhalb weniger Stunden über das Mädchen hereingebrochen waren. Die Nachricht vom Tod des Vaters. Dann der Tag danach. Als sie den toten Vater mit dem Auto nach Hause brachten und die Leiche im Wohnzimmer aufbahrten. Der Vater im Sarg! Und dann dieser Anblick, den Ella niemals im Leben vergessen wird. Ganz blau „verfallen" im Gesicht sei der Vater gewesen. Übersät mit blauen und grünen Flecken. Ein entsetzlicher Anblick – auch noch, als man den Toten „hergerichtet" hatte. Damit alle, die ihn kannten, am Sarg des August Voll Abschied von ihm nehmen konnten.

Als sei sie in einer bleischweren dunklen Wolke gefangen, so verlebte Ella die Tage um die Beerdigung des Vaters.

Das Begräbnis, an dem sich das halbe Dorf auf dem Friedhof versammelt hatte. Das Mienenspiel in den Gesichtern der beiden Brüder Heinrich und Wilhelm, die sich bis zuletzt verzweifelt um Augusts Entlassung aus dem Lazarett bemüht hatten. Bei ihrem ältesten Bruder Jakob, der mit düsterer Entschlossenheit ebenfalls am Grab des jüngsten Voll stand. Wut, Trauer, Verzweiflung. Es hätte nicht mehr vieler Worte bedurft und es wäre zu einer handgreiflichen Auseinandersetzung zwischen den dreien gekommen. Vor aller Augen.

Wie dann die Soldaten am offenen Grab aufmarschiert waren, die Gewehre kreuzten und einen letzten Salut für den verstorbenen Kameraden abfeuerten. Die bitterlich weinende Großmutter Wilhelmine. Die Witwe Emilie, die mit zusammengepressten Lippen am Grab ihres Mannes stand. Gerade so, als sei sie zu Eis erstarrt. Dazu der kleine Willi, der mit seinen fünf Jahren nur so viel zu verstehen meinte: dass sein Vater ein Held gewesen war. Dass man ihm deshalb den Ehrensalut geschossen hatte. Der Vater – ein Held! Und Willi schwelgte in Glückseligkeit!

Anschließend der obligatorische Leichenschmaus. Kaffee und Kuchen sowie für diejenigen, die das so wollten, sogar Backsteinkäse. Wie es in Kirchardt halt üblich war. Man konnte die zahlreichen Beerdigungsgäste, die teilweise einen langen Rückweg vor sich hatten, doch nicht ohne vorherige Verpflegung wieder nach Hause gehen lassen. Emilie muss wie in Trance gefallen diesen Pflichten nachgegangen sein: Sie hat den Kaffee gekocht, die Soldaten, die am Grab den Salut geschossen hatten fürsorglich bewirtet. Genauso wie all die anderen Trauergäste. Als sich die Soldaten wieder verabschiedet hatten, und nur noch die beiden Brüder Wilhelm und Heinrich anwesend waren, zusammen mit der unaufhörlich schluchzenden Großmutter Wilhelmine, die wieder und wieder etwas von dieser Schande murmelte, die der Vater zum Glück nicht mehr hatte erleben müssen, da war es für Emilie endgültig zu viel geworden. Grußlos wandte sie sich um und ging ins Schlafzimmer, dessen Türe sie hinter sich verschloss.

Erst jetzt fiel es den anderen auf: Willi war verschwunden. Spurlos verschwunden. Genau genommen hatte ihn seit dem Ende der Beerdigung niemand mehr gesehen. Die Suche dauerte länger als eine Stunde, bis sie den kleinen Jungen endlich gefunden hatten. Er hatte es sich beim Totengräber gemütlich gemacht. Hatte dessen Arbeit auf das Genaueste verfolgt – immer noch erfüllt von Glück und Stolz. Denn sein Vater war ja ein Held gewesen. Ein echter Held. Sonst wären schließlich nicht die Soldaten gekommen und hätten den Ehrensalut geschossen.

Das alles nahm Emilie nicht mehr wahr. An diesem Tag würde sie das Schlafzimmer nicht mehr verlassen. Bis zum nächsten Morgen nicht. Für die Kinder würde die Familie ihres Schwagers Wilhelm sorgen. Darauf konnte sie sich verlassen.

Der Tag danach. Der 12. August 1942.

Was für ein Gang! Doch es blieb ihr keine andere Wahl. So stand es in dem amtlichen Schreiben, das ihr die Soldaten überreicht hatten, als sie den Leichnam von August Voll nach Kirchardt gebracht hatten. Das persönliche Erscheinen der Witwe des Verstorbenen in Winnenden war hiermit angeordnet. Hier im Büro des Reservelazaretts habe sie das Geld für die Beerdigung ihres Mannes in Empfang zu nehmen und gleichzeitig auch dessen Habe abzuholen

Diese Empfangs- beziehungsweise Einnahmebescheinigung ist noch vorhanden. Sie beläuft sich auf genau 150 Reichsmark, die Emilie Voll als Anteil an den Beerdigungskosten ausgezahlt worden sind.

„Einhundertfünfzig – Reichsmark – Rpf. Beerdigungskosten gem. B.V.Pl.42 B Nr. 565 zur Übernahme der Beerdigung ihres Mannes Gefr. August Voll vom L01698, Lg.P.A.München 2, gestorben am 8.8.42 im Res. Laz. Winnenden sind Frau Emilie Voll, Kirchardt Kr. Sinsheim aus der Kasse des Res. Laz. Winnenden bar gezahlt worden.

Winnenden, den 12. August 1942. Sachlich richtig und festgestellt zu buchen bei Qua. 4 Rechn. Jahr 1942"

Welch ein Vorgang! Am Tag nach der Beerdigung hat sie all ihre Kräfte noch einmal zusammengenommen und ist – alleine übrigens – nach Winnenden gefahren. Was damals alles andere als einfach gewesen ist. Nun gut, von Kirchardt nach Heilbronn gelangte man mit der Eisenbahn via Grombach. Zunächst also der Fußmarsch nach Grombach. Dann die Bahnfahrt. Umsteigen in Heilbronn. Aussteigen vielleicht in Bietigheim. Weiter mit dem Bus. Am Ende noch ein Fußmarsch. Am selben Tag den ganzen langen Weg zurück. Und kaum war sie in Winnenden angekommen, muss sie zu allem Überfluss noch mitten in einen Fliegerangriff geraten sein. Das geht aus einem Brief hervor, den Adam Winkler, der Zimmerkamerad von August, geschrieben hat. Sie hatte noch einmal das Bett ihres Mannes sehen wollen oder zumindest das Zimmer, in dem er gestorben war. So war sie Adam Winkler begegnet, dem Patienten, der die letzten Minuten am Totenbett ihres Mannes verbracht hatte. Er wollte mit der verzweifelten Witwe ins Gespräch kommen, doch ausgerechnet zu diesem Zeitpunkt sind wie aus dem Nichts heraus die Flugzeuge mit den Bomben über Winnenden gekommen. Fliegeralarm. Der Gesprächsversuch war im Ansatz erstickt.

In dieser Situation hat immerhin der Anstaltspfarrer Emilie Voll etwas Trost spenden können. Er war es auch, der die Witwe in das Sterbezimmer ihres Mannes begleitet hat. Emilies Tochter Ella kann sich im Nachhinein sogar noch daran erinnern, wie ihre Mutter einmal davon gesprochen hat, dass der Pfarrer angedeutet habe, ihr eines Tages alles sagen zu wollen. Dass er ihr die wahren Umstände des Todes von August Voll schildern werde. Aber nicht in Winnenden, er würde sie dann lieber einmal in Kirchardt besuchen kommen. Jahrzehntelang hat es im Dorf geheißen, na ja, der August habe eben offensichtlich doch psychische Probleme gehabt, weshalb sonst habe man ihn denn nach Winnenden bringen müssen? Selbst die wohlmeinenden Zeitgenossen haben gemeint, dass der August (aus nachvollziehbaren Gründen) halt durchgedreht habe, angesichts des ständigen Naziterrors, dem er ausgesetzt gewesen ist. Auch die eigene Familie hat letztendlich geglaubt oder befürchtet, dass der Vater vielleicht doch so seine Probleme gehabt hat. Psychischer Art. Kein schöner Gedankc. Aber nicht von der Hand zu weisen. Winnenden, die Irrenanstalt, die Gerüchte, der angebliche Selbstmord. Eine ganz besonders infame Art und Weise, einen Menschen zu vernichten. Indem man auch noch sein Andenken in den Schmutz zieht. Hinter vorgehaltener Hand. So lange, bis es selbst die Angehörigen glauben. Wodurch man ihn ein weiteres Mal vernichtet hat.

Es ist in Wirklichkeit aber ganz anders gewesen.

*

14. August 1942

„Mama, ich habe so argen Hunger! Wann gibt es denn endlich etwas zu essen?" Dicke Tränen rannen über die Wangen des kleinen Buben, der bekümmert am Bett seiner Mutter stand und verzweifelt auf eine Reaktion der blassen, hageren Frau wartete. Doch er bekam keine Antwort von der Mutter. Regungslos stierte diese weiterhin mit leerem Blick zur Schlafzimmerdecke hoch – wie schon seit Stunden, wie schon seit dem gestrigen Abend! „Willi, lass doch! Du siehst doch: Die Mama ist krank!" Sanft legte Ella die Hand auf die Schulter ihres drei Jahre jüngeren Bruders und drückte ihn fürsorglich an sich.

„Aber sie kann mich doch nicht verhungern lassen!" Unwirsch wand sich der kleine Junge aus der Umarmung seiner Schwester. „Mama! Bitte!"

„Schluss jetzt, Willi!“ Entschieden packte Ella ihren Bruder daraufhin am Ärmel und zog ihn hinter sich aus dem Schlafzimmer hinaus. „Wir gehen zum Opa Helm und lassen uns halt da etwas zu essen geben! Die Tante Frieda hat sicher etwas für uns.“

Ella lag mit ihrer Hoffnung nicht daneben. Natürlich hatte die Tante etwas zu essen für die Kinder. Wie schon so oft in den vergangenen Wochen. Wenn wieder einmal eine Woge aus Trauer und Verzweiflung über Emilie zusammengeschlagen war und sie ihre beiden Kleinen zum Onkel Wilhelm und dessen Frau, der Frieda-Tante, geschickt hatte. Während sich Emilie ins Bett gelegt hatte. Dem einzig sicheren Ort auf der ganzen Welt.

„Und wieso gibt's bei euch nichts zum Essen? Den ganzen Tag schon nicht?“, erkundigte sich Wilhelm mit sorgenvoll gerunzelter Stirne. Man musste Vorsicht walten lassen und sich vermutlich intensiver um Emilie kümmern. Nicht dass sich die Schwägerin nur noch ihrem Leid hingab. Immerhin waren da die beiden Kinder, die es doch zu versorgen galt. Egal, ob Emilie dies wollte oder nicht: Zusammen mit Frieda würde er ein Auge auf sie haben. „Liegt eure Mutter etwa immer noch im Bett? Den ganzen Tag über?“

Das Mädchen nickte unglücklich, während sie sich ein großes Stück Brot, das dick mit Butter bestrichen war, in den Mund schob. „Ja seit gestern Abend sogar schon.“

Seit der Rückkehr aus Winnenden war es mit der Selbstbeherrschung von Emilie endgültig vorbei gewesen. Was man einerseits ja durchaus verstehen konnte, zumal sie in wenigen Sätzen von diesen sonderbaren Andeutungen des Klinikseelsorgers berichtet hatte. Aber dennoch: die Kinder.

Der begeisterte Ausruf von Willi, der seinen ärgsten Hunger an den Butterbroten inzwischen emsig gestillt hatte, unterbrach die sorgenvollen Gedanken des Onkels: „Das war toll, Onkel Helm. Nicht wahr? Wie die Soldaten da geschossen haben – und dass mein Vater ein Held ist! Das haben sie gesagt! Heil Hitler!" Er streckte den rechten Arm stramm vor sich in die Höhe, während es stolz in seinen Augen funkelte.

„Willi! Lass das!" Impulsiv war Wilhelm aufgefahren und drückte den Arm des Jungen unsanft herunter. „Mach das bei uns nie wieder", herrschte er den entgeisterten Buben, der sich die plötzliche Reaktion des Onkels nicht erklären konnte, wütend an. „Ich will das bei uns nie mehr sehen! Ist das klar?"

Willi nickte betroffen. Dann senkte er seinen Kopf und wandte sich rasch dem nächsten Butterbrot zu, das ihm die Tante geistesgegenwärtig gereicht hatte. Komisch. Alle machten es. Nur Wilhelm nicht. Obwohl er den Onkel auf der Straße ebenfalls schon gesehen hatte, wie er den Hitlergruß entboten hatte. Da war er sich ganz sicher. Weshalb sollte es zuhause also anders zugehen? Genauso wie bei ihnen daheim. Auch hier hatte es von der Mutter schon eine schallende Ohrfeige gesetzt. Gestern Morgen, als er sie gleich nach dem Aufstehen mit dem deutschen Gruß bedacht hatte. Eine sonderbare Welt. Aber der Vater war ein Held.

*

Da gibt es diesen Brief vom 16. August 1942. Ein Brief des Soldaten Adam Winkler, geboren in Gruorn bei Münsingen auf der Schwäbischen Alb. Gruorn – das verlassene Dorf auf dem ehemaligen Münsinger Truppenübungsplatz, dessen Einwohner 1938 ihr Dorf wegen der Erweiterung des Übungsplatzes zwangsweise hatten räumen müssen. Der Soldat Adam Winkler war ein tief religiöser Mann, bei ihm handelt es sich um den Zimmergenossen von August Voll in Winnenden. Kurz nach

Abfassung dieses Briefes ist Adam Winkler vom Reservelazarett Winnenden in die Hindenburgkaserne nach Ludwigsburg überstellt worden, in den Militärarrest. Durch die Recherche zu diesem Buch ist mittlerweile auch klar geworden, weshalb das der Fall war. Denn der im Folgenden wiedergegebene Brief war die Ursache dafür – und letztendlich auch sein Todesurteil, das er sich damit sozusagen selbst ausgestellt hatte – so zynisch das klingen mag. Emilie Voll hat bei ihrem Besuch im Sterbezimmer ihres Mannes den Adam Winkler gesehen, und gerade waren sie ins Gespräch gekommen, als sie ausgerechnet von einem Fliegerangriff unterbrochen worden sind. Aber Adam Winkler hat ihr angesehen, dass sie Trost und Zuspruch brauchte. Und dass sie die Wahrheit wissen wollte. Die Wahrheit über den Tod ihres Mannes, den sie einfach nicht verwinden konnte. Deshalb schrieb er ihr diesen Brief.

„Liebe Frau Voll,
bei dem Fliegerangriff letzten Sonntag hätte ich gerne mit Ihnen gesprochen wegen dem Tod ihres Mannes. Ich war bei ihm bis zur letzten Sekunde, habe ihm die Augen zugemacht, seien sie versichert, ihr Mann ist von Gott begnadigt gestorben. Er hat noch viel gebetet. Seine letzten Worte waren: Gott sei mir Sünder gnädig! Auch nach Ihnen Frau Voll und nach dem Willi rief er öfter. Sein Tod war leicht. Es war ganz genau 20 Minuten vor 12 Uhr. Ich würde Ihnen noch mehr schreiben aber ich bin auch als kranker Mensch hier und muß den Vorschriften gehorchen. Wenn sie mir schreiben, bitte nichts von dem Brief schreiben. Ich werde Ihnen, wenn ich von hier weg bin mehr schreiben, oder vielleicht kann ich Ihnen einmal alles genau erzählen!
Seien Sie in Ihrem Leid von unserem lieben Gott und Vater getröstet, er kennt alle Menschen, und tröstet alle Witwen und Waisen.

Möge Ihr höchster Führer in Ihrem Leid unser Herrgott sein. Wir wollen mit dem Verse: Verzage Herz, verzage nie, Gott legt die Last auf, Gott kennt sie, den Brief schließen. Ich grüße Sie und Ihre Kinder als Unbekannt
Soldat: Adam Winkler
Zur Zeit Reservelazarett Winnenden bei Stuttgart"

Das war Hochverrat! Den höchsten Führer zu erwähnen! In solch einem Zusammenhang! Und der Witwe anzudeuten, dass sich die wahren Todesumstände von der Version auf dem Totenschein ganz offenkundig unterschieden hätten. Eine großartige Geste von einem Soldaten, der die Frau ja gar nicht gekannt hat, wie er selbst bekennt. Der sich aber dem Opfer und somit dessen Familie auf das Engste verbunden gefühlt hat. Doch, wie oben erwähnt, hat sich Adam Winkler damit sein eigenes Todesurteil geschrieben, denn alle Post solcher „Patienten" wurde ja vom Direktor der Anstalt kontrolliert!

Ganz offenkundig suchte die Witwe aber Trost in der Korrespondenz mit dem letzten Zimmerkameraden ihres Mannes. Denn wenige Tage später erhält sie schon wieder Antwort auf einen Brief, den sie kurz zuvor nach Winnenden geschrieben haben muss. Jetzt aber kommt die Antwort aus Ludwigsburg. Unmittelbar nach seinem Brief an Emilie Voll, in dem Winkler andere Todesumstände andeutet, hat man ihn schon nach Ludwigsburg in den Gefängnistrakt der Hindenburgkaserne verlegt. Was schon sein sicheres Todesurteil bedeutete. Adam Winkler mag dies geahnt haben, wenngleich sein unerschütterlicher Optimismus und sein felsenfestes Gottvertrauen ihm die nötige Kraft zu verleihen scheinen, diese schweren Tage und Wochen zu überstehen.

Tatsache ist nämlich: Wenn man ihn vom Lazarett in Winnenden in den Arrest nach Ludwigsburg verlegt hatte, konnte er nicht mehr als Patient, als Kranker, gelten. Jetzt war er also gesund: ein von seiner psychischen Erkrankung geheilter Soldat. Der in Wirklichkeit ja ebenso wenig „verrückt" gewesen ist wie August Voll.

Nur der Lazarettleiter konnte Adam Winkler gesundschreiben. Professor Dr. Hans Gruhle. Ein hoch renommierter Psychiater, der im Militärlazarett als Oberstabsarzt fungierte. Der sich darüber klar sein musste, was seine Diagnose bewirken würde.

Daran kann es nicht den geringsten Zweifel geben.

Brief des Adam Winkler vom 20. August 1942

„Ihren Brief habe ich erhalten, welcher mich freute, aber eine größere Freude wäre es für mich gewesen, wenn ich ihn bloß erhalten hätte, um Ihrem Mann vorzulesen, wenn es auch noch Wochen gedauert hätte, bis er vollends gesund gewesen wäre, aber liebe Frau Voll, nicht unser Wille geschehe, sondern Gottes Wille.
Erfassen wir den Ernst der Zeit
Aber nicht mit Ausgelassenheit.
Schamhaft und voll Ehrgefühl
Erreichen wir das wahre Ziel!
Wir dürfen uns niemals schämen
Zum Gebet Zuflucht zu nehmen,
wenn uns das Schicksal will erdrücken
kann uns nur die Sprach mit Gott beglücken
er gibt uns Mut und Segenskraft
und noch durch die Nacht verborgen
leuchtet Ihnen und Ihren Kindern ein froher Morgen!
Opfer selbstlos zu ertragen
Und den Kampf im Leben wagen
Heißt uns führen auch ans Licht
Das uns wahres Heil verspricht.
So können wir dann alle hoffen
Gott hält uns auch den Himmel offen!
Ihr dankbarer Soldat Adam Winkler"

Zum Gebet? Zur Kirche? Nach Kirchardt etwa? Wo immer noch der Pfarrer Pfefferle agierte? Der begeisterte Anhänger der Nationalsozialisten. Kein Wunder, dass man Emilie Voll auch später niemals in der Kirche gesehen hat. Sie konnte die Erinnerungen nicht mehr verdrängen!

Interessant ist in dem Brief die Formulierung, dass Adam Winkler davon spricht, dass sie von einer wahrscheinlich völligen Genesung seines Zimmerkameraden ausgegangen seien – selbst wenn sich diese noch über Wochen hingezogen hätte. Kann solch ein Patient dennoch so plötzlich sterben? An den verschiedensten Ursachen? Übersät mit blauen, grünen und roten Malen – so, wie August Volls Tochter Ella das Gesicht ihres im Sarg aufgebahrten Vaters ja heute noch vor sich sieht. Merkwürdig schien später auch dem einen oder anderen Trauergast, der den geschundenen Anblick des Toten noch einmal erlebt hat, dass bei dem angeblichen Selbstmörder keinerlei Schürfwunden zu sehen waren. Vorausgesetzt also, das üble Gerücht vom Selbstmord stimmte, das schon während der Trauerfeier für den Toten die Runde machte. Wie sollte das gehen? Dass ein Mann aus dem obersten Stockwerk eines Gebäudes in den Tod springt. Dass sein Körper aber keinerlei Schürfwunden aufweist. Nur blaue und grüne Flecken. Wie passt das zusammen? Die Zweifel an der infamen Unterstellung wachsen rasch. Egal, was sich im Dorf hinter dem Rücken der Witwe an Gerüchten durchzusetzen beginnt. Als nur allzu willkommene Erkenntnis über den Tod des ewigen Unruhestifters Voll.

Diejenigen, die ihn ein letztes Mal gesehen haben, bevor der Sargdeckel geschlossen wurde, und die sich tief in ihrem Innersten noch eine eigene Wahrnehmung zu eigen machten, konnten es einfach nicht glauben. Der Anblick des Toten sagte genug. Dazu gesellten sich die zahlreichen Hinweise, die August Voll in seinen letzten Lebenstagen hastig auf die Rückseiten der Fotografien gekritzelt hatte. Man hatte ihm – mehrfach – nach dem Leben getrachtet. In der Klinik.

Und Adam Winkler wollte darüber berichten. Welch ein Horror, der sich in diesem Lazarett zugetragen haben muss.

30. August 1942
Brief des Adam Winkler an Emilie Voll

„Ihren lieben Brief erhielt ich am Dienstag, ehe ich von Winnenden weg kam. Ich wäre gerne zu ihnen gekommen, aber es ist mir unmöglich. Aber seien sie versichert, sie bekommen von mir noch die reine Wahrheit über das Ableben ihres Mannes zu hören. Darum gedulden sie sich in ihrem Leid... Gott hat alles wohl gemacht. Gebt unserem Gott die Ehre.
Sehen sie, Frau Voll, wenn ihr Mann in solch einem Zustand nach Hause gekommen wäre – was wäre es für sie und ihre Kinder gewesen?
Seine letzten Worte waren: vergönnt mir meine Ruhe. Sage es meiner Emilie, so schlummerte er selig hinüber in die ewige Heimat zum Vater ans Licht. Sein Tod war leicht. Als ich ihm die Augen zudrückte, war mein einziger Wunsch, auch so sterben zu können. So gottergeben hinüber zu pilgern zum ewigen Vater der uns alle Sünden vergibt und uns leicht von allen Gebrechen, die unser Leben bedrücken, erlöst. Und krönet uns mit Gnade und ewigem Licht. Seien Sie und ihre Kinder Ella und Willi in eurem Leid mit Gott befohlen!
Ihr Soldat Adam Winkler, Ludwigsburg, Hindenburgstraße 32."

Adam Winkler war zu diesem Zeitpunkt wie erwähnt schon von Winnenden in den Arrest der Wehrmachtskaserne verlegt worden – deshalb müssen sich die Briefe überschnitten haben. Ein reger Briefwechsel von beiden Seiten. Zweierlei wird deutlich: Die Witwe des Soldaten August Voll ist von den Andeutungen aufgeschreckt und aus ihrer zwischenzeitlichen Lethargie wachgerüttelt worden. Ihr Mann? Also doch kein „Verrückter", wie man es an allen Ecken tuscheln hört?

Durch die Andeutungen des Zimmerkameraden wird sie plötzlich wieder hellwach. Schreibt und schreibt, erkundigt sich, bespricht sich mit Augusts Bruder, den die Todesumstände ja ebenfalls nicht ruhen lassen.

Auf der anderen Seite hat Adam Winkler schon die Konsequenzen seiner Andeutung im ersten Brief an die Witwe zu spüren bekommen, und angesichts der Haftumstände in Ludwigsburg spürt man nun aus jeder Zeile seines Briefes heraus, wie auch in ihm die Verzweiflung steigt, allem vorgeblich geäußerten Optimismus zum Trotz. Auch deshalb zieht sich der zeit seines Lebens sehr gläubige Mann mehr und mehr auf religiöse Zitate zurück.

Zusatz: *„Schreiben Sie, liebe Frau, ob Sie diesen Brief erhalten. Ich weiß nicht, wie lange ich noch hier bin."*

Augusts Bruder Heinrich will sich daraufhin sofort an die Aufklärung der Todesumstände machen und Adam Winkler in Ludwigsburg aufsuchen. Er will unbedingt die Wahrheit über die Umstände von Augusts Tod in Erfahrung bringen. Aber er muss noch warten – kann nicht so einfach weg aus dem Dorf und von seiner Arbeit. Er muss auch erst vorbereiten, dass er tatsächlich die Genehmigung erhält, den neuen Häftling in Ludwigsburg besuchen zu dürfen. Ein Zusammentreffen glückt ihm später wider Erwarten tatsächlich. Zunächst jedoch hält Emilie den Kontakt aufrecht und schreibt sich damit auch ihr eigenes Leid von der Seele. Beweis ist der neuerliche Antwortbrief des Adam Winkler an Emilie Voll:

„Ludwigsburg, 3. September 1942
Liebe Frau Voll,
Ihren lieben Brief vom 1.9. habe ich heute erhalten. Vielen Dank. Ihren Wünschen gemäß will ich Ihnen wieder schreiben und ein Bild beilegen. Aber ich habe nur

eines wo wir drei Kameraden drauf sind. Rechts mit dem Mantel bin ich.
Liebe Frau Voll. Sie schreiben, daß Sie so verlassen auf dieser Welt stehen. Oh Frau Voll, bedenken Sie und schauen Sie bitte, wie viele Männer fallen im Osten, in Afrika und überall auf dem Schlachtfelde. Welche Frau kann da noch ihren Mann sehen und wie gut hat es unser Herrgott mit ihnen gemeint. Sie sahen ihren Mann noch ehe er starb und Sie können noch auf sein Grab was all die Frauen nicht mehr können, deren Männer an der Front im Osten und Afrika ihr Leben lassen.
Liebe Frau Voll, es ist so, daß ich auch gezwungen war, meine Heimat zu verlassen, ein Ort (Gruorn) bei Münsingen mit 750 Einwohnern kam zum Truppenübungsplatz Münsingen. Alles, alles mußten wir dahinten lassen, in allen Richtungen sind wir gestreut worden. Vater hatte eine große Schmiede und Landwirtschaft. Unser Name war schon 125 Jahre auf dem Haus, also mein Urgroßvater schon. Meine Mutter starb 1917 wo ich im Kriege an der Front stand. Oh glauben Sie, es war hart, bitter hart für einen zwanzig Jahre alten Soldaten. Meine Mutter tot, ich vor dem Feinde dem Tode ins Auge zu sehen, meine jüngste Schwester starb an einer Operation im Alter von 19 1/2 Jahren 1920. Mein Vater 1935, meine Braut vor zehn Jahren wenige Wochen vor der Hochzeit, aber immer und immer wieder den Kopf nach oben gerichtet. „Gott meint es nur gut“. Die mit Tränen säen, werden mit Freuden ernten, aber wenn ich so schlaflose Nächte habe und dem Tod ins Auge schaue, so nehme ich als Beispiel und mir zum Vorbild Augusts Tod, seine Kinder und seine Emilie...
1939 zog ich mit meinem Bruder, der dort eine große Schmiede hat, nach Ötlingen, bei Kirchheim unter der Teck. Eine Schwester ging nach Baienbach bei Ravensburg, ein Bruder ging nach Feldstetten bei Münsingen und mein ältester Bruder ist in Stuttgart beim W. Ministerium. So sind wir alle durch das Auflösen unseres so geliebten Heimat-

ortes (Gruorn) auseinander gekommen und unsere Heimat war unser aller Blut.
Seien Sie mit Ihren Kindern und Augusts Mutter und Brüder auch die Schwägerin, die damals dabei war, in Eurem schweren Leid recht herzlich gegrüßt von Eurem dankbaren Soldat Adam Winkler
Ludwigsburg, Hindenburgstr.32
Alles andere dann in Bälde...
Extra Grüße der lieben Mutter von August. Auch sie wird noch ein Brieflein von mir erhalten.“

Er hat dann in diesen Brief nicht nur ein Bild, sondern gleich mehrere Fotos gelegt, die ihn und die Kameraden als Soldaten abbilden – auf unterschiedlichen Abbildungen. Von sich, von August und den anderen. Scheinbar ganz und gar belanglose Fotos – sollte (und konnte) man meinen. Dass Adam Winkler und August Voll jedoch als Soldaten niemals gemeinsam gedient hatten, sondern sich erst später, in der Heilanstalt, zum ersten Mal begegnet waren, das war raffiniert verschleiert und scheint den Kontrolleuren seiner Briefe damit auch entgangen zu sein. Genauso wie der hastig auf eines der Fotos gekritzelte Hinweis (das wiederum August Voll mit seinen Kameraden zeigt): „Ruchlose Mörder“. Ganz offenkundig hatte Adam Winkler die Bilder an sich genommen, wahrscheinlich gleich in der Nacht, in der August Voll gestorben ist. Und nun schickte er diese Bilder an die Witwe – zusammen mit all den anderen, so belanglosen Fotos, die deswegen auch gar nicht eingehender kontrolliert werden. Diese Bilder lösen jedoch die dementsprechenden Reaktionen aus, nicht nur bei Emilie, sondern auch bei Augusts Bruder Heinrich. Was der nächste Brief des Gefangenen aus Ludwigsburg beweist. Denn daraus geht hervor: Er hat dort tatsächlich Besuch von Heinrich Voll bekommen. Heinrich Voll, der seit Wochen rastlos nach den wahren Todesumständen seines Bruders August forschte.

Der Feldpostbrief des Adam Winkler vom 4. Oktober 1942, abgestempelt am 5. 10. 1942, mit einer roten Paraphe versehen (die wohl von der Ausgangskontrolle im Gefängnis stammt), beweist das. Heinrich Voll war es dank seiner Beziehungen und kleinerer Gefälligkeiten für höhere Herrschaften möglich gewesen, den Gefangenen in Ludwigsburg aufzusuchen. Natürlich durften die beiden Männer nur unter Aufsicht miteinander reden. Aber dennoch. Andeutungen scheinen gemacht worden zu sein. Denn: Wieder erwähnt Adam Winkler in seinem Brief das Bild, das er Emilie geschickt hat. Er unterstreicht das Wort sogar! Es handelt sich um den Schlüssel zur Wahrheit, darauf will der Soldat auf alle Fälle das Augenmerk der Familie richten – durch einen ganz und gar harmlos scheinenden Hinweis, versteckt in einem in weiten Teilen eher belanglos wirkenden Brief.

Das eng beschriebene und zusammengefaltete Papier aus Ludwigsburg erreicht die Witwe zwei Tage später. Es ist auch Beleg dafür, dass sie ihm anscheinend sogar Verpflegungspakete schickt. Was für die verzweifelte Emilie die letzte Klammer zu ihrem verstorbenen Mann darstellt.

An Frau Emilie Voll, Kirchardt, Amt Sinsheim, Baden, Vorstadtstraße 39. Absender: Soldat A. Winkler, Ludwigsburg, Hindenburgstr. 32.

Ludwigsburg, Sonntag 4.10.42.

„Liebe Frau Voll und Kinder,

Als ich am Sonntag Augusts Bruder (Heinrich also) gegenübersaß, wurde es mir schwer und es war mir zugleich eine große Freude dem Bruder Augusts gegenüber zu sein. Wir konnten ja nicht so reden, wie ich gerne wollte. Denn wenn ich frei gewesen wäre, hätte ich sagen können, wie es mir so ums Herze ist. Aber verlassen sie sich: ihnen habe ich noch viel zu sagen und ich hoffe, es ihnen auch noch sagen zu können. Das konnte ich dem Bruder von

August nicht sagen, denn was August mir sagte, und was Sie angeht, kann ich niemand anderst sagen, denn ich allein war bis zur letzten Sekunde bei August und habe mir jedes Wort, das in diesen letzten Stunden gesprochen wurde, im Gedächtnis, als wäre es erst heute gesprochen worden. Jede Stunde warte ich auf mein Urteil, aber bitte nehmen sie es nicht schwer wegen mir, auch ihre Schwiegermutter nicht, denn ich bin gefaßt auf alles, was kommen mag.

Sie haben mir ja geschrieben, daß sie auch viel mitgemacht haben schon in ihrer Jugendzeit:

Wer nie sein Brot mit Tränen aß,
wer nie in kummervollen Nächten
auf seinem Bette weinend saß
der kennt sie nicht, die himmlischen Mächte.

Liebe Frau Voll, ihr Päckchen kam gestern ganz gesund bei mir an. Es war eine große Freude aber ich bitte sie, nicht wegen mir, daß sie und ihre Kinder hungern und darben, denn ich weiß, daß alles überall rar ist. Hätten sie es doch selbst mit ihren Kindern gegessen. Es wurde heute geöffnet und es war ein hoher Festtag für mich und meine Kameraden. Es hat sehr gut gemundet und wir waren einmal richtig satt geworden. Sie haben jedenfalls von August erfahren, was als Soldat Kameradschaft heißt und das ist hier auch nicht anders. Im Gegenteil. Wenn einer etwas zum naschen bekommt, dann bekomme ich auch etwas. Und das ist mir recht, dann kann ich wieder viel besser schlafen, denn es sind oft schwere Stunden, was ja ein anderer Mensch nicht fühlen kann, denn es muß alles durchgekämpft werden von der Wiege bis jetzt vielleicht zum Grabe. Nur Gottes Wille geschieht.

Liebe Frau Voll, haben sie meinen Brief mit Bild erhalten? Einen Wunsch hätte ich auch: senden sie mir bitte doch ein Bild von August und ihnen und ihren Kindern, daß ich doch noch ein Andenken an August Voll habe. Und schildern sie mir bitte in einem Brief auch seine

Beerdigung, denn ich bin immer wieder in Gedanken bei ihm. Ich weiß nicht, warum wir gerade so aneinander hingen. Er zog mich immer ins Vertrauen. Ich hatte große Freude an ihm. Darum traf mich sein Schicksal so hart. Also haben sie vielen Dank für alles. Schreiben sie mir bald wieder, wenn sie diesen Brief erhalten haben. Denn in meiner Einsamkeit lese ich die Briefe oft. Sie sind mir wie Balsam auf mein wundes Herz. Meine Schwägerin von Ötlingen hat mir gestern auch geschrieben, daß ihr ältester Sohn wieder auf der Fahrt nach Rußland ist. Er hatte sich letzten Winter in Rußland die Füße erfroren und war lange Zeit im Lazarett. Der zweitälteste ist schon ein Jahr lang in Rußland und hatte schon schwere Stunden erlebt. Hoffentlich können sie wieder gesund nach Hause, was man in diesem schweren Krieg nicht sagen kann. Ich kann mir ja denken, wie es da einer Mutter ums Herz ist. Wir dürfen hier nur einmal schreiben in der Woche und bis ich dann Ihnen und meinen Geschwistern schreibe, so langt es keinem viel. Also liebe Frau Voll grüßen Sie bitte Ihre Verwandte, Ihre Schwiegermutter und haben Sie und Ihre Kinder Gottes Segen und vielen Dank von Ihrem dankbaren Soldaten Adam Winkler.
Schreiben sie mir bitte bald wieder und senden sie mir bitte Augusts Bild – auch von seinem Haus. Er hat mir oft erzählt. Ich glaube, er war in seinem Geschäft ein tüchtiger nüchterner Mensch. Aber eins haben sie ja von ihm als Andenken: Ella und Willi. Hüten sie die Kinder und sorgen sie für sie damit August jederzeit bei ihnen einkehren kann und er findet hier das ihnen anvertraute in guten Mutterhänden. Nun haben sie einen großen Brief von mir. Gott sei mit Ihnen. Ihr Soldat.“

Ludwigsburg Hindenburgkaserne, die Wehrmachtsstrafanstalt.

Noch einmal zurück zu dem von Adam Winkler niedergeschriebenen Gedicht. Es stammt von Johann Wolfgang von Goethe. Adam Winkler hat es auswendig gekonnt – und beinahe buchstabengetreu wiedergegeben. Und wieder hat er damit einen versteckten Hinweis geben wollen. Denn das Gedicht besteht aus zwei Strophen. Die zweite Strophe hat er weggelassen. Er hatte wohl gehofft, Emilie würde wissen, dass es sich um ein Goethegedicht handelt. Dann hätte sie ja selbst nachschlagen und die zweite Strophe lesen können, die lautet:

„Ihr führt ins Leben uns hinein,
Ihr lasst den Armen schuldig werden,
Dann überlasst ihr ihn der Pein,
Denn alle Schuld rächt sich auf Erden.“

Ganz klar, worauf Adam Winkler damit hinauswollte. Es ist das letzte Lebenszeichen, das sich von diesem bemerkenswerten Mann erhalten hat. Aus der Gefängniszelle hinaus in die Freiheit geschickt, um der Wahrheit Geltung zu verschaffen.

Wenige Tage später ist Adam Winkler tot. Als sogenannter Fahnenflüchtiger am 10. Oktober 1942 um 8 Uhr 05 standrechtlich erschossen worden. Im Gegensatz zu den Vermutungen, die man zunächst in Kirchardt angestellt hatte, wo man nach dem Abbruch des Briefkontaktes lange Zeit noch (im Grunde genommen bis vor wenigen Jahren, bis zu den Ergebnissen dieser Recherche) gedacht hatte, Adam Winkler sei aus der Haft entlassen worden und womöglich als Soldat an die Front gekommen, wo es ihm nicht möglich gewesen sei, weiterhin Briefe zu schreiben. Womöglich sei der an der Front dann gefallen. Das hat man in Kirchardt gemutmaßt. Auf die Spur des Goethegedichtes ist man übrigens nie gekommen. Und so ist schließlich auch die Erinnerung an Adam Winkler mit den Jahren verblasst – schon deshalb, weil es einfach notwendig war, diese alptraumhafte Zeit in der Erinnerung möglichst weit nach hinten zu verdrängen. Aus purer Überlebensstrategie heraus!

*

Wie wir jetzt wissen, ist die Wahrheit eine andere gewesen. Ich habe mich mit Adam Goller getroffen, einem ehemaligen Bürger des Dorfes Gruorn. Wie der Zufall manchmal so spielt: Den Adam Goller kenne ich nämlich schon seit Jahrzehnten. Aus der Zeit, als ich bei der Tageszeitung „Alb-Bote" in Münsingen als Journalist gearbeitet habe und Adam Goller dort Maschinensetzer war (ein Berufsbild, das im Zuge der Datenverarbeitung mittlerweile längst verschwunden ist). Adam Goller, der um einiges älter ist als ich, kannte den rund eine Generation vor ihm geborenen Adam Winkler ganz gut. Es handelte sich bei Gruorn ja schließlich um ein Dorf, keine große Stadt. Da hat jeder jeden gekannt.

Und so erzählt mir Adam Goller, dass der Adam Winkler immer „ein rechter Kerl gewesen sei", der aus der Dorfschmiede herausstammte. Er selber sei dann auch Schmied geworden. Der Winkler Adam aber war zu gut, der wollte es immer allen recht machen. „Er hatte praktisch nie etwas selbst besessen. Und wenn er etwas hatte, dann hat er es hergeschenkt. Deshalb haben ihn die Kinder immer nur den Gold-Onkel genannt!" Er hat auch immer den Leuten bei der Ernte geholfen. Dann ist er als Soldat eingezogen worden – gleich im ersten Kriegsjahr – im Alter von 43 Jahren – obwohl er doch schon den ersten Weltkrieg hat mitmachen müssen. Aber so einen wie den Adam Winkler hat man mit als Ersten geholt – wie eben auch August Voll –, diejenigen also, die immer gegen das Regime geredet hatten und nicht mit dem braunen Strom geschwommen sind. Adam Winkler wurde gleich zu Beginn seiner Soldatenzeit zunächst als vermeintlicher religiöser Mensch wegen seiner religiösen Sprüche nach Winnenden gesteckt, dann aber wieder entlassen. Er sollte sich daraufhin bei seiner Einheit zurückmelden, was er aber nicht getan hat. Hat vielmehr den Leuten wieder bei der Kartoffelernte geholfen. Den Leuten aus Gruorn, denen es damals ja nicht sonderlich gut ging, nachdem sie 1938 und 1939 ihr Dorf wegen der Erweiterung des Truppenübungsplatzes hatten verlassen müssen und umgesiedelt worden waren – in alle Himmelsrichtungen. Die Gruorner mussten sich völlig neu orientieren, was den Zusammenhalt der in alle Richtungen verstreuten Menschen untereinander aber umso mehr gefördert hat. Die Not war spürbar in den Familien, viele Männer im Krieg, die Frauen mit ihren Kindern auf sich alleine gestellt. Und Adam Winkler hat allen immer mit Freuden geholfen.

Eine zweite Quelle. Ich erkundige mich bei Willi Winkler, seinem mittlerweile hochbetagten Neffen, was es noch an Erinnerungen an diesen Mann gibt, an den Onkel Adam. Anruf im Sommer des Jahres 2005 in einem Dorf irgendwo am Main. Mehr als 60 Jahre danach. Doch das Stichwort „Adam Winkler" genügt. Schlagartig ist die Erinnerung wieder präsent. „Der Adam Winkler. Das war ein guter Mensch. Einer, der keiner Fliege etwas zuleide tun konnte. Ein harmloser Geselle eben. Sie hatten ihn ja schon mit 18 Jahren in den 1. Weltkrieg geschickt. Dort hat er dann sogar das Eiserne Kreuz 2. Klasse bekommen. Aber er wollte auf keinen Fall mehr als Soldat in den Krieg. Er war auch sehr gläubig und immer ein wirklich netter Mann. Deshalb ist er auch geflüchtet, als er wieder Soldat werden sollte. Sie haben ihn damals schon nach Winnenden gebracht. Aber sein Vater hat ihn dort immer wieder besucht und den Ärzten gesagt, sein Sohn sei doch nicht verrückt. Der sei völlig normal. Der wolle doch nur nimmer Soldat werden. Der ist doch normal. Schließlich haben sie ihn doch wieder in eine Uniform gesteckt – und wieder ist er dann abgehauen. Die Feldjäger haben ihn sofort gesucht. Natürlich gerade auch bei den Verwandten. Sie wussten ja, dass sie ihn da finden würden. Aber als er gesehen hat, wie sie vorgefahren sind und ihn holen wollten, da ist er geflüchtet. Er war ja einer, dem jeder von uns gerne Unterschlupf gegeben hat. Den haben alle vor den Feldjägern versteckt. Wir ehemaligen Gruorner haben in den Dörfern rings um unsere Heimat gewohnt, als wir Gruorn verlassen mussten. Zwei Jahre lang sind die Feldjäger immer wieder gekommen, um ihn zu suchen, aber zwei Jahre lang hat er sich immer verstecken können. Einmal haben sie ihn wieder bei uns gesucht – wir haben damals in Eglingen gewohnt (einem Dorf auf der Schwäbischen Alb, zirka 15 Kilometer von Gruorn entfernt) –, da haben die Feldjäger gesagt, sein Bett sei ja noch warm. Da haben sie das ganze Haus auf den Kopf gestellt, von oben bis unten, aber sie haben ihn trotzdem nicht gefunden. Er hatte sich im Keller hinter den Mostfässern versteckt. Aber irgendwann ist es dann halt doch passiert. Es ist wirklich sehr schade um ihn gewesen. Der war doch so nett und so harmlos."

Also wurde Adam Winkler nach langer Flucht eben doch gefasst. Bis heute berichten die alten Gruorner, wie der Adam Winkler schließlich eben doch von der Militärpolizei entdeckt worden ist, wegen Fahnenflucht verhaftet wurde und gleich nach Ludwigsburg gekommen sei, wo man ihn wegen des Verbrechens der Fahnenflucht erschossen habe.

Wir wissen mittlerweile, dass der Weg des Adam Winkler jedoch zunächst ein zweites Mal nach Winnenden geführt hat. Dorthin wurde er eingewiesen. Dort hat er dann seinen Mitpatienten August Voll kennen gelernt, dessen Tod miterleben müssen und der Witwe dann jene Briefe geschrieben, die ihn in Wahrheit erst ins Militärgefängnis nach Ludwigsburg gebracht haben. Wo er wenige Wochen später erschossen worden ist. Später dann hat man es als Fahnenflucht deklariert – und alle haben es glauben müssen. Der Nachlass von Adam Winkler und dessen sämtliche Habseligkeiten sind übrigens mit seinem Tod spurlos verschwunden.

Was als Einziges bis heute geblieben ist, das ist der amtliche Eintrag, den mir die „Deutsche Dienststelle, Berlin" übermittelt hat. Allein schon der Name! Tatsächlich gibt es diese „Deutsche Dienststelle, 13400 Berlin". Ganz amtlich und nüchtern bekomme ich von dieser die bestätigten Lebensdaten des Mannes, dessen Schicksal ich seit Monaten verfolgt habe. Adam Winkler, Daten, Dienstgrad, Todeszeitpunkt. Alles, was so ein Leben ausmacht. Amtlicherseits.

„Winkler, Adam, geb. am 19.9.1897 in Gruorn,
lt. Meldung vom 4.2.1940 Wehrkreisersatzdepot, Außenstelle Ludwigsburg
lt. Meldung vom 9.7.1942 16.Kompanie Landesschützen-Bataillon 405
– Aufenthalt im Reservelazarett Winnenden
– Abgang: am 25.8.1942 zur Wehrmachtsstrafanstalt V, Ludwigsburg
erschossen: am 10.10.1942 um 8.05 Uhr in Ludwigsburg
lt. Urteil des Gerichts der Division (mot.) 155.
Dienstgrad: Schütze"

Eine weitere Auskunft aufgrund meiner nochmaligen Nachfrage beim „Krankenbuchlager Berlin", was die Entlassung aus Winnenden betrifft, konkretisiert die Situation: „In der vorhandenen Sammelurkunde M 3781 (Krankenbuch) des Reservelazaretts Winnenden ist unter dem 25.08.1942 ... der Abgangstag aus dem Lazarett eingetragen mit dem Kürzel „k.v." (kriegsverwendungsfähig)".

Es handelt sich um die nüchternen Daten eines Mordes.

In der Kirche von Gruorn, dem „verlassenen Dorf" auf der Schwäbischen Alb inmitten des Geländes des ehemaligen Truppenübungsplatzes haben die Mitglieder des

„Komitees zur Erhaltung der Kirche in Gruorn" eine Gedenktafel angebracht. Für die im Zweiten Weltkrieg gefallenen Soldaten aus Gruorn. Dort findet sich auch der Name Adam Winkler.

Ende des Jahres 1942

Der Anstaltspfarrer von Winnenden hat der Witwe schon im September über einen Bekannten, der sie in Kirchardt besuchte, mitteilen lassen, er werde sein Wort halten, das er ihr damals beim Besuch in Winnenden während des Fliegerangriffs gegeben habe. Er werde später alles aufdecken und die ganze Wahrheit über den Tod ihres Mannes ans Licht bringen. Und jetzt, nachdem einige Wochen ins Land gegangen sind, erfährt die Familie, dass der Pfarrer ganz plötzlich verhaftet worden sei. Schlimmer noch. Dass man ihn wegen Hochverrats verurteilt und gleich darauf standrechtlich erschossen habe.

Spätestens in diesem Augenblick, als sie diese bittere Erkenntnis gänzlich unvorbereitet trifft, schlägt über Emilie eine Woge der Verzweiflung zusammen. Dabei war es doch auch die Aussicht darauf, endlich eines Tages wenigstens die Wahrheit über Augusts Tod erfahren zu können, die sie die ganze Zeit über noch bei Kräften gehalten hat. Aber jetzt? Jetzt ist plötzlich alles aus.

Wieder bitte ich meine Schwiegermutter Ella Bucher, geborene Voll, um die Plastikhülle mit der Aufschrift „Dokumente zum mysteriösen Tod meines Vaters am 8.8.1942 in Winnenden", um ein weiteres Mal die Aufzeichnungen und Fotos durchzusehen, die von Ella aus jener Zeit aufbewahrt werden. Als Erstes kommt mir das Bild in die Hände, das August Voll als Soldat zeigt, aufgenommen im Frühjahr 1942 während seiner Zeit bei der Flak durch einen Fotografen aus der Ailenbergstraße in Obertürkheim. Da ist im Gesicht nicht das Geringste zu erkennen, was auf einen hochgradig geistig verwirrten

Mann schließen ließe. Absolut nichts. Ein Handwerker wie aus dem Bilderbuch präsentiert sich hier selbstbewusst dem Fotografen – nur eben dass man ihn in eine Soldatenuniform gesteckt hatte. Die Fotos: von den Kameraden, zusammen mit anderen Soldaten vor verschiedenen Gebäuden, vor Lastkraftwagen etc. Auf der Rückseite: das hastige Gekritzel vom Mord, den sie an ihm begehen wollen. Die letzten Zeilen des Abschieds an seine Kinder, die auf keinen Fall jemals glauben sollen, er würde sich umbringen, Selbstmord begehen. Niemals dürften sie das glauben! Weitere Schnipsel, in Vorahnung seines Endes der Abschiedsbrief an seine Frau Emilie, der er weiterhin ein glückliches Leben wünscht. Aber Selbstmord? Nie und nimmer! Man trachte ihm nach dem Leben – das will er seinen Angehörigen ganz nachdrücklich mitteilen.

Dennoch haben sie nach seinem Tod nicht so recht an den Mord glauben können. So etwas tut „der Staat" doch nicht. Die Wehrmacht, die Soldaten, die Ärzte, die Pfleger. So etwas tut doch keiner! Und rasch wurde ja auch das Heldenbegräbnis zelebriert – damit nur keiner auf falsche Gedanken hätte kommen können. Deshalb also haben sie trotz all dieser Vermerke an den Zeilen ihres Ehemannes und Vaters gezweifelt und immer wieder kummervoll vermutet, „ob halt doch etwas mit ihm nicht gestimmt haben könnte ...".

Und wie ich also an diesem nebligen Dezembervormittag meine Schwiegermutter Ella noch einmal um die Fotos bitte und sie – zusammen mit all den Briefen und Fragmenten – ein weiteres Mal durchschaue, da meine ich plötzlich, nicht richtig gehört zu haben. Was hat sie da gerade eben gesagt? Ella, August Volls Tochter? Wie bitte?! Dass sie zusammen mit ihrer Mutter Emilie (der Witwe) wenige Monate vor Emilies Tod die Hinterlassenschaft des August Voll einmal kurz durchgesehen hätten. Wo sie doch seit Jahrzehnten, ja seit Jahrzehnten, kein einziges

Wort mehr darüber verloren hatten. Ganz am Ende ihres Lebens habe Emilie sie aber nun gebeten, alle Fotos und hauptsächlich die Briefe zu verbrennen. Aufzuräumen also, damit bei ihrem Tod „alles gerichtet“ wäre. Aus. Vorbei. Wen interessieren schon noch die alten Geschichten? Spätestens nach dem Tod der Witwe doch keinen Menschen mehr. Ella hat ihrer Mutter widersprochen – was ansonsten nur ganz selten der Fall gewesen ist. Auf keinen Fall wolle sie alles wegwerfen. Die Fotos nicht – und die größeren Briefe gleich gar nicht.

Nun gut, diese zahlreichen Schnipsel, die schon. Auf die ihr Vater immer wieder diese sonderbaren Hinweise gekritzelt habe: dass man ihm nach dem Leben trachte. Dass die Mörder schon vor der Tür ständen und so weiter. Doch, die habe sie tatsächlich weggeworfen.

Weggeworfen?

Ja, weggeworfen.

Und wo die dann hingekommen seien?

Na, verbrannt habe man sie halt. Am selben Tag noch.

Und weshalb um alles in der Welt?

Weil es sich dabei eben um dieses Gekritzel gehandelt habe. Um Papierfetzen, Ausrisse und so weiter. Und überall stand etwas darauf von Mördern und Todesdrohungen. Na ja, wo man irgendwie eben doch gedacht habe, dass mit dem Vater vielleicht halt tatsächlich was nicht so ganz gestimmt habe ...

*

Plötzlich waren sie verschwunden gewesen. Von einem Tag auf den anderen. Und dabei war erst Ende August. Erst vorgestern noch hatte sie die Vögel beobachtet. Wie sie ihre tollkühnen Flugkünste vollführten. Erst die alten Schwalben, dann die jungen. Eine regelrechte Flugschule war das gewesen. Zum ersten Mal seit Augusts Tod hatte sich ein leichtes Lächeln in die steinernen Gesichtszüge der jungen Witwe verirrt. Angesichts der atemberaubenden Flugvorführungen der Schwalben, die zu Dutzenden direkt vor ihren Augen durch die Straße fegten. Beinahe berührten sie mit ihrem Unterleib die staubige Fahrbahn, dann schossen sie mit pfeilschneller Geschwindigkeit auf die Hauswand zu. Um im allerletzten Augenblick die unausweichlich scheinende Kollision doch noch zu vermeiden und im Steilflug plötzlich hochzuziehen. Direkt in den blauen Himmel hinein. Hoch. Immer höher. Um dann wiederum eine Art Salto zu schlagen. Sinkflug. Und das Spiel, das keines war, begann von neuem. Die Vorübung für eine lange Reise, die sie weit in den Süden führen würde. Bis an das Mittelmeer und noch einiges darüber hinaus. Afrika. Der Sonne entgegen. Der Freiheit. Denn nichts und niemand konnte sie aufhalten. Emilie zog den Kragen ihrer Strickweste enger zusammen. Sie fröstelte unwillkürlich, als diese Gedanken in ihr Bewusstsein drangen. Freiheit. Unabhängigkeit. Alles hinter sich lassen zu können. Ob die kleinen Flugkünstler wohl wussten, wie gut sie es doch hatten? Wahrscheinlich nicht. Natürlich nicht. Wie auch immer.

Es war schön, die Vögel beobachten zu können. Die erste kleine Freude, die ihr nach all den schrecklichen Wochen und Monaten zuteil wurde. Ach, würden die Schwalben doch einfach beschließen dazubleiben in diesem Herbst und sie weiterhin mit ihren Flugvorführungen erfreuen. Wenigstens etwas Abwechslung in diese trüben, bleiernen Tage bringen. Die harmlosen Schwalben, die niemandem etwas zuleide taten. Wie schön es war, sie zu beobachten. Wie tröstlich. Wie gut das tat. Auch morgen würde sie sich wieder um etwa dieselbe Uhrzeit vor das Haus stellen, um die kleinen gefiederten Freunde zu beobachten. Um dem erbarmungslosen Alltag für einige Minuten zu entfliehen. Zu vergessen, dass sie plötzlich eine Witwe war. Im Alter von noch nicht einmal 33 Jahren! Die Witwe eines Soldaten, der sich in der Irrenanstalt das Leben genommen hatte. Und sie? Sie konnte nun schauen, wo sie blieb. Mit zwei kleinen Kindern und jeder Menge Schulden am Hals. Von der Schmach ganz zu schweigen, über die das ganze Dorf Bescheid wusste. Sie brauchte sich nichts vorzumachen: Auch ihr Leben war spätestens mit Augusts Tod zu Ende gegangen. Als Mutter und Witwe hatte sie nur noch Sorge dafür zu tragen, dass Ella und Willi, die Halbwaisen, zu denen ihre beiden Kinder nun geworden waren, ordentlich heranwuchsen. Ohne den Vater eben. Das war ihre Aufgabe. Ihre ganze Pflicht und Schuldigkeit. Ihr eigener Vater hätte das kürzlich nicht noch besonders betonen müssen. Auch nicht, dass er bekanntlich schon immer gegen diese Ehe gewesen war. Was nützte das jetzt noch? Zu spät! Es war vorbei. Das Leben war vorüber.

Wenn doch nur die Schwalben blieben.

Ein paar Tage vielleicht noch.

Das wäre schön.

So schön.

Doch plötzlich waren sie weg. Nichts mehr von ihnen zu sehen. Als hätte sie es gar nie gegeben. Gerade so wie ihr eigenes Leben. Ihr kleines Glück, das sie mit August zu finden gehofft hatte. Plötzlich war es damit vorbei gewesen. Von einem Tag auf den anderen. Aus. Vorbei.

Und nun hatten sie also auch die Schwalben verlassen. Es würde Mai werden, bis sie die Vögel wiedersehen würde. Wenn überhaupt ...

Was aber mochte der Winter für sie bringen? Für eine Witwe mit zwei Kindern und vielen Schulden. Mitten im Krieg! Da war sie plötzlich wieder: diese Angst. Diese unheimliche, eisige kalte Hand, die Emilie im Genick nun deutlich spüren konnte. Wie sie unbarmherzig zupackte und ihr die Wirbel zu zerquetschen schien. Das Schicksal! Ach August! War es ihm in dieser schrecklichen Nacht genauso ergangen? Wie furchtbar hatte er ausgesehen, als sie mit vor Schreck geweiteten Augen vor dem Sarg gestanden hatte, starr vor Schmerz und kaltem Entsetzen. Unfähig, ihre kleine Ella vor dem Anblick ihres geschundenen Vaters zu bewahren.

Grauenhaft. Schnell fort. Ins Haus. Ins Schlafzimmer. Die Türe rasch verriegeln. Unter die Bettdecke kriechen. An den einzigen Ort, an dem sie sich noch sicher fühlen konnte. Mochte die Welt um sie herum auch zusammenstürzen. Nur hier war Emilie sicher. Weg von hier. Rasch!

Ohne sich um die verdutzten Blicke der Nachbarn zu kümmern, hastete Emilie grußlos an den Leuten vorbei. Erreichte keuchend das Haus und ließ sich in den nächsten beiden Tagen nicht mehr sehen. War einfach verschwunden. Fast wie die Schwalben. Doch nicht in der Freiheit.

So war der Sommer des Jahres 1942 also über Nacht zu Ende gegangen. Wenn die Schwalben so früh gingen, dann drohe bald schon ein früher und harter Winter. So sagten es die Alten im Dorf, die ihre Augen sorgenvoll an den Himmel hefteten, um die Schwalben vielleicht doch noch zu entdecken. Die sich vor ihren Blicken nur versteckt hatten. Natürlich wussten sie es in Wahrheit besser. Aber die Hoffnung stirbt zuletzt, murmelten die alten Bauern leise. Schon manche Unbill der Witterung hatten sie in ihren langen Lebensjahren überstanden. Da würde man auch den kommenden Winter irgendwie überstehen. Trotz des furchtbaren Krieges, der mittlerweile an zahlreichen Fronten tobte. Den man eigentlich schon längst gewonnen haben wollte. So hatte es ihnen der Führer damals doch versprochen – im September 1939. Vor fast genau drei Jahren! Schon drei Jahre waren inzwischen ins Land gegangen! Und kein Ende in Sicht. Trotz aller Siegesmeldungen nicht, die Tag für Tag aus der Lautsprecheranlage des Dorfes quollen. In wachsender Unerträglichkeit.

Es würde einen harten Winter geben.

Anfang Oktober 1942, Erntedankfest.

Wieder einmal schien Pfarrer Pfefferle kein Ende zu finden bei seiner Predigt.

Er hoffe mit den Kirchardtern zuversichtlich auch auf eine gute Weinlese. Immerhin handele es sich um die Früchte der Mühen, die sie nunmehr einbrächten. Mühen, die ihnen der Führer in seiner weisen Voraussicht vor Jahren abverlangt habe. „Wer pflanzt, der darf auch ernten – und wer die richtigen gesunden Triebe in die Erde gebracht hat, der darf in diesen Tagen nun voller Stolz und Zuversicht den Lohn seiner Arbeit in Empfang nehmen. Wenn ein gesundes arisches Erbgut vorhanden ist, dann kann nichts passieren: auf dem Feld nicht, im Weinberg nicht und auch nicht im Leben. Wie herrlich sich unsere Weinstöcke entwickelt haben, seit wir die ungesunden nicht arischen Rassen aus den Weinbergen verbannt haben! Sie strotzen regelrecht vor Kraft und Gesundheit", verkündete der Pfarrer mit stolz geschwellter Brust von der Kanzel herunter. „Ich bin der Weinstock und ihr seid die Reben! Alles wird sich zum Guten wenden. Am deutschen Wesen wird die Welt genesen. Bald schon wird der Sieg unser sein und dann werden wir auch die goldenen Früchte der gewaltigen Anstrengung ernten dürfen, die das deutsche Volk im Interesse des großen Ganzen voller Tapferkeit und Heldenmut auf sich genommen hat. Das glorreiche Ende des Krieges ist nahe. Vertrauen wir im Glauben weiter fest und unerschütterlich auf unseren großen Führer Adolf Hitler, dessen Hand von Gott gelenkt wird. Zum Segen Deutschlands. Zum Segen Europas. Zum Segen der ganzen Welt. Heil Hitler! Amen!"

Laut, beinahe dröhnend, erklang auf dieses Stichwort hin die Orgel. Mächtig griff der Organist in die Tasten, nachdem er zuvor schon im wahrsten Sinn des Wortes alle Register an dem Instrument gezogen hatte – so, wie es der Pfarrer bei der Vorbesprechung zum Gottesdienst mit kompromissloser Strenge von ihm verlangt hatte. „Ein feste Burg ist unser Gott!“, wie Donnerhall müsse dieses Lied durch die Kirche schallen. Hoffnung, Kraft und Zuversicht zu verströmen, das sei in diesen schweren, aber gleichwohl dennoch ruhmreichen Zeiten das Gebot der Stunde. Man könne deshalb keine zaghaften Flüstertöne mehr gebrauchen, hatte Pfefferle dem Organisten auf dessen schüchterne Einwände in Bezug auf die geforderte Lautstärke hin entgegengeschleudert. Die Zeit der Kompromisse sei endgültig vorbei. Nun werde nicht mehr lange gefackelt. Jetzt bedürfe es ganzer Kerle, mutiger Entscheidungen und eines vollen Einsatzes. Aller Register eben!

Manch einem unter den Kirchgängern stand jedoch der Sinn trotz all der vom Pfarrer von der Kanzel herunter verbreiteten Euphorie ganz und gar nicht nach Lautstärke und blinder Siegeszuversicht. Denn seit Monaten war sie nicht mehr zu übersehen, die beständig wachsende Zahl von schwarz gekleideten Männern und Frauen, deren Söhne und Ehemänner auf dem vom Pfarrer wieder und wieder so bezeichneten „Feld der Ehre“ ihr Leben hatten lassen müssen. Als Helden gefallen für Volk, Führer und Vaterland, wie sich der im Kriegstaumel zunehmend verblendete Pfefferle bei den Trauerfeiern für die gefallenen Soldaten regelmäßig ereiferte. Bittere Tränen rannen über die blassen Wangen der Mütter, während die übrige Gemeinde umso lauter in den Gesang mit einstimmte, wenn angesichts dieser Lautstärke überhaupt noch von Gesang die Rede sein konnte. Mehr als nur einem der Kirchenbesucher schien es am heutigen Erntedanksonntag eher so, als handele es sich um das berühmte Pfeifen im dunklen Wald, auch wenn es keiner wagte, die Furcht und die Niedergeschlagenheit, die auf ihre Seelen drückte, öffentlich zu äußern.

Gleich nach dem Segen des Pfarrers bugsierte Ella, die zusammen mit Willi den Gottesdienst besucht hatte, während ihre Mutter Emilie am Morgen krank und elend im Bett geblieben war, ihren fünfjährigen Bruder ins Freie. Die Zeit der sich endlos erstreckenden Predigt war dem Jungen erkennbar lange geworden. Ungeduldig hatte er mit den Füßen gescharrt und sich dabei mehrmals laut gähnend an die Schulter seiner peinlich berührten Schwester gelehnt. Doch draußen auf dem Vorplatz unter der Linde, wo sich die Kirchgänger im Anschluss an den Gottesdienst üblicherweise noch eine Weile versammelten, herrschte am heutigen Morgen eine irgendwie sonderbar trübe Stimmung. Das Unbehagen, die Unsicherheit, die Beklommenheit. Man konnte es geradezu mit Händen greifen. Die hastigen, beinahe verlegen wirkenden Begrüßungsfloskeln, die scheue Distanz der anderen, die seltsamen Blicke der Leute.

War es nur Einbildung, die sie das heimliche Getuschel der Menschen falsch interpretieren ließ? Samt diesen verstohlenen Blicken, die zu den beiden einsamen Geschwistern hinüberhuschten, die mit gesenkten Köpfen Hand in Hand ganz am Rande der Versammlung standen? Oder hatte sich Ella einfach nur verhört und stand deshalb im Begriff, sich von einer üblen Fantasie in die völlig falsche Richtung lenken zu lassen. Es konnte ja auch gar nicht wahr sein, was die überreizten Sinne ihr da vorzugaukeln schienen: dass von einem Selbstmord des Vaters die Rede war, von einer Klinik, in die man den angeblichen Helden hatte einliefern müssen. Ein Irrenhaus, um genau zu sein. Die armen Kinder. Hoffentlich war mit ihnen in dieser Hinsicht alles in Ordnung ... Und wieder spürte das Mädchen, wie ein heimlicher Blick sie forschend musterte. Kaum war Ella mit den Augen jener Richtung gefolgt, da hatte die Frau ihren Kopf auch schon ruckartig herumgerissen, während sich ihr Gesicht in Windeseile mit einer verlegenen Röte überzog. Eine unangenehme Situation. Am besten, sie sahen zu, dass sie möglichst bald den Heimweg antraten. Gerade hatte Ella diesen Entschluss gefasst, da zupfte sie ihr Bruder energisch am

Ärmel. „Was ist denn“, zischte das Mädchen ärgerlich. Als wenn ihr ausgerechnet jetzt der Sinn danach stünde, irgendwelche Rangeleien mit dem unruhigen kleinen Zappelphilipp auszutragen! „Geh du mir bloß nicht auf die Nerven!“, wies sie ihn streng zurecht.

Willi schien von der harschen Reaktion für kurze Zeit irritiert und betrachtete seine Schwester kopfschüttelnd. „Aber ich will doch nur etwas wissen!“ Er streckte den freien Arm weit aus und deutete damit zur Vorderseite der Kirche. Hoch zum Eingangsportal, über dem eine altertümlich wirkende Schrift in den Stein gehauen war, die in goldenen Lettern über dem Türsturz erstrahlte. Es handelte sich ganz offenbar um ein Bibelzitat, dessen Inhalt den Jungen interessierte. „Was steht da?“, richtete er seine Frage an die ältere Schwester. „Du kannst doch schon lesen. Ich aber nicht! Was heißt das da oben?“

Ella wiegte, dankbar für die unerwartete Abwechslung, nachdenklich ihren Kopf. „Hmm, das ist nicht so ganz einfach. Schon allein wegen der komischen Schrift.“ Angestrengt kniff sie die Augen zusammen, um schließlich stockend die einzelnen Worte zu buchstabieren. „E..i.n... ein... f...e... das könnte ein ‚s‘ sein, also ... s..., dann ... das ist wohl ein ‚t‘ ... t...“ Mit einiger Mühe hat sie es dann geschafft, den gesamten Spruch zu entziffern: „Ein feste Burg ist unser Gott.“

„Und was heißt das jetzt?“, runzelte Willi ratlos die Stirn.

„Ja ... also ...“, hob das achtjährige Mädchen zunächst ratlos die Schultern. „Das weiß ich jetzt auch nicht so genau. Am besten, wir fragen einmal den Glaser-Opa, was das bedeuten soll. Der ist ja schließlich der Kirchendiener. Der müsste es also wissen.“

Im selben Augenblick trat Adam Ebert aus der mittlerweile leeren Kirche, in der er nach dem Gottesdienst kurz noch einmal nach dem Rechten gesehen hatte. Müde massierte er sich die Stirn und blinzelte in das grelle Tageslicht, an das sich seine Augen nur langsam gewöhnten.

„Du, Großvater, was steht denn da über der Kirchentür?“, stürmten die beiden Kinder auf ihn zu.

„Das heißt, ich kann zwar schon lesen, was da steht“, fügte Ella rasch hinzu. „Aber ich weiß nicht, was es heißen soll. Kannst du es uns erklären?“

„Natürlich!“ Der Kirchendiener setzte eine bedeutungsvolle Miene auf, während er mit dem ausgestreckten Arm zu dem Spruch über dem Eingangsportal hochdeutete. „Das heißt“, erklärte er seinen Enkeln, „dass man immer zuversichtlich im Glauben auf Gott vertrauen solle, dann wird im Leben alles gut.“

„Ganz fest glauben also?“

„Ja, genau.“

Ein strahlendes Lächeln huschte über Willis Gesicht: „Meinst du dann also, Opa, wenn ich jetzt ganz fest daran glaube, dass der Vater doch wieder zu uns kommt, dass es wahr wird?“

Adam Ebert zuckte zusammen, als habe er einen Schlag in den Rücken erhalten. Unvermittelt wandte er sich ab und ließ die verdutzten Kinder einfach stehen. Noch nicht einmal verabschiedet hatte er sich von seinen Enkeln.

Dicke Tränen rannen über Ellas Wangen, während sie ihren Blick noch einmal zum Kirchenportal hoch richtete. „Ein feste Burg ist unser Gott! Ach, Vater ...“

Weshalb denn die Ella plötzlich weinte? Weshalb der Großvater sie einfach hatte stehen lassen? Und ihnen keine Antwort mehr gegeben hatte? Was hatten sie denn falsch gemacht? Weshalb wollte denn keiner mehr mit ihnen sprechen? Der kleine Junge konnte sich nicht den geringsten Reim auf diese sonderbaren Verhaltensweisen machen. Was war nur geschehen? Dieses bedrückende Gefühl der Einsamkeit. Und der Verlassenheit. Auch Willi konnte die Tränen nun nicht mehr zurückhalten.

Mit brutaler Eiseskälte hatte der Winter um die Jahreswende 1942 auf 1943 Einzug im ganzen Land gehalten.

Genau so, wie es die Alten befürchtet und vorhergesagt hatten. Als wenn das Leben nicht ohnehin schon schwer genug gewesen wäre. Dazu gesellte sich jetzt noch zu allem Überfluss diese gnadenlose Kälte, die sich in jeden Winkel des Hauses geschlichen hatte. Da konnte man den Ofen befeuern, so viel man wollte!

Wer ganz vorne saß, der bekam einen roten Kopf von der Hitze, während sich der Rücken eiskalt anfühlte. Und mit dem Brennholz durfte man auch nicht so verschwenderisch umgehen. Denn wer konnte schon sagen, wie hart und vor allem wie lange der Winter heuer dauern würde. Immer wieder verspürte die junge Witwe einen stechenden Schmerz in der Magengrube, wenn sie neues Brennholz für den Ofen hereinschleppte, das sie aus dem hohen Stapel neben Augusts Flaschnerwerkstatt besorgte. August! Bald vier Monate waren seit dem Tod ihres Mannes vergangen. Von wegen: Die Zeit heilt alle Wunden! Emilie lachte bitter in sich hinein und griff zu einem weiteren Holzscheit. Augusts Holz. Von ihrem Mann noch selbst aufgeschichtet. Damals, vor drei Jahren.

Langsam würde der Stapel kleiner werden und irgendwann ganz verschwinden. Genauso wie die Erinnerung an ihren Mann ...

Doch was nützten ihr solche Gedanken. Sie waren alles andere als nützlich. Lenkten höchstens ab von den wesentlichen Dingen des Alltags, der auch ohne solche Gedanken schon hart genug war.

In diesen Zeiten ging es ums Überleben. Um nichts anderes.

Auch wenn zum Essen genug vorhanden war. Dank der eigenen Äcker der Familie, die Emilie ja schon seit mehreren Jahren ganz alleine bestellte. Zunehmend unterstützt von Ella, die Gott sei Dank allmählich in das Alter kam, ihrer Mutter etwas zur Hand zu gehen: beim Kartoffelhacken, beim Unkrautjäten im Getreidefeld, bei der Mohnernte.

Der Mohn. Eigentlich hatte sie ja gehofft, ein bisschen Geld auf die Hand zu bekommen, als sie im vergangenen Sommer den Mohnsamen mit ihrem Handwagen nach Elsenz in die Mühle gebracht hatte. Doch der Ölmüller hatte nur entschieden seinen Kopf geschüttelt. Mehr als ein paar Kanister Öl im Tausch für den Samen seien nicht zu bekommen. Das Geld sei rar – selbst in einer Mühle. Auch wenn das üblicherweise keiner glauben wollte. Was hätte sie machen sollen? Den Umtausch verweigern? Ihren Mohn wieder zurück nach Kirchardt bringen, sollen. Die ganzen zwei Tage also umsonst unterwegs gewesen zu sein? Besser, das Öl mit nach Hause bringen, als gar nichts. Es hatte Emilie beinahe das Herz zerrissen, wie sie das Öl schließlich in die mitgebrachte Blechkanne hatte füllen lassen. Ein Behältnis, das noch von ihrem August angefertigt worden war. Als gelernter Blechner war es für den August keinerlei Problem gewesen, solche nützlichen Gegenstände eigenhändig herzustellen. Der letzte Kanister war noch nicht einmal ganz voll geworden. So wenig hatte sie für ihren Mohn auslösen können.

Nicht nur mit dem Mohn war es Emilie so ergangen. Aber Geld? Das war erst recht nicht zu bekommen. So wenig sie für sich und die Versorgung ihrer Kinder auch benötigte. Nicht einmal ein nahrhafter Brotaufstrich war da ein Problem. Den konnte sich Willi aus dem Zuckerrübensirup den sie aus den eigenen Rüben eingekocht hatte, auf seine Brote schmieren, so viel er wollte. Nein, dies alles war wirklich kein Problem. Bedeutet zwar viel Arbeit, doch dafür hatte man zu essen. Genug zu essen für ihre überaus bescheidenen Aussprüche. Dafür reichte Emilies kleine Landwirtschaft aus. Aber die Schulden. Die Schulden vom Hausbau!

Diese Schulden waren es, die sie regelrecht in den Abgrund zu treiben drohten.

Was sollten da die Vorhaltungen ihres Vaters, der sie mehr als einmal streng zur Rede gestellt hatte. Weshalb

Emilie angesichts der drückenden Schulden denn das Gemüse sogar noch an Bekannte verschicke. Sie solle es doch besser selbst behalten. Der Vater schien es einfach nicht zu begreifen. Oder nicht begreifen zu wollen. Das Geld war das Problem. Nicht die Versorgung mit den Lebensmitteln vom eigenen Feld. Es waren die Schulden.

Kein Wunder, dass die Verzweiflung immer wieder über Emilie zusammenzuschlagen drohte. Und sie sich dann wieder einen ganzen Tag lang im Schlafzimmer eingeschlossen hatte. Weil sie ihre Ruhe brauchte. Von nichts und niemandem mehr etwas hatte wissen wollen. Nur allein sein. Keine Probleme mehr sehen, hören, mit erleiden müssen. Weshalb seit einiger Zeit ihr Vater, der Großvater Ebert, der Glaseropa, sich immer stärker in die Erziehung der Kinder einmischte. Wenn schon seine Tochter damit nicht mehr zurechtkam. Und immerhin: Für Ordnung musste gesorgt werden. Auch deshalb, weil auch Adam Ebert in der Vorstadtstraße sein Mittagessen einzunehmen pflegte. Was aber, wenn Emilie vor lauter Sorgen nicht einmal mehr zum Kochen kam. Weil ihr alles über den Kopf zu wachsen drohte. Schon aus diesem Grund hatte er beschlossen, dafür Sorge zu tragen, dass es wenigstens mit der Disziplin im Hause seiner Tochter nicht danebenging. Und so nahm der Glaseropa also schließlich die Stelle des Vaters ein. Saß auf dessen Stuhl und neben ihm, auf der Tischplatte, dieses kleine Stöckchen. Wehe dem, der nicht parierte. Schon sauste das Stöckchen auf die Finger herunter. In ganz schlimmen Fällen sogar auf das Hinterteil. Disziplin musste sein. Sonst hatte man ganz und gar verloren.

Aber das Geld! Es war und blieb das drängendste Problem. Doch plötzlich hatte Emilie Voll eine Idee. Gegen den Willen des Vaters zwar, aber das war ihr einerlei. Denn Emilie war felsenfest davon überzeugt, dass es sich um eine gute Idee handelte. Und wenn sie sich erst einmal etwas in den Kopf gesetzt hatte, dann wurde es auch gemacht. Egal, was der Vater meinte sagen zu müssen. So hatte sich Emilie Voll dazu entschlossen, den kleinen Kaufladen wieder zu eröffnen, den August schon vor Jahren in der Werkstatt eingerichtet hatte. Zumindest um all die ganzen Eimer und Pfannen zu verkaufen, die noch immer auf Lager waren. Und so vielleicht auch endlich die Schlitten loszuwerden, die ebenfalls immer noch zu Dutzenden auf dem Speicher der Werkstatt lagerten.

Und tatsächlich: es funktionierte. In bescheidenstem Maßstab zwar, aber immerhin. Einige Reichsmark kamen damit zusammen. Dazu dieser Apparat, den ebenfalls August noch angeschafft hatte. Den Emilie nun bestens gebrauchen konnte. Der Apparat, mit dem man Wurstdosen verschließen konnte. Wenn einer der Bauern eine Hausschlachtung machte. Es hatte sich im Dorf herumgesprochen, dass Emilie einen solchen Apparat besaß. Und deshalb wurde sie seitdem zu den Hausschlachtungen gerufen. Samt ihrem Apparat, den sie auf einem Handwagen zu den Bauern zog. Um dort gegen geringes Entgelt mit dem Apparat die Wurstdosen zu verschließen. Und eventuell die eine oder andere zusätzliche Dose zu verkaufen. Denn wo es auch ging, hatte Emilie alte Wurstdosen gesammelt, die sie sorgfältig reinigte, an den Rändern neu zuschnitt und somit wieder zum Einsatz bringen konnte. Verkaufen konnte. Groschenbeträge waren das. Aber immerhin. So kam eins zum andern. Im Endeffekt gerade so viel Geld, dass es ausreichte, die Zinsen für das Haus zu bezahlen. Nicht die Schulden. Aber die Zinsen. Und wieder waren ein paar Monate Zeit gewonnen. Zeit, die auf Dauer hoffentlich für sie arbeitete. Für sie und die beiden Kinder. Ihre kleine Familie.

Im Spätherbst 1942 trifft ein Brief von den Bekannten aus Mettingen bei Emilie ein. Von den ehemaligen Kirchardtern, die August Voll während seiner Flakzeit öfter besucht hatte. Ein Brief, aus dem hervorgeht, dass die Witwe diesen Leuten Gemüse geschickt hat – und das trotz ihrer materiellen Not. Denn auch dieses Päckchen hat Porto gekostet – zwar längst nicht so exorbitant viel wie heutzutage, aber eben dennoch. Einer der Gründe, weshalb ihr Vater in Rage geraten ist und ihr wieder einmal bittere Vorhaltungen gemacht hat. Doch Emilie hat solche Vorwürfe einfach an sich abprallen lassen. Sie hat das Geld zusammengekratzt. Denn sie wollte den Leuten dieses Päckchen einfach schicken. Eine Geste, die zeigt, dass sie sich an solchen Dingen festgehalten hat. Sie brauchte es einfach, um nicht in ihrem Kummer zu ertrinken.

Sicherlich hat sie es auch als eine Art bruchstückhaftes Bindeglied angesehen, zu den letzten Bekannten ihres Mannes.

Der Brief vom 21. November 1942:

„Liebe Frau Voll,
endlich komme ich dazu, Ihnen liebe Frau Voll, für das Gemüse herzlich zu danken. Es war nämlich so, Eugen hat gesagt, er möchte Ihnen selber schreiben. Jeden Tag kommt er aber so spät heim vom Geschäft. Für Sonntag bringt er sich auch immer noch Arbeit mit. Dann hat er es immer verschoben und so vergingen Wochen. Also liebe Frau Voll, vielen herzlichen Dank dafür. Wie geht es Ihnen denn immer so, Frau Voll? Und was machen die Kinder? Wir reden viel von Ihnen und von Ihrem Mann und wir beide haben oft arg Heimweh. Sonntags hat Eugen schon oft gesagt: heute würde August wieder kommen, wenn er noch da wäre. Wir haben immer nette Stunden miteinander verbracht. Spiele haben wir immer gemacht und dann einander immer von dies und jenem erzählt. Da konnte ich mich immer so erbauen. Und sein Willi war immer sein alles. Ich glaube, er war nicht ein einziges Mal da, wo er nicht von seinem Willi sprach. Ach, hätte uns letztes Jahr jemand erzählt, dass es so kommen würde, wir alle hätten

es nicht geglaubt und Ihr Mann hätte es sicher selber nicht glauben können. Es ist ja gut, daß man nicht weiß, was jedem einzelnen bevorsteht. Liebe Frau Voll, oft schon bin ich ein paar Minuten hingesessen und habe mich in Ihre Lage gestellt und ich muß Ihnen ehrlich sagen: würde mich das Schicksal so hart treffen, ich glaube nicht, daß ich die Kraft hätte, es zu meistern. Ich glaube sicher, daß ich dann verloren wäre. Möge im neuen Jahr ein gütigeres Schicksal über Ihnen walten und Ihnen Segen bringen. Wie geht es auch Mutter Voll? Sagen Sie bitte viele Grüße an sie, liebe Frau Voll. Was ich ihnen im letzten Brief geschrieben habe, stimmt nicht ganz. Das war von dem Soldaten eine Verwechslung, die Flakstellung, wo fast alle ums Leben kamen war eine andere. Ich habe ja so geweint. Und nun bin ich recht froh, daß es doch anders ist. Obwohl mir diese Soldaten auch leid tun, freue ich mich doch, daß es nicht so war. Ja was wird der Krieg noch alles bringen? Vor 14 Tagen bekam ich auch Nachricht, daß ein Cousin von mir schwer verwundet ist. Er hat einen Lungenschuß. Der Schuß ist am Rücken hinein und am Hals herausgekommen. Die Lunge hat ein großes Loch. So wird noch mancher Soldat heimkommen und ist nachher vielleicht dem Siechtum übergeben. Ich habe schon oft zu Eugen gesagt, wenn Ihr Mann daheim gewesen wäre, seiner Arbeit, an der er immer Freude hatte, hätte nachgehen können, ich glaube sicher, es wäre nicht so weit gekommen. Hoffentlich bekommen Sie auch dementsprechende Unterstützung. Ist eigentlich Heinrich Voll noch daheim oder mußte er auch einrücken? Nun, liebe Frau Voll, wünsche ich Ihnen alles Liebe und nochmals herzlichen Dank. Lassen Sie auch wieder einmal etwas von Ihnen hören und empfangen sie rechte liebe Grüße, ihre...“

Allem Anschein nach hat man es sich in der Mettinger Familie also recht lange überlegt, ob und wann man mit Emilie Voll in Kontakt treten konnte. Nicht, dass man womöglich in den Strudel der merkwürdigen Begleitumstände des Ablebens von August Voll hineingezogen werden würde ... Wie sehnlich die einsame Emilie wohl auf diese Antwort aus Mettingen gewartet hat? Wochenlang.

All diese Briefe hat sie zeitlebens aufbewahrt. Obwohl in der Familie niemals darüber gesprochen worden ist. Wie oft mag sie selbst diese Briefe dennoch gelesen haben? Briefe, die ihre Tochter Ella nach Emilies Tod im Jahr 1998 versteckt in einer Schublade gefunden hat.

*

Die bohrenden Fragen bleiben. Deshalb möchte ich endlich mehr wissen über diesen Arzt, der den Totenschein für August Voll unterschrieben hat. Auf dem in nüchternen Stichworten das Ende eines Menschenlebens protokolliert worden ist – obwohl die Ungereimtheiten mit Händen greifbar sind. Eine Unterschrift, die das Schicksal und den Lebensweg einer ganzen Familie beeinflusst hat – noch Jahrzehnte danach.

Wer war dieser Arzt, der offenbar bedenkenlos diesen Totenschein für August Voll ausgestellt hat? Und der den Soldaten Adam Winkler „k.v." geschrieben hat, also „kriegsverwendungsfähig". Wohl wissend, was dieses Attest im Falle Winklers für Folgen zeitigen würde.

Dr. Hans Gruhle war von 1936 bis Ende 1939 Direktor der württembergischen Irrenanstalt Zwiefalten am Rande der Schwäbischen Alb, dort in Zwiefalten taucht sein Name im Zusammenhang mit der sogenannten „T 4 Aktion" im Rahmen des „Programms zur Ausmerzung kranker Teile des Volkskörpers" auf, der grauenvollen „Vorübung" für Auschwitz. T 4 wurde die Aktion übrigens deshalb genannt, weil sie vom Reichsinnenministerium in Berlin angeordnet worden ist, das sich in der Tiergartenstraße 4 befand. Vergast und verbrannt wurden die Opfer, insgesamt 10654 Menschen dann in einem ehemaligen Lustschloss der Herzöge von Württemberg, im Schloss Grafeneck unweit des berühmten Haupt- und Landgestüts Marbach auf der Schwäbischen Alb.

Dr. Hans Gruhle: Die Spur führt von Zwiefalten nach Grafeneck und weiter nach Auschwitz. Dort in Auschwitz hat Gruhle zwar nie agiert, dennoch steht auch sein Name in eben diesem Zusammenhang. Wie das?

Es begann im September 1939 – also gleich nach dem Überfall der Deutschen Wehrmacht auf Polen. 577 Patienten mit psychiatrischen Auffälligkeiten wurden in diesem Monat von der Anstalt Rastatt (es handelte sich um die gesamte Patientenschaft der Anstalt) nach Zwiefalten verbracht, das als sogenanntes Durchgangslager (als eine Art Wartesaal für Grafeneck) fungierte. Am 2. April 1940 dann wurden die Tötungsaktionen erstmals vollzogen. 50 psychisch Kranke und behinderte Frauen, hauptsächlich aus Württemberg und Hohenzollern, waren, wie viele andere nach ihnen, in diesem Jahr 1940 nach Grafeneck transportiert worden: in den bald schon berüchtigten „grauen Bussen“ mit ihren für neugierige Blicke von außen undurchdringbaren Milchglasscheiben. Der Beginn des Euthanasieprogramms der Nationalsozialisten, bei dem Millionen den Tod fanden. In nicht einmal einem dreiviertel Jahr gab es in Grafeneck also 10654 Opfer, bevor dann die Unruhe in der Bevölkerung so groß wurde, dass die „Aktion“ eingestellt wurde, die ihren furchtbaren Zweck längst erreicht hatte. Es war die Generalprobe zum Massenmord von Auschwitz. In Grafeneck war sie gelungen.

Dr. Hans Gruhle hat sich während dieser sogenannten „T 4 Aktion“ als Militärarzt in das Reservelazarett des

Psychiatrischen Krankenhauses Winnenden versetzen lassen. Wie es viele Jahre danach in einer Diplomarbeit der Universität Heidelberg heißt, habe er als bisheriger „Anstaltsleiter in Zwiefalten sofort nach Beginn der Aktion T 4 – ‚Euthanasie der Geisteskranken' – ... ein Gesuch an das Innenministerium eingereicht, man möge von der Freistellung seiner Person vom Militärdienst absehen und ihn einziehen. Er wurde Leiter eines Militärlazaretts in Winnenden."

Hans W. Gruhle: geboren am 7. November des Jahres 1880 in Lübben in Oberschlesien. Er schlägt nach dem Studium eine wissenschaftliche Laufbahn ein. Wird Psychiater und gilt als fortschrittlicher und fähiger Kopf, der manches stark beachtete Werk zu seinem Forschungsgebiet verfasst. Gleichzeitig orientiert er sich im Parteienspektrum der Weimarer Republik nach links, wird als „Linker" angesehen, der sich in SPD-nahen Zirkeln aufhält, ohne freilich Mitglied bei der SPD zu werden. Er ist ein Weggefährte und guter Bekannter von international angesehenen Geistesgrößen wie Karl Jaspers und Max Wertheimer, mit Letzterem gründet er sogar die renommierte Zeitschrift „Psychologische Forschung".

Als Oberarzt an der Psychiatrie in Heidelberg wird er im Mai 1933 mit der Vertretung von Professor Franz Karl Wilmanns betraut, des Direktors der Psychiatrischen und Neurologischen Klinik. Wilmanns war von seinem Amt suspendiert worden, weil er sich kurz vor der Machtergreifung der Nazis respektlos über Hitler und Göring geäußert habe. Diese Entlassung aus dem Staatsdienst wurde mit dem Paragraph 4 des Gesetzes zur Wiederherstellung des Berufsbeamtentums begründet: „Beamte, die nach ihrer bisherigen politischen Betätigung nicht die Gewähr dafür bieten, dass sie jederzeit rückhaltlos für den nationalen Staat eintreten würden." Gruhle, der lange Jahre mit Wilmanns zusammengearbeitet hat, zum Beispiel beim Aufbau der sogenannten „Prinzhorn

Sammlung", einer vielbeachteten Ausstellung von Gemälden der Heidelberger Psychiatriepatienten, erschien den neuen Machthabern in dieser Position ganz offensichtlich wesentlich geeigneter als sein guter Bekannter und Kollege Wilmanns. Mit dem man im Übrigen noch ziemlich rigide umgesprungen ist: Erst wurde er ins Gefängnis geworfen, später dann hat man ihn – wie andere kritische, insofern stark verdächtige und missliebige Wissenschaftler auch – zur Auswanderung gedrängt. Auch Karl Jaspers wurde gezwungen, seine Lehrtätigkeit einzustellen, wurde sogar an der Veröffentlichung seiner Forschungsergebnisse gehindert. Alles Tatsachen, die Gruhle direkt miterlebt hat. In der Rückschau heutiger Tage heißt es, dass 1933 die „berühmte Heidelberger Schule für Psychiatrie in wenigen Monaten zerstört" worden ist. Unmittelbar vor Gruhles eigenen Augen. Er hatte sich arrangiert, wenngleich er später dennoch nicht zum ständigen Direktor – und somit offiziellen Nachfolger von Wilmanns – ernannt worden ist. Ein Kollege war schneller gewesen: Professor Carl Schneider, der schon 1932 in die NSDAP eingetreten war. Dennoch galt Gruhle, der genauestens überprüft worden war, als verlässlich. 1937 schreibt die Gestapo Heidelberg über Hans Gruhle: „Vor der Machtergreifung war er als Angehöriger der Linken bekannt, ohne sich öffentlich hervorgetan oder einer Partei angehört zu haben ... in beruflicher und weltanschaulicher Hinsicht konnte Nachteiliges über ihn nicht erfahren werden. Er gehört dem NS-Lehrerbund, nicht aber der NSDAP an." Gruhle wurde Schneiders Stellvertreter.

Jener Carl Schneider hat später als deren wissenschaftlicher Leiter bei der berüchtigten „T 4 Aktion" mitgewirkt: der systematischen Tötung von „unheilbaren Irren".

Während dieser Recherchen habe ich auch mit Professor Helmut Krauch gesprochen, einem längst emeritierten

Heidelberger Soziologen. Dessen Vater einer derjenigen gewesen ist, die das berüchtigte Gas für die Vernichtungslager hergestellt haben. Professor Krauch hat es geschafft, als Jugendlicher die furchtbare Wahrheit zu verdauen, Kind eines Helfershelfer des millionenfachen Massenmordes zu sein. Ein wahrhaft beeindruckender Mensch. Beim Stichwort Carl Schneider – Gruhles zwischenzeitlich neuem Vorgesetzten – ist Professor Krauch schlagartig hellhörig geworden. Denn an Schneiders Institut, „einer absolut scheußlichen Institution mit einer ebenso scheußlichen Atmosphäre", wie Krauch sich ausdrückt, wäre er als Kind Mitte der 30er Jahre beinahe kastriert worden. Aufgrund der Tatsache, dass sein Bruder an epileptischen Anfällen litt. Womöglich einer Erbkrankheit. Und damit befand man sich direkt in den Fängen des Professors Schneider, dem „Spezialisten" für erbbiologische Tatbestände und rassenhygienische Forschung. Zu Krauchs Glück konnte die Aussage einer Hebamme hinzugezogen werden, die davon berichtete, dass bei der Geburt des Bruders eine Geburtszange im Einsatz gewesen war, die offenbar dessen Gehirn gequetscht habe. So konnten die Anfälle erklärt werden – und Helmut Krauch blieb unversehrt.

Erbbiologie – die Ausmerzung unwerten Lebens, Euthanasie: Der rote Faden zur „T 4 Aktion" und Auschwitz wird immer deutlicher sichtbar. Gruhle war – zumindest zu Beginn - persönlich mit dabei. Als Ersatz für die von den Nationalsozialisten ausgetauschten bisherigen Professoren: erst als kommissarischer Institutsleiter, dann als offizieller Stellvertreter. Obwohl er von den neuen Machthabern unbehelligt geblieben ist, als stellvertretender Institutsleiter und Oberarzt fungierte, war Gruhle offenkundig verstimmt, dass man nicht ihn, sondern Schneider zum Direktor des Psychologischen Instituts befördert hatte. Deshalb wechselte er im April 1934 an die Universität Bonn, wo er den dortigen Lehrstuhlinhaber vertreten hat. Ein Wechsel, der niemals ohne die Billigung der nationalsozialistischen Machthaber hätte stattfinden können.

Eine feste Professorenstelle hat Gruhle in Bonn damals nicht zugesagt bekommen. Im Winter 1935 hat er in Heidelberg noch zwei Promotionsprüfungen abgenommen, danach informierte er Schneider darüber, dass er aus dem Universitätsleben ganz ausscheiden und sich um eine Verwendung im Anstaltsdienst des Landes Baden bewerben würde.

Im Jahr 1936 finden wir Gruhle kurzzeitig im württembergischen Innenministerium und bereits im selben Jahr wurde er zum Direktor der Anstalt in Zwiefalten ernannt, wo er bis mindestens Herbst 1939 geblieben ist und von wo er sich dann „sofort" nach dem Beginn der „T 4 Aktion" verabschiedet hat. Er habe, heißt es in der Rückschau, die ersten Meldebogen dieser Aktion, mit denen die ersten Tötungsopfer ausgesucht werden sollten, unausgefüllt beiseitegelegt und ein Gesuch an das Innenministerium eingereicht, „man möge von der Freistellung seiner Person vom Militärdienst (immerhin war er damals schon 59 Jahre alt) absehen und ihn einziehen".

So wurde er Leiter des Militärlazaretts Winnenden. „Dort erreichen ihn dann im Frühjahr 1940 die ersten Gerüchte über die Tötung von behinderten Menschen." Es handelt sich bei diesem Zitat um die eigenen Zeugenaussagen Gruhles.

Aussagen, die selbst in den Publikationen der Gedenkstätte Grafeneck auftauchen. Die als Faktum gelten – was sie auch ganz sicher sind, wie meine eigenen Recherchen ergeben haben. So einfach und naiv wie all jene Vorgänge hier beschrieben werden, ist das Wirken Gruhles nicht vonstatten gegangen. Es handelt sich um nachträgliche Schönungen der eigenen Handlungen, an deren Klarheit heftige Zweifel angebracht sind. Auch wenn es der Mann geschafft hat, dass ihm alle geglaubt haben. Mag sein, dass ihm manches nicht gefallen hat, wie da – sicher in Teilen auch über seinen Kopf hinweg – mit den Menschen umgesprungen worden ist.

Aber die Fakten: Im September 1939 wurden aus dem (badischen) Rastatt 577 Menschen, die laut Gutachten an erbbiologischen Defekten litten, in die Durchgangsanstalt nach (dem württembergischen) Zwiefalten verbracht. Wo Gruhle als Direktor amtierte. Denn in Zwiefalten befasste er sich ebenfalls intensiv mit Erbkrankheiten – wie schon vorher in Heidelberg – unter dem berüchtigten Professor Schneider. Ebendiese erbbiologisch Kranken wurden dann die ersten Opfer der planmäßigen Euthanasie, die in Grafeneck ihren Anfang genommen hat. Wohin sie mit den berüchtigten „grauen Bussen“von Zwiefalten aus nach Grafeneck gefahren worden sind.

Auch in der Klinik von Winnenden (Winnental), wo Gruhle sich in das daran angeschlossene Militärlazarett hat versetzen lassen, wurden spezielle erbbiologische Untersuchungen angestellt. Winnental hat in Württemberg „eine führende Stellung eingenommen“ was die „sogenannte erbbiologische Bestandsaufnahme anging“, heißt es in dem oben erwähnten Artikel von Thomas Stöckle über die Klinik. „In Winnental ... befand sich unter der Leitung Dr. Gutekunsts auch die Landeszentrale für die erbbiologische Bestandsaufnahme aller württembergischen Heil- und Pflegeanstalten.“

Kein Wunder also, dass gerade Winnental in den Anfangszeiten der nationalsozialistischen Tötungsmaschinerie ebenso wie Zwiefalten an vorderster Stelle als Durchgangsanstalt für Grafeneck fungierte. Für das erste planmäßige Vernichtungslager der Geschichte.

Und so fuhren auch in Winnenden ab dem Frühjahr 1940 die grauen Busse vor, die ihre Opfer nach Grafeneck und damit in den Tod gebracht haben. Wozu aber war Gruhle, der nichts mit der „T 4 Aktion“ zu tun haben wollte, dann ausgerechnet nach Winnenden versetzt worden – ins Reservelazarett zwar, also formal nicht direkt in die Heil- und Pflegeanstalt, aber eben dennoch Tür an Tür mit denjenigen Kollegen, die er nur allzu gut kennen musste. In unmittelbarem Kontakt mit genau jenen, von denen die Meldebögen für Grafeneck ausgefüllt worden sind. Im Übrigen werden in Winnental auch die sogenannten „forensischen Patienten", also die laut Reichsheimtückegesetz für verrückt erklärten Regimegegner, der „gleichen Hausordnung" unterstellt „wie die übrigen Kranken". Menschen, die nach Gruhles eigenen Worten „so gut wie normal" sind. Genau diese Menschen werden in Winnenden ebenfalls auf den Meldebögen der „T 4 Aktion" erfasst. Viele von ihnen sterben in Grafeneck.

Gruhles Nachfolger in Zwiefalten war Dr. Alfons Stegmann geworden. Am 1. August 1939 ist er von Winnental nach Zwiefalten gewechselt. Ein nachweislich besonders gewissenloser Zeitgenosse, der für den Transport von nahezu 2000 Menschen in die Vernichtungsstätte Grafeneck verantwortlich gemacht werden muss.

Medizinalrat Dr. Stegmann hat es im Jahr 1940 fertiggebracht, in einem der grauen Busse nach Winnenden mitzufahren, um sich dort im Unterland mit frischen Kirschen zu versorgen. Was selbst bei Pflegern in Winnental für erhebliche Empörung gesorgt hat.

Mit den „lebensunwerten" Vernichtungskandidaten und mitsamt seiner Kirschen ist Stegmann dann im grauen Bus wieder zurückgereist. Kann es sein, dass er während seines Aufenthalts in Winnenden nicht mit seinem Vorgänger Gruhle zusammengetroffen ist?

Bei der Kirschenzeit 1940 handelt es sich um einen recht eng eingrenzbaren Zeitraum, also Mitte Juni bis allerspätestens Mitte Juli. Dennoch will Gruhle nie etwas von dem ganzen Treiben um ihn herum mitbekommen haben, wie er später aussagt. Will Stegmann und die ganze graue „Busladung" voller Patienten nicht gesehen haben. Wo doch das Militärlazarett auf demselben Areal zu finden ist wie die „Irrenanstalt" und sogar teilweise im selben Gebäude untergebracht ist. Er will mit seinem Nachfolger, der nie ein großes Geheimnis aus seiner Mission gemacht hat, nicht zusammengetroffen sein.

Die Zeugenaussage eines ehemaligen Oberpflegers der Heilanstalt bei einem Prozess um die damaligen Geschehnisse: „Man kann nicht sagen, dass die Transporte in Ruhe abgegangen sind. So hat einmal ein Kranker geschrien, man solle ihm eine halbe Stunde Zeit lassen, er wolle ans Grammophon und der Welt verkünden, was vor sich gehe. Ein anderer Kranker ist vor den Omnibussen niedergekniet und hat gefleht, man solle ihn doch dalassen: Er wurde aber doch von den Grafenecker Transportleuten ins Auto gebracht."

Kann jemand innerhalb dieses strikt abgegrenzten Areals wirklich allen Ernstes behaupten, von nichts gewusst zu haben? Und in aller Ruhe weiterschreiben ...

In der Veröffentlichung des Stadtarchivs Winnenden ist über einen aufgrund des Heimtückegesetzes nach Winnenden eingewiesenen Stuttgarter Bürgers zu lesen, der im Rahmen der „T 4 Aktion" nach Grafeneck verbracht worden ist, wo er „bereits an der Schwelle zur Gaskammer stehend ... noch in letzter Sekunde von den Tötungen zurückgestellt" worden ist. „Der Grund hierfür war aller Wahrscheinlichkeit nach seine Teilnahme am Ersten Weltkrieg, die als bleibender Verdienst für Volk und Vaterland gewertet wurde. Er wurde nach seiner Rückstellung von Grafeneck in die nahe gelegene Heil- und Pflegeanstalt Zwiefalten verlegt." Ein Dreieck des Grauens: Winnenden – Grafeneck – Zwiefalten.

Kein Zweifel: Wäre August Voll nicht erst zum Militärdienst eingezogen worden, hätte ihm womöglich als „forensischem Patienten" gleich im Jahr 1940 der Tod gedroht. Dann hätte auch seine letzte Reise in den grauen Bussen auf die Schwäbische Alb nach Grafeneck geführt. Dort hatte man nach massiver Unruhe und ersten Protesten in der Bevölkerung die Aktion Ende des Jahres 1940 beendet. Seit Dezember 1940 waren die Öfen von Grafeneck erkaltet.

Für Leute wie den im Frühsommer 1942 ins Reservelazarett nach Winnenden eingewiesenen August Voll mussten also andere Maßnahmen ergriffen werden, um ihn für immer zum Schweigen zu bringen. Mit nicht minder schrecklichen Konsequenzen. Ausgerechnet in der Station des renommierten Arztes Hans Gruhle.

Zitate aus Gruhles Veröffentlichungen in „Grundriss der Psychiatrie" vom Jahr 1937: „... dass es wohl 100000 Manisch-Depressive in Deutschland gebe ... Jeder, der selbst an diesem Leiden – auch in der leichtesten Form – leidet, muss gemäß dem erwähnten Gesetz unfruchtbar gemacht werden." Das Zitat stammt aus der 11. Auflage (!) dieser Publikation. Und weiter, dass „... individuelle Meinungen über Sachverhalte vor den klar festgelegten Grundsätzen der heutigen staatlichen Erbpflege vollkommen zurücktreten sollen". Der Verfasser jener Zeilen amtierte damals schon als Direktor der Irrenanstalt Zwiefalten.

Ein Jahr später, 1938 beschreibt Gruhle in einem Artikel für die erste Ausgabe der Zeitschrift für Altersforschung das Altern generell als „Ausdruck beginnender Stumpfheit". Im Alter geistig verwirrte Menschen, die als Patienten in Zwiefalten behandelt worden waren, sind tatsächlich nach Grafeneck verfrachtet worden, ihrem unabwendbaren Ende entgegen.

Zitat einer ehemaligen Angestellten der Anstalt aus dem Artikel von Thomas Stöckle in dem Buch über Winnental: „Im März 1944 wurden von den in der Heilanstalt Winnental verwahrten, nach Paragraph 42b eingewiesenen Kranken (also den sogenannten forensischen Patienten) vier Frauen nach Auschwitz und elf Männer nach Mauthausen abtransportiert." Und: „Die Transporte wickelten sich nicht immer in Ruhe ab. Eine Kranke rief einmal: ‚Ihr seid meine Mörder!' All dies geschieht in unmittelbarer Nähe des Oberstabsarztes, der dabei noch die Muße findet, in aller Seelenruhe sein später hochgerühmtes „wissenschaftliches Standardwerk" zu schreiben.

Vermerk in den Nachschlagewerken zu Hans W. Gruhle (1880–1958): „Professor in Heidelberg und Bonn, Hauptvertreter einer verstehenden Psychologie und Psychopathologie. Während des 2. Weltkriegs – Gruhle leitet als Oberarzt ein Reservelazarett in Winnental – findet er Zeit und Muße, sein wahrhaft epochales Werk ‚Verstehende Psychologie' zu schreiben".

Seit dem Jahr 1944 war die Abteilung X des württembergischen Innenministerium unter deren Leiter Ministerialrat Dr. Eugen Stähle ebenfalls in Winnenden untergebracht, da man in Stuttgart ausgebombt worden war. Bei Stähle handelt es sich um den hauptverantwortlichen Organisator der Vernichtungsaktion Grafeneck. Die Herren Dr. Stähle und Dr. Gruhle haben sich nachweisbar gekannt – auch dies steht zweifelsfrei fest. Zumindest seit dem Jahr 1936, in diesem Jahr war Gruhle eine Zeitlang im Stuttgarter Innenministerium beschäftigt, im selben Sachgebiet wie Stähle. Seit 1944 also arbeitete man sozusagen wieder Tür an Tür. Und dennoch wollte Gruhle von nichts gewusst haben.

Nach dem Krieg ist Gruhle bis 1. April 1947 als Professor an der Psychiatrie in Weissenau tätig (wo Dr. Gutekunst, der frühere Anstaltsdirektor von Winnental, zuvor lange Jahre tätig war), ab dann an der Universität Bonn, wo er als Direktor der dortigen Nervenklinik fungiert. Noch 1957, also im Alter von 77 Jahren, hält er als emeritierter Professor in Bonn regelmäßig Vorträge als anerkannter und hoch geachteter Neurologe und Psychiater.

Gleichzeitig klagte Gruhle, der ehemalige Militärarzt, gegen die Bundesrepublik Deutschland (als Rechtsnachfolger des Deutschen Reiches) auf Wiedergutmachung sowie auf Entschädigung als Opfer des Naziregimes – er bezeichnete sich dabei als Gegner des Regimes. Wodurch er eine Aufstockung seiner Pensionsansprüche erreichen wollte. Vielleicht war es ein besonders durchtriebenes Ablenkungsmanöver. Denn wer würde schon hinter einem angeblichen Naziopfer einen Mitläufer vermuten, der Gruhle zumindest doch gewesen ist. Die Witwe hat nach seinem Tod im Jahr 1958 auf ein Witwengeld von 795,15 DM geklagt – und: Sie hat es tatsächlich bekommen.

*

Einmal mehr stoßen wir also auf dieses Phänomen, dass es keiner gewesen ist. Nicht der Psychiater, nicht der Wissenschaftler, der doch nur von der Welt in Ruhe gelassen seiner Forschung nachgehen wollte, nicht der Pfarrer, der zwar Mitglied im DC-Pfarrerbund war, aber dennoch „ein guter und verantwortungsvoller Seelsorger und Prediger“ gewesen sei. Es habe sich halt alles so ergeben. Einfach so ergeben.

Alle waren sie nur Mitläufer, zufällig in die Fänge der Nationalsozialisten geraten, manchmal sogar angebliche Opfer.

Aber interessiert das denn heutzutage noch irgendjemand?

Wen „juckt“ das heute noch? Meine Kinder etwa? Die zucken nur gelangweilt mit den Schultern – selbst dann, wo doch die eigene Familie betroffen ist. Denn immerhin handelt es sich um ihren eigenen Urgroßvater, dessen Totenschein von dem Psychiater aus Heidelberg unterschrieben worden ist.

Es ist leider nur allzu erklärbar, dass sich die Kinder verständnislos abgewendet haben. Von dieser in weiten Teilen unsäglichen Diskussion um Vergangenheitsbewältigung. Sie können es nicht mehr hören. Verständlich, angesichts so mancher Debatte der vergangenen Jahre. Allein der Streit um das Holocaustdenkmal in Berlin. Da geraten sie sich wegen eines aberwitzig teuren Denkmals unversöhnlich in die Haare! Wegen eines Betonklotzes, dessen gewaltige Kosten schon ganz alleine dafür sorgen, dass die Jugendlichen verwundert die Köpfe schütteln. Und sich fragen, wem solch ein Klotz etwas sagen soll. Wer daraus etwas lernen kann. Ist es nicht viel mehr immer das einzelne Schicksal eines Menschen, das den Wahnsinn weitaus deutlicher aufzuzeigen vermag? Erst dann ist dieser Wahnsinn vielleicht zu begreifen. Die Millionen von Opfern. Leid, Tod, Verzweiflung.

Aber wie stark das Echo eines solchen Geschehens bis in das 21. Jahrhundert hinein dennoch vernehmbar ist, mag der Verweis auf die Tatsache belegen, dass mich meine Frau Karin über Jahre hinweg geradezu gedrängt hat, dieses Buch über das Leben und Ende ihres Großvaters unbedingt zu schreiben. Vom „Buch über den Opa" hat sie immer geredet – einem Opa, den sie doch niemals kennen gelernt hat. Üblicherweise wird in solchen Situationen neutral vom „Großvater" gesprochen, als vom wesentlich vertrauter klingenden „Opa". Aber nein, es geht ihr „um den Opa". Sie nennt ihn „den Opa". Diesen Mann, den sie nicht gekannt hat. Ein Mann, der 15 Jahre vor ihrer Geburt gestorben ist. Der in ihr dennoch ein bedrückendes Gefühl der Vertrautheit hervorruft. Vertrautheit mit einem Menschen, dem sie so gerne begegnet wäre. Sich als kleines Kind in seine Arme hätte nehmen lassen, mit ihm sprechen, lachen und einfach nur glücklich sein wollen.

Ihr Großvater, dem sie so viele Fragen gestellt hätte. Auch diejenige, weshalb er sich nicht, wie die meisten anderen, zurückgezogen und den Mund gehalten hat. Weshalb er nicht, wie später der Arzt in Winnenden, ruhig mit dem Strom geschwommen ist. Weshalb er sich denn offen gegen das Regime gestellt hat. Weshalb er im landläufigen Sinne also nicht lebensklug gehandelt hat, was doch auch im Interesse seiner eigenen Familie gestanden hätte. So, wie man es auch heute immer wieder zu hören bekommt: nicht aufmucken, bringt doch nichts ... Clever sein, den Mund halten, mitnehmen, was möglich ist. Ein Verhalten, das als lebensklug gilt. Mehr denn je hat sich diese Form der unauffälligen Anpassung in unserer Gesellschaft durchgesetzt. Alle anderen Formen der Zivilcourage gelten nicht als mutig oder gar couragiert, sondern höchstens als dumm. Schon wieder? Oder: immer noch? Wie auch immer: Hätte sich August Voll noch einmal genauso verhalten, wenn er eine zweite Chance bekommen hätte – trotz mancher resignierend klingender Formulierung in seinen Abschiedsbriefen? Alles spricht dafür, aber wir – und vor allem meine Frau Karin – wir hätten es eben gerne von ihm selber gehört.

Auch die Kinder, Ella und Willi. Sie haben vieles verdrängt – aus purer Überlebensstrategie heraus. Aber vergessen? Auf keinen Fall. Auch ihr Lebensweg hat durch das Schicksal ihres Vaters seine ganz spezifische Ausprägung bekommen. Auch sie sind in dieser Geschichte gefangen. Unentrinnbar, selbst Jahrzehnte später noch. Eine Geschichte, die viel weiter in die Gegenwart hineinragt, als ich mir zu Beginn meiner Recherchen ausgemalt hätte. Macht es also doch einen Sinn, sich mit den „alten Geschichten“ zu beschäftigen? Vielleicht verstehen das unsere Kinder, August Volls Urenkel, eines Tages doch noch. Weshalb wir die wahre Geschichte ihres Urgroßvaters haben erfahren wollen. Und dass Geschichte nicht durch Jahreszahlen und trockene Daten erfahrbar wird, sondern durch Lebensbeschreibungen. Nur dann macht das Ganze Sinn. Nur so gibt es die Chance, aus der Geschichte eventuell zu lernen. Was schön wäre ...

In Heidelberger Psychiaterkreisen wird der Name Hans Gruhle nach wie vor in hohen Ehren gehalten. Auch wissenschaftlich gelten seine Publikationen – hauptsächlich die der zwanziger Jahre – als wegweisend. Mehr noch: In der Psychiatrischen Abteilung des Universitätsklinikums Heidelberg existiert sogar eine „Station Gruhle“ – dem großen Psychiater Hans Walter Gruhle zu Ehren. Selbstbeschreibung des Klinikums der Universität Heidelberg aus dem Jahr 2005, Station Gruhle: „Die Station trägt den Namen von Hans Walter Gruhle (1880–1958), der in Leipzig, Würzburg und München studierte und 1904 in München promovierte. Von 1905 bis 1934 war Hans Walter Gruhle an der Psychiatrischen Klinik der Universität Heidelberg tätig und leistete unter anderem wertvolle Beiträge zur wissenschaftlichen Begründung einer verstehenden Psychologie und Psychopathologie. 1936 wurde Hans Walter Gruhle Direktor der württembergischen Heil- und Pflegeanstalt Zwiefalten und später an der Anstalt Weissenau. Im Alter von 65 Jahren wurde Hans Walter Gruhle Ordinarius an der Bonner Klinik. 74-jährig gab Hans Walter Gruhle seinen Lehrstuhl ab, blieb aber unermüdlich im Dienst der Wissenschaft tätig.“ Was würden Männer wie August Voll dazu sagen? Oder der einfache Soldat Adam Winkler?

Hans Gruhle, August Voll, Adam Winkler. Welch ein Unterschied zwischen diesen drei Schicksalen, die sich in Winnenden getroffen haben!

Ein weiterer Arzt aus Winnenden ist gleich nach dem Krieg von aller Schuld reingewaschen worden: der seinerzeitige Direktor der Heilanstalt Winnental, Dr. Otto Gutekunst. Er war „aus dienstlichen Gründen“, wie er später vorgegeben hat, in die Partei eingetreten, im Interesse der Heilanstalt und ihrer Patienten. 400 Patienten sind allerdings zwischen 1940 und 1945 verschickt und ermordet worden. Dennoch hat man ihm schon im Frühjahr 1946 attestiert, er habe „aktiven Widerstand gegen die nationalsozialistische Gewaltherrschaft geleistet“. Man hat ihn als Mitläufer eingestuft. Damit ist Gutekunst völlig ungeschoren davongekommen. Der eine ein Mitläufer, der andere gar ein Opfer des Regimes. Klingt es nicht wirklich wie eine Verhöhnung der Opfer, wenn man sich diese Formulierungen vor Augen hält?

Welche Bezeichnungen bleiben dann für die tatsächlichen Opfer?

Ob sich Hans Gruhle bei der Einreichung seiner Klage auf Wiedergutmachung wohl noch an den Soldaten August Voll hätte erinnern können, dessen Totenschein er als behandelnder Arzt ausgestellt hatte? Wie wäre eine Begegnung zwischen ihm und August Volls Witwe Emilie, einer wirklich Leidtragenden des Naziregimes, wohl verlaufen? Hat er überhaupt jemals an die Ereignisse in Winnenden zurückgedacht?

Die Erinnerungen der Paula Thrun, geb. Voll, Jahrgang 1928, an die Zeit nach der Inhaftierung und dem Tod von August Voll:

„Wovon die Emilie mit den zwei Kindern gelebt hat, als der August im Gefängnis war? Sie hatten Geißen, Hühner und Enten. Geld, da haben sie keines gehabt, aber hungern haben sie auch nicht müssen. Sie haben von jeder Seite etwas bekommen. Wenn ein Hase geschlachtet worden ist oder eine Sau. Dabei war das Haus noch nicht einmal fertiggestellt, Schulden waren drauf, das Treppenhaus war noch ein Rohbau. Dann hat Emilie im Krieg einen Teil vermietet, um so wieder etwas Geld zu bekommen. Außerdem hat sie für die Leute Wurstbüchsen zugemacht beim Schlachten, mit ihrem Leiterwägelchen und der Maschine drin. Da ist sie überall gewesen, zu Fuß natürlich, und da hat sie ein paar Mark da und ein paar Mark dort verdient. So hat sie sich durchgeschlagen. Stück für Stück ist dann am Haus etwas gemacht worden. Irgendwie hat sie sich und die Kinder eben durchgebracht. Deswegen war die Emilie in späteren Jahren aber auch so verbittert."

*

Regelrecht durchgeschlagen hat sich Emilie Voll durch das Leben, mit dem sie sich arrangieren musste. Ob sie wollte oder nicht. Keiner hat sie gefragt. Mit den Jahren, die ins Land gingen, wurde es besser. Die Verzweiflung war einer dumpfen Resignation gewichen. Man lebte – von einem Tag auf den anderen eben. Wenigstens rannte die Mutter jetzt nicht mehr einfach so davon, wie es Ella im Winter des Jahres 1943 mehrfach hatte erleben müssen. Einfach auf und davon. In den Wald. Nachdem sie alle Arbeit hatte stehen und liegen lassen. „Ich hänge mich auf!“, hatte sie gerufen. Und das entsetzte Mädchen war dagestanden. Vor Schreck unfähig, sich zu regen. Erst Stunden später war die Mutter wiedergekommen. Mit rot geweinten Augen. Hatte das Haus betreten und war kommentarlos ins Schlafzimmer gegangen. Wo sie sich bis weit in den nächsten Morgen hinein eingeschlossen hatte.

Gott sei Dank war diese schlimme Zeit allem Anschein nach vorüber. Irgendwie musste das Leben doch weitergehen. Und spätestens mit dem Anbruch der warmen Jahreshälfte musste es wieder besser werden. Auch ohne den Vater.

*

Es war um die Mitte des Jahres 1943, als der alte Herr Geist ganz in der Nähe der Volls, nämlich in der Rappenauer Straße, eine Limonadenproduktion aufgenommen hat. Was für die Kinder von Kirchardt eine Sensation darstellte: grasgrün schimmernde Limonade mit Waldmeistergeschmack. Und herrlich rote, das war dann die Sorte Himbeere.

Kein Wunder, war die Begeisterung dementsprechend groß, als es hieß, dass der Herr Geist ab und zu ein bisschen Unterstützung benötige. Beim Flaschenspülen zum Beispiel. Da könne er sogar Kinder zum Helfen gebrauchen. Die Flaschen in die Wanne legen, gut ausspülen: Das war keine besonders schwere Arbeit. Auch für die Kinder nicht. Dafür aber eine umso begehrtere: Denn für ihre Hilfe bekamen sie ein ganzes Glas Limonade geschenkt. Gewaltig viel für jemanden, der ansonsten nie im Leben so etwas hätte trinken dürfen. Pures Wasser hatte es bis dahin schließlich auch getan. Denn Wasser war kostenlos – im Gegensatz zur Limonade. Das also war etwas ganz Besonderes, gerade auch für Ella und Willi, die es sich niemals hätten leisten können, solch eine Limonade zu kaufen. Und selbst wenn: Emilie hätte es ihnen verboten. Das bisschen Geld, das man hatte, ließ sich weiß Gott sinnvoller ausgeben.

Voller Freude war Ella also an diesem Nachmittag in die Rappenauer Straße aufgebrochen, um wieder einmal beim Flaschenspülen zu helfen. Für ein Glas Limonade. Himbeere sollte es heute sein. Den ganzen Morgen hatte sie schon davon geträumt. Von diesem herrlichen Geschmack der rot schimmernden Flüssigkeit.

Auch heute wich die Begleitung nicht von ihrer Seite: der kleine Erpel, mit dem sie sich vor einigen Wochen schon angefreundet hatte. Der Erpel aus dem Bach, der vor dem Haus in der Vorstadtstraße vorbeifloss. Seitdem folgte das niedliche Tier Ella auf Schritt und Tritt. Egal wohin. Aufgeregt schnatternd watschelte er beständig einen halben Schritt hinter ihr drein.

Doch spätestens an der Tür von Geists Limonadenproduktion war Schluss. Egal wie zutraulich das Tier auch sein mochte. „Die Ente kommt mir da aber nicht rein. Verstanden?“ Mit strenger Miene hatte der alte Geist die Hände in die Hüften gestemmt und nickte mit dem Kinn in Richtung des Erpels, der erwartungsvoll hinter dem Mädchen verharrte.

„Aber der tut doch nichts Schlimmes.“ Ein kurzer Blick auf den alten Geist genügte Ella jedoch, um rasch zu begreifen, dass da nichts zu machen war, wollte sie das schöne Glas Limonade nicht leichtfertig aufs Spiel setzen.

„Na gut. Komm, Ente, geh zurück." Sie wandte sich um und klatschte zweimal in die Hände, um den Erpel zum Bach zurückzuscheuchen. „Jetzt geh halt schon. Ich komme doch später nach!" Doch es war nichts zu machen. Das Tier stieß einen empörten heiseren Protestlaut aus und wich einige Meter zurück. Dort aber blieb er stehen – um dem Mädchen gleich darauf wieder zu folgen, als sie in das Gebäude trat.

„Ja, was ist denn jetzt?", runzelte der alte Limonadenfabrikant verdrießlich die Stirn. „Sag ihm lieber, dass er abhauen soll, bevor er in den Kochtopf kommt!"

Als habe er die Drohung ganz genau verstanden, reckte der Erpel daraufhin seinen Kopf angriffslustig in Geists Richtung und ließ ein lautes Schnattern hören.

„Sehen Sie, jetzt ist er beleidigt. Das dürfen Sie nicht sagen", meinte Ella vorwurfsvoll. Es gab nur eine Möglichkeit, um doch noch an die Limonade zu kommen. Sie bückte sich zu dem Erpel hinunter und nahm ihn in ihre Arme. Dann trug sie ihn rasch zurück an den Bach, in der Hoffnung, er möge wenigstens so lange dort bleiben, bis sie es geschafft hatte, das Haus des Limonadenfabrikanten ohne Begleitung zu betreten.

„Jetzt sei halt einmal eine anständige Ente. Ich will mir doch nur ein Glas Limonade verdienen. Dann komme ich ja wieder."

Doch kaum war es ihr gelungen, den lautstark protestierenden Erpel im Bach abzusetzen und so schnell wie möglich in die Nachbarstraße zurückzueilen, da drang eine zornige Männerstimme aus dem Gebäude.

„Das ist ja furchtbar! Wer war das?!" Mit zornrotem Kopf stand der alte Herr Geist in der Türe und hielt mit weit ausgestrecktem Arm eine Limonadenflasche vor sich in die Höhe. Es war unverkennbar: In der Flasche mit der grünlich schimmernden Waldmeisterlimonade befand sich etwas, das dort nicht hineingehörte. Aber was? Der alte Mann kniff angestrengt die Augen zusammen, um das braune Etwas genauer unter die Lupe nehmen zu können. Schätzungsweise vier Zentimeter lang, einen halben Zentimeter dick, dümpelte es auf der grünen Flüssigkeit. Ella stutzte. Man hätte beinahe meinen können, es handele sich um eine Schnecke. Eine Schnecke! „Igitt!", drang da ein spitzer Schrei aus dem Mund eines kleinen Buben, der das Objekt der Aufregung ebenfalls ganz genau betrachtet hatte. „Pfui Teufel! Das ist ja wirklich eine Schnecke! Da – schaut doch mal!", deutete er aufgeregt auf die Flasche samt ihrem mittlerweile eindeutigen Inhalt: der Schnecke, die regungslos in der Waldmeisterbrühe dümpelte.

„Pfui!" Ella und die anderen Mädchen, die am heutigen Nachmittag mit dem Flaschenspülen beschäftigt waren, schüttelten sich angeekelt. Mit Ausnahme von zweien, die sich krampfhaft die Hände vor den Mund hielten und allem Anschein nach das Lachen kaum unterdrücken konnten. Womit selbst dem ansonsten eher behäbigen alten Limonadenfabrikanten schnell ein Licht aufgegangen war, welchen Streich man ihm da gespielt hatte. „Na wartet, ihr Lausebande!" Drohend hob er seinen Stock und schwenkte ihn vor sich her, während er versuchte, den beiden den Weg ins Freie zu versperren. Doch die beiden Mädchen waren schneller gewesen. Zum guten Glück für sie ...

Am nächsten Abend war Willi krank geworden. Elend und stöhnend lag er in seinem Bett. Die Decke bis unter das Kinn geschoben, das Gesicht kreidebleich. Nicht einmal der kalte Waschlappen auf seiner fiebernassen Stirn hatte ihm Linderung gebracht. „Mir ist übel. So furchtbar übel", stöhnte er kraftlos und betrachtete dabei angewidert den Blecheimer, den seine Schwester Ella neben das Bett gestellt hatte. Aus guten Gründen. Solange ihre Mutter im Laden beschäftigt war, hatte Ella versucht, den Bruder zu pflegen. Doch allmählich war ihr die Sache nicht mehr ganz geheuer gewesen, und so hatte sie die Mutter schließlich alarmiert. Rasch hatte Emilie ihre Arbeit unterbrochen und die Tür des Ladens hinter sich verschlossen. Dann war sie voller Sorge in das Haus geeilt. Denn wenn sich Ella trotz ihrer strikten Anweisung, die Mutter im Laden niemals mit alltäglichen Dingen zu behelligen, dennoch traute, dann musste es sich tatsächlich um eine ernstere Sache handeln.

Und dass es mit Willi nicht zum Besten stand, das konnte man mit einem einzigen Blick erkennen. „Was ist denn los?"

Ella zuckte ratlos mit den Schultern. „Ich weiß es nicht. Ganz plötzlich ist ihm schlecht geworden. Ein paarmal schon hat er sich übergeben", deutete sie mit dem ausgestreckten Arm auf den Blecheimer an Willis Bett.

Besorgt musterte Emilie ihren leise und jammervoll wimmernden Sohn. „Was ist passiert, Willi? Hast du vielleicht etwas Falsches gegessen? Oder hast du dich bei irgendjemand angesteckt, der selber krank ist?"

Stumm schüttelte der sechsjährige Junge seinen Kopf.

„Hast du eine Ahnung, Ella, woher das kommt?"

Doch auch Ella verneinte. „Überhaupt nicht. Aber ich denke, ich mache ihm jetzt einmal eine Bettflasche. Das müsste doch helfen, oder?"

Emilie nickte. „Es kann auf jeden Fall nicht schaden." Vorsichtig zog sie die Bettdecke zurück und tastete mit den Fingern langsam den Bauch des leise stöhnenden Kindes ab. „Ob es der Blinddarm sein kann? Tut es dir da irgendwo weh?"

Wieder verneinte Willi kraftlos, während er gleichzeitig seine Hand auf den Bauch legte. „Es drückt da nur so komisch", flüsterte er matt.

„Merkwürdig. Dann müssen wir wohl den Doktor holen", meint Emilie.

„Der Eimer!" Mit panischem Blick war Willi in diesem Augenblick abrupt aufgefahren und deutete zu dem Blecheimer an seinem Bett, den die Mutter geistesgegenwärtig sofort ergriff. Begleitet von einem gequälten Seufzer steckte der Junge seinen Kopf in den Eimer und erbrach sich keuchend.

„Das ist nun schon das vierte Mal."

Stöhnend sank Willi in die Kissen zurück, während dicke Schweißperlen von seiner Stirn liefen. „Mir ist so übel, Mutter. So furchtbar übel. Kann ich vielleicht einen Schluck Milch zu trinken haben?"

„Milch?" Emilie schüttelte energisch ihren Kopf. „Auf gar keinen Fall! Das würde ja alles noch viel schlimmer machen!"

„Aber ich habe so einen furchtbaren Geschmack im Mund. Mir wird schon wieder ganz schlecht davon", jammerte der Kranke. „Die ganze Zeit schon dieser schreckliche Waldmeistergeschmack!"

Überrascht runzelte Emilie die Stirn. „Waldmeistergeschmack?"

Ella übernahm die Erklärung. „Ja, Waldmeister. Klar. Wir waren doch wieder beim alten Geist zum Flaschenspülen. Da hat der Willi dann die Waldmeisterlimonade bekommen, als Helferlohn."

„Also womöglich war die Limonade verdorben?"

„Nein, das kann nicht sein. Ich habe doch auch eine Tasse davon getrunken. Dann müsste es mir doch auch übel sein", meinte das Mädchen. „Obwohl ... der Willi. Der hat natürlich viel mehr getrunken als ich."

„Wie viel mehr denn?"

„Na ja, er hat da mit seinen ganzen Freunden getauscht. Eine Glasmurmel pro Tasse hat es ihn gekostet, dass er die Rationen von den anderen auch hat trinken dürfen. Wo es ihm doch so gut geschmeckt hat."

In Emilie dämmerte allmählich ein Verdacht. „Und wie viel war das dann wohl insgesamt?"

„Hmmh ...", abschätzend wiegte Ella ihren Kopf. „So sechs oder sieben Tassen sicherlich. Das hat aber auch wirklich gut geschmeckt. Denn dieses Mal haben wir sogar gekühlte Limonade aus dem Eiskeller gekriegt, nicht so warme wie sonst immer. Das schmeckt dann erst richtig toll. Wenn der Waldmeister fast schon eiskalt ist. Ganz frisch vom Keller unten. Da liegen ja sogar noch immer ein paar Eisstangen vom letzten Winter. Ist das vielleicht kalt gewesen da drin!"

„Waldmeisterlimonade! Sieben Tassen! Eiskalt!" Emilie stemmte die Hände in die Hüften und bedachte das Häufchen Elend vor ihren Augen mit einem missbilligenden Blick. „Ist das wahr, Willi? Hast du tatsächlich sieben Tassen eiskalte Waldmeisterlimonade getrunken?"

Der Patient nickte unglücklich und korrigierte die vermutete Zahl. „Acht", murmelte er mit schwacher Stimme. „Acht waren es ..."

„Acht Tassen! Und wie ich dich kenne auf einen Rutsch hinuntergekippt! Stimmt's?"

Wieder war ein zaghaftes Nicken die Antwort.

„Na dann!" Emilie klatschte laut in die Hände. „Dann können wir uns den Doktor ja sparen. Dann hast du dir im Unverstand einfach den Magen verdorben. Und jetzt musst du es halt büßen. Wer nicht hören will ..." Sie tippte sich vielsagend an die Stirn. „Da hilft nur noch die Zeit ... Ein, zwei Tage wird es schon dauern ..."

Ein jammervolles Stöhnen entrang sich der Kehle des Bettlägerigen. „Aber dann bin ich gestorben! Mir ist so furchtbar schlecht!"

„Nichts zu machen", erwiderte die Mutter knapp und bestimmt.

„Aber wenigstens ein bisschen Milch ...", bettelte der Patient mit weinerlicher Stimme.

„Keine Milch!"

„Dann sterbe ich aber ..."

„So schnell stirbt man nicht. Die Ella wird dir einen schönen Kamillentee machen und dann wird es dir bald wieder besser gehen." Angewidert zog der Junge bei diesem Stichwort eine bittere Grimasse. „Kamillentee!"

„Ja, Kamillentee. Sonst gar nichts. Und schön lange ziehen lassen. Er soll ihn erst trinken, wenn er nur noch lauwarm ist, ja?“, richtete sich die Mutter mit ihrer Anweisung wieder an ihre Tochter. „Und ich muss jetzt wieder in den Laden. Einer von uns muss ja etwas arbeiten und schauen, dass das Geld hereinkommt. Wenn irgendetwas sein sollte, dann ruft ihr mich halt. Und du, du passt künftig besser auf deinen kleinen Bruder auf, dass so etwas nicht noch einmal passiert. Dafür habe ich wirklich keine Zeit und erst recht keine Nerven. Verstanden?“

Ella nickte schuldbewusst. „Ja, Mutter.“ Dann wandte sie sich um und eilte in die Küche, wo sie zwei Scheite Buchenholz in den Herd gab, um das Wasser für den Kamillentee ihres Bruder möglichst rasch zum Kochen zu bringen.

Das Wunder geschah: Am Morgen des nächsten Tages war die zunächst so lebensbedrohlich erscheinende Erkrankung von Willi Voll wie weggewischt. Quicklebendig wie eh und je fegte er mit seinen Spielkameraden durch die Kirchardter Gassen. Gerade so, als sei nie etwas gewesen. Nur um die Limonadenproduktion der Familie Geist machte der Junge fortan einen respektvollen Bogen. Auch mit Waldmeisterlimonade konnte man ihn seitdem nie mehr locken.

Und so machte sich Ella in den nächsten Wochen eben ganz alleine auf, um den Geists ab und zu beim Flaschenspülen zur Hand zu gehen. Denn Ella schmeckte die Limonade nach wie vor hervorragend. Einmal war sie dabei vom alten Geist gefragt worden, aus welchem Grund sich ihr Bruder Willi eigentlich nicht mehr sehen lasse. Worauf das Mädchen nur in scheinbarer Ratlosigkeit die Achseln gehoben hatte. Damit hatte sich die Sache erledigt.

Leider war es dann auch schon bald mit den Hilfstätigkeiten der Kinder vorbei. Denn dank des bescheidenen Verdienstes durch die sich steigernde Limonadenproduktion gelang es dem alten Herrn Geist, sich eine Spülmaschine anschaffen zu können. Sehr zum Leidwesen der Kinder, die sich dadurch von einem Tag auf den anderen um ihre Arbeit und vor allem um die damit verbundene süße Entlohnung gebracht sahen.

Dementsprechend traurig hockte Ella an jenem Tag, als sie das hatte erfahren müssen, am Mittagstisch und rührte lustlos mit dem Löffel im Suppenteller herum.

„Was ist denn los mit dir? Hast du keinen Hunger?"

„Der Geist hat jetzt eine Spülmaschine für seine Flaschen."

Emilie zuckte gelangweilt mit den Achseln, ohne von ihrem Teller aufzublicken. „Na und? Was soll uns das denn großartig interessieren?"

„Dann können wir ihm nicht mehr helfen. Er hat gesagt, er braucht uns jetzt nicht mehr." Ella atmete tief durch und musterte ihre Mutter verstohlen mit einem abschätzenden Blick. Schließlich hatte sich das Mädchen dazu durchgerungen, auch die Vorgeschichte zu erzählen. „Es ist nämlich so ... Der alte Geist hat sich ziemlich über uns geärgert, er hat gesagt, wir seien selber daran schuld ..."

„... das wundert mich allerdings überhaupt nicht", kommentierte Emilie trocken, während sie sich mit dem Schöpflöffel vorsichtig eine weitere Portion der dampfenden Gemüsesuppe in ihren Teller goss.

„Ja, aber was kann denn ich dafür, wenn der Peter in eine Limonadenflasche pinkelt." Ella verzog unglücklich die Mundwinkel. „Und dann ist er bei uns herumgegangen und hat behauptet, es sei Zitronenlimonade. Eine neue Sorte, die der Herr Geist jetzt ganz frisch dazugenommen habe. Der Karl hat probiert – und der Wilhelm auch. Danach sind sie dann zum alten Geist gerannt und haben den Peter verpetzt. Kein Wunder: Das hätte ich mir auch nicht gefallen lassen. Dem Peter seinen Urin zu trinken! Pfui Kuckuck!"

„Das ist ja eine schöne Schweinerei", schüttelte Emilie angewidert den Kopf. „Dem hätte ich aber ordentlich die Jacke ausgeklopft, wenn ich ihn erwischt hätte! Das kann ich dir sagen!"

„Das hat der Herr Geist ja auch tun wollen. Aber er ist halt nicht mehr der Schnellste – und da ist ihm der Peter entwischt. Dafür war der Geist aber mordsmächtig sauer und hat die ganzen Buben an diesem Tag zum Teufel gejagt. Und alle seine Kisten hat er noch mal durchsehen müssen, weil er Angst hatte, dass da noch ein paar Flaschen mit der angeblichen Zitronenlimonade versteckt sein könnten. Wenn so eine Flasche an die Kundschaft kommt, dann sei er ruck, zuck ruiniert, hat er gerufen. Das war vielleicht eine Arbeit für ihn, alle Kisten aus dem Lager zu holen und einzeln durchzusehen. Und er hat sich von niemandem helfen lassen – weil er halt keinem von uns mehr trauen könne, hat er noch gemeint. Einen ganzen Nachmittag lang hat er deswegen nicht abfüllen können, sondern die ganze Limonade wegschütten müssen. Die wäre sonst schlecht geworden. Allein das hat ihn schon eine ganze Menge Geld gekostet."

„Das muss aber der Lausbub zahlen!", ereiferte sich Ellas Mutter. „Das kann man sich ja wirklich nicht so ohne weiteres gefallen lassen!"

„Ja, schon", nickte das Mädchen. „Das hat der Herr Geist auch gesagt, dass das die Eltern vom Peter jetzt bezahlen müssen. Und dass der deswegen auch richtig Ärger bekommen hat mit seinem Vater. Doch obwohl er fast das ganze Geld vom Sparbuch von Peter bekommen hat, sei das sicher nicht so viel, wie der tatsächliche Verlust ausgefallen sei. Vom Ärger und der ganzen Aufregung wolle er gar nicht erst reden, hat der alte Geist gemeint. Ja", unglücklich verzog Ella das Gesicht zu einer Grimasse. „Und da ist ihm dann irgendwann die Idee mit dieser automatischen Spülmaschine gekommen. Bei so einer Maschine, da brauche er dann keine Angst mehr zu haben, dass die ihm irgendeinen Streich spielen wolle, hat er gemeint. Deshalb haben wir jetzt keine Arbeit mehr." Sie machte eine kurze Pause und nickte bedeutungsvoll. „Aber das muss ich schon sagen: Das ist vielleicht ein Ding, diese Spülmaschine. Es ist unglaublich, denn jetzt geht alles fast von alleine – und sauberer als bei uns wäre es obendrein auch noch, hat der alte Geist erklärt!“

„Also so richtig eine Maschine, die ihm die Flaschen dann ganz automatisch spült?“ Emilie rieb sich mit der rechten Hand erschöpft die schmerzende Stirn und schien erst jetzt zu begreifen, welch technisches Wunderwerk da ohne ihr Wissen in der nicht allzu fernen Nachbarschaft anscheinend installiert worden war. „Das ist ja wirklich nicht schlecht“, sinnierte sie nachdenklich. „Verdienen die denn tatsächlich so viel Geld damit? Mit Limonade? Die doch eigentlich gar niemand braucht.“ Kopfschüttelnd blickte sie aus dem Fenster. „Und unsereins arbeitet den lieben langen Tag für ein paar Pfennig. Mit dem Laden und den ganzen Töpfen drin, die ja auch keinen rechten Gewinn bringen. Samt den Schlitten, Schlittschuhen, Pfannen, alles bringt doch fast nichts ein und trotzdem muss man ständig da sein, bevor sie sonst woanders hingehen und dort einkaufen. Dazu noch die Arbeit auf dem Feld, abends bei den Bauern – dennoch komme ich auf keinen grünen Zweig. Die Darlehen fressen uns fast auf. Das ist dann der Lohn dafür, dass man was Rechtes schafft. Es wäre wohl auch besser für uns, wenn wir von Anfang an so etwas Nutzloses gemacht hätten wie Limonade herzustellen. Wenn ich nur die Sachen von eurem Vater am besten alle auf einmal verkauft hätte und dafür mit Limonade angefangen hätte. Limonade! Kein Mensch braucht es und ungesund ist es noch dazu. Aber Geld verdient ist anscheinend ja damit trotzdem. Was für eine Welt!“, setzte sie noch bitter hinzu.

„Trotzdem schade, dass es vorbei ist mit dem Helfen. Mir hat die Limonade doch immer so gut geschmeckt. Und kaufen ... das geht ja nicht, wo wir doch kein Geld dafür haben ...“ Hoffnungsvoll ließ Ella das Ende ihres

Satzes bewusst in der Schwebe. Doch bei der Mutter stieß sie damit auf keinerlei Verständnis. „Das wäre ja noch schöner, das sauer verdiente Geld für so etwas zum Fenster hinauszuwerfen. Und damit zu allem Überfluss auch noch die Zähne kaputt machen. Wozu gibt es denn Wasser? Dass man irgendein süßes Pulver da hineinschüttet, bis es einem sterbenselend wird? So wie dir damals, Willi. Weißt du noch?"

Allein die Erinnerung an die qualvoll überstandene Limonadenattacke in seinen Eingeweiden genügte dem Jungen, um heftig mit den Augen zu rollen. „Das war furchtbar."

„Siehst du. Wer weiß, was dieses Teufelszeug sonst noch alles im Magen anrichtet. Jetzt kannst du dir wenigstens keine Limonadenvergiftung mehr holen. Und die Ella genauso wenig. Auch gut."

Während ihr Bruder Willi zustimmend nickte, war Ella alles andere als überzeugt vom Fazit ihrer Mutter. Aber es hatte keinen Zweck zu widersprechen. Das hätte die Mutter keinesfalls geduldet. Seit dem Tod des Vaters war aus ihr eine Frau geworden, die keinerlei Widerspruch duldete. Die zwei im Grund genommen total nichtigen Anlässe, bei denen Ella anderer Meinung gewesen war und dies auch der Mutter gegenüber vertreten hatte, waren dem Mädchen jedenfalls unauslöschlich im Gedächtnis haften geblieben. Erst ein völlig unvermittelter, lautstarker Zornesausbruch und danach der überstürzte Rückzug ins Schlafzimmer, dessen Tür sie sofort hinter sich verschlossen hatte. Bis weit in die Nacht hinein war dann nur noch ein herzerweichendes Schluchzen von der Mutter zu hören gewesen. Selbst noch während der darauffolgenden Tage hatte sie keine Silbe mit ihrer Tochter gesprochen. Seit dem tragischen Tod des Vaters war eine spürbare Veränderung im Wesen der Mutter vorgegangen. Besser also, Ella schluckte ihren Widerspruch einfach hinunter. Es war besser für alle – für die ganze Familie, soweit man überhaupt noch von einer Familie reden konnte. Wo sie doch den Vater so schmerzlich vermissten.

Sie hätten ihn so gut brauchen können, den Vater. Zumal jetzt, in einer Zeit, die sich immer mehr zum schieren Alptraum entwickelte. Auch Männer wie der Onkel Heinrich, der doch eine kleine Landwirtschaft betrieb, mussten jetzt an jedem Morgen mit dem Bus in eines der Nachbardörfer zur sogenannten „Muna" fahren, zur Munitionsfabrik in den Ort Siegelsbach, wo man in fieberhafter Eile neue Produktionshallen hochgezogen hatte. Der Krieg rückte immer näher an sie heran. Obwohl dies keiner offen auszusprechen wagte, waren sich die meisten doch im Klaren darüber, dass der Krieg nicht mehr gewonnen werden konnte. Spätestens seit der Katastrophe von Stalingrad, die sich im vergangenen Winter ereignet hatte. Eine Tragödie, von der im Laufe der Zeit immer mehr Einzelheiten durchgesickert waren. Bis hin zu der schrecklichen Erkenntnis, dass dort im eisigen russischen Winter die gesamte deutsche Ostarmee aufgerieben worden war. Zehntausende, wenn nicht Hunderttausende von Toten, die wenigen Überlebenden in russischer Kriegsgefangenschaft. Kein Ort, der nicht ein oder mehrere Opfer zu beklagen hatte. Und die Reaktion der Nationalsozialisten war umso unfassbarer gewesen: Ab sofort werde hart durchgegriffen, hatten sie auch in Kirchardt durch die Dorfstraßen gebrüllt. Dass alles nur durch Verrat geschehen sei. Dass aber jetzt nicht mehr lange gefackelt werde. Jetzt müssten alle ran zum Dienst an Volk und Vaterland – auch die Drückeberger. Hauptsächlich natürlich diejenigen, von denen man nur allzu genau wusste, wie kritisch sie der NSDAP gegenüberstanden. Eine gefährliche Arbeit wie die in der Munitionsfabrik war für solche Volksschädlinge gerade gut. Die Frauen konnten die Arbeit zuhause auch alleine bewältigen. Egal wie sehr sie darüber auch jammerten. Jetzt galt es, die letzten Reserven zu mobilisieren. Für den

Endsieg. Jetzt konnte auf keinerlei Einzelschicksale mehr Rücksicht genommen werden. Jetzt mussten alle gemeinsam an ein und demselben Strang ziehen. Und wehe dem, der dies verweigern wollte.

Ende Juli 1943

Es hatte ausgiebig geregnet in der vergangenen Nacht. Das Gras und die Erde waren nass. Kalt und unangenehm kroch die Kälte in den Kindern hoch, deren Hosenbeine und Strümpfe sich schon nach wenigen Minuten mit der Feuchtigkeit vollgesogen hatten. Doch auf die Befindlichkeiten von Schulkindern nahm keiner große Rücksicht im Dorf. Es war ihnen selber früher doch genauso ergangen, was half da das Gejammer der Kleinen. Schließlich war es auch beileibe kein Schaden, schon frühzeitig in der Jugend erfahren zu müssen, wie hart das Leben sein konnte. Erst recht später, im Erwachsenenalter. Als Mann oder Frau. Wohl dem, der sich dessen von Kindesbeinen an bewusst war. Und so war die am gestrigen Tag ergangene Anordnung trotz des schlechten Wetters bestehen geblieben. Die Weisung, dass alle Schüler der Dorfschule heute Morgen um Punkt 8 Uhr vollzählig anzutreten hatten, um dann angeführt vom Lehrer und den im Dorf bislang noch verbliebenen, meist älteren Bauern auf die Kartoffeläcker zu marschieren, wo der Kampf gegen die schlimmen Plagegeister keinerlei Aufschub mehr duldete. Wo der Kartoffelkäfer in geradezu biblischen Ausmaßen die Ernte zu vernichten drohte. Es war unfassbar, wie diese Tiere in atemberaubender Geschwindigkeit die gesamten Triebe der Pflanzen kahl gefressen hatten. Bis herunter auf die letzten Stängel. Deshalb Regenwetter hin oder her: Es blieb den Schülern keine Ausflucht. Dementsprechend schmutzig waren bald schon die Hände, von der Kleidung erst gar nicht zu reden. Doch es half alles nichts: Schweigend und angeekelt sammelten die Schüler die unüberschaubare Menge der widerlich krabbelnden Kartoffelkäfer von den

Pflanzen und warfen sie in große Blecheimer, die sich in Windeseile mit den Krabbeltieren füllten. In den Augen der Kinder nicht nur eine ganz und gar ekelige Angelegenheit, sondern dazu auch noch eine höchst mühevolle Arbeit. Denn beständig mussten sie sich bücken, um die Käfer abzusammeln, in die Knie gehen, sich wieder erheben. „Furchtbar! Mir tut jetzt schon alles weh, der Rücken, die Oberschenkel, alles." Solche und ähnliche Klagen waren auf den zahlreichen Feldern schon nach einer knappen Stunde überall zu hören.

„Dass man dazu nun schon Schüler braucht", schüttelte eine der Frauen, die zusammen mit ihren Kindern auf die Felder gezogen war, nach der stundenlangen beschwerlichen Arbeit müde den Kopf. „Schüler ausgerechnet. Anstatt denen etwas Gescheites beizubringen."

„Wenn das kein unheilvolles Menetekel ist!", warf eine andere ein. „Solch eine Menge an Schädlingen habe ich noch nie zuvor gesehen. Als ob es eine Strafe des Himmels wäre!"

„Psst! Seid ja leise!", warnte eine weitere mit ängstlich an die Lippen geheftetem Zeigefinger. „Wenn das der Hengsthalter hört!"

Zu spät! Irgendwie hatte der Bürgermeister vernommen, dass da allem Anschein nach über ihn gesprochen worden war. „Was ist mit mir?" Mit finsterem Blick musterte er die erschrockenen Frauen. „Was sollte ich hören oder eben nicht hören?", stemmte er die Hände in die Hüften und baute sich drohend vor ihnen auf.

„Nichts. Gar nichts", wehrte die eine ab und widmete sich umso emsiger wieder den Kartoffelkäfern. Auch ihre Nachbarinnen beeilten sich, dem Beispiel Folge zu leisten.

„Na dann ...", brummelte der Bürgermeister missmutig. Doch im selben Augenblick stutzte er unwillkürlich und drückte hart den Rücken durch, während er das Mädchen zu seiner Rechten nachdrücklich in sein Visier nahm.

„Du gehörst doch dem Voll? Oder?“ Ein merkwürdiger Blick aus den Augen des Bürgermeisters schien Ella gleichsam zu durchbohren. Ein Blick, den sich das Mädchen nicht erklären konnte. Denn wann hatte der Bürgermeister jemals zuvor mit ihr gesprochen. Sie nickte schüchtern.

„Dem August Voll? Nicht wahr?“

Ella nickte ein weiteres Mal, während sie dem stechenden Blick ihres Gegenübers beharrlich auswich.

„Dem Volksschädling!“, lachte der Hengsthalter daraufhin verächtlich. „Schädlinge – wie die Kartoffelkäfer. Vernichten muss man sie ...“

Waren es tatsächlich diese Worte, die da wie aus weiter Ferne an ihre Ohren drangen? Konnte es wahr sein, was sie da hörte? Was wollte der Mann von ihr? Und was hatte der Vater damit zu tun? Sie hatte dem Mann doch nichts getan. Das war ja ... furchtbar. Sie wollte es nicht mehr hören. In wilder Hast stürmte Ella davon, verfolgt von den verdutzten Blicken der anderen, die nicht mitbekommen hatten, was Ella da gerade eben hatte erleben müssen. Nur fort von hier. Weg. Nach Hause, so rasch wie möglich und alles vergessen. Dieses furchtbare Echo im Kopf verdrängen ...

Sonntag, 8. August 1943

Wie ein Häufchen Elend hockte Emilie zusammengesunken am Küchentisch und sah noch nicht einmal hoch, als ihr Vater, der Glaser Adam Ebert, die Küche betrat und voller Missmut den jammervollen Zustand seiner Tochter registrierte.

„So – da also bist du! Was ist das denn für ein Verhalten – und weshalb bist du heute Vormittag nicht in der Kirche gewesen und auch zum Mittagessen hast du dich nicht blicken lassen? Die Kinder haben mir gesagt, du hockst wieder nur die ganze Zeit über da, starrst vor dich hin und sprichst noch nicht einmal mit ihnen! Was ist denn los mit dir? Was soll dieses Theater denn bedeuten?“

Mit tränennassen Augen blickte Emilie hoch in das Gesicht ihres Vaters: „Ja, weißt du denn nicht, Vater, was heute für ein Tag ist?"

Verwundert runzelte der alte Ebert die Stirn, dann zuckte er verständnislos mit den Schultern. „Es ist August, der 8. August. Sonntag halt. Wieso denn? Was spielt das für eine Rolle?"

„Was das für eine Rolle spielt?" Voller Bitterkeit schüttelte Emilie ihren Kopf, „Habt ihr das denn wirklich alle schon vergessen? Habt ihr den August auch in euren Gedanken ganz und gar beerdigt? Der 8. August! Das ist der erste Todestag von meinem August!"

Erstauntes Erschrecken spiegelte sich in der Miene von Adam Ebert. Der großgewachsene Mann tippte sich voller Betroffenheit mit der Hand an die Stirn, trat zögernd einen Schritt näher an seine Tochter heran, dann räusperte er sich unbehaglich. „Doch, natürlich haben wir daran gedacht", stammelte er verlegen. „Wir wollten nur kein großes Aufsehen darum machen, um deinen Kummer nicht noch zu verstärken. Und auch der Kinder wegen ...", setzte er leise noch dazu.

Ein jammervolles Schluchzen war alles, was er von Emilie auf diese Bemerkung hin zu hören bekam.

Adam Ebert spürte ganz genau, dass es noch etwas anderes sein musste, das schwer auf die Seele seiner traurigen Tochter drückte. Es dauerte eine ganze Weile, bis er sich getraute, seine Hand zu heben, um Emilie mitleidsvoll über das Haar zu streichen, das längst von grauen Strähnen durchzogen war. „Emilie ...", begann er vorsichtig. „Was ist noch passiert? Da muss doch noch etwas gewesen sein. Ich sehe es dir doch an. Ich täusche mich doch nicht", fragte er leise, während er die junge Frau mit einem sorgenvollen Blick bedachte.

Langsam hob Emilie den Kopf und fixierte ihren Vater aus ernsten Augen. Dann nickte sie müde. „Ja ... da ist noch etwas gewesen. Ich ..." Ganz offenkundig schien es ihr schwerzufallen, die richtigen Worte zu finden. „Ich war heute Morgen schon an Augusts Grab – also an diesem Heldengrab eben. Und da bin ich dem Hengsthalter begegnet ..."

Adam Ebert zuckte erschrocken zusammen. „Dem Hengsthalter! Ausgerechnet dem!"

„Und er ist direkt auf mich zugekommen. Dabei hat er mich mit so einem fürchterlichen Grinsen angeschaut! Und dann hat er noch gesummt: Oh du lieber Augustin, alles ist hin ..."

Der Kirchendiener vermeinte, sich verhört zu haben: „Was?! Was hat der gemacht?!"

„Du hast schon richtig gehört, Vater. Der hat mich zu allem Elend hin auch noch verspottet. Mich und erst recht den August – sogar noch über den Tod hinaus! Ich ... ich war nicht einmal in der Lage, ihm irgendetwas entgegenzuhalten. Ich bin nur fort, so schnell wie möglich fort. Da hat er mir sogar noch hinterdreingelacht, hat irgendetwas von einem Selbstmörder gerufen, dessen Familie ihm dankbar sein müsse, dass man ihn als Helden begraben habe. Ein Selbstmörder im Heldengrab! Vater! Was ist das nur für ein Leben. Nicht genug, dass der August hat sterben müssen – jetzt auch noch so etwas. Im ganzen Dorf scheinen sie über nichts anderes zu reden. Ich spüre es förmlich, wie sie hinter meinem Rücken zu tuscheln beginnen, kaum dass ich mich umgewandt habe. Vater: Ich fühle mich so alleine! So furchtbar allein!"

Mühsam würgte Adam Ebert den trockenen Kloß hinunter, der bei diesen bitteren Worten in seiner Kehle aufgestiegen war.

„Aber Emilie. Ich bitte dich: Du hast doch uns – und umso mehr hättest du heute mit uns in den Gottesdienst gehen sollen, um dir diese Last von der Seele zu nehmen."

„In den Gottesdienst!" Emilie lachte höhnisch in sich hinein.

„Ja, natürlich. In den Gottesdienst! In die Kirche!"

„Womöglich zu unserem Pfarrer Pfefferle oder einem anderen von seinen Geisteskumpanen!"

Der Kirchendiener spürte, wie ihn allmählich der Ärger erfasste. „Emilie! So redet man nicht über einen Pfarrer."

Doch Emilie ließ sich nicht so leicht in ihre Schranken weisen. „Aber es ist so – das sind eben diese Kriegshetzer, die unser Volk erst in dieses schreckliche Gemetzel hineingetrieben haben! Da führen sie einerseits fromme Sprüche im Mund und andererseits predigen sie die Vergeltung und reden dem Hitler nach dem Mund. Wissen sie denn nicht mehr, was die zehn Gebote besagen?"

„Emilie!"

„Nein! Es ist so!" Heute würde sie sich von ihrem Vater nicht den Mund verbieten lassen. Egal wie sehr es ihm gegen den Strich ging. Einmal wenigstens musste auch Adam Ebert die Wahrheit anhören – und nicht immer rechtzeitig die Augen verschließen. Nur weil es ein Pfarrer war, der Dinge sagte, die doch auch dem frommen Kirchendiener in Wirklichkeit nie und nimmer gefallen konnten. „Du sollst nicht töten! So steht es doch in der Bibel. Aber das haben sie alles anscheinend vergessen, die frommen Herren. Und für den August, als er noch gelebt hat, da haben sie auch keine tröstenden Worte gefunden – niemals. Zu so einem wie ihm doch nicht – weißt du das denn nicht mehr, dass der Pfarrer Pfefferle das einmal zu mir gesagt hat? Das kannst du doch nicht alles vergessen haben, Vater!"

Lange Zeit herrschte betretene Stille in der Küche. Weder Emilie noch ihrem Vater stand der Sinn nach einer weiteren Fortsetzung dieses scharfen Disputs. Schon gar nicht an diesem Tag. Der dumpfe Stundenschlag der alten Wanduhr im Wohnzimmer ließ sie endlich aus dieser Lethargie aufschrecken.

Emilie zog ein Taschentuch aus der Schürze und schneuzte sich kräftig hinein. „Weshalb nur, weshalb?", murmelte sie tonlos. „Warum bloß hast du nie den Mund halten können, August. So, wie es andere doch auch geschafft haben. Wieso hast du uns das angetan, August?"

„Ach, Emilie", räuspert sich Adam Ebert unbehaglich, „es ist müßig, darüber mit dem Schicksal zu hadern. Die Wege des Herrn sind unerforschlich ..."

„Die Wege des Herrn!" Abrupt drückte Emilie ihren Rücken durch und bedachte ihren Vater mit einem ärgerlichen Blick. „Was hat das denn jetzt damit zu tun? Wieso hat der August nicht einfach bloß den Mund halten können? Denn dann wäre er jetzt noch am Leben! So einfach ist das! Und ich – ich stünde nicht alleine da mit dem Haus, den ganzen Schulden und den Kindern ..."

„Aber Emilie ...", hilflos verschränkte Adam Ebert die Hände ineinander, „du hast doch uns!"

„... aber ich habe keinen Mann mehr und die Kinder haben keinen Vater. Was ist mir denn geblieben? Höchstens noch das üble Geschwätz im Dorf, dass der August ein Verrückter gewesen sei. Ein verrückter Selbstmörder! Weshalb hat er uns das alles denn nicht ersparen können!"

„Aber ...", versuchte der alte Glaser einen weiteren Beschwichtigungsversuch.

Doch Emilie ließ ihren Vater erst gar nicht zu Wort kommen. Unvermittelt fuhr sie auf: „Ich halte das nicht mehr aus! Ich muss weg. Raus aus diesem Haus. Ich muss auf andere Gedanken kommen. Und außerdem brauche ich das Geld ja dringend. Ich gehe jetzt zum Bauern Bentz und helfe denen, die Tabakblätter aufzufädeln."

„Aber doch etwa nicht am heiligen Sonntag!" Der fromme Kirchendiener schnaufte empört. „Da arbeitet man doch nicht – nicht am Tag des Herrn!"

„Doch, sogar am heiligen Sonntag werde ich genau das tun. Wenn man an solchen Tagen auch Krieg führen kann, dann wird es wohl keine so große Sünde sein, wenn ich heute den Bauern beim Auffädeln von den Tabakblättern helfe. Das lenkt mich wenigstens ab. Dazu kommt das Geld, auch wenn es noch so wenig ist. Ich kann weiß Gott jeden Pfennig gut gebrauchen. Und die Kinder sollen dann rüber zum Opa Wilhelm, dort kümmert sich die Friedatante um sie, das hat mir die Frieda schon versprochen. Und ihre Hilde freut sich sowieso immer, wenn meine Ella bei ihr zu Besuch ist."

Todmüde war Ella an einem späten Augusttag des Jahres 1943 mit ihrer Mutter nach Hause gekommen. Den ganzen Tag über hatten sie auf den abgeernteten Feldern um Kirchardt herum Ähren gesammelt. Es war eine mühselige Arbeit gewesen, die Ähren mit der Hand vom Boden aufzusammeln und zu bündeln. Dann auch noch die Schlepperei, bis sie mit ihrer Ernte endlich wieder in der Vorstadtstraße angekommen waren. Dort hatten sie die Ähren in den Hof gelegt, wo sich die Hühner mit aufgeregtem Gegacker über die willkommene Sondermahlzeit hermachten. Stück für Stück pickten sie die Getreidekörner mit ihren scharfen Schnäbeln aus den Ähren. Bald schon war von der Sammelarbeit eines ganzen Tages nichts mehr übrig. „Und dafür haben wir den ganzen Tag lang gearbeitet", stöhnte Ella kopfschüttelnd. „Wieso können wir uns das Hühnerfutter denn nicht kaufen, wie das die anderen auch tun?"

Emilie lachte trocken auf. „Kaufen! Womit denn? Wenn kein Geld da ist. Ich bin heilfroh, dass wir die Hühner wenigstens so füttern können. Für Hühnerfutter habe ich nun wirklich kein Geld übrig. Zum Glück gibt mir einer von den Bauern manchmal etwas mit, wenn ich denen auf dem Feld geholfen habe. Aber kaufen? Hühnerfutter kaufen: Nein, das geht nun wirklich nicht."

Ella nickte schicksalsergeben. Ehrlich gesagt hatte sie gar keine andere Antwort von ihrer Mutter erwartet. Aber da war noch etwas. Der Erpel. „Mutter, hast du meinen Erpel heute schon gesehen? Ich habe ihn schon heute früh gesucht, aber er war nirgendwo zu finden. Das macht er doch sonst nie. Er kommt doch sofort zu mir, wenn ich morgens aus dem Haus gehe. Aber heute

Morgen war er wie vom Erdboden verschluckt. Und er ist noch immer spurlos verschwunden! Oder hast du ihn gesehen?"

Doch auch die Mutter schien Ellas zahme Ente nicht gesehen zu haben. Kommentarlos zuckte sie mit den Schultern.

„Es wird ihn doch nicht etwa der Marder geholt haben, Mutter?" Allmählich machte sie sich wirklich Sorgen um das Tier.

„Quatsch!", mischte sich nun Willi in das Gespräch. „Was glaubst du, was die für einen Krach gemacht hätten. Das hätten wir in der Nacht ganz sicher gehört, wenn da ein Marder gekommen wäre. Außerdem würden dann irgendwo Federn herumliegen. Und Blut müsste man auf dem Boden sehen. Da ist aber nichts."

Ella zuckte bei dieser nüchternen Feststellung ihres Bruders schaudernd zusammen. Der Marder! Das wäre ja furchtbar gewesen. Doch andererseits hatte Willi natürlich recht: Wäre der Marder tatsächlich auf einem nächtlichen Raubzug zu den Enten gekommen, hätten diese einen Höllenlärm veranstaltet. Wie sie es schon des Öfteren getan hatten. Doch in der Nacht war es ruhig geblieben. Also konnte der Marder nicht die Ursache für das rätselhafte Verschwinden des Erpels gewesen sein. Und dennoch: Ellas Ente war und blieb verschwunden. Merkwürdig.

Der nächste Tag, ein Sonntag, brachte die Erklärung.

Es war kurz vor zwölf Uhr. Höchste Zeit, um den Tisch für das Mittagessen zu decken. Denn der Glaser-Opa war ein pünktlicher Mann. Punkt zwölf Uhr würde er zum Mittagessen erscheinen – gleich nachdem er die Kirche aufgeräumt und abgeschlossen hatte.

„Ella! Ist der Tisch endlich gedeckt?"

„Ich bin fast fertig", gab Ella ihrer Mutter zur Antwort, die in der Küche mit den letzten Vorbereitungen für das Mittagessen beschäftigt war. Neugierig spähte das Mädchen durch die halb geöffnete Küchentür. „Was gibt es denn eigentlich?“

„Geflügel“, antwortete die Mutter knapp, ohne ihren Blick dabei vom Herd zu wenden.

Ella vermeinte, nicht richtig gehört zu haben. Ein fürchterlicher Verdacht keimte in ihr auf. „Was für ein Geflügel?“

„Na, Geflügel halt.“ So wortkarg ging es doch sonst nicht bei ihnen zu.

„Aber was genau? Hähnchen etwa?“

„So ähnlich…“

„Das heißt doch nicht etwa ... Ente?“

„Ja, genau. Ente. Geflügel halt.“

Ente! Der Erpel! Wie ein siedend heißer Wasserstrahl brach sich die Erkenntnis Bahn. „Mein Erpel! Mutter, das ist nicht dein Ernst!“

Doch die Mutter blieb stumm, hob nur kurz die Achseln, dann wandte sie sich dem Herd zu, wo es in einem Topf mit heißem Wasser zu brodeln begann.

Ella verschränkte energisch die Arme vor dem Oberkörper, während sie trotzig mit dem Fuß auf dem Boden aufstampfte. „Dann esse ich nichts.“ Sie musterte ihre Mutter mit einem vorwurfsvollen Blick. „Wie konntest du das nur tun?!“

Schlagartig begannen sich die Gesichtszüge der Mutter zu verhärten. Genauso wie Ella dies seit dem Tod des Vaters schon oft hatte erleben müssen. Klappernd fiel das metallene Nudelsieb auf den Boden, während die Mutter ihre trotzige Tochter aus zornigen Augen zu durchbohren schien. „Und was, bitte, hätte ich deiner Meinung nach denn tun sollen? Nur so zum Spaß Enten und Gänse halten? Von irgendetwas müssen wir doch schließlich leben! Und zu essen wollt ihr ja schließlich auch immer etwas haben, oder?!“

„Aber doch nicht ausgerechnet meinen Erpel!“ „Bei dem war es aber höchste Zeit. Der war nun mal an der

Reihe. Jetzt hab dich bloß nicht so!" Wieder stampfte sie mit dem Fuß auf den Küchenboden. „Ich esse nichts!"

„Und ich auch nichts!", pflichtete Willi seiner Schwester bei, der den letzten Teil der Auseinandersetzung ebenfalls kopfschüttelnd verfolgt hatte.

„Dann eben nicht! Dann schaut, ob ihr woanders etwas zu essen bekommt." Mit einem energischen Schwung warf Emilie die Küchentür hinter ihren erschrockenen Kindern ins Schloss, denen der Appetit gründlich vergangen war. Rasch eilten sie aus dem Haus und über die Straße. Zur Friedatante und dem Onkel Wilhelm hinüber. Es musste schnell gehen, bevor sonst gleich der Glaser-Opa erscheinen und die beiden Kinder zwingen würde, zusammen mit ihm und der Mutter am Tisch zu sitzen. Nein, das hätten sie nicht ertragen können.

Erst spät am Nachmittag kehrten sie wieder zurück.

Kein einziges Wort sprach die Mutter an diesem Tag mehr mit ihnen. Wieder war etwas in Ella zerbrochen. Und wohl auch in ihrer Mutter – aber was genau, das war schwer zu sagen. Erst viele Jahre später gelang es Ella zu begreifen, weshalb die Mutter zu dieser bitteren Frau geworden war. Es musste mit der Einsamkeit zu tun haben, in der sich Emilie Voll seit dem Verlust ihres Mannes so ausweglos gefangen fühlte ...

*

Es war gegen Ende Oktober, im Herbst des Jahres 1944.

Obwohl er müde und erschöpft vom sogenannten Laubtag nach Hause kam, ließ es sich Willi nicht nehmen, am Abend doch noch einen Gang zu machen. Trotz des anstrengenden Laubtages, bei dem die Kinder des Dorfes schon vom frühen Morgen an Laub für die Kirchardter

Bauern gesammelt hatten. Als Ersatz für deren Strohvorräte, die nahezu vollständig von der Wehrmacht requiriert worden waren. Und so musste man sich im Stall nun eben mit dem Laub behelfen, das die Kinder sammelten und am Waldrand auf große Wagen luden. Eine anstrengende Arbeit.

Dennoch war sich Willi seiner Verantwortung bewusst. Auch am heutigen Abend würde er sich heimlich zu der Baracke auf der Sumpfwiese in Richtung Rappenau schleichen, um den dort während der Nacht eingesperrten Zwangsarbeitern aus Russland, bei denen es sich um gut und gerne 100 Männer handeln musste, frisch gekochte Kartoffeln zum Essen zu bringen. Die blassen, abgerissenen und halbverhungerten Gestalten mit ihrer schwarz-weiß längsgestreiften Sträflingskleidung dauerten den Jungen und auch seine Mutter. So wenig sie selbst besaßen, Kartoffeln hatten sie dank des eigenen Ackers ja genug. Da konnte man ruhig etwas für Menschen abgeben, denen es noch wesentlich schlechter ging als ihnen selbst. Auch wenn das offiziell bei Strafe verboten war. Doch Willi war geschickt genug, sich von keinem erwischen zu lassen, und so schlich er in jenen Tagen, in denen oftmals ganze Kolonnen von Zwangsarbeitern in der Scheune des Hengsthalters untergebracht wurden, immer wieder heimlich durch das Dorf. Mit den gekochten heißen Kartoffeln in seiner Schürze gelangte er an die Rückwand der Baracke und schlüpfte durch eine lose Holzlatte in den Schuppen hinein.

Voller Stolz präsentierte er an diesem Abend das Geschenk, das ihm einer der dankbaren Männer dafür in die Hände gedrückt hatte: ein wunderschöner, von dem Mann aus einem Stück Holz selbst geschnitzter Vogel, den Willi über viele Jahre hinweg in hohen Ehren hielt.

Immer wieder fragte er sich, noch viele Jahre später, was wohl aus dem Mann, dessen Sprache er nicht verstanden hatte, geworden war. Man wusste nur so viel im Dorf, dass diese Männer nach einem Aufenthalt von zwei oder drei Tagen in der Scheune in das Gefangenenlager nach Neckargartach weitergetrieben worden waren. Und bei diesen Transporten ging es alles andere als gesittet zu. Oft genug waren die Leute sogar vor den Augen der Dorfbevölkerung übel misshandelt und mit Gewehrkolben geschlagen worden. Zum Hunger der bis auf die Knochen abgemagerten Menschen gesellten sich die fürchterlichen hygienischen Zustände in der Scheune des Hengsthalters. Der wahrhaft bestialische Gestank, der aus dem Gebäude drang, sprach eine eindeutige Sprache.

Zwar wurde über das Rathaus gezielt im ganzen Dorf verbreitet, man brauche da keinerlei Mitleid zu haben, weil es sich um üble Kriminelle handele. Doch das Entsetzen war selbst bei denjenigen Kirchardtern zu spüren, die ansonsten als eher hart im Nehmen galten.

Bis heute erinnert sich Ella an diese Szenen. Wenn wieder einmal einer aus dem Transport zusammengebrochen war. Worauf die Soldaten der Wachmannschaft mit Gewehrkolben auf die entkräfteten und am Boden liegenden Menschen einschlugen und sie mit ihren Lederstiefeln traten.

Manch einer dieser Gefangenen wurde von den Bauern als willkommene Arbeitskraft für einige Wochen ausgeliehen. Das war praktisch. Denn diese Erntehelfer kosteten nur ein paar Reichsmark. Und deren Verpflegung brauchte sowieso nicht üppig zu sein.

Am 26. März 1945 ist das Gefangenenlager Neckargartach dann geschlossen worden. Die letzten Gefangenen wurden wieder auf den Marsch geschickt. Ziel war jetzt das Konzentrationslager Dachau.

Spätestens Anfang November 1944 war die Lage selbst in einem kleinen, recht entlegenen Kraichgaudorf wie Kirchardt erkennbar bedrohlicher geworden. Der Krieg war verloren, das ließ sich kaum noch übersehen, auch wenn sich niemand traute, dies offen auszusprechen. Das unaufhörliche Brummen der Bombenflugzeuge, der Luftalarm, die Detonationen, die wie dumpfes Donnergrollen aus der Umgebung von Heilbronn herüberdrangen. Die zahlreichen Todesanzeigen in der Zeitung und nun: die ersten ausgebombten Großstädter und Flüchtlinge aus den deutschen Ostgebieten, die auf dem scheinbar sicheren Land eine neue Bleibe suchten.

Und so musste natürlich auch das große Haus in der Kirchardter Vorstadtstraße für solche Einquartierungen zur Verfügung stehen. Platz genug schien ja vorhanden. Erst recht in Zeiten, in denen die Volksgemeinschaft um des großen Zieles willen umso enger zusammenstehen musste – mit diesen Worten, an deren Inhalt doch gleichwohl niemand mehr glauben mochte, war die erste Einquartierungsaktion vom Gemeindediener begründet worden.

Zunächst war eine Frau gekommen, die wir aus Gründen der Rücksichtnahme Erni nennen wollen. Eine elende, verhärmte Gestalt, in deren Augen ständig bittere Tränen funkelten. Sie hatte ihren kleinen Sohn mit dabei. Was so furchtbar auf die Seele der armen Erni drückte, das war Emilie und Ella zu jenen Zeiten völlig rätselhaft. Sie sprach auch niemals darüber. Und außerdem: Wen interessierte das zu einer Zeit, in der einen selbst die Sorgen mehr als genug belasteten. Nur so viel bekam man mit, als die Erni eines Tages kurz vor Weihnachten beobachtete, wie sich Emilie mit dem Rupfen einer Gans abmühte. Da erzählte sie zumindest so viel, dass sie auf einem Gut in Schlesien gearbeitet habe. Wo man schon in frühester Jugend gelernt habe, Gänse zu rupfen. Richtig zu rupfen. Nicht so unbeholfen wie Emilie gerade. Bevor diese dazukam, der Flüchtlingsfrau eine scharfe Zurechtweisung entgegenzuschleudern, hatte Erni die Gans schon ergriffen und sie mit einer geradezu atemberaubenden Geschwindigkeit gerupft. In der alten Heimat waren immer gleich tausend Gänse auf einmal zu rupfen gewesen, erklärte sie verlegen, während schon wieder dicke Tränen über ihre Wangen rannen. Dann war sie abrupt im Haus verschwunden. Es war das einzige Mal, dass sie in der Zeit ihres Aufenthalts im Haus der Volls überhaupt eine Andeutung über ihre Herkunft machte.

Kurz darauf war auch die Tante Erna aus Karlsruhe eingetroffen, dazu kamen dann noch eine Frau mit Namen Katharina Holl aus dem Böhmerwald samt ihrer Tochter Gerda. Von einer Woche auf die andere war das Haus in der Vorstadtstraße plötzlich regelrecht vollgestopft mit neuen Bewohnern. Mit Menschen, die man bis vor wenigen Tagen noch nicht einmal gekannt hatte. Alle wohnten sie jetzt hier. Vom Erdgeschoss bis hoch unters Dach. Welch eine Unruhe in dem bislang so stillen Haus! Lauter fremde Menschen, geplagt von bittersten Erlebnissen, denen sie in den vergangenen Monaten ausgesetzt gewesen waren.

Der 5. Dezember sollte ein Feiertag sein. Das hieß mit anderen Worten: Es sollte geschlachtet werden. Schon am Abend zuvor hatte Emilie alle Vorbereitungen für die Schlachtung des einzigen Schweines getroffen, das sie mit viel Mühe den Sommer über im Keller herangefüttert hatten. Jetzt also war es so weit. Voller Vorfreude auf das zu erwartende Festessen hatte Ella ihrer Mutter nach Kräften geholfen. Damit man gerüstet war, wenn es schon in aller Frühe am nächsten Morgen losgehen würde. Auf kurz nach 6 Uhr hatte sich der Metzger angekündigt.

Doch die folgende Nacht vom 4. auf den 5. Dezember 1944 machte ihnen einen gewaltigen Strich durch die Rechnung. Denn in dieser Nacht heulten die Sirenen: Es war die Nacht des großen Luftangriffs auf Heilbronn. Die Nacht, in der die Stadt am Neckar zerstört wurde. Ein Bombeninferno, das selbst im mehr als zehn Kilometer Luftlinie entfernten Kirchardt noch den Himmel taghell erleuchtete. Ein Anblick, den niemand, der ihn erlebt hatte, jemals vergessen konnte: wie eine Art grellweiß leuchtender Christbäume einfach vom Himmel fielen. Als handele es sich um eine besonders zynische Variante, das Weihnachtsfest anzukündigen. Tausende sind in dieser Bombennacht ums Leben gekommen.

Alle Bewohner des mittlerweile voll belegten Hauses waren somit in dieser apokalyptischen Nacht gezwungen gewesen, die ganze Zeit im Keller zu verbringen. Und zahlreiche Nachbarn waren noch dazugekommen. An Schlaf war nicht zu denken. Das unaufhörliche Dröhnen der Bombenflugzeuge, die pausenlosen Detonationen, die grellen Blitze, die selbst durch die Luftschächte des Kellers hereindrangen, das jammervolle Geschrei eines Säuglings, der in dieser Nacht durch nichts und niemanden zu beruhigen war. Der Anfang vom Ende hatte begonnen.

*

29. März 1945

Jetzt war es nur noch eine Frage der Zeit. Höchstens zwei, drei Tage noch, dann wäre der Krieg zu Ende. Es sei denn ... Es sei denn, es stimmte, was die überzeugtesten Parteigänger auf dem Rathaus lautstark proklamierten: dass der Tag des Endsieges nahe sei. Dank der geheimen Wunderwaffe, die womöglich schon in den nächsten Stunden zum Einsatz käme. Denn die feigen Angreifer hatten die Rechnung ohne den Führer gemacht. So bitter es im Einzelfall auch sein mochte, so viele Opfer auch hatten gebracht werden müssen: Alles war Teil eines genialen Planes. Jetzt waren alle im Land, jetzt befanden sie sich in der Falle. Mit einem einzigen Befehl würde Adolf Hitler sie vernichten. Das letzte Gefecht stand bevor. Bald war der Sieg errungen.

Im Grunde genommen mochte in Kirchardt niemand mehr diese Parolen hören – und schon gar nicht daran glauben. Wobei man ja nie wissen konnte ...

Vielleicht gehörte auch zu diesem großen Plan, dass die deutschen Landser, die von Gründonnerstag auf Karfreitag durch Kirchardt gezogen waren, dort voller Absicht ihren Tigerpanzer zurückgelassen hatten. War es Kalkül, dass die Pioniere demnächst die Steinbrücke beim Gasthaus „Schwanen“ sprengen würden? Eher war es Wahnsinn.

Zum guten Glück war es den Soldaten aufgrund der fortschreitenden Dämmerung nicht mehr gelungen, ihren Plan auszuführen. Erst am nächsten Morgen wollten sie zur Tat schreiten – und sich zwischendurch mit einigen Gläsern Bier den nötigen Mut dafür antrinken. Die Bewachung des Wagens, in dem sie die Sprengladung transportiert hatten, legte man großzügig in die Hände der Kirchardter Bürger. Doch am Tag darauf war der Wagen verschwunden. Spurlos verschwunden. Ein Glück, dass sich die Front weiter näherte und den entgeisterten Soldaten deshalb keine Zeit geblieben war, eine aufwändige Suche nach dem Fahrzeug und den Tätern zu beginnen. Denn in immer kürzer werdenden Abständen rasten nun amerikanische Tiefflieger über das Dorf.

Während sich die erschrockenen Kirchardter ganz eng an die Hauswände hefteten oder mit einem verzweifelten Satz in den Straßengraben warfen, war ein Einziger von ihnen am Ostersonntagmorgen nicht mehr aufzuhalten gewesen. Waagmeister Bentz! Mit zorngerötetem Gesicht war er plötzlich aus der Scheune gestürmt und hatte sein Gewehr auf die Flugzeuge gerichtet, die in einer Höhe von nur wenigen Metern über das Dorf hinwegdonnerten. Dann hatte er die Kugeln abgefeuert und dabei aus Leibeskräften geschrien: „Euretwegen ist mein Sohn gefallen! Ihr seid schuld! Soll euch doch alle der Teufel holen!“ Die Schüsse gingen zwar daneben, doch der

Pilot des letzten Flugzeugs hatte den Schützen bemerkt und über Funk das Geschehen an seine Einsatzleitung durchgegeben.

Die Vergeltung kam unmittelbar danach: Noch in derselben Stunde erschien ein Schwarm amerikanischer Jagdbomber am Himmel und entlud seine todbringende Fracht direkt über dem Dorf. Die furchtbare Bilanz waren zahlreiche zerstörte oder schwer in Mitleidenschaft gezogene Häuser sowie drei Todesopfer.

Erst Tage danach, als der Krieg für Kirchardt wirklich zu Ende gegangen war, sickerte allmählich durch, wer damals den Wagen mit der Munition für die Brückensprengung gestohlen hatte. Es war Wilhelm Voll gewesen, Augusts älterer Bruder, der das Fahrzeug zusammen mit einigen Helfern in seine Scheune bugsiert und versteckt hatte. So war immerhin die Brücke beim „Schwanen" heil geblieben. Noch Wochen später zuckte Wilhelms Mutter erschrocken zusammen, wenn die Rede auf diesen tolldreisten Streich ihres Sohnes kam: Nicht auszudenken, was mit Wilhelm geschehen wäre, wenn man ihn als den Dieb der Sprengladung ausgemacht hätte. An den Konsequenzen, die ihm dann gedroht hätten, bestand kein Zweifel: Sie hätten ihn aufgehängt. Womöglich in der eigenen Scheune. Selbst dann noch, wenn der Krieg nur Stunden später beendet gewesen wäre. Berichte über solch furchtbare Ereignisse vom Irrsinn der letzten Kriegstage machten mittlerweile überall die Runde. Und dabei handelte es sich keineswegs um vereinzelte Vorkommnisse. Ganz im Gegenteil sogar.

Am 3. April 1945 fand der Einmarsch der Amerikaner in Kirchardt statt. Dass diese nicht als Befreier, sondern als Eroberer kamen, das wurde schon in den ersten Minuten des Einmarsches deutlich. Da wurde nicht lange gefackelt: Mit lautem, barschem Befehlston ordnete einer der Offiziere, der leidlich der deutschen Sprache mächtig war, an, dass der gesamte Häuserzug in der Grombacher Straße unverzüglich von den Deutschen geräumt werden müsse. Auch dieses große und noch recht neue Haus in der Vorstadtstraße würde hiermit auf der Stelle requiriert. Nachdem die Amerikaner rasch bemerkten, dass es sich bei diesem Haus um eines der ganz wenigen in Kirchardt handelte, das mit einem eigenen Badezimmer ausgestattet war, bezogen hier in erster Linie amerikanische Offiziere ihr Quartier im Haus der Emilie Voll.

Emilie und den Kindern war nichts anderes übrig geblieben, als hastig nach einigen Decken zu greifen, dann hatten sie das Haus schon verlassen müssen. Die folgenden Nächte verbrachten sie im Haus von Augusts Bruder Heinrich, bei dem auch ein Großteil ihrer übrigen Mitbewohner Unterschlupf gefunden hatte.

Die ersten Tage wurden zur Qual. Denn die Amerikaner hatten auch die meisten Lebensmittel beschlagnahmt, so dass sich selbst die Bauern gezwungen sahen, tagelang nichts anderes als gekochte Kartoffeln zu sich zu nehmen. Womit wenigstens der ärgste Hunger gestillt werden konnte. Und dies, obwohl es an Nahrungsmitteln eigentlich nicht mangelte. Essen war genug vorhanden, doch anstatt zumindest die Reste ihrer Mahlzeit mit den hungrigen Kindern zu teilen, übergossen die hämisch grinsenden Soldaten das übrig gebliebene Essen im Hof des Hauses mit Benzin und verbrannten es zum Entsetzen der Kirchardter bis auf den letzten verkohlten Rest. Wo die Kinder, die das Treiben der so andersartigen Soldaten aus sicherer Entfernung voller Neugier beobachteten, doch so gerne einmal dieses Weißbrot probiert hätten.

Doch die Amerikaner hatten kein Mitleid mit knurrenden Kindermägen. Ganz im Gegenteil! Selbst die Eier der Hühner holten sie einfach aus dem Stall und warfen sie aufs Dach, wo die Eier dann zerplatzten. Als zäher, glitschiger gelber Brei rutschten die Dotter zu Dutzenden über die Dachziegel. Zum maßlosen Entsetzen der Kinder. Denen man von Anfang an eingebläut hatte, dass man mit dem Essen doch nicht spielen durfte. Egal, in welcher Situation man sich befand. Dass es eine Sünde war, so zu handeln. Und jetzt das! Doch die Soldaten begriffen nicht, was die Kinder ihnen hatten sagen wollen. Es interessierte sie auch nicht. Mit groben Stößen trieben sie die lästige Dorfjugend vom Hof und fuhren umso emsiger fort in ihrer unglaublichen Zerstörungswut. Man konnte es nicht anders ausdrücken: Sie hausten wie die Berserker, schlugen das Mobiliar des Hauses kurz und klein, hämmerten aus purem Übermut Eisennägel in Decken und Fußböden. Es war ja alles Nazi-Besitz in ihren Augen. Alle Deutschen waren Nazis gewesen, auf deren Habe sie keinerlei Rücksicht zu nehmen brauchten. Denn jeder der amerikanischen Soldaten hatte in diesem fürchterlichen Krieg mit den Deutschen mindestens einen Freund und Kameraden verloren. Einen Gefährten, den einzig und allein die Deutschen auf dem Gewissen hatten. Die Zeit der Rache war gekommen.

Dass es sich bei dem Haus, in dem sie genauso ungeniert wüteten wie in den anderen Gebäuden, um das Haus eines Naziopfers handelte, um das Haus eines Mannes namens August Voll, den die Nazis auf dem Gewissen hatten: Das scherte sie keinen Deut.

Immer wieder hatten sie diese Behauptungen schon während der letzten Kriegswochen in all den eroberten deutschen Städten und Dörfern hören müssen. Dass es sich um Regimegegner gehandelt habe. Gerade so, als habe es in Deutschland wesentlich mehr Hitlergegner gegeben als Befürworter. Das sollte den Deutschen glauben, wer wollte: Sie jedenfalls würden ihnen nicht auf den Leim gehen. Denn sie hatten es auf das Bitterste selbst erleben müssen, dieses Gefühl, direkt neben sich einen Kameraden zu verlieren. Getroffen von der Kugel eines Deutschen. Eine Kugel, die genauso gut auch sie hätte töten können. Schon aus diesem Grund hätte es keinen Zweck gehabt, sich den amerikanischen Soldaten zu erklären. Sosehr sie auch von ihrer Verwandtschaft dazu gedrängt wurde, den Besatzern ihre eigene Lage zu schildern: Jedes Mal schüttelte Emilie nur entschieden ihren Kopf und presste hart die Lippen zusammen. Einmal hatte sie noch etwas gemurmelt. Über die Folgen des Krieges, die gleichermaßen hart über alle hereingebrochen seien – über diejenigen, die mit Freuden in diesen Krieg gezogen waren genauso wie über Menschen, die diesen Krieg nie gewollt hatten. „Jetzt sind wir alle Opfer. Alle zusammen. Da gibt es keine Unterschiede mehr. Krieg ist Krieg. Und Krieg hatte schon immer seine eigenen Gesetze. Da geht es nicht mehr um Menschlichkeit. Nur noch um Sieg oder Niederlage. Ein einzelnes Menschenleben zählt da nichts mehr. Das Schicksal einer einfachen Witwe gleich zweimal nicht ..."

So waren Wochen ins Land gegangen, die mehr an knurrenden Mägen und anderen Entbehrungen mit sich gebracht hatten als die ganze lange Kriegszeit. Aber zumindest konnte man nun seines Lebens wieder sicher sein und musste nicht befürchten auf dem Feld in einen Fliegerangriff zu geraten – wobei durchaus angeraten war, sich den Amerikanern gegenüber höchst freundlich und diensteifrig zu zeigen. Denn diese standen der Bevölkerung nach wie vor ziemlich feindselig gegenüber und ließen sich selbst von flehentlichen Kinderblicken nicht erweichen.

Zu allem Überfluss hatten die Amerikaner auch noch auf Nelli geschossen. Den zutraulichen Schäferhund, den August Voll seinerzeit aus Heumaden nach Kirchardt gebracht hatte. Um so dessen Leben zu retten. Den Amis war der Hund nur auf die Nerven gegangen, deshalb hatten sie abgedrückt und das arme Tier schwer verwundet. Noch einige Wochen hatte die Nelli ganz und gar armselig winselnd dagelegen – dann war sie aufgrund der schweren Schusswunden gestorben. Und das, obwohl Ella und Willi geradezu verzweifelt versuchten, mit all ihrer fürsorglichen Kraft das Leben von Nelli zu retten. Des letzten Bindegliedes, das sie direkt mit dem Vater verband. Letztendlich war alle Anstrengung vergeblich geblieben.

Erst als nach einigen Wochen die zweite Welle der amerikanischen Truppen auch Kirchardt erreichte und die zuerst in das Dorf eingerückten Soldaten nun von diesen ersetzt wurden, gestalteten sich die Lebensumstände ganz allmählich wieder liberaler. Immerhin wurde es Emilie und den Kindern jetzt gestattet, wenigstens tagsüber die Küche ihres Hauses zu betreten und darin das bescheidene Mittagessen für sich, die Kinder und die Flüchtlinge zuzubereiten. Um 6 Uhr abends jedoch hatte sie das Haus wieder zu verlassen. Aber es war besser als gar nichts. Ein kleiner Fortschritt. Mit der Zeit wurde es auch wieder wärmer. Nicht nur der Krieg, auch der Winter war Gott sei Dank vorüber.

Seit Sommerbeginn durfte man sich wieder länger auf der Straße aufhalten. Wenngleich auch streng begrenzt von 7 Uhr morgens bis 7 Uhr abends. Immerhin. So manchem Kirchardter ist dabei noch ab und zu ganz automatisch der Hitlergruß herausgerutscht, wenn man sich im Dorf begegnete. Um unmittelbar danach erschrocken zusammenzufahren und einen ängstlich forschenden Blick zu den amerikanischen Soldaten hinüberzuwerfen, an deren Ohren das „Heil Hitler!“ hoffentlich nicht gedrungen war. Mehr als einmal hatten sie in solchen Fällen nämlich schon hart durchgegriffen, den leichtsinnigen Zeitgenossen verhaftet und für mehrere Tage in einen Keller gesperrt. Und nach wie vor ließ sich keiner von ihnen auf ein längeres Gespräch mit den Dorfbewohnern ein.

Bei der dritten Truppe der Amerikaner, die wiederum im Abstand von sechs Wochen zu ihren Vorgängern in Kirchardt eintraf, ging es dann endlich viel unverkrampfter zu. Es war unverkennbar, dass es sich bei den Neuankömmlingen nunmehr um Soldaten handelte, die keine Kampfhandlungen zu überstehen gehabt hatten. Zeitgleich setzte seit dem späten Frühjahr in Amerika eine ungeheuere Welle der Hilfsbereitschaft und des Mitleids mit den notleidenden deutschen Familien ein, nachdem die amerikanischen Zeitungen seitenlange Berichte über die Not und das Elend der Kinder in den ausgebombten deutschen Städten verbreitet hatten. Das war die Wende zum Besseren.

Plötzlich gab es Bonbons und Schokolade, die von den Soldaten an die freudestrahlenden Kinder verteilt wurden. Sogar Seife, die dazu herrlich duftete. Ganz selbstverständlich durfte sich Emilie jetzt in allen Räumen ihres Hauses frei bewegen. Und die Hemden der Soldaten bügeln, wofür Ella und Willi als kleinen Ausgleich von den Amerikanern Orangen geschenkt bekamen. Orangen: Niemals zuvor im Leben hatten sie diese herrlichen Früchte in ihren Händen halten dürfen – von deren Verzehr gar nicht erst zu reden.

Manchmal war Emilie auch von den Soldaten gebeten worden, für sie zu kochen. Ein typisch deutsches Essen – was man eben aus den spärlichen Vorräten zubereiten konnte. Meist handelte es sich dabei um geröstete Kartoffeln mit Zwiebeln. Was den Soldaten hervorragend schmeckte. Selbst die Kinder durften dann mit an dem Tisch sitzen und sich von den Kartoffeln bedienen.

Doch das war noch längst nicht alles: Einer von ihnen, ein Soldat mit dem beinahe unaussprechlichen Namen Mathew Patschewsky, der aus dem Staat Ohio stammte, zog eines Tages sogar in Folie verpackte Süßigkeiten aus seiner Tasche hervor und schenkte sie den Kindern. Einfach so! Schokoladeriegel mit der Aufschrift Mars und Nuts, die so herrlich in den Zähnen kleben blieben und ein unvergleichliches Geschmackserlebnis darstellten ...

Ein paarmal noch hat Mathew Patschewsky später aus den USA geschrieben und sich nach Emilie und den Kindern erkundigt. Wo er doch gerade die Kinder damals so sehr ins Herz geschlossen hatte. Denn in Ohio warteten ebenfalls zwei Kinder auf ihren Vater. Seit Monaten schon hatte er sie nicht mehr gesehen. Und immer wieder gelang es ihm, die meist so traurig dreinschauende Ella zumindest eine Zeitlang ein bisschen aufzuheitern. Mit den Orangen und den Süßigkeiten. Und vor allem mit einer ganz und gar sensationellen Errungenschaft: Kaugummi!

„Ein Kind muss das Recht auf eine glückliche Kindheit haben", übersetzte eines Tages der Dolmetscher für Emilie die Beweggründe, die den amerikanischen Soldaten dazu gebracht hatten, sich ganz besonders fürsorglich um das Mädchen zu kümmern. Dessen Augen im Vergleich zu seiner eigenen Tochter so hoffnungslos in die Zukunft blickten. Sechs Wochen später musste aber auch der Soldat Patschewsky sein Bündel packen und Kirchardt mit seiner Einheit verlassen.

Die Monate nach dem Kriegsende 1945. Was machte zu diesem Zeitpunkt eigentlich Jakob Voll? Der älteste Bruder von August, der einarmige Weltkriegsveteran, der doch als Einziger seiner Familie ein fanatischer Nationalsozialist gewesen war. Der als deutliches Zeichen seiner Gesinnung am linken Ärmel seiner Uniformjacke – gleich über dem amputierten Unterarm – voller Stolz die rote Binde mit dem Hakenkreuz getragen hatte.

Wo war Jakob Voll geblieben, als die Amerikaner einmarschierten? Gab es jetzt womöglich wieder Kontakt zwischen den verfeindeten Familienmitgliedern? Zwischen dem finsteren Jakob und seinen jüngeren Brüdern Heinrich und Wilhelm, die er bislang nur verächtlich als „der Sozialist und der Kommunist" bezeichnet hatte? Die Brüder, die dem Ältesten freilich nie mehr verzeihen konnten, dass Jakob keinen Finger gerührt hatte, um vielleicht August aus seiner Notlage zu befreien? Wochenlang schien Jakob Voll wie vom Erdboden verschluckt. Zumindest seine Mutter und die Brüder bekamen ihn lange nicht mehr zu Gesicht. Selbst in den späteren Jahren ist man sich tunlichst aus dem Weg gegangen. Aber wo waren all die anderen fanatischen Parteigänger? Der Hengsthalter beispielsweise?

Die Erinnerung der Paula Thrun an die Zeit nach Kriegsende. Sie hat damals als junge Frau auf dem Rathaus von Kirchardt gearbeitet und damit die Entwicklungen unmittelbar verfolgen können:

„Ich habe das alles miterlebt, auch wenn ich noch sehr jung war. Auch, was sie mit dem August gemacht haben. Vieles davon habe ich verdrängt, aber einiges weiß ich auch heute noch. Wie es in der Familie einen Riss gegeben hat zwischen dem Jakob Voll, der als Einziger ein Nazi gewesen ist – und den anderen. Wie die alle wussten, dass nur Jakob seinem Bruder August hätte helfen können, es aber nicht getan hat. Bis es zu spät war. Und wie es in Kirchardt war im Krieg und nach dem Krieg. 1942, da war ich beim Bauernführer Hermann Bentz auf dem Hof, das war ein ganz Radikaler. Ich habe dort auf Veranlassung vom Jakob Voll mein Landjahr machen müssen, und da ist es mir ganz dreckig ergangen. Um 11 Uhr ist er immer vom Feld gekommen, hat seine Hose gewechselt und seine Schuhe und ist aufs Rathaus marschiert, wo er verschiedene Dinge unterschrieben hat. Er war ja nicht nur der Bauernführer, sondern auch stellvertretender Bürgermeister.

Dann der andere große Nazi, der Hengsthalter Kopp: Ja, der war dann nach dem Krieg zwei Jahre im Lager in Kornwestheim. Sein Vermögen ist beschlagnahmt worden, aber hinterher haben sie es wieder freigegeben. Der Hengsthalter ist dann sogar freigesprochen worden. Aber Glück haben sie trotzdem alle keines gehabt, die Hengsthalters. Es ist alles den Bach runter. Alles.

Und der Bürgermeister Rudolf Seifert. Der war nach dem Krieg der Erste unter der Militärregierung. Die hat ihn auch eingesetzt. Und manchmal ist der Seifert dann mit den Offizieren durch das Dorf gelaufen und hat gesagt: Dieses Haus und dieses und dieses muss sofort leergemacht werden. Beschlagnahme! So ist es auch uns gegangen. Innerhalb einer Stunde mussten wir alles leermachen und sind rübergezogen zu der Großmutter.

Sechs Wochen lang. Da haben wir dann in der Scheune auf dem Boden geschlafen, auf den Kartoffeln und überall. Der Bürgermeister Seifert hat das gemacht, obwohl er es doch besser hätte wissen müssen. Dass August Voll ein Naziopfer war, hat überhaupt gar nie eine Rolle gespielt, auch nicht bei der Ausquartierung. Und Emilie hat nie etwas darüber sagen wollen, sondern hat lieber alles zugedeckt.

Seifert hat Mitte Juni 1945 sieben Bedienstete aus dem Rathaus entlassen, weil das richtige Mitläufer aus der Nazizeit wären. (In den Akten der Gemeinde findet sich noch Seiferts Hinweis, es sei unmöglich, mit diesen zusammenzuarbeiten.) Da war der Ratschreiber Menold, der Gemeinderechner Hatz, den haben sie aufgrund von Seiferts Anzeige sogar eingesperrt. Dabei hatte der Mann doch überhaupt nichts getan. So hat der Seifert eben seine eigenen Leute postiert.

Beim Schilling war ein Graben mit einer kleinen Brücke drüber – samt Geländer. Da ist der Seifert einmal mit zwei amerikanischen Offizieren stockbetrunken hineingefallen, weil das Geländer gekracht ist. Bei den Amerikanern, da hat es eben immer Whisky und andere Sachen gegeben. Aber es hat nicht lange gedauert, bis die Amerikaner einen anderen eingesetzt haben, das war dann Heinrich Häring.

Und 1946 schließlich Theodor Dietz, das war der erste gewählte Bürgermeister nach dem Krieg.

Wieso der dann, obwohl er doch selbst so ein großer Nazigegner gewesen ist, im Jahr 1949 das entscheidende Gutachten abgegeben hat, aufgrund dessen der Hengsthalter Kopp wieder aus der Haft in Kornwestheim entlassen worden ist?

Weshalb er das gemacht hat, der Dietz? Tja, die wollten halt alle wieder ihre Ruhe haben, wie es damals halt so war auf dem Dorf. Die Dorfgemeinschaft hat zusammengehalten, da hat doch jeder den anderen gekannt von früher

her, die Familien und alles. Da hat man gegen andere von draußen, gegen die Fremden zusammengehalten."

Nach dem Spruchkammerverfahren durch die deutschen Entnazifizierungsrichter aber hatte die US-Militärverwaltung im April 1947 Einspruch im Hinblick auf eine mögliche Freilassung Kopps eingelegt, weswegen es noch bis Anfang 1949 gedauert hat, bis Friedrich Kopp als einer der letzten Häftlinge des Internierungslagers Kornwestheim wieder freigelassen wurde. Im Gemeindearchiv von Kirchardt findet sich die für die letztendliche Freilassung entscheidende Stellungnahme des Bürgermeisters Dietz, der Kopp als minder belasteten Mitläufer einstuft. Auch Kopps beschlagnahmtes Vermögen wurde damit wieder freigegeben. Dies war durch das sogenannte Straffreiheitsgesetz möglich geworden, das die Regierung unter dem ersten Bundeskanzler Konrad Adenauer in den Deutschen Bundestag eingebracht hatte und das von einer breiten Mehrheit im Bundestag gebilligt worden war. Dieses „Reinwaschgesetz" war der Grund dafür, dass schlagartig viele Tausende von nationalsozialistischen Straftätern amnestiert wurden. Unter denen sich nachgewiesenermaßen sogar Totschläger befanden.

Es wäre die Zeit gewesen zu handeln. Immer wieder beschworen sie nun Emilie, doch endlich etwas zu unternehmen. Gerade auch Paula Thrun, die doch bekanntlich auf der Gemeindeverwaltung arbeitete und insofern die nötigen Verwaltungskenntnisse mitbrachte, um Augusts Witwe beim Ausfüllen der dementsprechenden Anträge und Formulare zu helfen. Wodurch sie zumindest etwas Geld in die Hand bekommen hätte. Keine Wiedergutmachung, aber wenigstens ein bisschen finanziellen Spielraum. Sie hätte es bitter nötig gehabt, angesichts ihrer überaus bescheidenen Lebensumstände. Samt den beiden kleinen Kindern. Doch Emilie hat sich beharrlich geweigert, einen Antrag auf Hinterbliebenenrente zu stellen. Wie könne sie denn dann hier im Dorf weiterleben, wenn sie in ihrem Antrag begründen müsse, wer den August seinerzeit vor das Gericht gebracht habe. Was der Anfang vom Ende gewesen sei. Das hat sie ein einziges Mal als Begründung für ihre Verweigerung erklärt und noch hinzugefügt: „Tote soll man ruhen lassen!" Sonst hat sie nur energisch den Kopf geschüttelt, wenn die Rede wieder einmal auf dieses Thema kam. Erst recht in den späteren Jahren, als all die fanatischen NSDAP-Funktionäre plötzlich wieder im Dorf auftauchten. Gerade so, als sei da niemals etwas gewesen. Und tatsächlich: Sie waren doch als minder belastete Mitläufer eingestuft worden. Hatten sich also so gut wie gar nichts zuschulden kommen lassen. Was mittlerweile amtlicherseits bestätigt war. Mit Brief und Siegel sozusagen.

Nein, keine weiteren Verwicklungen, die alles nur noch schlimmer machten im Dorf. Das jetzt gerade so allmählich zur Ruhe gekommen war. Nicht wieder ganz von vorne beginnen. Mit all den hässlichen Gerüchten und Unterstellungen. Dem ganzen Unfrieden. Lieber auf die Rente als Kriegerwitwe verzichten.

Die Scham der Opfer!

Die Erinnerung der Paula Thrun an diese Zeit nach dem Krieg:

„Irgendwann nach Augusts Beerdigung ist im Dorf das Gerücht aufgekommen, dass der August sich in Wirklichkeit umgebracht habe. Das ist einfach so aufgekommen, dieses Gerücht. Man hat natürlich auch im Dorf herumgeschwätzt, dass der August Voll nach Winnenden gekommen war – zu den Verrückten eben.

Die Emilie wollte nach dem Krieg aber nichts mehr aufrühren. Nur mein Vater Heinrich, der ja mit seinem Bruder August immer ganz eng verbunden gewesen ist, dem war sehr daran gelegen, die Sache öffentlich zu machen.

Ich habe ja auf dem Rathaus gearbeitet damals und deshalb hat er zu mir mehrfach gesagt: Da muss man was machen. Irgendwas muss man da doch machen!

Auch die Tante Emma, die Schwester von August und meinem Vater, hat immer wieder davon angefangen. Auch die wollte unbedingt, dass etwas unternommen wird. Wieder und wieder hat sie gesagt: macht doch etwas! Ihr müsst es sagen! Sagen, was da passiert ist! Obwohl ja dann ihr Bruder Jakob – der überzeugte Nazi – selbst drangekommen wäre, aber das hätten alle in Kauf genommen. Der Jakob, das haben ja später die beiden anderen Brüder immer wieder gesagt, wäre der Einzige gewesen, der etwas für August hätte machen können. Er hätte ihn retten können. Das hat August ja selber einmal ausrichten lassen. Aber der Jakob hat nie einen Finger für seinen Bruder krumm gemacht – zu dem Jakob hat man deshalb auch gar keinen Kontakt mehr gehabt! Alle in der Familie wollten also, dass etwas unternommen wird. Aber Emilie hat das immer abgelehnt.

Auch noch 1946 habe ich öfter zu Emilie gesagt, sie müsse wenigstens Rente beantragen – mit ihren beiden Kindern! Eine VdK-Rente könne sie in jedem Fall bekommen, habe ich ihr erklärt. Aber sie wollte nicht. Auf keinen Fall. Da hat sie dann immer gesagt, sie würde das doch sowieso nicht bekommen. Das wolle sie deshalb erst gar nicht probieren. Ja, das hat sie dann immer gesagt. Sie hat sich einfach gesperrt dagegen – und aus war es!

Ich habe ihr erklärt, dass der August doch wirklich ein Verfolgter des Naziregimes gewesen ist. Aber sie wollte das nicht hören und wollte auch nichts unternehmen. Sie hat eben auch mit den Gerüchten leben müssen, dass ihr August halt vielleicht doch verrückt gewesen ist. Davor hat sie Angst gehabt, dass man ihr das dann entgegenhalten wird, wenn sie den Rentenantrag stellt. Dass August doch verrückt gewesen ist. Eine Vermutung, die sie sogar mit ins Grab genommen hat ...

Ich habe dann schließlich die Anträge selbst besorgt – ich war ja auf dem Rathaus – und bin eines Tages einfach zu ihr gegangen. Da habe ich ihr gesagt: So – und jetzt wird das auf der Stelle ausgefüllt. Selbst wenn du nicht viel bekommst, ein paar Mark sind auf alle Fälle besser als gar nichts. Denn sie hat ja nichts gehabt. Schon gar nicht Geld! Der Bürgermeister Dietz, der hat sich auch eingesetzt für ihren Antrag. Es hat sehr lange gedauert, aber dann hat sie wirklich etwas bekommen. Nicht viel Geld, aber es war besser als gar nichts.“

*

Nach vorne schauen, das war das Gebot der Stunde. Die Vergangenheit, die schreckliche, am besten ruhen lassen. Für immer. Es war ja so oder so auch nichts mehr daran zu ändern. Nur die Zukunft zählte. Wiederaufbau. Ein selbstständiges Deutschland. Neue Blüte. Was sollte, ja was konnte ein magenbitterer Blick zurück denn bringen? Opfer? Klar, die hatte es gegeben.

Aber was sollte man da Jahre später noch machen.

Erst recht hier im Dorf, in Kirchardt? Man hatte doch auch nicht das Geringste mit den unvorstellbaren Grausamkeiten zu tun gehabt, die dem Deutschen Volk von den Siegermächten nun wieder und wieder vorgehalten wurden. Auschwitz, Dachau, Majdanek und so weiter ... Schlimm, ja. Aber Kirchardt? Wo es einige in ihrem Uniformwahn manchmal vielleicht ein bisschen übertrieben hatten. Dagegen Mord und Totschlag, millionenfach? Doch nicht in Kirchardt! Dafür waren andere verantwortlich. Weit weg von hier.

Was also sollte jetzt noch das Gerede der Brüder Voll? Dass es sich bei dem Klempnermeister August Voll aus der Vorstadtstraße um eines dieser Naziopfer gehandelt habe? Wahrscheinlich ging es denen in Wirklichkeit nur um Geld ...

Zumal man an den Stammtischen auch gänzlich andere Stimmen vernehmen konnte. Von wegen Opfer ...

Und so schwebte in jenen Nachkriegsjahren das Dorfgetuschel vom verrückten Selbstmörder, der niemals ins Heldengrab gehört hätte, wie ein Alptraum über der Familie. Umso schwerer gerade auch deshalb zu ertragen, weil innerhalb der Familie nicht darüber geredet wurde. Nicht mehr geredet werden durfte. Zumindest nicht in Emilies Anwesenheit. Ein Trauma, das damit unverarbeitet geblieben ist. Kein Wunder, dass die Folgen deshalb noch Jahrzehnte später immer wieder sichtbar werden.

Wie ganz unvermittelt an jenem Tag, als sich einer unserer Nachbarn erschossen hat, nachdem er erfahren hatte, er sei unheilbar erkrankt und der Krebs schon weit fortgeschritten. Ella hat damals verständnislos den Kopf geschüttelt, als sie davon hörte. Es sei nicht sein Recht gewesen, sein Leben selber in die Hand zu nehmen, um sich und den Angehörigen quälend langes Leiden zu ersparen. Der Mann habe anscheinend eben doch nicht an seine Angehörigen gedacht. An die Hinterbliebenen. Nein, er hätte es nicht machen dürfen. Weshalb sie auch nicht zum Begräbnis des Mannes gehen wollte. Weshalb nicht?

Weil auch der eigene Vater als Selbstmörder galt. Und die Kinder damit ein unsichtbares Kainsmal auf der Stirn trugen. Ein Trauma, das sie manchmal noch heute verfolgt.

Anfang des Jahres 1946 galt es, noch enger zusammenzurücken in dem Haus, das von den Amerikanern endlich wieder freigegeben worden war. Kaum hatte man die schlimmsten Schäden repariert, die von den ersten Soldaten angerichtet worden waren, musste Platz für die ausgebombte Familie Seitz aus Karlsruhe geschaffen werden. Zu dritt waren sie angekommen: die Frau Seitz, eine alte Dame weit in den Siebzigern, deren Schwiegersohn und die Tochter. Kaum hatten sie ihr Quartier in der Vorstadtstraße bezogen, erkrankte die von Heimweh geplagte alte Frau ernstlich. Es ginge nicht mehr lange, bald schon müsse sie sterben. Mit immer schwächer werdender Stimme bat sie um die Erfüllung eines letzten Wunsches. Dass man ihr gestatte, die Augen in ihrer Heimat zu schließen. In Karlsruhe wolle sie sterben. Und dort auch begraben werden. Denn in Karlsruhe befand sich das Familiengrab. Es sei ihr allerletzter Wunsch an ihren Sohn. Doch für diesen war der Wunsch seiner todkranken Mutter unmöglich zu erfüllen. Auf keinen Fall konnte er seine Mutter nach Karlsruhe bringen, denn aus Karlsruhe evakuierten Bürgern war es durch ein schriftliches Dekret des Oberbürgermeisters untersagt worden, einfach in die Stadt zurückzukehren. Die Versorgung und Unterbringung der Not leidenden Bevölkerung, die in Karlsruhe verblieben war, gestaltete sich höchst problematisch. Leute, die kein eigenes Dach mehr über dem Kopf hatten, konnte man da beim besten Willen nicht auch noch gebrauchen.

Jetzt rächte es sich bitter, dass sich die Franzosen monatelang mit den Amerikanern darüber gestritten hatten, zu wessen Hoheitsgebiet die alte badische Hauptstadt geschlagen werden sollte. Bis sich die Amerikaner schließlich durchgesetzt hatten und die Grenze südlich der Autobahnstrecke Karlsruhe-Stuttgart-München gezogen worden war. Somit war Karlsruhe also doch noch unter das Kommando der Amerikaner gekommen. Genauso wie Kirchardt. Und dennoch bestand für die Tochter der alten Frau nicht die geringste Aussicht, in dieser unruhigen Zeit ihre Mutter nach Karlsruhe zurückzubringen. Eine Sondererlaubnis des Oberbürgermeisters? Daran war nicht im Entferntesten zu denken.

Die arme Frau Seitz weinte bittere Tränen, als ihre Tochter sie über die Aussichtslosigkeit ihres Wunsches aufklärte. Überall im Haus war das jämmerliche Schluchzen der Todkranken zu hören. Es ging jedem der zahlreichen

Bewohner durch Mark und Bein! Bis Emilie Voll ganz plötzlich einen überraschenden Entschluss fasste. „Wenn ihre Tochter nicht nach Karlsruhe darf, dann mach es eben ich. Dann bringe ich sie eben selber nach Karlsruhe!"

Wie bitte? Wilhelm und Heinrich Voll vermeinten zunächst, sich verhört zu haben. Mit Engelszungen hatten sie daraufhin versucht, ihre Schwägerin von diesem tollkühn scheinenden Vorhaben abzubringen. Das war doch viel zu gefährlich! Erst recht in diesen ungeordneten Zeiten, wo sich so manche dunkle Gestalt in den Wäldern und Hütten herumtrieb. Und erst recht die vielen marokkanischen Soldaten, die noch immer – vor allem nachts – im diffusen Grenzgebiet zwischen der französischen Zone und amerikanischen Zone herumschlichen und von deren üblem Treiben man sich die schlimmsten Geschichten erzählte. Als gebe es für Emilie keine anderen Sorgen! Ausgerechnet Emilie, die sich doch selbst nur mit knapper Not durchs Leben schlug. Und dann eine solche Aktion. Allein wie sie es bewerkstelligen wollte, die bewegungsunfähige Frau nach Karlsruhe zu schaffen!

Doch Emilie war nicht mehr von ihrem Vorhaben abzubringen. „Ich werde das schon schaffen – und vielleicht ...", dabei richtete sie einen kurzen Blick auf Frieda, die Frau ihres Schwagers Wilhelm, die ihr mit einem kurzen Kopfnicken Zustimmung signalisierte, „vielleicht hilft mir die Frieda ja dabei!"

Was dann auch genau so geschah – aller Proteste der anderen zum Trotz. Zusammen mit Frieda gelang es Emilie, die todkranke Frau in einem Leiterwagen aus dem Dorf zu transportieren, den die beiden Frauen abwechselnd zogen.

Verfolgt von vielen ungläubigen Blicken durchquerten sie mit dem Leiterwagen den Kraichgau. All die vielen Hügel der welligen Landschaft mühsam hinaufkeuchend. Bis die Dämmerung hereinbrach und sie auf dem Hinweg in der Scheune eines Eichelberger Bauern übernachteten.

Am nächsten Tag dann hatten sie Karlsruhe erreicht. Völlig erschöpft, aber sie waren am Ziel angelangt.

Tränen der Rührung rannen über die eingefallenen Wangen der todkranken Frau, als sie die Überreste des furchtbar zerstörten Karlsruhe erblickte. Doch die Häuser würden wieder aufgebaut werden – Karlsruhe würde wieder auferstehen. Hauptsache, sie war am Ziel. In ihrer Heimat. Hier könne sie nun in Frieden sterben, meinte sie und reichte den beiden zum Abschied ein letztes Mal die Hand. „Und immerhin, das Grab habe ich ja schließlich schon vor Jahren bezahlt", flüsterte sie mit einem dankbaren Lächeln auf den Lippen. Emilie und Frieda musterten die sterbenskranke Frau Seitz verblüfft. Hatten sie richtig gehört? Beneidenswert, wie die alte Frau ganz am Ende ihres Lebens so leicht mit der Tatsache umzugehen schien, dass ihre Tage nun endgültig gezählt waren. Dass ihr höchstes Glück in der Tatsache zu bestehen schien, ihre letzte Ruhestätte im Grab der Familie zu finden.

Schon wenige Tage nach ihrer Rückkehr erreichte Emilie ein Brief aus Karlsruhe, in dem ihr der Tod der alten Dame mitgeteilt wurde. Ruhig und friedlich sei sie in ihrer geliebten Heimatstadt für immer eingeschlafen.

Welch eine beinahe unglaubliche Szene gleich nach dem Ende des 2. Weltkriegs: zwei Frauen unterwegs mit einem Leiterwagen, in dem eine sterbende alte Frau sitzt, quer durch den Kraichgau! 70 Kilometer beträgt die einfache Strecke von Kirchardt nach Karlsruhe. Bei all den damaligen Gefahren. Eine arme Witwe, die sich mühsam genug mit ihren beiden kleinen Kindern durch das Leben schlägt. Die Kinder bleiben zuhause – drei Tage lang werden sie vom Opa Helm und seiner Tochter Hilde versorgt. Dessen Frau, die „Friedatante", ja ebenfalls mit Emilie unterwegs ist. Aus purer Mitmenschlichkeit heraus. Das sind Beispiele, die nicht vergessen werden sollten. Zumal es meist die kleinen Leute sind, die solche großartigen Handlungen zuwege bringen.

Mitte 1946: Noch immer strömten die Flüchtlinge von Ost nach West. Ein weiterer Vertriebener nahm sein Quartier im Haus in der Vorstadtstraße: der Maurer Fritz Groneberg aus Ostpreußen. Unbedingt wollte sich der dankbare Mann bei Emilie für die Unterkunft erkenntlich zeigen und so ersetzte er den hölzernen Schuppen der Werkstatt durch ein von ihm eigenhändig gemauertes Gebäude. Ein netter, arbeitsamer Mann, der Emilie durchaus nicht unsympathisch schien. Wer weiß, was sich daraus eines Tages vielleicht entwickeln könnte ...

Einige Wochen nach seiner Ankunft in Kirchardt erreichte Fritz Groneberg die Nachricht, man habe seine vermisste Frau Ida und das Adoptivkind Werner wieder auffinden können. Von beiden war bislang nur bekannt gewesen, dass sie von den Russen nach Sibirien verschleppt worden waren. Sofort brach er auf, um die beiden aus dem Auffanglager zu holen, wo man sie zunächst provisorisch untergebracht hatte. Erst Anfang 1947 kam er zurück – und hatte nun auch noch seinen Bruder Gustav dabei, den er ebenfalls endlich wieder hatte finden können. Gustav Groneberg samt dessen Kindern Helga und Benno.

Helga, ein 13-jähriges schüchternes Mädchen und Benno, der gerade einmal neun Jahre zählte – sie alle konnten bei Emilie eine Unterkunft finden, nachdem Fritz für sich und seine glücklich wiederentdeckte Familie in der Kirchardter Waldstraße ein kleines Häuschen gebaut hatte. Irgendwann würde sein Bruder Gustav an das Häuschen anbauen – Platz genug war dazu auf dem Grundstück noch vorhanden. Doch es kam ganz anders.

Denn im Laufe der Zeit hatte sich Emilie mit Gustav Groneberg angefreundet. Eines Tages war es einfach geschehen. Vielleicht auch deshalb, weil sie der Mann so sehr dauerte. Der ihr nach langem Zögern seine Geschichte erzählt hatte. Die Geschichte seiner Familie. Wie seine Frau im Herbst 1944 von den Russen auf einem Kartoffelacker brutal umgebracht worden war. Nachdem sie erst vergewaltigt worden war, hatten sie die Soldaten erschossen. Die beiden Kinder waren mit knapper Not zunächst bei der Großmutter in Ostpreußen untergebracht worden, dann hatten sie – ganz auf sich alleine gestellt – mit dem Flüchtlingstreck nach Westen ziehen müssen. Irgendwo dort, im Westen, müsse ihr Vater noch am Leben sein. Das war alles, was sie wussten. Ein damals 12-jähriges Mädchen und ihr sieben Jahre alter Bruder.

Eines Nachts waren sie aus dem Übergangslager, in das man die beiden elternlosen Kinder sicherheitshalber gesteckt hatte, ausgebrochen. Waren einfach durch den Zaun gekrochen und weitergeflohen, um den Vater zu suchen. Und das Wunder geschah: Tatsächlich hatten sie eines Tages erfahren können, wo sich der Vater aufhielt.

So war die Familie des Gustav Groneberg also nach Kirchardt gekommen. In das Haus in der Vorstadtstraße. Dessen Bewohner ebenfalls auf eine leidvolle Vergangenheit zurückblickten. Schon deshalb war man sich von Beginn an irgendwie vertraut erschienen. Eine nette Familie, die Gronebergs. Genauso wie die Volls. Möglich, dass hier in Kirchardt alles noch zu einem guten Ende kommen würde. Zwei harte Schicksale, die sich für eine gemeinsame gute Zukunft vereinen konnten. Ganz plötzlich schien ein neuer Anfang möglich – trotz all der Grausamkeiten, die man durchgemacht hatte. Für Emilie kam es einem Wunder gleich.

Und Ella? Hatte mit der anfangs sehr schüchternen und stillen Helga mit einem Mal eine Schwester „geschenkt" bekommen! Auch wenn das Mädchen in der Schule oft weinte, in die Ella sie mitnahm. Bis Helga nicht mehr dorthin wollte – zu tief steckte in ihr immer noch das Trauma der furchtbaren Erlebnisse. Weshalb Gustav seiner Tochter zunächst Privatunterricht erteilen ließ, um das Mädchen behutsam wieder an den Alltag heranzuführen. Was im Laufe der Zeit auch dank Ellas Begeisterung an der neuen Schwester sicherlich gelingen würde. Am besten war dafür einfach der Schoß einer Familie geeignet. Sie hätten es nicht besser treffen können, denn auch der zehnjährige Willi betrachtete es als Geschenk, mit dem nur ein Jahr jüngeren Benno ebenfalls einen „kleinen Bruder“ bekommen zu haben!

Wie ihre beiden „neuen Geschwister“ Emilie Voll eigentlich angesprochen haben? Ella hat das vergessen, denn das hat für sie damals überhaupt nicht gezählt. Hauptsache: eine neue Familie. Endlich wieder eine Familie. Bei Helga, mit der sie zeitlebens in einer engen Freundschaft verbunden geblieben ist, hat sie sich auf meine Frage hin nach dieser Anrede erkundigt. Helga hat es nicht vergessen: „Du, Frau Voll“, habe man gesagt. „Du, Frau Voll.“

Und so nahm das Leben allmählich seinen geregelten Lauf. Jeden Montagmorgen in aller Frühe verabschiedete sich Gustav Groneberg von Emilie und den Kindern, bestieg das alte Fahrrad, mit dem er zum Bahnhof nach Grombach fuhr. Erst am Samstagnachmittag würde er wieder zurückkommen. Als gelernter Zimmermann hatte er bei der Baufirma Philipp Holzmann in Mannheim Arbeit gefunden. Und kaum war er am Samstag zurückgekehrt, baute er für Emilie erst Gartenmöbel, dann zimmerte er mit viel Geschick eine richtige Ladeneinrichtung in der ehemaligen Werkstatt. Alles schien er selbermachen zu können: die Ladentheke, Schränke, Regale, Schubladen, Fächer, einfach alles. Kein Wunder, dass Ella den netten, kräftigen Mann bewunderte. Wo doch selbst der eher mürrische Großvater Ebert hatte anerkennen müssen, „dass der Kerl schon etwas kann!“. Und so gelang es dank des Geschicks von Gustav Groneberg, dass Emilie Voll schon im Frühsommer des Jahres 1947 einen kleinen Gemischtwarenladen eröffnen konnte. Gewissermaßen als Fortsetzung von Augusts Werk, der ja auch immer von einem vollständigen Laden geträumt hatte.

Ella und Helga, die beiden Schwestern. Allmählich war es Helga gelungen, die Schatten der Vergangenheit von der Seele zu streifen und in Ella die vertraute Freundin zu finden, die ihr das Einleben in der neuen Umgebung so sehr erleichterte. Nicht nur, dass die beiden mit ihren dunklen Haaren und derselben Frisur beinahe aussahen wie eineiige Zwillinge. Um die Verwirrung bei vielen Kirchardtern komplett zu machen, kleideten sich die beiden Mädchen auch immer gleich. Wie Zwillinge eben. Die immer zusammensteckten. Gerade so, als hätten sie sich gesucht und gefunden. Von denen eine geradezu ansteckende Fröhlichkeit ausging. Nach all den Jahren. Sie hatten schließlich einiges nachzuholen. Weiß Gott!

Man konnte ihnen auch kaum böse sein, den beiden lustigen „jungen Damen". Die am heutigen Vormittag doch eigentlich hatten Brennnesseln sammeln sollen – für die Kirchardter Konservenfabrik, die diese Brennnesseln zu einer Art Ersatzspinat verarbeitete. Als Gegenleistung für die Lieferung bekam man einige fertige Dosen ausgehändigt. Auch wenn man danach ganz zerstochen war, immerhin hatte man sich etwas zu essen verschafft. Beziehungsweise Ware bekommen, die Emilie dann im Laden verkaufen konnte: Dosen mit Spinatersatz. Gekochte Brennnesseln.

Die Begeisterung über den Auftrag hatte sich bei den Mädchen verständlicherweise in engen Grenzen gehalten, und so hatten sie es vorgezogen, im Wohnzimmer herumzualbern. Helga war dabei freilich an den gelben Leimstreifen, den Fliegenfänger, geraten. Egal wie oft sie schon versucht hatte, den Leim mit Wasser zu entfernen: Es half nichts. Und so waren die beiden Mädchen nun mit schuldbewussten Mienen unten im Laden erschienen, in dem Emilie gerade mit dem Einräumen ihrer Regal beschäftigt war.

Das also hatten sie nun davon. Wären sie besser zum Brennnesselsammeln gegangen, wie sie es von ihnen verlangt hatte. Nur mit Mühe schaffte es Emilie, das Grinsen zu verbergen, das ihr beim jammervollen Anblick der verklebten Haare ins Gesicht gestiegen war. Wo sie offiziell doch Strenge zeigen musste.

„Da hilft nur eines: abschneiden!

„Nein!“ Erschrocken hatte Helga die Hand vor den Mund gelegt. „Doch nicht abschneiden! Meine schönen Haare!“

„Es hilft nichts anderes. Lass es dir künftig eben eine Lehre sein.“ Ehe sich das Mädchen versah, hatte Emilie schon zur Schere gegriffen und die Haarpracht entsprechend gestutzt.

Ziemlich drastisch sogar – aber der Leim klebte eben recht weit oben am Kopf. Zugegeben: Eine etwas ungewöhnliche Frisur war es nun schon. Da half nur, auch die andere Seite ganz kurz zu schneiden. Was dementsprechende Tränen bei Helga hervorrief, als sie das Resultat schließlich im Spiegel betrachten musste. Doch nach dem Motto, dass geteiltes Leid nur noch halbes Leid darstellt, sprang ihr Ella hilfreich zur Seite. „Weißt du was? Das mache ich auch! Ich wollte schon die ganze Zeit über kurze Haare haben. Wir schneiden meine auch ab – und dann sehen wir schon wieder aus wie Zwillinge.“ Genauso wurde es dann auch gemacht und der Schreck über die ungewollte Kurzhaarfrisur war bald schon wieder fröhlichem Gelächter der beiden Mädchen gewichen.

Alles hatte sich zum Guten gewendet. In jeglicher Hinsicht. Zufrieden wandte sich Emilie wieder ihrer zuvor unterbrochenen Tätigkeit zu und bestückte die Regale ihres kleinen Geschäfts mit den entsprechenden Waren.

Kein Wunder, dass im Dorf allmählich von einer möglichen Heirat zwischen Emilie und Gustav gemunkelt wurde. Was in Ellas und Willis Augen absolut nichts Schlimmes darstellte. Ganz im Gegensatz zur Einschätzung, die Emilies Vater Adam Ebert dazu äußerte. Er verbiete seiner Tochter eine solche Heirat. Klipp und klar setzte ihr der Glasermeister seine Einstellung auseinander. Immerhin handele es sich um einen Handwerkerhaushalt, aus dem Emilie stamme. Schon aus diesem Grund wolle er keinen „dahergelaufenen Flüchtling“ als Schwiegersohn akzeptieren. Schon mit dem August sei es ja so eine Sache gewesen. Hätte sie nur damals auf ihren Vater gehört ...

Auch die Schwiegermutter Wilhelmine Voll sei strikt gegen eine neue Verbindung. Was sie Emilie überdeutlich spüren ließ. Regelmäßig wandte sich Augusts Mutter einfach ab, wenn ihr Emilie auf der Straße begegnete. Gerade so, als sei die Schwiegertochter einfach Luft für sie!

Doch immer noch meinte Emilie, diese Ablehnung eines Tages überwinden zu können. Es war unverkennbar, wie die junge Frau förmlich auflebte. Bis sie sich eines Tages sogar die Haare schneiden ließ. Zum maßlosen Entsetzen der Familien Voll und Ebert. Was Emilie in ihrem neu gewonnenen Glück nicht im Geringsten störte.

Es war so herrlich, in diesem Sommer im Garten zu sitzen. In einem Stuhl, den ihr Gustav eigenhändig gezimmert hatte. Gustav, dieser große, stattliche Mann mit seinem warmen Lächeln. Das er sich bewahrt hatte – trotz all der furchtbaren Erlebnisse.

Wie schön, die Kinder friedlich spielen zu sehen. Das vergnügte Lachen, das dann und wann herüberdrang. Dieses wundersame Glück in Ellas Augen, als sie in diesem Moment zu ihrer Mutter aufblickte. Ein Glück, das sich in Helgas Augen genauso zeigte.

„Die Helga scheint sich wirklich wiedergefunden zu haben. Sie ist über alles hinweggekommen. Ist das nicht wunderbar, Gustav?“

„Es ist wunderbar“, pflichtete ihr Gustav Groneberg mit leiser Stimme bei und schenkte Emilie ein dankbares Lächeln. „Irgendwie müssen wir es doch alle schaffen, über die Vergangenheit hinwegzukommen. Was wir glücklicherweise geschafft haben, nicht wahr?“

Trotz der warmen Sonnenstrahlen fröstelte Emilie bei diesen Worten. Fröstelte vor Glück – und musste dabei gleichzeitig an den armen August denken ... Durfte sie dieses Glücksgefühl wirklich zulassen? Was würde der August wohl dazu sagen? War sie es August nicht schuldig, künftig alleine zu bleiben? Wo August doch auch für seine Familie gestorben war. Für eine bessere Zukunft seiner Kinder.

Ach, August ...

Emilie blickte hoch und bemerkte, wie Gustavs Blick forschend auf ihr ruhte. Unwillkürlich zuckte sie zusammen. Gustav erhob sich und legte seine Hände fest auf ihre Schultern. Er schien verstanden zu haben. Ganz ohne dass es dazu Worte gebraucht hätte. Allein dieses Gefühl der Geborgenheit, das vom Druck seiner Hände ausging. Möge es nie mehr enden. Am liebsten würde sie genau so sterben. Ein schöner Tod. So friedlich – und so ruhig.

*

Sommer 1947 – ein brütend heißer Sonntag. Die Luft flimmerte vor Hitze, schien über dem Dorf zu stehen. Kein kühlender Windhauch war zu spüren. Schon deshalb herrschte Hochbetrieb im Kirchardter Schwimmbad, in dem urplötzlich Schreckensschreie ertönten.

„Da!“ Mit weit von sich gestreckten Armen deuten Ella und Helga an den Beckenrand, auf dem sich drei braune Kröten vergnügten.

„Das ist ja ekelhaft!“, ließ sich eine ärgerliche Männerstimme vernehmen, während die Mädchen im Wasser vor Entsetzen laut kreischten. „Bademeister!“

„Igitt!“

„Schaut euch das nur an!“

Mit ärgerlich zusammengekniffenen Augen stürmte Jakob Voll, der einarmige Bademeister, vom weiter oben am Hang gelegenen Vorwärmbecken, dessen Wassertemperatur er gerade eben gemessen hatte, herunter zu seinen Badegästen. Die Menschentraube, die sich am Beckenrand gebildet hatte, umfasste mittlerweile bereits gut und gerne 30 Personen. Und immer mehr strömten, getrieben von der Neugierde, noch hinzu. Um wenig später ebensolche angewiderten spitzen Schreie auszustoßen, wie sie schon von den anderen Badegästen zu hören gewesen waren.

„Platz da!" Durch grobe Stöße mit seinem gesunden rechten Arm trieb der erboste Bademeister einen Keil durch die Menge und stellte die heftig gestikulierenden Besucher, von denen die seltsame Unruhe anscheinend ausgegangen war, mit harschen Worten zur Rede: „Was ist denn da? Was ist das für ein wildes Geschrei? Ich dulde keine Schreier bei mir im Freibad!"

„Und ich keine Sauereien ...", tönte da eine strenge Stimme hinter ihm.

Zornig fuhr der Bademeister herum. „Was soll das heißen? Wer hat das gesagt?!"

Doch bevor es ihm gelungen war, den Rufer zu identifizieren, wies einer der Erwachsenen mit bedeutungsvoll ausgestrecktem Arm zum Beckenrand. „Jetzt mach mal halblang, Voll, und kümmere dich lieber um die Viecher hier. Oder findest du das etwa normal", nickte er mit dem Kinn zu den ausgewachsenen dicken Kröten hinunter, die bewegungslos auf dem Beton verharrten.

„Igitt! Seht doch nur: Die sind ganz braun und warzig", ein kleines Mädchen, das dem Bademeister neugierig gefolgt war, schüttelte sich voller Ekel, als es die beiden Kröten nunmehr bemerkt hatte. „Pfui Kuckuck", rief das Kind und bedeckte mit der Hand rasch seine Augen, um den widerlichen Anblick nicht länger ertragen zu müssen. Der Badegast von eben schüttelte seinen Kopf und fixierte den entgeisterten Jakob Voll mit einem tadelnden Blick. „Eine wahrhaft schöne Sauerei hast du hier, Voll. Kröten! Kein Wunder, dass die Leute nicht gerne hierherkommen und schon wissen, warum sie deine Anstalt so vornehm titulieren, wie sie es tun! Jetzt begreife ich das endlich!“, schimpfte der Mann und schien sich immer weiter in seinen Verdruss hineinzusteigern.

„Was soll das heißen? Was meinst du denn damit?“ Missmutig näherte sich der Bademeister dem aufgebrachten Badegast und richtete seinen rechten Arm drohend gegen die Brust des anderen.

„Dass du ein richtiges Krötenloch hier hast!“ Man konnte sehen, wie die kalte Wut in Jakob Voll aufstieg, der wie jeden Sommer auch heuer wieder als Bademeister des Dorfes fungierte. Seit über 15 Jahren schon. „Das kann doch gar nicht sein!“

„Ist aber so! Ich sehe sie doch!“

„Es ist trotzdem unmöglich!“

Doch alles Diskutieren half nichts. Für jeden sichtbar verharrten die Objekte des Ärgers am Beckenrand. Höchste Zeit zu handeln. Es dauerte geraume Zeit, bis sie es mit vereinten Kräften geschafft hatten, die Kröten zu fassen und sie in einen Blecheimer zu werfen, der fest mit einem Deckel verschlossen wurde. „So, das hätten wir also.“ Zufrieden, dass es nun ein Ende gefunden hatte mit dieser Peinlichkeit, fuhr sich der Bademeister mit dem Daumen seiner rechten Hand unter den Hosenträger und ließ ihn auf seinem nackten Oberkörper vernehmlich schnalzen. „Nun denn, dann machen wir den Viechern da drin endlich den Garaus! Am besten, wir erschlagen sie mit dem Haken“, deutete er auf den Bademeisterstuhl, auf dem er die Prothese seines linken Armes abgelegt hatte, wie er das an heißen Tagen im Freibad immer zu tun pflegte. „Am besten gleich hier“, deutete er wie zur Bestätigung ein weiteres Mal grimmig mit seiner rechten Hand auf die metallene Prothese. „Und dann werden wir sie noch daran aufhängen!" Unvermittelt ertönte da hinter dem Rücken des Einarmigen ein erschreckter Ruf.

„Nein, bitte nicht!" Eine flehentliche Mädchenstimme.

Stirnrunzelnd drehte sich Jakob Voll in die Richtung, aus der die Stimme gekommen war. Es waren Ella und Helga, die unter dem finsteren Blick des einarmigen Bademeisters schüchtern die Augen niederschlugen. Trotz allem, was man sich in der Familie über den finsteren Onkel, über den Bruder ihres Vaters, erzählte, hatte sich Ella ein Herz gefasst und diesen Ruf ausgestoßen. Denn die armen Kröten sollten am Leben bleiben. „Bitte, Jakob-Onkel, gib sie uns doch und lass sie am Leben!"

„Damit ihr mir die Viecher morgen wieder über den Zaun werft?"

„Nein, ehrlich nicht!"

„Wahrscheinlich wart ihr es ohnehin, die das Krötenzeug hier hineingesetzt habt, um mich zu ärgern?", machte er einen drohenden Schritt auf die beiden ängstlich zurückweichenden Mädchen zu.

„Nein, Onkel Jakob, wirklich nicht. Bitte, glaub mir: Ich war es nicht!" Es kostete Ella große Überwindung, dem Blick des unheimlichen Onkels standzuhalten und nicht dem inneren Drang nachzugeben, einfach davonzulaufen. „Bitte gib sie uns doch. Lass doch die armen Fröschle am Leben!"

„So ein Zirkus! Was willst du mit denen tun?"

„Wir wollen sie am Birkenbach aussetzen, aber erst ganz unten bei den Weinbergen."

„In drei Teufels Namen. Von mir aus! Aber den Eimer bringt ihr mir nachher sofort wieder."

„Einverstanden!" Glücklich schleppten die beiden Mädchen den Eimer rasch aus dem Schwimmbad herunter zur Vorstadtstraße, wo die Hitze flirrend über dem Haus stand. „Was für eine Hitze!", stöhnte Helga und auch Ella wischte sich mit dem Handrücken dicke Schweißtropfen von der Stirn.

„Wir sollten erst einmal etwas trinken!" Suchend schaute sich das Mädchen im Hof um. „Aber den Eimer dürfen wir nicht mit ins Haus nehmen. Wir müssen ihn anderswo unterstellen."

„Auf alle Fälle nicht in der Sonne. Das tut den Fröschen sicher nicht gut."

Doch Schatten war um diese Uhrzeit nirgendwo auszumachen. Nach einem Moment der Ratlosigkeit kam Ella auf die rettende Idee. „Da, dann stellen wir sie so lange in den Laden. Da ist es einigermaßen kühl. Und keine Sonne scheint drauf."

„Und was sagt deine Mutter dazu?"

„Die merkt es doch gar nicht! Die ist ja bei den Bauern auf dem Feld und hilft denen, das Unkraut bei den Zuckerrüben zu hacken. Danach geht sie heute sowieso nicht mehr in den Laden. Bis die wiederkommt, sind wir längst unten am Birkenbach."

„Na gut, dann machen wir es so. Jetzt habe ich aber wirklich einen gewaltigen Durst!"

Mit gierigen Schlucken schlürften die beiden in der Küche das kalte Wasser.

„Das tut gut!"

„Allerdings – und jetzt möchte ich mich noch fünf Minuten ausruhen. Dann kann es weitergehen."

Es waren keine drei Minuten vergangen, als laute Rufe von draußen in das Haus drangen. Verwundert runzelten Ella und Helga die Stirn. Und jetzt waren sogar schon polternde Schritte auf der Treppe zu hören. Wenige Augenblicke später wurde die Küchentür aufgerissen und mit Zorn entbrannter Miene baute sich Emilie vor den beiden auf.

„Wer war das? Wer hat die Schweinerei da im Laden angerichtet? Wer hat mir die Frösche da hineingestellt?"

Drohend kam sie den beiden zurückweichenden Mädchen näher. „Wer das gemacht hat, will ich wissen! So eine Schweinerei! Wenn sich das im Dorf herumspricht, dass bei mir die Frösche auf der Ladentheke herumhüpfen, dann kann ich den Laden gleich wieder zusperren!" „Um Gottes willen! Die armen Fröschle." Mit einem Satz war Ella an ihrer Mutter vorbeigehastet. Gefolgt von der nicht minder beunruhigten Helga. Sie stürmten aus dem Haus hinüber zum Laden, dessen Türe ungewöhnlicherweise sperrangelweit offen stand. Mit einem raschen Blick erfassten die beiden, was dort geschehen war. Ganz offensichtlich hatten sie beim Abstellen des Blecheimers nicht richtig darauf geachtet, dass der Deckel gut verschlossen war. Weswegen sich die Kröten schließlich durch den Spalt zwischen Deckel und Eimerrand in die Freiheit hinausgearbeitet hatten. Fröhlich hüpften sie vor den Augen der entsetzten Mädchen auf der Ladentheke herum.

„Wer das war, will ich wissen? Wer ist denn auf diese Idee gekommen?" Einer Rachegöttin gleich, war ihnen Emilie gefolgt und baute sich mit zornrotem Gesicht drohend vor ihnen auf. „Was soll das denn eigentlich?"

„Das ... wir ... wir wollten sie sowieso gleich wegbringen", stammelte Ella unter Aufbietung all ihrer Konzentration. Unsicher deutete sie auf die erste der drei Kröten, der sich Helga ganz vorsichtig bereits bis auf wenige Zentimeter genähert hatte. Gott sei Dank eine willkommene Unterbrechung der Auseinandersetzung. Denn erst einmal mussten die Tiere wieder eingefangen werden. Währenddessen war hoffentlich zumindest ein Teil der Wut bei Emilie verraucht. Denn nur allzu gut war sich Ella darüber im Klaren, zu welchen unkontrollierten Handlungen sich ihre Mutter seit dem Tod des Vaters im überbordenden Zorn hinreißen lassen konnte. „Warte kurz, Helga. Moment noch, da rüber – und ich auf die andere Seite. Pass auf, gleich haben wir die eine."

Mit vereinten Kräften gelang es ihnen schließlich, die Kröten einzufangen und in den jetzt gut verschlossenen Blecheimer zurückzusetzen.

„So eine Sauerei aber auch." Die Wut war bei der Mutter also noch immer nicht vergangen. „Das hat Folgen, das könnt ihr mir glauben. So etwas muss ich mir nicht bieten lassen. Kaum ist man fort, schon tanzen die Frösche auf dem Ladentisch – und ich werde zum Gespött von ganz Kirchardt! Also, dass das klar ist: Heute Abend werdet ihr ohne Essen ins Bett gehen! Und morgen, morgen sehen wir weiter!" Erfüllt von grimmiger Entschlossenheit verschränkte Emilie die Arme vor der Brust und reckte ihr Kinn streng in die Höhe. „Und jetzt will ich wissen, von wem ihr die Viecher überhaupt bekommen habt!"

„Vom Jakob-Onkel", murmelte Ella leise. „Aus dem Freibad."

Schlagartig wich alle Farbe aus Emilies Gesicht. „Vom ..." Sie schaffte es nicht, den Namen ihres unheimlichen Schwagers auszusprechen, den sie längst aus ihrer Wahrnehmung zu tilgen versucht hatte. Dem sie in weitem Bogen auswich, falls es auch nur von ferne den Anschein hatte, ein grün gewandeter Mann käme ihr entgegen, bei dem es sich eventuell um Jakob Voll, den Bruder von August, handeln könnte. Plötzlich war alles wieder da! Von einer Sekunde auf die andere! Völlig unvorbereitet noch dazu! Einen Augenblick lang schien es der betroffenen Ella, als würde ihre Mutter im nächsten Moment ohnmächtig zu Boden sinken. Unter Aufbietung ihrer letzten Kraft schaffte diese es jedoch, sich mit der Hand zitternd auf der Ladentheke abzustützen. Im Zeitlupentempo wandte sie sich dann um und verließ mit schlurfenden Schritten den Laden, ohne dass auch nur eine weitere Silbe aus ihrem Mund gedrungen wäre. Eine alte, vom Leben gezeichnete Frau. Und dabei war Ellas Mutter doch noch nicht einmal 38 Jahre alt!

Wortlos packten die Mädchen den Henkel des Eimers und verließen den Laden, um die Kröten wenig später am Birkenbach auszusetzen. So, wie sie es Jakob Voll, dem Bademeister, versprochen hatten. Es folgte ein trauriger, stiller Abend in dem Haus in der Vorstadtstraße. Keinem war nach Gesprächen zumute. Weder dem zunächst völlig ratlosen Gustav Groneberg noch den vier Kindern, die betroffen am Tisch hockten und traurig vor sich auf den Boden starrten. Während sich Emilie den ganzen Abend nicht mehr blicken ließ. Wieder einmal war die Last der unbewältigten Vergangenheit über der verzweifelten Frau zusammengebrochen. Mit der letzten Kraft, die ihr verblieben war, hatte sie sich zum einzigen Fluchtpunkt gerettet, den es für sie seit Augusts Tod gegeben hatte: hinter die verschlossene Türe des Schlafzimmers in der Vorstadtstraße.

*

Im Februar 1948 hatte Gustav Groneberg gleich an drei Samstagen hintereinander Schnaps gebrannt. Ganz heimlich natürlich. In der Küche des Hauses. Und immer mit der Angst im Nacken, dass es einer der Nachbarn nicht nur bemerkte, sondern ihn deswegen womöglich auf dem Rathaus anzeigte. Allein der Geruch, der beim Destillieren aus der Küche ins Freie drang, ließ ja keinerlei Zweifel zu, was sich hinter den Hauswänden in der Vorstadtstraße abspielte. Hoffentlich war ihm keiner schlecht gesonnen. Aber der illegal gebrannte Schnaps stellte eben eine gute Möglichkeit dar, ihn bei der Arbeit in Mannheim gegen andere Dinge einzutauschen, die sie sich ansonsten nicht hätten leisten können. Die sie für „ihre" beiden Mädchen doch benötigten. Für Ella und Helga. Deren gemeinsame Konfirmation in diesem März gefeiert werden würde. Und deshalb brauchten sie Stoff für die Konfirmandenkleider. Weswegen er auf die Idee mit dem Schnapsbrennen gekommen war, was Emilie zunächst strikt abgelehnt hatte. Doch am Ende war alles gut gegangen und Gustav hatte in Mannheim bei den dort stationierten amerikanischen Soldaten gegen einige Kolben seines schwarz gebrannten Schnapses den Stoff für die beiden Konfirmandenkleider eintauschen können.

Mit knapper Not war es ihm nach tagelanger Suche gelungen, diesen Stoff zu bekommen, der von den ehemaligen Tarnnetzen der Amerikaner stammte. Dementsprechend mühsam ließ sich das schwere, harte Material auch nur bearbeiten. Und erst die Farbe! Hoffentlich gelang es der Familie Leppert in ihrer benachbarten Färberei, den Stoff umzufärben. Eine Hälfte in festliches Dunkelrot, die zweite ganz in Schwarz. Und tatsächlich: Es hatte geklappt. Aber auch das Trocknen hatte viel Zeit in Anspruch genommen, schließlich war es noch immer Winter.

Jetzt aber musste es rasch gehen. Nur dank der tatkräftigen Mithilfe von Ella und Helga beim Zuschneiden und beim Nähen gelang es Emilie doch noch, die Kleider rechtzeitig fertig zu stellen. Insgesamt vier Kleider: für jedes der Mädchen ein dunkelrotes und ein schwarzes. Ganz wie es der Brauch war. Das dunkle zum Tragen beim feierlichen Konfirmationsgottesdienst und das andere für die spätere Christlehre.

Drei Tage vor der Konfirmation, die am 11. März 1948 gefeiert wurde, waren die Kleider endlich fertig genäht.

Womit die Arbeit freilich noch lange kein Ende hatte. Denn nun war es höchste Zeit für Emilie, endlich Kuchen zu backen. Eine gewaltige Arbeit, die sämtliche Tage bis zur Konfirmation in Anspruch nahm. Und das alles neben ihrem eigentlichen Broterwerb, dem Laden, in dem sie von früh bis spät für die Kundschaft bereitzustehen hatte. Wenn Emilie zumindest durch jemanden aus der Familie ihrer Schwiegermutter Unterstützung beim Kuchenbacken erfahren hätte. So wie man dies in Kirchardt eigentlich ganz selbstverständlich zu tun pflegte. Wo im Dorf doch jeder nur allzu gut darüber Bescheid wusste, was es bedeutete, eine Konfirmation auszurichten. Wenn man mit dem Kuchen die ganze Nachbarschaft zu versorgen hatte. Was die Nachbarn seit alters her so gewohnt waren und deshalb auch einfach erwarteten. Doch von Seiten der Familie Voll kam nicht die geringste Hilfe. Auch auf diese Art und Weise demonstrierten sie damit ihre Ablehnung gegenüber dem engen Verhältnis, das Emilie mit Gustav Groneberg pflegte. Von Anfang an war es ihnen ein Dorn im Auge gewesen, den stattlichen jungen Mann mit seinen beiden Kindern in Emilies Haus zu wissen.

Aber alles Lamentieren half nicht weiter. Die Kuchen mussten gebacken werden. „Warum nur, Mutter?", schüttelte Ella nach einem Tag, an dem sie gemeinsam mit Helga über ein halbes Dutzend Kuchen fertig gebacken hatte, erschöpft den Kopf. „Wieso machen wir uns denn nur so gewaltig viel Arbeit? Nur um hinterher die ganze Nachbarschaft zu versorgen? Selbst diejenigen, die wir gar nicht leiden können."

Als Antwort hatte Emilie ihre Tochter zunächst mit einem kurzen, vieldeutigen Blick bedacht und weiter ihren Kuchenteig geknetet. „Es ist halt so Tradition bei uns. Und an so etwas muss man sich halten. Ich lasse mich auf alle Fälle nicht schräg anschauen im Dorf. Das schaffen wir schon. So – auch dieser Teig wäre fertig!" Zufrieden klatschte sie in die Hände. „Und die Tradition in Kirchardt ist immer noch besser als die Sitte in Fürfeld, wo sie einem vor der Konfirmation Mehl und Margarine ins Haus bringen, damit man den Nachbarn zur Feier der Konfirmation Kuchen backt. Einen Kuchen, den sie hinterher abholen und selber aufessen", lachte Emilie. „Das ist dort wirklich so. Da brauchst du gar nicht so verwundert dreinzuschauen. So gesehen haben wir es also noch wesentlich besser erwischt. Also: Ihr belegt jetzt den Kuchen und ich knete inzwischen den nächsten Teig. Und falls dazwischen jemand in den Laden kommt, dann gehst du, Ella, dieses Mal gleich hinunter und fragst, womit du helfen kannst. Nicht, dass die Kundschaft wieder so lange warten muss wie vorhin!" Vorhin! Gerade einmal eine halbe Minute hatte es gedauert, bis Ella den Laden betreten hatte, nachdem sie das Klingeln der Ladenglocke hörte. Nur noch den restlichen Teil des Kuchens hatte sie verzieren wollen, im nächsten Moment wäre sie fertig gewesen. Doch der Mutter hatte es wieder einmal zu lange gedauert. Mit einem ärgerlichen Kommentar war sie aufgefahren und hatte sich mit vorwurfsvoller Miene die Hände an der Schürze abgewischt, um hastig die Treppe hinunterzueilen und die Kundschaft nicht länger warten zu lassen. Nun gut. Ella zog es vor, die Zurechtweisung ihrer Mutter kommentarlos über sich ergehen zu lassen. Es war besser so. Und außerdem: Morgen war ja der große Tag. Endlich. Der Tag der Konfirmation der beiden „Schwestern": Ella und Helga.

Was für ein Tag! Welche Aufregung, als die beiden Mädchen mit ihren langen selbst genähten Kleidern, deren schwerer Stoff sich während des Gottesdienstes immer mehr in die Länge zog, endlich aufgerufen wurden. Wie sie dann mit klopfenden Herzen gemeinsam zum Pfarrer Schaal an den Altar getreten waren. Man hätte sie in der Tat beinahe für Zwillinge halten können. Erst hatte der Pfarrer Ellas Konfirmationsspruch vorgelesen. Psalm 36,10 „Bei dir ist die Quelle des Lebens, und in deinem Lichte sehen wir das Licht".

Dann war Helga an die Reihe gekommen: „Selig sind die Barmherzigen, denn sie werden Barmherzigkeit erlangen." Ein Vers aus Matthäus 5,7.

Leitsprüche, die sie auf ihrem weiteren Lebensweg begleiten würden und die sie immer beherzigen sollten, hatte ihnen der Pfarrer mit feierlichem Ernst empfohlen.

Es war ein erhebendes Gefühl gewesen, in der bis auf den letzten Platz gefüllten Kirche plötzlich im Mittelpunkt des Interesses zu stehen. Die neugierigen Blicke, mit denen man sie gemustert hatte. Die Konzentration beim auswendigen Hersagen der Bibelzitate und des Vaterunser. Sich nur ja nicht versprechen. Nicht ins Stocken geraten. Nur ja nicht hängen bleiben. Dann die Freude, es endlich geschafft zu haben. Sich nunmehr als vollwertiges Mitglied der Kirchengemeinde fühlen zu dürfen. Der erste Schritt ins Erwachsenenleben war damit gemacht.

Doch die anschließende Feier zuhause in der Vorstadtstraße hatte rasch für Ernüchterung gesorgt. Denn kein Einziger von den Volls war erschienen! Und auch nicht der Glaser-Opa, Emilies Vater Adam Ebert. Krank konnte er nicht geworden sein, denn die beiden Mädchen hatten Ellas Großvater doch beim Gottesdienst noch gesehen. In seiner Eigenschaft als Kirchendiener. Noch nicht einmal der eigenen Enkelin habe ihr Vater zur Konfirmation gratuliert, entrüstete sich Emilie. Es war eine überdeutliche Abstimmung mit den Füßen gewesen und dementsprechend konsterniert saß Emilie nun am Tisch des Wohnzimmers. Hin- und hergerissen zwischen Zorn und Trauer. Mehr als diese bitteren Worte hatte sie nicht mehr verlauten lassen. Saß einfach nur da und schaute traurig auf einen imaginären Punkt an der Wand.

Selbst Gustav Groneberg schaffte es nicht, sie zu trösten.

Noch nicht einmal das Essen wollte sie mehr zubereiten. Das Konfirmationsessen, auf das sich alle doch so gefreut hatten. Die Tante Frieda, Wilhelms seelengute Frau, war dann rasch herübergeeilt, nachdem sie von dem hungrigen Willi erfahren hatte, dass die Mutter noch nicht einmal ein Essen gekocht habe. Zusammen mit ihrer Tochter Hilde hatte sie alles in großen Töpfen gleich selbst mitgebracht. Und so gab es zur Konfirmation doch noch etwas zu essen. Zwar mit Verspätung, aber immerhin: Suppe mit Klößen, Nudeln mit Soße und zum krönenden Abschluss sogar noch Kakao-Pudding.

Doch Emilie war in ihrer ganzen Enttäuschung noch nicht einmal in der Lage, sich bei Frieda dafür zu bedanken. Keinen einzigen Bissen nahm sie zu sich und sprach nach wie vor kein Wort. Erst beim Abräumen des Tisches erhob sich Emilie und musterte die Frau ihres Schwagers unglücklich. „Warum nur tun sie mir das an, Frieda? Wieso meiden sie mich, wo es nur geht? Habe ich denn nicht auch das Recht auf ein kleines bisschen Glück – nach all den furchtbaren Jahren, die hinter mir liegen? Und weshalb bestrafen sie dann Ella, wenn sie doch mich damit treffen wollen? Weshalb kommen sie noch nicht einmal zur Konfirmation von meiner Ella? Wieso sind sie gleich nach der Kirche alle verschwunden, ohne den beiden unschuldigen Mädchen zu gratulieren? Wieso tun sie das?"

Auch Frieda schaute betroffen auf den Boden. Was sollte sie nur dazu sagen? Die traurige Emilie dauerte sie über die Maßen, doch andererseits konnte sie ihrem Mann mit einer dementsprechenden Äußerung doch nicht einfach in den Rücken fallen. Ratlos zuckte sie mit den Achseln.

„Da – schau dir nur einmal diese ganzen Kuchenberge an", deutete Emilie bitter zu den zahlreichen Kuchen hinüber, die den gesamten Küchentisch bedeckten. „Am besten, du nimmst sie alle mit. Ich will von alledem nichts mehr wissen. Von nichts und niemandem mehr." Mit einer abrupten Drehung wandte sie sich um und ging grußlos davon. Ins Schlafzimmer, dessen Türe sie wieder hinter sich verschloss. Selbst an diesem Tag, am Tag der Konfirmation ihrer Tochter, ließ sich Emilie nicht mehr blicken.

Schon wieder! Diese niemals enden wollende Depression. Wo sie doch voller Zuversicht gehofft hatten, dass es endlich überwunden war. Sollte nun etwa alles wieder von vorne beginnen mit der traurigen Mutter?

Spätestens mit der Währungsreform vom Juni 1948 ging es wieder aufwärts mit Deutschland. Seitdem sie die alte Reichsmark gegen die neue Deutsche Mark eintauschen konnten. Zehn Reichsmark gegen eine Deutsche Mark, eine DM.

Gleichzeitig begann jedoch der Kalte Krieg. Die Auseinandersetzungen zwischen den Siegermächten um die in eine Ost- und eine Westhälfte geteilte Stadt Berlin. Die Berlin-Blockade. Der berühmte Appell des Berliner Bürgermeisters Ernst Reuter an die ganze Welt: „Schaut auf diese Stadt!"

Die von den Amerikanern organisierte Luftbrücke nach Berlin, während der beinahe 1000 Flugzeuge täglich Proviant über der abgeschnittenen Stadt abwarfen. Die sogenannten „Rosinenbomber", die monatelang im Einsatz gewesen waren und das für unmöglich gehaltene Unterfangen tatsächlich schafften: die Versorgung einer ganzen Großstadt einzig und allein aus der Luft. Es kam einem Wunder gleich.

Doch in dem Haus in der Vorstadtstraße drückten ganz andere Sorgen. Die Auseinandersetzungen mit Augusts Familie waren immer härter geworden. Auch Emilies Vater war erkrankt. Unverblümt hatte man ihr dabei den Vorwurf an den Kopf geworfen, es sei der Kummer, der Adam Ebert auf das Krankenlager geworfen habe. Wegen der Schande, die seine Tochter auf sich geladen habe. Wie konnte die nur über Jahre hinweg und anscheinend völlig ungeniert mit diesem Groneberg unter einem Dach zusammenleben. Und nicht nur unter einem Dach, wie die Lästermäuler emsig im ganzen Dorf verbreiteten.

Es war zu viel! Der Druck war zu groß geworden. Irgendwann war es nicht mehr zu vermeiden: Gustav Groneberg musste das Haus verlassen. So rasch wie möglich. Bevor Emilies Gesundheit Schaden litt. Was eindeutig zu befürchten stand, nach all den Weinkrämpfen und Schwächeanfällen, die sie tagelang ans Bett gefesselt hatten.

Schweren Herzens packte Gustav Groneberg zu Anfang des Jahres 1950 seine Sachen und zog in das Haus in der Waldstraße, das er dort in der Nähe seines Bruders Fritz gebaut hatte. Nicht, wie sie dies ursprünglich bei seiner Ankunft in Kirchardt geplant hatten, als Anbau an das Haus von Fritz, sondern auf ein separates Grundstück. Ein frei stehendes, eigenes kleines Häuschen. Eine gewaltige Energieleistung für einen Flüchtling, der mit keinerlei Habe nach Kirchardt gekommen war. So gesehen hätte er stolz und zufrieden sein können. So gesehen! Wenn da nicht der Zwang gewesen wäre, der ihn gewaltsam von Emilie getrennt hatte. Und – als sei allein diese Tatsache nicht schon schlimm genug – es gab weitere Schwierigkeiten: Helga wollte nicht mit. Um keinen Preis der Welt! Buchstäblich mit Händen und Füßen weigerte sich das Mädchen auszuziehen. Auf gar keinen Fall werde sie sich von ihrer Schwester Ella wegreißen lassen, erklärte die kreidebleiche Helga ein aufs andere Mal. Selbst der Verweis auf ihren kleinen Bruder Benno, den sie doch nicht alleine lassen könne, half da wenig. Und so war Gustav Groneberg zu allem Überfluss auch noch gezwungen gewesen, das sich heftig wehrende Mädchen mit festem Griff zu packen und die bitterlich weinende Helga, ob sie nun wollte oder nicht, in das neue Haus zu schleppen. Tagelang habe sie dann dort gesessen und vor lauter Kummer nur noch geweint – genauso wie Ella, die sich urplötzlich genauso einsam und verlassen fühlte wie ihre „Zwillingsschwester", die ihr vom einen auf den anderen Tag einfach entrissen worden war.

Auch Willi vermisste seinen Spielkameraden Benno schmerzlich. Und so hat der 13 Jahre alte Bub seiner Mutter einige Tage später am Mittagstisch ganz naiv eine Frage gestellt. Die Frage, wieso denn der Benno plötzlich nimmer da sei. Er hat keine Antwort von seiner Mutter erhalten. Leichenblass habe Emilie dagesessen. Kein Ton sei über ihre fest zusammengepressten Lippen gekommen.

Anschließend hat es nur noch ganz wenige flüchtige Kontakte zwischen den beiden Familien gegeben. Aus guten Gründen. Denn der Schmerz verursachte bei jedem Wiedersehen ein tagelanges Echo. Weshalb man es vorzog, den anderen möglichst ganz aus dem Weg zu gehen.

Das Jahr 1950 brachte also den endgültigen Bruch im Leben der Emilie Voll. Zwei weitere Schicksalsschläge in einem einzigen Jahr. Gustav Groneberg war weggezogen! Und zu allem Überfluss gleich danach, im selben Frühjahr, starb auch ihr Vater Adam Ebert. Der doch ganz maßgeblich daran beteiligt gewesen war, Gustav Groneberg zum Auszug zu zwingen. Jetzt hätte es anders kommen können. Doch es war zu spät. Wieder einmal. Jetzt war weder der Gustav bei ihr noch der Vater, den sie ebenfalls stark vermisste. Jetzt war also gar niemand mehr da, an den sich Emilie in all ihrem Kummer hätte anlehnen können. Harte Schläge – nacheinander. Zu viel für ein Leben.

Mehr und mehr steigerte sich die Verzweiflung bei Emilie. Die jahrelang mit gewaltiger Anstrengung zurückgedrängten Emotionen, die Suche nach dem neuen Glück, ein immerwährender Kampf, der in dieser erzwungenen Trennung von ihrem neuen Lebenspartner mündete.

Aus der Verzweiflung wurde Verbitterung.

Helga und Ella haben in späteren Jahren dann wieder zueinander gefunden. Helga wohnt in Fürfeld, im Nachbardorf. Die beiden besuchen sich regelmäßig. Noch im Jahr 2005 hat Helga zu Ella gesagt, wie schön es gewesen wäre, „wenn das mit unseren Eltern doch geklappt hätte ... Ich wäre so gerne bei euch geblieben. Du warst für mich immer meine Schwester".

Wenn ich diesen großen, stattlichen und milde lächelnden Mann auf dem vergilbten Foto vor mir betrachte. Wie er so da steht. Kaum zu glauben, wie viel Leid dieser Mann damals schon in seinem noch recht jungen Leben hatte ertragen müssen: Vertreibung, Flucht, Vergewaltigung und Ermordung seiner Frau, zeitweise der Verlust seiner Kinder. Dann als Flüchtling erst ganz alleine auf sich gestellt – mit zwei kleinen Kindern. Dann endlich eine neue Verbindung, die aber gewaltsam gelöst worden ist. Seine todunglücklichen Kinder, für deren Erziehung er nun wieder ganz alleine sorgen musste. Dazu die Art und Weise, wie er beispielsweise von Adam Ebert, Emilies

Vater, behandelt worden ist. Der ihn sozusagen gezwungen hatte das Haus von Eberts Sohn Willi mitzubauen. Um dadurch die Schulden abzubezahlen, die er beim Bau des Hauses in der Waldstraße gemacht hatte. Bei diesem durch Adam Ebert erzwungenen Hausbau. Denn der Glaser wollte Groneberg ja unbedingt aus dem Haus seiner Tochter haben. Die Fenster zum Hausbau hat sich Gustav Groneberg vom Glaser Ebert besorgt. Und weil er kein Geld dafür besaß, hatte man es mit der Arbeitszeit beim Hausbau von Willi Ebert verrechnet. Solche Geschäfte waren nach dem Geschmack des Glasers. Auch wenn er mit diesem Flüchtling Groneberg ansonsten nichts zu tun haben wollte. Immerhin: Von seiner Emilie hatte er ihn weggebracht.

Zur feierlichen Einweihung des Kriegerdenkmals im Jahr 1952 ist Emilie nicht gegangen. Das Kriegerdenkmal, auf dem zu lesen ist: „Unseren Toten 1939–1945" Viele Dutzend Namen sind in den roten Sandstein gemeißelt. Einige wenige Gräber hat man darunter angelegt. Das zweite Grab von links trägt die Aufschrift „Gefreiter August Voll 21. 3. 1906–8. 8. 1942" Doch Emilie lehnt es brüsk ab, zur Einweihung des Denkmals zu gehen. Wieder liegt sie stattdessen tagelang krank im Bett. Über die Gründe wird nicht gesprochen.

Nur einmal blitzt es kurz wieder auf – ebenfalls im Jahr 1952. Als Emilie erfährt, dass sich ihre mittlerweile 18-jährige Tochter Ella mit Heinz Bender angefreundet hat, dem Sohn vom Schuhmacher Bender. Die Reaktion erfolgt auf der Stelle – genauso harsch wie eindeutig: „Mit dem bitte nicht! Du kannst mir jeden bringen, aber nicht den. Von dem da bleibst du mir weg!" Das reichte schon. Ella hatte begriffen. Die Freundschaft wurde beendet. Schon um ihrer Mutter willen. Und des Vaters wegen ...

*

Es sind die 50er Jahre, die Zeit, die inzwischen so verklärt gesehen wird. Die Zeit der Nierentischromantik. Des Wirtschaftswunders. Die Zeit, in der ein ehemaliger Oberstabsarzt namens Gruhle gegen die Bundesrepublik klagt, als „Verfolgter des Naziregimes"!

Die Zeit, in der eine einsame Frau trotz aller Bemühungen nie vergessen kann. Die sich mit ihren Kindern weiterhin irgendwie durch das Leben schlägt. Eine Zeit, in der allmählich niemand mehr die alten Geschichten hören will. Manch einer in der Hoffnung, dass sie nie wieder aufgerührt werden.

Weshalb dann heutzutage?

Sicherlich kommen dem einen oder anderen Leser – gerade auch in Kirchardt – Zweifel daran, ob es wirklich hat sein müssen. Ob man die alten Geschichten nicht doch lieber hätte ruhen lassen sollen.

Andererseits hat schon im Jahr 1978 der damalige Bürgermeister von Kirchardt im Heimatbuch „Geschichte der Gemeinde Kirchardt" gleich auf der ersten Seite betont: „In unserer Zeit ist es doppelt wichtig, die Erinnerung an die Vergangenheit wach zu halten und unserer Jugend weiterzugeben. Einmal ist der Wert der Beschäftigung mit der Heimatgeschichte unabdingbar. Zum anderen vermögen die Besinnung auf die Vergangenheit und die Erkenntnis ihrer Leistungen und Fehler immer wieder neue Kraft zu spenden zur Meisterung der Gegenwart."

Wie recht er hat. Aber zur sinnvollen Beschäftigung mit der Geschichte gehört es unabdingbar, alle Seiten ans Tageslicht zu befördern. Einfacher ist es sicherlich, sich nur mit den schönen Dingen abzugeben. Richtiger wird es dadurch aber nicht ...

Es ist Mitte Mai 1955. Der Otto Bucher kommt mit seinem Motorrad in der Vorstadtstraße vorbei. Ellas zehn Jahre älterer Freund. Was Emilie mit wenig Begeisterung zur Kenntnis genommen hat. Denn Otto Bucher stammt aus äußerst bescheidenen Verhältnissen. Der Vater ist Kleinstlandwirt und Zigarrenmacher. Es sind arme Leute. Immerhin hat Otto Werkzeugmacher gelernt und hat sich mit seinem Lohn ein eigenes Motorrad kaufen können. Eine BMW. Nicht schlecht. Kein Wunder, dass sie sein ganzer Stolz ist und dementsprechend präsentiert wird. Aber auch Willi hat dem Freund seiner Schwester heute etwas zu bieten. Ein Auto, das er sich jetzt schon gekauft hat, obwohl er doch erst in einem Monat den 18. Geburtstag hat. Und erst dann den Führerschein bekommt. Aber das Auto hatte es ihm eben angetan. Ein wahres Wunderwerk der Technik. Ein DKW aus Neckarsulm, dort werden diese Autos ja hergestellt. Ehrensache, dass man sich einen Wagen kauft, der in der Nachbarschaft produziert wird. Erst recht, wenn es solch ein tolles Auto ist. Aber die Farbe! Pechschwarz!

Emilie hat entgeistert den Kopf geschüttelt – genauso wie auch Ella. Es sei eine Unglücksfarbe, dieses Schwarz. Das sehe aus wie ein Leichenwagen.

Dieser ablehnende Kommentar seiner Mutter war es nicht, was Willi am heutigen Nachmittag so bekümmert in den Motorraum des Wagens starren ließ.

Neugierig stellte Otto sein Motorrad ab und richtete einen forschenden Blick auf den Motor. „Will er nicht anspringen?"

„Allerdings", nickte Willi achselzuckend. „Und ich weiß beim besten Willen nicht, woran es liegen könnte."

„Na ja. Das macht ja insofern nichts, als du sowieso noch keinen Führerschein hast."

„Aber bald."

„Trotzdem darfst du jetzt noch nicht damit fahren!"

„Im Hof herumfahren ist aber nicht verboten", hielt Willi trotzig dagegen.

„Im Hof! Ist doch wohl nicht dein Ernst, oder?"

„Und ob es mein Ernst ist. Wieso auch nicht." Sehr zum Ärger seiner Mutter hatte sich Willi tagtäglich in den neu erworbenen Wagen gesetzt und war freudestrahlend mit ihm einige Meter vorwärts gefahren. Dann wieder rückwärts. Und noch einmal vorwärts. Was ihm ganz offensichtlich ein riesiges Vergnügen bereitet hatte.

„Na dann“, zuckte Otto mit den Schultern. „Dann lass uns also mal nachschauen, woran es liegen könnte.“

„Ich sage ja schon: Ich habe nicht die geringste Ahnung. Gestern ist er noch problemlos angesprungen. Und kalt ist es doch auch nicht ...“

„Merkwürdig ...“, murmelte Otto Bucher und inspizierte auf das Genaueste jedes einzelne Teil im Motorraum. „Sieht eigentlich alles gut aus. Hmmm ... Vielleicht ist es etwas mit dem Benzin.“ Ein Lächeln huschte in diesem Moment über seine Miene. Er wandte sich um und richtete einen bedeutungsvollen Blick auf sein Gegenüber. „Wie wäre es, wenn du den Benzinhahn einmal umdrehen würdest!“

In Windeseile überzog Schamröte Willis Gesicht. Rasch setzte er sich hinter das Steuer, nachdem er sich kurz am Benzinhahn zu schaffen gemacht hatte. Und tatsächlich: Nach nur zwei Versuchen sprang der Motor an. Endlich. „Na, Gott sei Dank.“

„Wir behalten es am besten ganz für uns. Einverstanden?“ Otto reichte dem glücklichen jungen Mann hinter dem Lenkrad zum Abschied kurz die Hand, dann setzte er sich wieder auf sein Motorrad und brauste rasch davon.

Voll neu entfachter Freude legte Willi den Leerlauf ein und trat kräftig auf das Gaspedal, wodurch der Motor des DKW gewaltig aufheulte. Mit zornentbrannter Miene stürmte daraufhin Emilie aus dem Laden: „Hast du denn nichts anderes zu tun, als den ganzen lieben langen Tag in diesem Leichenwagen zu sitzen und die Luft zu verpesten. Raus jetzt: Im Laden wartet jede Menge Arbeit auf dich. Oder soll ich etwa die ganzen Regale alleine einräumen?“

„Gleich, Mutter“, ließ sich Willi nicht aus der Ruhe bringen. „Nur noch einmal den Hof hinauf und einmal hinunter.

Dann komme ich. Versprochen!" Murrend zog sich Emilie in den Laden zurück, während Will vorsichtig den Gang einlegte und den Wagen langsam nach vorne rollen ließ.

Im selben Moment kam der alte Schuhmacher Bender vorüber und blieb wie angewurzelt stehen, als er den Jungen hinter dem Lenkrad erkannte. „Was soll das denn? Du bist doch noch gar keine 18! Du hast doch noch gar keinen Führerschein. Na warte, Bursche, ich zeige dich an!", drohte er mit hoch erhobenem Zeigefinger.

Augenblicklich hatte Willi den Motor abgestellt und war aus seinem Wagen gestiegen. Mit zornrotem Kopf näherte er sich dem Schuhmacher bis auf wenige Zentimeter. Dann blickte er dem erschrocken zurückweichenden Bender ernst in dessen Augen. „Von wegen, dass ausgerechnet du mich anzeigen wirst! Sei bloß ganz ruhig, sonst kannst du darauf warten, wer hier wen anzeigt! Mehr brauche ich wohl nicht zu sagen!"

In der Tat. Diese wenige Sätze hatten ausgereicht, um Bender augenblicklich zur Räson zu bringen. Ohne ein weiteres Wort war er davongeeilt. Zu einer Anzeige ist es nie gekommen.

Eine weitere solche Begebenheit hat sich in einem der Kirchardter Gasthäuser ereignet. Kaum hatte Willi den Gastraum betreten, da tönte es auch schon aus einer Ecke: „Na seht mal, wer da zu uns kommt. Der Sohn vom August ... ihr wisst schon ..."

Trotz des allgemeinen Gelächters, das daraufhin ausgebrochen war, bedurfte es nur eines einzigen Satzes aus Willis Mund: „Und ich sage dir – und euch allen – nur so viel", er sprach langsam und betonte dabei jedes Wort. „Wenn ihr nicht augenblicklich eure Lästermäuler haltet, dann wisst ihr, was passieren wird. Mehr sage ich nicht dazu!" Den Rest konnten sie sich denken. Sie wussten, worum es ging. Niemals wieder hat es seitdem einer gewagt, während Willis Anwesenheit auch nur eine Andeutung fallen zu lassen.

Aus den Köpfen war das Geschehen von damals also noch lange nicht verschwunden. Zehn Jahre später genauso wenig wie 20 Jahre danach.

Mit dem finsteren Jakob, dem einarmigen Onkel und dessen Familie, hielten die Volls seit Kriegsende weiterhin kühle Distanz. Auch zum Hengsthalter, dessen Angehörigen kein Glück beschieden war.

1976 ist der Hengsthalter gestorben.

Jakob Voll im Jahr 1974 – mit 84 Jahren. Auf dem Kirchardter Friedhof liegt Jakob Voll ganz nah bei seinem Bruder August, der nur 36 Jahre alt geworden ist.

Niemals hat Emilie das Kriegerdenkmal besucht! Ella dagegen pflegt es mit einigen anderen Frauen bis heute – und ärgert sich immer wieder über den Zustand des Gefallenendenkmals. Wo man einmal im Jahr, am Volkstrauertag, die obligatorischen Reden hält, auf diejenigen, die fürs Vaterland ihr Leben haben opfern müssen, und dann wieder ein Jahr vergessen sind. So wie auch das Denkmal eben erst kurz vor der Feier ein bisschen aufgemöbelt wird.

In den 70er Jahren ist Ella eines Tages im Dorf wieder einmal mit der Erni zusammengetroffen. Mit jener traurigen Erni aus Schlesien, die nach dem Krieg eine Zeitlang bei ihnen einquartiert war und die so gut die Gänse rupfen konnte. Immer noch konnte es geschehen, dass die alte Frau ganz unvermittelt in Tränen ausbrach. Genauso wie an diesem Tag. Als sie weinend und am ganzen Körper vor Kälte zitternd auf der Straße stand. Weshalb sie denn nicht in ihr Zimmer ginge. Bei dieser Kälte.

„Wenn du wüsstest, was ich für Sorgen habe und was mich quält ..." Das war der einzige Satz, den Erni damals gemurmelt hat. Dann hat sie sich umgedreht und ist langsam davongeschlurft. Ella hat diese sonderbare Begegnung mit Ernis Sohn besprochen, doch auch der zeigte sich ratlos.

Da hat sie schließlich den Pfarrer eingeschaltet. Irgendjemand musste der armen Frau doch helfen können!

Aber es hat noch Jahre gedauert, bis es heraus war. In ihren letzten Lebenstagen hat sie sich erklärt – auch Ella gegenüber. Es musste jetzt einfach gesagt werden. Endlich. Sie könne sonst nicht sterben, hat die Erni immer wieder gesagt. Schon wegen ihrer Gewissensqualen nicht. Und dann begann sie stockend zu sprechen: dass sie während des Krieges eine heimliche Beziehung mit dem Gutsbesitzer hatte. Dass sie drei Kinder geboren habe. Alle drei habe sie gleich nach der Geburt mit einem Kissen erstickt. Jetzt war es heraus. Sie hatte es sich von der Seele geredet. Jetzt könne sie endlich sterben. Am nächsten Morgen fand man sie tot in ihrem Bett. Die Flüchtlingsfrau, die ihr eigenes Lebensdrama zu bewältigen hatte. Die aber nie darüber hinweggekommen ist.

In ihren letzten Lebenstagen hat man Emilie Voll in das Krankenhaus von Möckmühl im Landkreis Heilbronn gebracht. Dort haben die Ärzte bei einer Untersuchung festgestellt, dass ihr Körper drei funktionierende Nieren aufwies. Eine Laune der Natur sozusagen. Emilie hat diese Tatsache mit verständnislosem Schulterzucken zur Kenntnis genommen. Was sollte es auch schon für sie bedeuten. Schicksal eben. Hätte ihr Leben mit der „normalen" Anzahl von inneren Organen etwa einen anderen Verlauf genommen? Wie auch? Natürlich nicht. Es hat für sie also keinerlei Rolle gespielt, als sie von den Ärzten darauf aufmerksam gemacht worden ist. Drei Nieren! Na und? Ein glückliches Leben wäre ihr lieber gewesen. Wo sie doch noch einmal so nahe daran war, es vielleicht erreichen zu können. Auch daran hat sie sich in ihren letzten Lebenstagen noch einmal erinnert: an die Zeit nach dem Krieg, damals mit Gustav Groneberg, dem Flüchtlingsmann, den sie nicht hat heiraten dürfen. Die zweite Chance.

Wenige Tage nach dieser wenig hilfreichen Auskunft im Hinblick auf die drei Nieren, die in merkwürdiger Art und Weise das alte, längst verdrängte Leid in ihr wieder hat ausbrechen lassen, ist Emilie Voll Ende Januar des Jahres 1998 gestorben.

*

Über Jahre der Recherche zu diesem Buch hinweg wiederholt sich immer wieder Ellas Frage an mich: Schreibst du das Buch wirklich? Eine Frage voller Hoffen und Bangen. Ella will, dass dieses Buch geschrieben wird – und will es dann doch wieder nicht. Die Angst vor der Reaktion der Leute. Der Mitbürger, Nachbarn, Schulfreundinnen. Die ihr vielleicht Vorwürfe machen werden. Die nicht mehr mit ihr sprechen werden. Jetzt, wo doch allmählich alles im Nebel der verblassenden Erinnerung verschwunden ist. „Na ja, vielleicht bin ich dann ja schon gestorben und muss mir also keine Sorgen mehr machen!“, meint sie – und meint es dann auch wieder nicht ...

Eine Frage bleibt: Darf man ein solches Buch schreiben oder nicht? Ich bin der Meinung, es muss sein. Keiner der später Geborenen kann etwas für seine Abstammung und für die Taten der Eltern oder Großeltern. Nicht Schuld, sondern Erinnerung muss im Mittelpunkt stehen. Und die Hoffnung, daraus zu lernen, damit so etwas nie wieder geschieht. Es darf genauso wenig sein, dass sich die Kinder der Opfer vor den Kindern der Täter verstecken müssen.

Eine Frage, die sich im Kleinen genauso stellt wie im Großen. Denn sind wir Deutschen nicht selbst gefangen im Los unserer Abstammung, dieser angeblichen Kollektivschuld, um die sich immer wieder hitzige Diskussionen entzünden? Eine Kollektivschuld, die ich klar und deutlich verneine. Was andererseits aber nicht heißen soll, dass ich deshalb die Erinnerung verdrängen will: ganz im Gegenteil! Obwohl: Auch die Kinder der Täter sind auf keinen Fall verantwortlich zu machen für Taten ihrer Vorfahren.

Das müssen wir begreifen. Indem wir uns damit auseinandersetzen. Nur dann haben wir eine Chance, aus der Geschichte endlich einmal wirklich etwas zu lernen! Und hoffentlich werden sie auch in den Schulen darüber sprechen. An diesem Beispiel eines Lebensweges aus jener Zeit, die sie auch im Unterricht durchnehmen und die ihnen doch gar nichts „bringt", weil das alles doch schon so lange her ist. Abstrakte Zahlen aus einer anderen Zeit, einer gänzlich fremden Welt.

Und dennoch droht ganz real die Gefahr, dass der Umgang mit Geschichte immer extremer wird – je nach dem Standpunkt des Betrachters. Entweder waren schlichtweg alle Deutschen Nazis – oder aber, und das macht mir angesichts der zahlreicher werdenden rechtsradikalen glattrasierten Saufbrüder Sorgen: die Bestien werden mit einem menschlichen Antlitz gezeichnet. Auch der Hitler hatte schließlich seine guten Seiten. Heißt es. Selbst die Gemeindebücherei Kirchardt hat im Jahr 2004 ein Buch in ihren Bestand aufgenommen, das in diesem Jahr viel beworben und besprochen worden ist: die Erinnerungen von Hitlers Sekretärin an den netten Herrn Hitler. Samt seinen so überaus gepflegten Umgangsformen bei Tisch. Meine Schwiegermutter Ella hat es nach wenigen Seiten beiseite legen müssen ...

Solch ein Buch zu verlegen, zu bewerben, zu verkaufen und zu verbreiten halte ich für höchst fahrlässig. Wer denkt da noch an die Opfer, solange man sich an den Umgangsformen des liebenswerten Diktators und dessen Speisenfolge bei Tisch delektiert?

Die Faszination des Bösen. Der neu aufgeflammte Kult um Hitler, Goebbels und all die anderen. Was empfinden wohl die Kinder der Opfer angesichts dieser sonderbaren Renaissance des „Dritten Reiches"? Denken diejenigen überhaupt daran, deren Kassen dank solcher Produkte kräftig klingeln?

Was ist nun mit der Frage, wie man August Volls Verhalten abschließend bewerten soll? Als klug oder unklug? Was wäre gewesen, wenn ... Klar ist, das Schicksal seiner Familie wäre anders verlaufen, wenn er überlebt hätte. Schon deshalb, weil den Kindern dann der Vater geblieben wäre. Und Emilie der Ehemann. Was hat er bewirken können, mit seinem unermüdlichen Protest? Dass seine Familie zerstört worden ist. Wäre es also anders nicht besser gewesen? Was hat August Volls Protest gebracht, außer dem schweren Leid für seine Familie? Ist er also ein schlechtes Beispiel für die kommenden Generationen?

War sein Verhalten lebensklug? Im eigentlichen Sinne natürlich nicht. Andersherum wäre es leichter gegangen. Mit dem Strom zu schwimmen. Nicht gegen ihn. Welch eine Naivität, die ihn hat glauben lassen, er habe die Pflicht, sich aufzulehnen. Als ob eine Handvoll Leute den Lauf der Weltgeschichte verändern könnten. Nichts hat sich deshalb verändert an der Terrorherrschaft des Regimes. Jeder Widerstand war zum Scheitern verurteilt. War er also – in der Rückschau betrachtet – deshalb auch sinnlos?

Der Widerstand des August Voll. Die Geschwister Scholl, Georg Elser oder Graf Stauffenberg und andere: Menschen, die ihre Auflehnung ebenfalls mit dem Leben bezahlen mussten. Opfer, die jedoch beweisen, dass nicht alle Deutschen Nazis waren. Werden unsere Kinder begreifen, dass der Welt viel erspart geblieben wäre, wenn es damals mehr von diesen mutigen Männern und Frauen gegeben hätte? Solchen wie August Voll?

Als Mitläufer war es natürlich einfacher. Sich ducken und mitschwimmen im großen Strom. Ein bisschen mitmischen, im Interesse des eigenen Weiterkommens. Als harmlose Mitläufer hat man solche Leute später bezeichnet.

Amtlich: minderbelastet. Lauter Einzelfälle. Doch erst die Summe aller Mitläufer hat möglich gemacht, was nicht hätte möglich werden dürfen. Eine Einschätzung, die aus dem bequemen, sicheren Sofa heutiger Tage heraus natürlich leicht zu formulieren ist. Wie steht es eigentlich mit uns, deren Leben nicht in Gefahr ist, wenn wir uns in politische Debatten mischen? Wo beginnt Zivilcourage? Wie oft haben auch wir schon geschwiegen, wo wir uns hätten zu Wort melden sollen. Geschwiegen im Interesse des beruflichen Fortkommens, um keinen Streit mit den Nachbarn zu bekommen, wegen des Arbeitsplatzes, wegen der Schulnoten unserer Kinder ...

Was tun wir, die Angehörigen der Nachkriegsgenerationen, die wir – trotz manch winzig kleiner Unpässlichkeit – in wirklichem Frieden leben? Wie setzen wir uns dafür ein, diesen Frieden zu erhalten? Menschen wie August Voll haben für diese Vision gekämpft und es mit ihrem Leben bezahlen müssen. Schon deshalb sind wir es ihnen schuldig, sie niemals zu vergessen.

Ein eigenes Erlebnis hat mich vor einigen Jahren unvermittelt getroffen. Es war während meiner Zeit als Gemeinderat der Stadt Schwaigern. Damals hatte ich während einer Fraktionssitzung vorgeschlagen, die Geschichte der Zwangsarbeiter des 2. Weltkrieges in der Stadt Schwaigern zu dokumentieren. Nachdem in Schwaigern beinahe niemand mehr zu wissen schien, dass es auch hier Zwangsarbeiter gegeben hat. In erstaunlich großer Anzahl sogar. Beziehungsweise: Die Älteren wussten es natürlich – aber keiner hat je darüber gesprochen. Und so geschah es bei dieser Fraktionssitzung, die ganz klassisch im Hinterzimmer einer deutschen Wirtschaft stattfand: Kaum hatte ich das Thema nur angetippt, schon brach es über mich herein. Darüber wolle man sich noch nicht einmal ansatzweise den Kopf zerbrechen. Das wäre ja noch mal schöner! Auch „die anderen“ hätten im Krieg übel gewütet, nicht nur wir Deutschen!

Hinterher hat mich einer der Kollegen auf die Seite genommen, einer von denen, die nie öffentlich den Mund aufmachen, und hat ganz fürsorglich zu mir gemeint, ich müsse das schon verstehen. Es sei halt noch zu früh, so etwas nachzuforschen.

Zu früh! Nach mittlerweile 60 Jahren!

Wann ist es dann zu spät?

*

Ende September 2005.

Während des Schreibens an diesem Buch ist plötzlich genau das eingetreten, was ich gefürchtet habe. Mit einem Mal herrscht in Kirchardt die helle Aufregung. Ursache dafür ist mein Buch. Das doch erst in einem Jahr erscheinen wird.

Nur weil ein Journalist – ohne dies mit mir abzustimmen – in einem Artikel recht holzschnittartig schon jetzt über meine Arbeit berichtet hat. Über die Nazigeschichte aus Kirchardt.

Kein Wunder, dass man im Dorf überrascht ist. Vollkommen übersteigerte Gerüchte machen die Runde. Schaukeln sich hoch und höher. Bis sich einer sogar dazu versteigt, von wahrscheinlich stattfindenden Anschlägen mit Molotow-Cocktails daherzufaseln. Wehe denen, in deren Räumen das Buch im nächsten Jahr vorgestellt würde. Die könnten sich schon heute auf solche Anschläge einrichten.

Das Schlimme dabei ist: Die Leute lassen sich von diesem Geschwätz tatsächlich beeindrucken. So sehr, dass man bereits um die Mittagszeit desselben Tages allen Ernstes im Rathaus und in der Gemeindebücherei beschlossen hat, sich von diesem Buch zu distanzieren. Aus Furcht vor schlimmen Reaktionen. Molotow und so. Kein Witz. Sondern eine wahre Begebenheit aus dem September des Jahres 2005.

Wenn aber dieses üble Geschwätz bereits ausreicht, um Angst zu erzeugen, dann frage ich mich wirklich, wie brüchig der Boden ist, auf dem wir stehen. Weshalb es nur eine Antwort geben kann: jetzt erst recht!

Wir können und wir dürfen auf gar keinen Fall zurückweichen! Sonst sind wir schon wieder so weit.

Maßlos übersteigerte Reaktionen um ein Buch, dessen Inhalt noch keiner kannte.

Ein häufig wiederkehrendes Argument wird in den kommenden Tagen im ganzen Dorf zu hören sein: Was soll das alles heutzutage noch? Nach so einer langen Zeit, die inzwischen vergangen ist! Wieso muss man denn jetzt noch in den alten Geschichten herumrühren und unnötigerweise Staub aufwirbeln. Die sollen jetzt einmal endlich Ruhe geben, das interessiert doch keinen mehr, dieser alte Käse! All die überzogenen Reaktionen haben freilich das genaue Gegenteil bewiesen.

Dennoch: Man müsse jetzt halt endlich einmal einen Schlussstrich ziehen, unter diese ganzen alten Kamellen.

Eine merkwürdige Sicht der Dinge: wo ansonsten das Interesse an Büchern mit historischem Inhalt stark gestiegen ist.

Wann wird Geschichte lästig? Wie alt muss Geschichte sein, um sie in folkloristischer Gelassenheit ertragen zu können? Ab welcher Epoche mag man „den alten Käse“ plötzlich wieder? Und ab welcher räumlichen Distanz? Nun gut, wenn es nur das Nachbardorf betrifft. Schon dann ist alles halb so schlimm. Ist ja auch schöner, über die Geschehnisse in anderen Dörfern Unverständnis zu äußern, als vor der eigenen Haustür kehren zu müssen.

Menschlich verständlich. Umso mehr wird die von mir beschriebene Geschichte zum klassischen Durchschnittsfall. Weder im Guten noch im Schlechten. Ein durch und durch typisches Abbild im Kleinen. Ein Musterbeispiel.

Es geht noch weiter. Seitdem ich den vorangegangenen Abschnitt geschrieben habe, ist erst ein Tag vergangen. Und wieder ist etwas geschehen, das zu all diesen Gedanken passt. Gerade eben erzählt mir Ella von einem Telefonanruf, den sie am gestrigen Abend erhalten hat. Drei Tage nach Erscheinen des Zeitungsartikels. Am Telefon war eine alte Bekannte aus dem Dorf. Kaum hatte Ella den Hörer abgenommen, da brach es auch schon über sie herein. In scharfen Worten hat sich die Frau auf das Nachdrücklichste verbeten, dass ihr Vater in diesem Buch bloßgestellt würde. Sie sei bereits auf dem Rathaus vorstellig geworden und habe sich erkundigt, ob denn etwas gegen ihren Vater vorliege. Die Auskunft sei eindeutig gewesen: Gegen diesen in den 70er Jahren verstorbenen Mann liege nicht das Geringste vor.

Obwohl es sich bei diesem Mann wirklich um einen von denen handelt, der bei den Vorgängen im Dritten Reich nachweisbar keine gute Rolle gespielt hat. Ihr Vater sei ein guter Mann gewesen, kein Nazi, donnert die Tochter zornig ins Telefon. Sie lasse es nicht zu, dass das Andenken ihres Vaters in den Dreck gezogen werde!

Merkwürdig: In dem Zeitungsartikel war der Name dieses Mannes gar nicht erwähnt worden. Und dennoch diese Reaktion!

Auf Ellas Gegenfrage, weshalb der Mann denn nach Kriegsende dann mehrere Jahre lang von den Amerikanern im Internierungslager gehalten worden sei, wenn er doch so unschuldig war, wird mit der Feststellung gekontert, er sei ein rechter Mann gewesen, der eigentlich von nichts gewusst, sondern immer nur Gutes getan habe. Und all die anderen Verbrechen, die damals begangen worden sind?

Die habe es nie gegeben. Dass einer der Parteigenossen die Synagoge in Grombach angezündet habe? Und auch beim Brand der Berwanger Synagoge beteiligt war?

Nein, davon wisse sie nichts. Na ja, höchstens der eine von Vaters Freunden, dem man gewisse Dinge nachsage. Die gleichwohl nicht stimmten. Denn auch der habe nie etwas Schlimmes gemacht. Der habe „doch nur in Berwangen die Juden verhauen".

Sagt die Tochter eines der überzeugtesten NSDAP-Parteigänger von Kirchardt mehr als 65 Jahre danach. Wortwörtlich.

Da hat es mir für einen Moment die Sprache verschlagen.

Denn hier bekommt das Zitat von Bertolt Brecht ganz plötzlich wieder neue Aktualität: „Der Schoß ist fruchtbar noch, aus dem es kroch ..."

Ella Bucher hat in den vergangenen Tagen plötzlich gelernt, mit solchen Situationen umzugehen. Hat nach einigen schlaflosen Nächten für sich beschlossen, nicht mehr als „Tochter des Selbstmörders" gelten zu wollen und einfach weiter zu schweigen, wenn andere zu tuscheln beginnen. Dass es Zeit ist, das Andenken ihres Vaters endlich im richtigen Licht erscheinen zu lassen. Das sind die Kinder ihrem Vater schuldig.

Wer hatte in den vielen Jahrzehnten, die inzwischen vergangen sind, eigentlich ein tröstendes Wort für die Witwe Emilie? Oder für Augusts Kinder? Denen solch eine Zuwendung wirklich gutgetan hätte. Die in Wahrheit jedoch immer wieder dieses Getuschel ertragen mussten, sie seien die Kinder des Selbstmörders. Es ist alles andere als einfach, so etwas auszuhalten. Schon gar nicht im Alter von zehn oder zwölf Jahren. Und mit 18 Jahren auch noch nicht.

Eine Äußerung von Frieda Ebert, August Volls im Oktober 1919 geborener Schwägerin, spricht Bände. Frieda war zum Zeitpunkt des Geschehens um die 20 Jahre alt. Sie kann sich noch ganz genau an alles erinnern. Als sie kürzlich die Zeitung aufgeschlagen und August Volls Namen in der Überschrift gelesen habe, da sei schlagartig eine Gänsehaut über ihren Rücken gekrochen. Sagt die 86-jährige Frieda Ebert. Alles sei plötzlich wieder da gewesen. 63 Jahre nach Augusts Tod. So viel zu den „alten Geschichten", die angeblich keinen mehr interessieren. Von wegen. Frieda Eberts Reaktion beweist das genaue Gegenteil.

Wie gesagt: Kirchardt ist keine Insel. Weder im Guten noch im Schlechten. Dieses Buch wird die kleine Welt von Kirchardt, einer kleinen Gemeinde irgendwo in Baden-Württemberg, ein bisschen erschüttern. Hoffentlich lassen sie sich nicht die Chance nehmen, die eigene Betroffenheit zu verspüren und zu diskutieren. Ganz offen.

Denn nur, wenn wir uns mit solchen Geschehnissen ernsthaft und vorurteilslos auseinandersetzen, bekommen wir die Möglichkeit, zu verstehen. Und vielleicht auch zu lernen.

Jeder braucht eine solche Erklärung. Die vielen Zeitzeugen, die noch immer im Dorf leben. Die Kinder der Opfer, die Kinder der Täter. Bis hin zu den Enkeln.

Es ist eine Chance, daraus die eigenen Schlüsse ziehen zu können. Es gibt keine Kollektivschuld der Nachfahren. Dafür aber eine kollektive Verantwortung von uns allen. Die Verpflichtung, die damaligen Verbrechen nicht zu verschweigen. Nur wer weiß, wie es hat geschehen können, wird mithelfen können, es niemals mehr so weit kommen zu lassen. Erst wenn wir ihren Wert begreifen, wird die Demokratie nie mehr in Gefahr geraten können. Deshalb muss man das Fundament kennen, auf dem man steht. Denn ohne Vergangenheit gibt es weder Gegenwart noch Zukunft. Und schon gar keine Hoffnung.

Versöhnung ist wichtig. International ist dieser Satz absolut unumstritten. Denken wir nur daran, wie froh die

Deutschen waren, als ihnen andere nach dem Krieg wieder die Hand gereicht haben: Franzosen, Engländer, Polen. Völker, die von Deutschland überfallen und in einen schrecklichen Krieg gezogen worden waren. Alleine die Vorstellung ist bedrückend, wie isoliert wir heute auf der Welt stünden, wenn nicht die anderen die Hand zur Versöhnung ausgestreckt hätten. Weil es eben keine Sippenhaft für die nachgeborenen Deutschen gegeben hat. Zu unserem großen Glück haben die anderen den Weg der Versöhnung beschritten. Welch eine wunderbare Entwicklung! Nur so hat unsere Zeit zur längsten Friedenszeit in der europäischen Geschichte werden können.

Schon deshalb bleibt es wichtig, sich dieser ansonsten ganz und gar nicht friedvollen Geschichte zu entsinnen. Weshalb soll es im Kleinen nicht funktionieren können, wenn es sogar international im großen Maßstab gelingt?

Denn Geschichte macht sich immer im Kleinen fest. Es sind diese unzähligen Mosaiksteinchen, aus denen sich die Wirklichkeit formt. Und wenn es also im großen Maßstab geglückt ist, dann muss es auch in der Nahwelt endlich vorangebracht werden. Wenn die anderen Staaten längst ihren Frieden mit den Deutschen gemacht haben, dann werden es doch auch die Deutschen selbst schaffen, ihre eigene Geschichte zu verarbeiten. Mit einem Handschlag über die Gräber hinweg. Damit es nie wieder passieren kann. Das ist eine Chance, keine Belastung.

Gott sei Dank hat es damals Menschen wie August Voll gegeben. Dank deren Opfer wir heute sagen können, dass nicht alle Deutschen Nazis waren. Sondern dass es mutige Menschen waren, die sich sogar unter Einsatz ihres eigenen Lebens dem Terror entgegengestemmt haben. Wir tun gut daran, solchen Menschen, den wahren Helden der Geschichte, ein ehrendes Andenken zu bewahren.

Nachtrag

Im Heimatbuch der Gemeinde Kirchardt aus dem Jahre 1978 findet sich im Anhang die „Gedenktafel“.

Unter der Rubrik „Gefallene“ des Jahres 1942 ist kein Eintrag von August Voll verzeichnet, trotz seines „Heldenbegräbnisses“, das doch nachweislich stattgefunden hat.

Dagegen taucht sein Name neben vielen anderen in der Rubrik „Vermisste“ auf: Voll, August.

Wie soll man sich das nun erklären?

Während ich im Frühjahr 2006 die letzten Korrekturen in den Text einarbeite und sicherheitshalber noch einmal alle Daten und Jahreszahlen vergleiche, fällt es mir ins Auge: das Geburtsdatum von August Voll. Der 21. März 1906.

Vor genau 100 Jahren, am 21. März 1906, ist August Voll geboren worden. Aber schon vor 64 Jahren hat er sterben müssen.

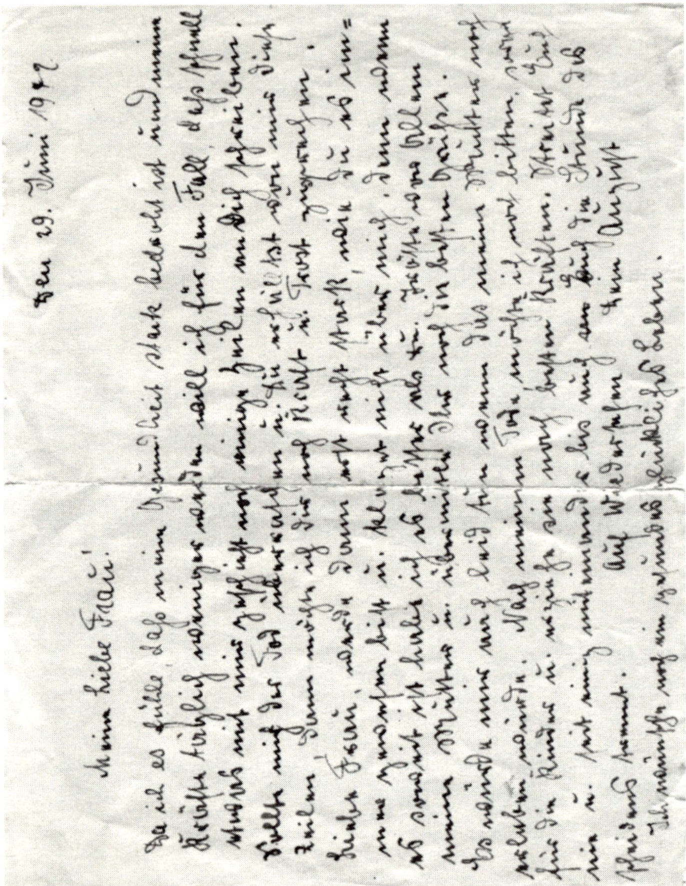
Den 29. Juni 1942

Meine liebe Frau!

Da ich es fühle, daß meine Gesundheit stark bedroht ist und meine Kräfte täglich weniger werden will ich für den Fall, daß schnell etwas mit mir geschieht noch einige Zeilen an Dich schreiben. Sollte mich der Tod überraschen u. Du erhältst von mir diese Zeilen, dann möchte ich Dir noch Kraft u. Trost zusprechen. Liebe Frau, werde dann erst recht stark, wie Du es immer gewesen bist u. klage nicht über mich, denn wenn es soweit ist habe ich es besser als Du. Grüße vor Allem meine Mutter u. übermittle Ihr noch die besten Grüße. Es würde mir auch leid tun wenn das meine Mutter noch erleben würde. Nach meinem Tode möchte ich Dich bitten, sorge für die Kinder u. erziehe sie nach besten Kräften. Streitet Euch nie u. seit einig miteinander bis auch an Euch die Stunde des Scheidens kommt.

Auf Wiedersehen Dein August

Ich wünsche noch ein gesundes glückliches Leben.

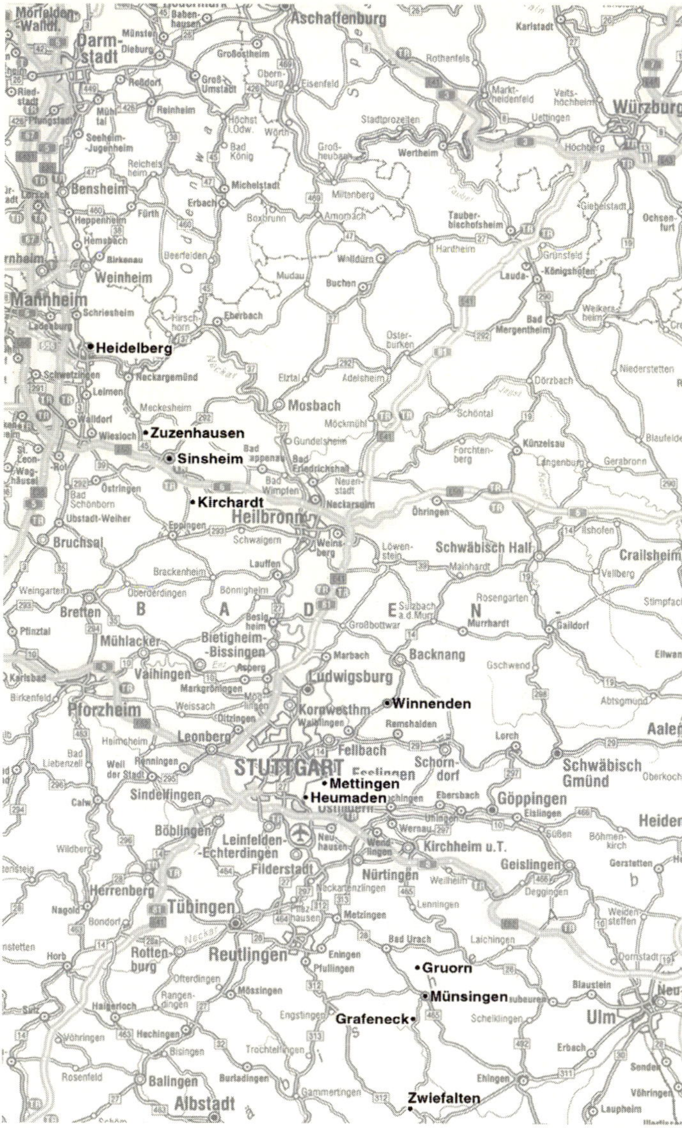
Aschaffenburg
Darmstadt
Würzburg
Bensheim
Weinheim
Mannheim
Heidelberg
Mosbach
Zuzenhausen
Sinsheim
Kirchardt
Heilbronn
Schwäbisch Hall
Crailsheim
Bruchsal
Bretten
Mühlacker
Bietigheim-Bissingen
Backnang
Ludwigsburg
Winnenden
Pforzheim
Leonberg
Kornwestheim
Fellbach
STUTTGART
Esslingen
Mettingen
Heumaden
Schorndorf
Schwäbisch Gmünd
Aalen
Göppingen
Böblingen
Leinfelden-Echterdingen
Filderstadt
Kirchheim u.T.
Nürtingen
Geislingen
Herrenberg
Tübingen
Reutlingen
Rottenburg
Gruorn
Münsingen
Grafeneck
Ulm
Balingen
Albstadt
Zwiefalten

Winterreise durch Deutschland 2006/2007

„Es ist mir, als reiste ich durch ein völlig fremdes Land"

Mehr als sechzig Vorträge aus diesem Buch, das eine Familientragödie in der Zeit des Nationalsozialismus beschreibt, habe ich bislang gehalten und dabei immer wieder – vorher von mir niemals für möglich gehaltene – schockierende Erfahrungen machen müssen. Auf gar keinen Fall hätte ich glauben wollen, wie viel Angst, Feigheit, Ignoranz und oft geradezu aggressive Tabuisierung auch noch über sechzig Jahre nach dem Ende der Nazidiktatur in Deutschland nach wie vor den Umgang mit dieser Zeit prägen.

Eine Randbeobachtung bei meiner Lesung im Staatsarchiv in Ludwigsburg, in der Zentralstelle für die Erfassung der nationalsozialistischen Verbrechen, hat mich regelrecht schockiert: Während ich drinnen meinen Vortrag gehalten habe, ist der Pförtner mit seinem Schäferhund vor der Eingangstür Patrouille gelaufen. Für alle Fälle eben, wie es hieß.

Bei jedem meiner Vorträge bin ich anschließend mit Menschen ins Gespräch gekommen, die in ihren Dörfern immer wieder auf eine Mauer des Schweigens gestoßen sind und die auch heute noch von ihren Mitbürgern, von Behörden und Bürgermeistern daran gehindert werden, Geschichten aus der Zeit des Dritten Reiches nachzuspüren und zu veröffentlichen.

Beispielsweise hatte sich eine Kulturschaffende in einer württembergischen Gemeinde nicht getraut, eine Veranstaltung mit mir zu diesem Buch offiziell im Veranstaltungskalender ihrer Stadt zu melden, um dadurch von vornherein den „mit absoluter Sicherheit zu erwartenden Schwierigkeiten mit der Rathausspitze aus dem Weg zu gehen".

Aber auch immerhin ein positives Erlebnis kann ich schildern: nämlich dass man am Zentrum für Psychiatrie in Winnenden, an dem Ort also, an dem August Voll um sein Leben gebracht wurde, einen Gedenkstein für die 400 Patienten der Anstalt, die Opfer der NS-Diktatur geworden sind, errichten will. Zahlreiche Widerstände von verschiedensten Seiten hatten dies bislang verhindert. Aufgrund meiner kritischen Randbemerkung in *Dieses eine Leben*, nämlich dass es auf dem Gelände lediglich ein Denkmal für den Mops des Herzogs von Württemberg gäbe, aber keines für die Opfer der NS-Zeit, will man das Vorhaben nun engagiert angehen.

Außerdem plant das Stadtarchiv Winnenden ebenfalls, die Geschichte des Reserve-Militärlazaretts Winnenden zwischen den Jahren 1939 und 1945 im Rahmen eines Forschungsprojekts aufzuarbeiten. Eine Einrichtung, über deren Insassen, Pfleger, Wächter und Ärzte man bislang nicht einmal in Winnenden Näheres wusste. Und schon gar nicht über die Geschehnisse innerhalb des hermetisch abgeriegelten Geländes. Keinerlei Unterlagen sind hierzu in Winnenden nach Kriegsende zurückgeblieben. Bis heute prallte man dabei nur auf eine einzige Mauer des Unwissens und des Schweigens.

Gerade Lokalhistoriker bekommen regelmäßig gewaltige Probleme, wenn sie Publikationen zu diesem Thema angehen. In anwaltlichen Schriftsätzen werden ihnen rechtliche Konsequenzen in Aussicht gestellt, falls sie konkrete Namen von Mitläufern und Tätern nennen wollten. Viele Stadtverwaltungen ziehen dann ihre Förderzusagen für solche „Heimatbücher" zurück, es kommt zu nächtlichen Drohanrufen oder man wird, wie auch im Fall dieses Buches, sogar als Lügner beschimpft. Meiner Schwiegermutter wurden darüber hinaus Prügel angedroht, einen Tag vor dem Volkstrauertag wurde in ihre Gartenhütte eingebrochen, am Volkstrauertag selbst lag ein anonymes Schreiben auf dem Grab August Volls, dessen wahre Todesumstände ich geschildert habe.

Aber das ist leider noch nicht alles: In der Gemeindeverwaltung von Kirchardt, August Volls Heimatdorf, denkt man nicht im Traum daran, Adolf Hitler die Ehrenbürgerschaft formal abzuerkennen, obwohl ich auf diese nach wie vor bestehende Ehrenbürgerschaft hingewiesen habe. Im Kirchardter Ortsteil Berwangen, dessen Synagoge einst von Kirchardter Nationalsozialisten abgebrannt wurde, will man noch nicht einmal eine Gedenktafel an jener Stelle anbringen, an der einst die Synagoge gestanden hatte.

Und schlimmer noch: Anlässlich meiner Lesung in der Alten Synagoge von Ehrstädt berichtete mir eine Zuhörerin, dass bei der 1.200-Jahrfeier von Berwangen die Geschichte der jüdischen Bevölkerung nach massivem Druck vonseiten der Gemeindeverwaltung und des Festkomitees ausdrücklich ausgeblendet wurde – und das, obwohl sie sich über Wochen hinweg nachdrücklich dafür eingesetzt hatte, auch das ehemalige jüdische Leben in ihrem Dorf zu dokumentieren.

In Kirchardt weigerten sich Geschäftsleute, das Plakat für die Vorstellung meines Buches aufzuhängen oder gar die Bücher bei sich zu verkaufen. Hinterher haben sie dann behauptet, sie hätten das nie gesagt. Es ist – damals wie heute – dasselbe Verhaltensmuster: erst mit dem großen Strom schwimmen und anschließend nicht dabei gewesen sein wollen. Das gilt auch für die Kirchardter Ortsbücherei, die das Buch nicht in den Bestand aufgenommen hatte – aber nachdem diese irritierende Tatsache bekannt geworden war, stand *Dieses eine Leben* (nun gleich mehrfach) wie selbstverständlich in den Regalen – angeblich schon seit dem Tag seines Erscheinens.

In der Kraichgaustadt Eppingen weigerte sich der Elternbeirat der Realschule, die auch von Kirchardter Schülern besucht wird, eine Lesung aus meinem Buch zu veranstalten. „Zu brisant", hieß es dazu. Auch an anderen Veranstaltungsorten in Eppingen habe ich dieses Buch, im Gegensatz zu vielen anderen meiner Werke, nicht vorstellen können. Dagegen fanden im Jahr 2007 in Eppingen die „Heimattage Baden-Württemberg" statt: wie schön, wie folkloristisch bunt und fernsehtauglich weichgespült. Da hätte „so eine Geschichte" das nette Bild doch nur gestört – vor allem wegen der im Buch konkret genannten Namen aus dem Kraichgau.

Doch das ist noch längst nicht alles: Im Nachbarort Schwaigern – meinem Wohnort – scheut man sich nach wie vor, die Geschichte der Zwangsarbeiter in dieser Stadt aufzuarbeiten, obwohl ich bei einem Vortrag vor der evangelischen Kirchengemeinde ganz konkrete Hinweise auf die Existenz solcher Zwangsarbeiter gegeben habe – und den teilweise alles andere als humanen Umgang mit ihnen. Anschließend hieß es jedoch, man wolle sich da lieber nicht die Finger verbrennen, das sei schon immer ein heikles Thema in der Stadt gewesen. Inoffiziell hat man mir dann zwar einige Geschichten über diese Zwangsarbeiter und ihr manchmal brutal hartes Schicksal erzählt – aber in der Öffentlichkeit selbst will sich keiner zu sehr aus dem Fenster lehnen.

Eine weitere, nie für möglich gehaltene Erfahrung habe ich mit der Universität Heidelberg machen müssen. Obwohl ich dem Pressesprecher der Universität und der Leitung des Psychiatrischen Instituts meine Erkenntnisse im Hinblick auf den Heidelberger Psychiatrieprofessor Hans W. Gruhle und dessen teilweise fragwürdige Rolle in der NS-Zeit gleich mehrfach übermittelt habe (und das Buch mittlerweile auch im Bestand der Universitätsbibliothek vorhanden ist), erfolgte auf sämtliche meiner Schreiben nicht einmal eine Reaktion. Genauso wenig wie auf die Hinweise, die einige weitere Personen in Heidelberg an die Universitätsleitung und die Institutsleitung gegeben haben. Die Angelegenheit ist von der Universität einfach totgeschwiegen worden – übrigens genauso wie seltsamerweise auch von der örtlichen Presse, die das Buch zur Rezension gleich mehrfach vorliegen hatte. Doch weder eine kritische noch eine sonst wie geartete Auseinandersetzung mit den Inhalten von *Dieses eine Leben* ist jemals in der Heidelberger Lokalpresse erfolgt.

Und obwohl mittlerweile sogar im Stadtarchiv von Winnenden neue Erkenntnisse über die wahre Einstellung des Psychiaters Hans W. Gruhle, des angeblichen „Verfolgten des Naziregimes", recherchiert und anschließend an die örtliche Presse sowie an die Universitätsleitung weitergegeben wurden, hat sich an der Tatsache, dass eine Station des Klinikums der Universität Heidelberg immer noch offiziell als „Station Gruhle" tituliert wird, nicht das Geringste geändert. Wie aber, so frage ich mich angesichts dieser skandalösen Tatsache, lässt sich dieses Nichthandeln mit einer in der *Winnender Zeitung* vom 24.3.1943 abgedruckten Rede vereinbaren, in der Gruhle (damals Chefarzt des Reservelazaretts Winnenden) anlässlich des „Heldengedenktages" zitiert wird, als er ein altes Landsknechtslied folgendermaßen zum Besten gibt: „Kein schönerer Tod ist in der Welt, als wer vom Feind erschlagen auf grüner Heid im freien Feld." Und dazu Gruhle wörtlich weiter: „In diesen Versen lebt die Poesie und Romantik der Landsknechte, dieser Berufssoldaten. Hier steckt bei aller Romantik echte deutsche Kraft." Müssen die Namen solcher Leute wirklich heutzutage noch über deutschen Klinikportalen stehen?

Es ist eine wahrhaft paradoxe Situation: Da wird in Stuttgart der Hitler-Attentäter Graf Stauffenberg (zum wievielten Mal eigentlich?) zum nationalen Heros erhoben, da entstehen Hollywoodfilme über den mutigen Widerstand eines Mannes, der in Wahrheit recht lange zum Establishment des Dritten Reiches gezählt hat, jedoch: Man sonnt sich heute eben gerne im Glanz des großen Stauffenberg, während in Kirchardt das konkrete

Lebensbeispiel eines von Anfang an wirklich mutigen und aufrechten Demokraten einfach beiseitegewischt wird. Aber das war halt nur einer von den vielen sogenannten kleinen Leuten, von denen kein Glanzlicht auf den Festredner herüberstrahlt.

Da wird in München im Rahmen eines großen Festaktes und im Beisein der gesamten staatlichen und kirchlichen Prominenz die neue Synagoge feierlich eingeweiht. Presse, Radio und Fernsehen berichten ausführlichst von diesem ja wirklich erfreulichen Ereignis. Und dies alles, während sie es in Berwangen noch nicht einmal schaffen, eine kleine Erinnerungstafel für die niedergebrannte Synagoge anzubringen. Wenn es uns aber nach wie vor im Kleinen nicht gelingt, solche notwendigen – und weiß Gott auch wenig aufwendigen – Handlungen vorzunehmen, dann bleibt für mich auch das große festliche Ereignis in München leider nur bloße ausdruckslose Fassade, solange es nicht auch in Berwangen zu einem Gedenktäfelchen reicht.

Denn wenn das so ist, dann liegt auch die wenig erfreuliche Folgerung nahe: Unter der scheinbar ruhigen Decke bräunelt es ungestört weiter – Feigheit und Verlogenheit, die Wegbereiter dieses Übels, breiten sich ungeniert immer weiter aus. Das ist die bittere Erfahrung meiner Vortragstour durch Deutschland. Ein Resümee, das ich vor wenigen Monaten noch für völlig undenkbar gehalten hätte.

Was bleibt, ist die Hoffnung auf Einsicht. Schon im Johannes-Evangelium heißt es: „Nur die Wahrheit macht frei." Und in der Tat kann es uns nur so gelingen, den Anfängen zu wehren, die doch selbst wohlmeinendste Betrachter nicht mehr übersehen können.

Sorgen wir also dafür, dass die Zeiten niemals mehr wiederkommen können, in denen es ehrlichen Demokraten verwehrt war, offen ihre Meinung zu sagen. Lassen wir es nicht zu, dass die braunen Dumpf- und Dummköpfe unser Land in ihren Klammergriff bekommen. Hoffentlich gelingt es uns. Denn es wäre schade um dieses Land. Nicht nur um unseretwillen, sondern auch wegen des Andenkens von Leuten wie August Voll, die ihren Einsatz für Demokratie und Menschenrechte mit dem Leben bezahlen mussten. Und schließlich: Es wäre erst recht schade um unsere Kinder und Enkelkinder, die doch zu Recht von uns erwarten dürfen, dass wir dafür Sorge tragen, sie in einem toleranten und weltoffenen Deutschland heranwachsen zu lassen.

Gunter Haug, im Frühjahr 2008

In der Region um Rothenburg ob der Tauber, Feuchtwangen, Ansbach und Dinkelsbühl gelten die Jahre zwischen 1631 und 1634 als Schicksalsjahre. Denn dieses Land wurde vom Krieg besonders hart getroffen. Nur wenige Menschen in den Dörfern kamen mit dem Leben davon. Was aber war damals geschehen?

Roswitha Himmelein wurde im Dorf Gerolfingen am Hesselberg geboren. Fast noch im Kindesalter kommt sie als Magd nach Dinkelsbühl. Bei einem Überfall fremder Landsknechte wird ihr kleiner Bruder Matthias entführt. Wenig später sterben Roswithas Eltern. Sie flieht in die vermeintliche Sicherheit der Freien Reichsstadt Rothenburg und erlebt dort die Einnahme durch Truppen des Feldmarschalls Tilly. Nach der wundersamen Errettung der Stadt und dem Abzug der Belagerer begibt sie sich auf die Suche nach ihrem Bruder, hinter dessen Verschwinden sich ein seltsames Geheimnis zu verbergen scheint. Aber wo kann sie ihn finden? Immer tiefer gerät Roswitha mitten hinein in die kriegerischen Auseinandersetzungen dieser Zeit: die Bedrohung von Dinkelsbühl, die Plünderung von Feuchtwangen, die Besetzung von Leutershausen und Ansbach, die verheerenden Truppendurchzüge in den Dörfern am Hesselberg. Heimsuchungen, die in Franken selbst heutzutage noch nicht vergessen sind.

Eine faszinierende Zeitreise voller Spannung und Dramatik - von der ersten bis zur letzten Buchseite.

Format: 13 x 21 cm, 464 Seiten, Hardcover, € 19,90
ISBN 978-3-927374-53-9
Verlag ROTABENE! Rothenburg ob der Tauber
Erlbacher Straße 102-104

»Spannender kann eine Familienchronik kaum sein. Viel erschreckender auch nicht.«

SALZBURGER NACHRICHTEN

Wolfgang Zdral
DIE HITLERS
Die unbekannte Familie
des Führers
Familienbande
256Seiten
ISBN 978-3-404-61631-2

Adolf Hitler schuf den Mythos des Führers, der allein dem Volk angehört. Mit großem Aufwand, aber auch äußerst erfolgreich, verheimlichte und vertuschte er seine Verwandtschaft. Bis heute ist einer breiten Öffentlichkeit nicht bekannt, wie die Angehörigen Hitlers vor, während und nach der Nazi-Herrschaft lebten. Wolfgang Zdral zeichnet erstmals die Chronik der ganzen Familie Hitler nach – vom nicht eindeutig nachweisbaren Großvater bis zum letzten Nachfahren, der noch den Geburtsnamen Hitler trägt und heute unter falschem Namen lebt. Dabei entstehen das Bild einer zerrissenen und gestörten Familie und ein neuer Blick auf das Umfeld Adolf Hitlers.

Bastei Lübbe Taschenbuch

Ein Buch so unvergesslich wie
Anna Wimschneiders Herbstmilch

Gunter Haug
NIEMANDS TOCHTER
Auf den Spuren
eines vergessenen Lebens
Biografie
464 Seiten
ISBN 978-3-404-61542-1

Als Stiefkind wächst sie auf einem Bauernhof auf. Sie erlebt zwei Kriege und bringt neun Kinder zur Welt: Maria Staudacher, geboren 1903 als Tochter einer Magd, die sie nicht großziehen darf, und eines Jungbauern, dessen Vater die Heirat verbietet. Gunter Haug rekonstruiert das Schicksal seiner Großmutter – das mutige Leben einer einfachen Frau hinter den Fassaden romantisch verklärter fränkischer Städtchen.

Bastei Lübbe Taschenbuch

»Eine bewegende Lebensgeschichte.«

RHEIN-NECKAR-ZEITUNG

Gunter Haug
NIEMANDS MUTTER
Eine wahre Geschichte
Biografie
464 Seiten
ISBN 978-3-404-61600-8

Herbst des Jahres 1889: Die kleine Anna ist erst sieben Jahre alt, als ihre Mutter stirbt. Den Vater kennt sie nicht. In der Nähe von Rothenburg ob der Tauber wächst sie bei ihrer Patentante in ärmlichsten Verhältnissen auf – immer auf der Suche nach der Mutterliebe, die ihr aber niemand ersetzen kann. *Niemands Mutter* erzählt die Geschichte eines Lebens zwischen Liebe und Enttäuschung, Zutrauen und Entfremdung. Ein zutiefst anrührendes Buch, in dem Gunter Haug die Geschichte seiner Urgroßmutter Anna Reingruber schildert. Ein Leben voller Entbehrungen und Sehnsucht – gemeistert mit bewundernswerter Kraft und Stärke.

Bastei Lübbe Taschenbuch

WWW.LESEJURY.DE

WERDEN SIE LESEJURYMITGLIED!

Lesen Sie unter www.lesejury.de die exklusiven Leseproben ausgewählter Taschenbücher

Bewerten Sie die Bücher anhand der Leseproben

Gewinnen Sie tolle Überraschungen